有職故実便覧

王朝文化ビジュアル案内

八條忠基

淡交社

はじめに

有職《ゆうそく》故実《こじつ》――。

「有職」という言葉は古くは「有識」と記され「知識が有る」ことを意味し、「故実」とは「いにしえの事実」のことです。そしてその事実とは、朝廷・貴族社会の政治経済・生活すべてが対象でした。今に伝わる「有職故実」とは、そうした貴族社会の衣食住をはじめとする生活空間の文物や年中行事、儀式式典、官位や法令といったさまざまな事柄の規則、約束ごとにかかわる知識のことです。

現代でも同じことですが、衣食住の形式や暮らし方・人々の趣味嗜好・考え方は常に変化し、時代の流れの中で有職故実の内容は、廃絶・変容・再興など変遷を繰り返しました。千年間のどこに基準を見いだすかは難しいことです。

貴族社会が政治経済的に頂点に立ったのは平安時代中期、西暦一〇〇〇年頃の摂関政治全盛期。藤原道長らが栄華を誇り、紫式部や清少納言が活躍した時代です。日本的な、雅やかさと自然との調和を尊重する「国風文化」が花開いたこの時代を、後世の公家たちもまぶしく仰ぎ続け、「有職故実」はこの時代を範として受け継がれてきました。

世界史的に見れば比較的安定していた平安時代中期の日本では、政治は年中行事を毎年つつがなく運営することが第一と考えられていました。天変地異や戦乱、疫病もなく、五穀豊穣あってこその年中行事です。そのため先例どおりに行事・儀式を運営することが政治能力とされ、決まりごとに関する正しい知識の継承が求められたのです。

そこで子孫のために儀式の詳細を伝えようと、貴族たちは日記として記録を遺すようになりました。これが「故実」であり、有職故実は過去の文書《もんじょ》に記された典拠・先例を

『月次《つきなみ》公《く》事《じ》屏風』六曲一双（井筒グループ蔵）

参照すること、つまり「引勘《いんかん》」で成り立ちます。本書においても、できうる限り典拠を示すことに留意しました。引勘こそが有職故実の本旨だからです。

現代社会はデジタル化が急速に進み、人文科学分野においてもその利用・応用がなされるようになりました。いわゆるデジタル・ヒューマニティーズ（digital humanities）です。さまざまな古文書データがオープンソース化され、画像データもパブリックドメインの考え方から多くが公開されています。

本書も国立文化財機構所蔵品統合検索システム（ColBase）、国立国会図書館デジタルコレクション、ニューヨーク・メトロポリタン美術館オープンアクセスコレクションはじめ、多くの大学、博物館・美術館からのデータ提供の恩恵に浴しています。これは有職故実学が従来の枠を越え、より身近な新しいステージに移ったことを意味すると考えています。

中学・高校時代、国語科の副読本として『国語便覧』を目にされたかと思います。基本、文字情報を学ぶ国語の授業の中で、図で説明する『国語便覧』を楽しみにされた方も多いことでしょう。活字上だけであった古典文学の世界が、華やかな十二単や衣冠・束帯の図を見ることで、一気に現実感をともなって理解できたのではないでしょうか。本書は書名でも明らかなように、有職故実における『国語便覧』を目指したものです。

本書は紙面の許す限り、文献テキスト・画像を掲載しました。かつて『国語便覧』で国語の授業を楽しまれたように、本書で有職故実の知識を得ていただき、何よりもその世界を楽しんでいただくことこそが、著者の心からの願いにほかなりません。

八條忠基

目次

「食」の部

『年中行事絵巻』（国立国会図書館デジタルコレクション）

「住」の部

「文化」の部

※本扉（1ページ）図版：土佐光吉『源氏物語図屏風』行幸・浮舟（メトロポリタン美術館オープンアクセス）

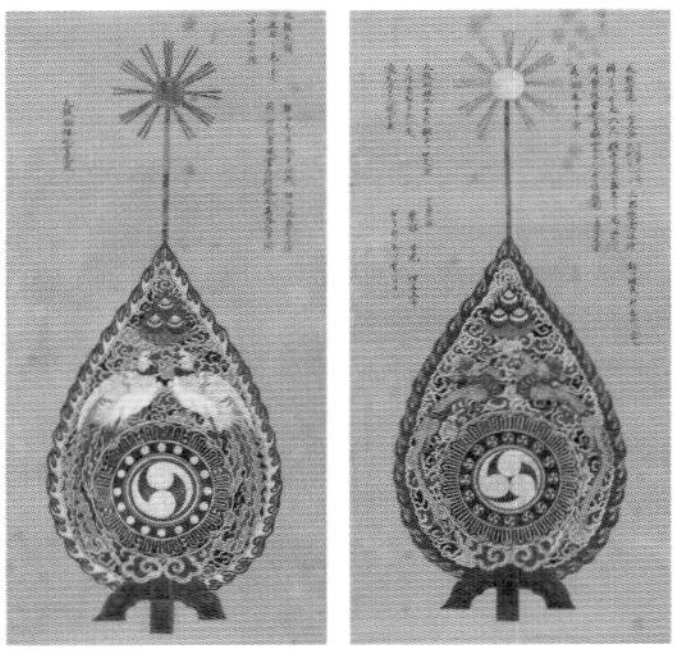

鼉太鼓（『舞楽楽器之図』ColBase）

＜凡例＞

・本書内容は、文献や実物資料に基づいています。根拠となる文献記述の一部を、原則、各項目の最下段に掲げました。また、虫損・解読不能などの理由で不明な部分は□とし、用字は読みやすさを考慮して適宜改めたところもあります。

・本書ではできるだけ多くの用語にルビを付しましたが、読みには諸説または複数あるものも多く、ここに示されたものが唯一のものではないことをご承知おきください。

・図版のうち、キャプションに「＊」が付されたものは国立国会図書館デジタルコレクションから、「＊＊」が付されたものは国立公文書館デジタルアーカイブから、「＊＊＊」が付されたものは ColBase（https://colbase.nich.go.jp/）から引用掲載を行いました。また、オープンアクセスやデジタルアーカイブ等の公開情報からの利用については、各キャプションに所蔵を示しました。これらの図版は、適宜切り抜き等の加工や、部分利用を行っています。

・単位表記について

古代の度《ど》量《りょう》衡《こう》は不明なところも多く、また『延喜式《えんぎしき》』（主計）等によると、同じ単位でも品物や原料の産地や、衣の場合は繊維の質等により変化があるとされます。本書では、原則として以下のように解釈しました。

大１両=約38g

小１両=約14g

大１斤=約608g≒600g

小１斤=約224g≒200g

１尺（小尺）=約30cm

１丈= 10 尺=約300cm

1里= 5 町= 300 歩= 1,800 尺=約 533m

１疋《ぴき》

絁《あしぎぬ》=長６丈×広１尺９寸／長絹=長７丈５尺×広１尺９寸／貲布《さよみ》=長４丈×広２尺

１端《たん》= 2 丈 6 尺× 2 尺 4 寸

１絇《けん》

上糸= 4 両（約152g）／中糸= 5 両（約190g）／麁《そ》糸《し》= 7 両（約266g）

１屯綿《たむろ》= 4 両（約152g）

１圍《いだき》= 3 尺（約90cm）の縄で束ねた量（『養老令』〈厩牧令〉）

『元日節会図』＊＊＊

「衣」の部

「衣食住」という言葉で「衣」が最初に来るのは、人間が獣と異なる存在であることを示すものが「衣」であり、古代中国で「衣食」という表現が定着したからです。人倫《じんりん》・秩序《ちつじょ》の整い、文化・文明を端的に表象するものとして「衣」は尊重されたのです。

礼服《らいふく》

日本の装束の中では非常に特徴的な中国風の装束。奈良時代に制定された「礼服」は元日朝賀《ちょうが》や即位礼で用いられ、明治天皇の即位礼で束帯《そくたい》が用いられるまでの千年以上もの間、連綿と着用が続けられました。

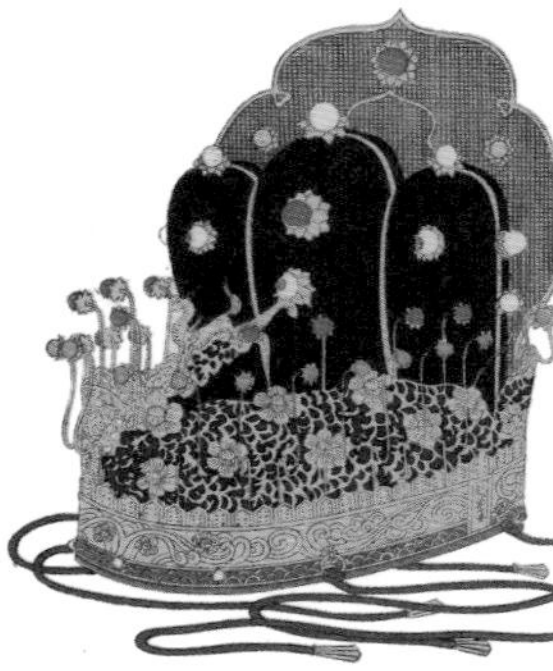

礼冠（『冠帽図会』）

礼服の一位文官（前後）（井筒グループ蔵）

『日本書紀』

「推古天皇十一年（六〇三）十二月壬申《五》。始行冠位。大徳・小徳・大仁・小仁・大礼・小礼・大信・小信・大義・小義・大智・小智、并十二階。並以当色絁縫之。頂撮総如囊。而著縁焉。唯元日著髻華〈髻華、此云于孺〉。」「推古天皇十六年八月壬子《十二》。召唐客於朝庭（中略）是時、皇子・諸王・諸臣悉以金髻華著頭。」「推古天皇十九年五月五日。薬猟於兎田野（中略）是日。諸臣服色皆随冠色。各著髻華。則大徳・小徳並用金。大仁・小仁用豹尾。大礼以下用鳥尾。」

『養老令』（衣服令）

「諸臣礼服　一位礼服冠・深紫衣・牙笏・白袴・条帯・深縹紗褶・錦襪・烏皮履。三位以上、浅紫衣。四位、深緋衣。五位、浅緋衣。以外並同一位服。大祀大嘗元日則服之。」

『続日本紀』

「大宝二年（七〇二）正月己巳朔。天皇御大極殿受朝。親王及大納言已上始著礼服。諸王臣已下着朝服。」「天平四年（七三二）春正月乙巳朔。御大極殿受朝。天皇始服冕服。」「天平十三年十月辛卯。勅。五位已上礼服冠者、元来官作賜之。自今以後、令私作備。内命婦亦同。」

『日本後紀』

「弘仁十四年（八二三）十二月壬辰《十二》。公卿覆奏曰。（中略）其礼服者、依詔停止。只皇太子及参議非参議三位已上、並預職掌人等依旧着焉。」

『延喜式』（式部式）

「元正朝賀〈即位准此〉。元日丑一刻。掃部寮設輔以下省掌以上座於便処。輔以下就座。省掌置版位。五位以上服礼服〈四位已下非有職掌。不著礼服〉。」

『貞観儀式』

「天皇即位儀。当日諸衛服大儀（中略）列於殿庭、主殿・図書両寮各服礼服（中略）帳命婦二人・威儀内命婦四人、各著礼服。」

日本の服制《ふくせい》（衣服の制度）は『日本書紀』に記される、推古天皇十一年（六〇三）に聖徳太子が定めた「冠位十二《かんいじゅうに》階《かい》」が最初のものと言えるでしょう。当時の日本はあらゆる文化的文物が、大陸「隋《ずい》」の制度習慣を模倣したものでしたから、服制も隋の制度を導入したと考えられます。ただし冠位十二階で規定される冠や衣服の実相は不明で、肝心な冠の色彩ですら、『日本書紀』には具体的に示されていません。

冠位十二階の規定には「元日著髻華」とあり、正月の元日には礼装として冠に「髻華《うず》」と呼ばれる装飾品を付けることが定められていました。この礼装は元日だけのことではなかったようで、『日本書紀』では六〇八年八月、隋の使者・裴世清《はいせいせい》の接待で皇子・諸王・諸臣全員が「金髻華」を頭に着けていますし、六一一年五月の「薬猟《やくりょう》」においては、大徳《だいとく》・小徳《しょうとく》は「金」、大仁《だいにん》・小《しょう》仁《にん》は「豹尾」、大礼《だいらい》以下は「鳥尾」の「髻華」を付けたとあります。

その後、服制はさまざまな変遷を経て、大宝元年（七〇一）の『大宝律《たいほうりつ》令《りょう》』の「衣服令《えぶくりょう》」で一応の完成を見ます。『大宝律令』は現存しませんが、改訂版の『養老律令《ようろうりつりょう》』でほぼその内容を推測することが可能です。その衣服令では官服を「礼服」「朝服《ちょうふく》」「制服《せいふく》」の三種類に分け、五位以上が用いる「礼服」は「大祀《だいし》・大嘗《だいじょう》・元日《がんじつ》」に着用すると定められていました。

その形式は純然たる唐風《からぶり》で、頭には煌《きら》びやかな飾りのついた「礼冠《らいかん》」をかぶり、当色《とうじき》（位階《いかい》により定められた色彩）の大袖《おおそで》・小袖《こそで》を着て、その下にはプリーツスカートのような「褶《ひらみ》」を着けます。足には錦襪《きんべつ》をはき、革製の「履《くつ》」をはきました。

天平十三年（七四一）からは自費で調製せよという勅命が出ていますが、全体的に豪華なものですから誂《あつら》えることが難しく、平安時代に入ると皇太子・公卿および儀式官だけが礼服を着用することになります。また元日の「朝賀」が正暦四年（九九三）を最後に事実上廃止されてしまいますと、礼服は即位礼でのみ着用することになってしまいました。

即位礼での着用は連綿と続けられ、江戸末期の孝明《こうめい》天皇の即位礼まで、奈良時代そのままの姿で、着用が続けられました。ただし武官の礼服は不明な点が多く、江戸時代に文献研究から創造的復元をされた礼服が着用されています。

大将代（前）（『臣下禮服之圖』*）

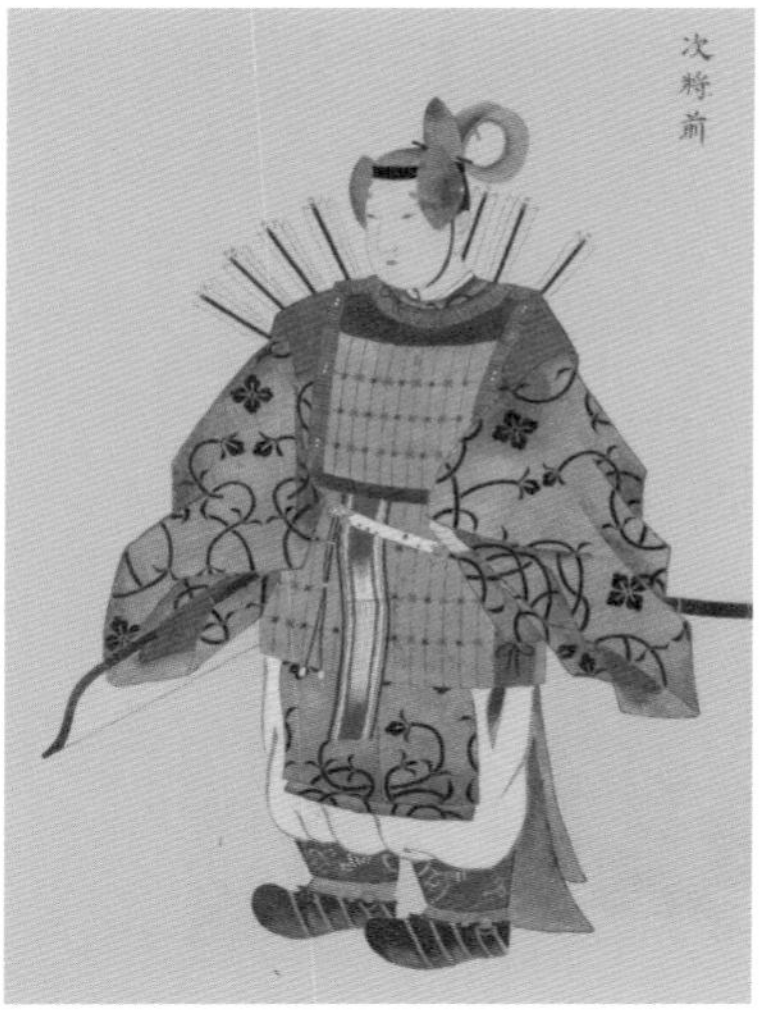

次将（前）（『臣下禮服之圖』*）

江戸時代の即位礼の図（『御即位図』***）

束帯《そくたい》

廷臣《ていしん》が朝廷に出仕して公務を行う際に着用する装束。古代中国で西域の人々が着ていた「胡服《こふく》」に端を発し、『大宝律令《たいほうりつりょう》』で「朝服《ちょうふく》」として定められたものです。現代でも宮中儀式で着用され続けています。

『養老律令《ようろうりつりょう》』の「衣服令《えぶくりょう》」の定めでは、朝廷に日常出仕する者が着用する装束には、有位者の「朝服」と無位者の「制服《せいふく》」がありました。両者は基本的には同様の形式で、制服は色が黄色

束帯縫腋袍（前後）（井筒グループ蔵）

『論語』（公治長）
「孟武伯問。（中略）赤也何如。子曰、赤也、束帯立於朝。可使與賓客云也。不知其仁也。」

『政事要略』
「太政官符 一応定衣服制度事 奉勅。衣袖口闊一尺二寸已下。表衣長纔着地。又衣缺腋者。自膝而上五寸為限。袴口闊又同袖口者。斉衡三年（八五六）二月廿六日」「太政官符 長保二年（一〇〇〇）六月五日宣旨云。袴広以二尺可為其限者。（中略）其袖闊一尺六寸。袴広同亦准此。」

『後三条天皇御記』
「延久元年（一〇六九）十月廿八日。有実季朝臣仰右大臣云。公卿下襲尤過先例。宜仰大臣七尺。大納言六尺。中納言五尺。参議四尺。殿上人三尺。但殿上人事不仰大臣。直令実季朝臣宣下。」

『三条家装束抄』
「下襲事。（中略）長サ大臣大将一丈也。大納言八尺。中納言六尺。参議五尺。四位五位四尺也。此は踵より余ル程をいふ也。」

『延喜式』（弾正式）
「凡白玉腰帯。聴三位以上及四位参議著用。玳瑁・馬脳・斑犀・象牙・沙魚皮・紫檀五位已上通用。凡紀伊石帯隠文王者、及定摺石帯参議已上。刻鏤金銀帯及唐帯、五位已上並聴著用。紀伊石帯白晳者、六位已下不得用之。凡烏犀帯、聴六位以下著用。但有通天文者、不在聴限。」

『今鏡』
「おほかた昔は、かやうのことも知らで、指貫も中踏みて、烏帽子もこはく塗ることもなかりけるなるべし。（中略）細かに沙汰せさせて世のさがになりて、肩当て腰当て、烏帽子とゞめ、冠とゞめなどせぬ人なし。」

というところが特色でした。

上衣は「袍《ほう》」。これには腋《わき》を縫った「縫腋袍《ほうえきのほう》」と腋を縫わない「闕腋袍《けってきのほう》」の二種類があります。原則は縫腋袍で、闕腋袍は四位以下の武官が警固の任に就く場合に着用するものでした（14ページ）。縫腋袍には裾に「襴《らん》」と呼ばれる横長の生地が付くのが特徴で、これがあることが「官服」のシンボルともされたようです。襴の左右の腋部分には歩行の便を図ってプリーツがありましたが、やがて平安中期頃にはプリーツを外に引き出すようになり「蟻先《ありさき》」と呼ばれるようになります。

当時の絵画資料に依れば、奈良時代の袍は唐《とう》の「胡服」そのままに細身で、袖も筒袖に近いものだったようです。平安中期以降、次第に幅広で袖が大きいものが好まれ、何度も禁令が出ています。『政事要略《せいじようりゃく》』の記録では、斉衡三年（八五六）に袖口の広さは一尺二寸以下とされ、長保二年（一〇〇〇）には一尺六寸と規制されていますが、なかなか守られなかったようです。平安末期の絵巻物に見られるのは二尺八寸ほどの大きな袖で、これが現代にまで受け継がれています。

袍の下に着る「下襲《したがさね》」は、身分に応じて裾《きょ》を後ろに長く引きました。これも時代によって次第に長くなり、延久元年（一〇六九）には大臣七尺・大納言六尺・中納言五尺・参議四尺・殿上人三尺などと規制されましたが、後年さらに長くなって、室町時代の大臣は一丈（約三m）にもなっています。

「石帯《せきたい》」（44ページ）と呼ばれる、背面に飾り石の付いた革ベルトで袍を締めましたので「束帯」と呼ばれます。石帯は身分と儀式の軽重により石の材質と形状に区別がありました。

袴は「表袴《うえのはかま》」と呼ばれる細身の袴でした。これは唐風《からぶり》に椅子に座って執務する「立礼《りゅうれい》」向きのものでしたが、平安中期に靴を脱いで殿上の間に上がり座って仕事をする「座礼《ざれい》」が基本になりますと窮屈になったようです。宮中でも宿直《とのい》勤務の際は、袴をゆったりとした「指貫《さしぬき》」にはき替えた「衣冠《いかん》」（16ページ）を着用し、束帯は「昼装束《ひの》」と呼ばれるようになりました。

平安後期の院政の時代になりますと政治の場が上皇御所に移り、昼間の執務も衣冠や直衣《のうし》を用いるようになります。束帯を着る天皇の内裏《だいり》は儀式行事を行う場になり、威儀をより高めることが求められたために、束帯を大きく硬質なフォルムに仕上げようと、生地を厚くし糊《のり》を利かせ、中に補正具まで用いた「強装束《こわ》」が用いられるようになります。

平安前期束帯（前）
（井筒グループ蔵）

束帯の公卿（『春日権現験記』＊）

束帯闕腋袍《そくたいけってきのほう》

腋《わき》を縫わない闕腋袍は活動的であるべき武官の束帯で用いられました。平安中期頃になると上級武官の仕事は歌舞音曲や儀仗《ぎじょう》兵《へい》のような儀式の彩りが主となり、文官よりもむしろ動きにくい華麗な装束となります。

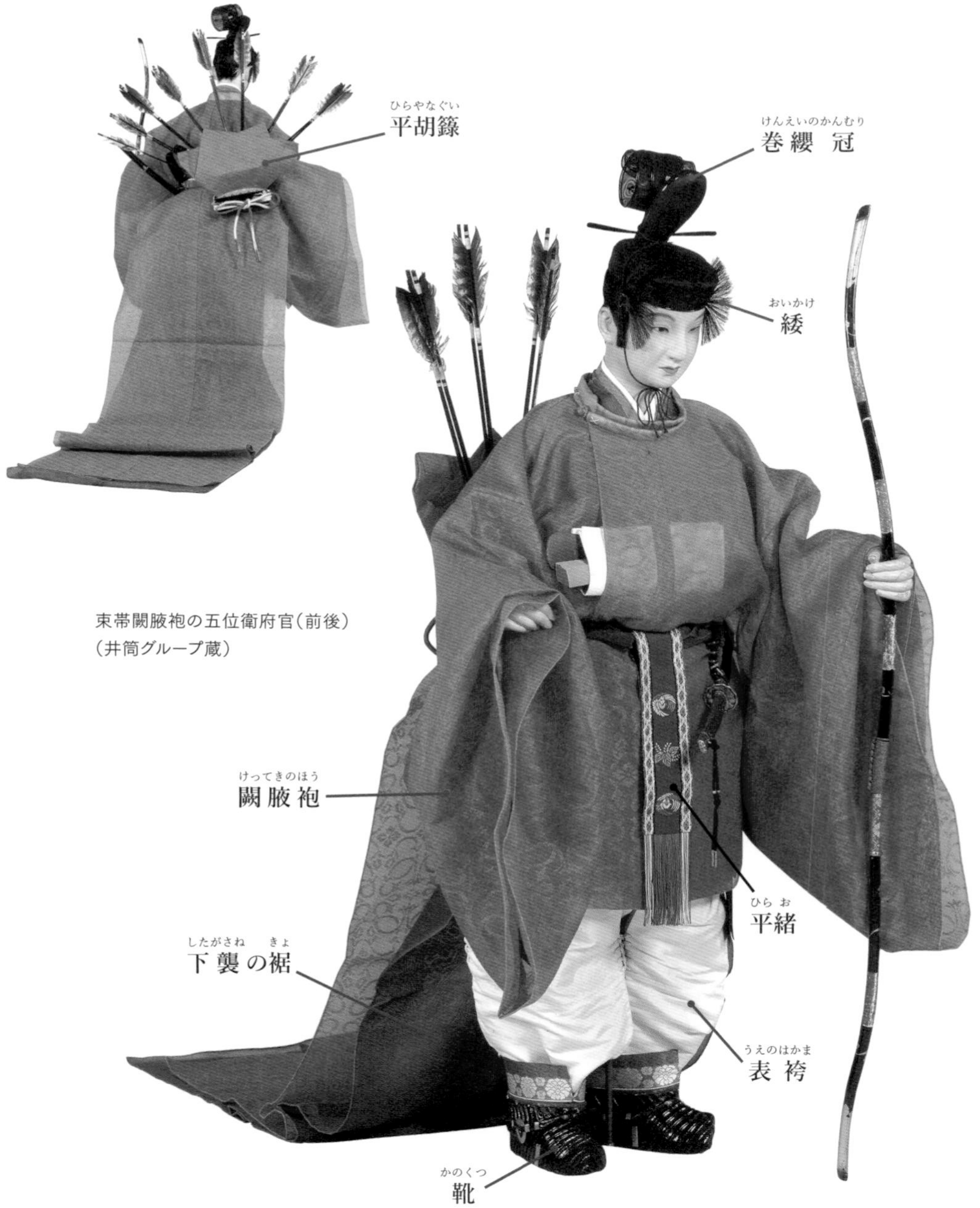

束帯闕腋袍の五位衛府官（前後）
（井筒グループ蔵）

『日本後紀』
「弘仁五年（八一四）四月丙申《十九》。武官五位已上、聴朝服位襖通着。」

『延喜式』（弾正式）
「凡諸衛府五位以上。通著朝服。其著胡籙并立仗之日、著位襖。但参議已上不在此例。」

『延喜式』（近衛式）
「中儀〈謂元日宴会・正月七日・十七日・大射・十一月新嘗会、及饗賜蕃客〉。少将已上並著位襖・横刀・靴・策著幟殳。将監已下府生已上並皀緌・位襖・白布帯・横刀・弓箭・麻鞋。近衛皀緌・緑襖・白布帯・横刀・弓箭・麻鞋〈大射并饗賜蕃客之時。著脛巾末額〉。」

『西三条装束抄』
「位襖トテ武官ノ輩ハ闕腋ヲ用ヒ侍ル也。事ニヨリ摂関大臣ナドモ闕腋ヲ用ヒ侍レドモ、尋常弓箭ヲ帯スル輩ニ限リテ、闕腋ヲ着用シ侍ル事也。」

『西宮記』
「内宴。天皇御服赤白橡〈縫腋、近代闕腋〉、皇太子王卿已下同服麴塵闕腋袍、着魚袋、靴等、帯劔之者、着餝劔。」

『吏部王記』
「延長七年（九二九）一月十四日。踏歌人装。垂纓冠麴塵闕腋袍白下襲。著深沓。持白杖。以著立加列。前官権脱劔振靴、高巾子著綿。面童子二人在舞人列。」

『満佐須計装束抄』
「おひかけを懸くる事は、近衛司・衛府の督・大将常の事なり。大臣の大将は懸けず。行幸にも褻にも、平胡籙に懸けて持たせたり。」

『蛙抄』
「緌　老懸トモ書也。文官ハ総テ不懸之。武官人〈公卿四位五位同之〉警固時懸之。其儀同巻纓。但雖警固中、不帯弓箭時ハ巻纓ノミニテ不懸緌云々。但家々義勢、説々区分歟。直衣冠皆同之。」
箭時ハ巻纓ノミニテ不懸緌云々。但家々義勢、説々区分歟。直衣冠皆同之。」

朝廷に仕える官人のうち、六衛府《ろくえふ》（左右近衛府《さうこのえふ》・左右兵衛府《さうひょうえふ》・左右衛門府《さうえもんふ》）と馬寮《めりょう》・兵庫寮《ひょうごりょう》に所属する者を「武官《ぶかん》」と呼びます。文字どおり武力をもって軍事・警察に関する任務を担当する特殊性から、事務を司る「文官《ぶんかん》」とは異なる装束を身につけました。原則は通常の束帯縫腋袍《そくたいほうえきのほう》と同じですが、特徴的なのは脚を大きく開いて歩くための工夫として、上衣の「袍《ほう》」が腋を縫わない「闕腋袍」であることです。

平安中期になると大きな戦争がなくなり、都にいる上級武官が戦闘に参加する可能性は低下します。しかし古今東西「儀仗兵」は見栄えのするものとして人気があり、行幸行列では花形です。そのため次第に裾《きょ》が長くなり、活動性よりも外見の美しさを重視したものになりました。

闕腋袍の下に着る「半臂《はんぴ》」は袖無しの衣で、束帯の場合は縫腋袍でも着ることになっていましたが、やがて省略されるようになります。しかし闕腋袍の場合は縫わない脇から見えるためにその後も着用され続けました。半臂には裾《すそ》周りに襴《らん》があり、その脇には活動に便を図るために襞《ひだ》（プリーツ）があります。闕腋袍の腋から見えるこの襞が、鑑賞ポイントだったのです。

闕腋袍の場合は冠の纓《えい》を内側に巻き、これを「巻纓冠《けんえいのかんむり》」と呼びました。これは活動性を考慮して細い紐「緒《お》」を懸け回して顎下で結び留めます。この懸緒を「老懸《おいかけ》」と呼びますが、やがて懸緒の左右、耳の上あたりの位置に馬の毛で作った半月形の飾りを付けるようになり、これを「緌」と書いて「おいかけ」と呼ぶようになりました。非常に特徴的なものですので、武官装束の象徴ともされましたが、本来の意味は諸説あって不明です。

武官であっても三位以上の公卿は縫腋袍に垂纓冠《すいえいのかんむり》で、闕腋袍は着用しませんし、近衛大将は弓に弦《つる》を張らず、大臣を兼任する大将は弓箭《きゅうせん》そのものを持ちません。さらに四位以下の武官であっても、儀式で警固の任に就かない場合は闕腋袍を着ずに縫腋袍の束帯でしたから、闕腋袍の束帯姿は晴の装束だったのです。

見栄えのする姿であったためか、正月の儀式「内宴《ないえん》」では天皇はじめ参加者全員が闕腋袍を着用するほか、元服式などでの子どもの晴れ着としても闕腋袍が用いられました。

平安初期の六位武官（前）
（井筒グループ蔵）

四位の衛府官（『春日権現験記』＊）

衣冠《いかん》

宮中においても宿直《とのい》勤務ではくつろいだ姿が許されたため、厳直な姿の束帯《そくたい》を簡略化した「衣冠」を着用しました。院政期には院御所で昼間も着用されるようになり、やがて宮中でも日常勤務服となります。

衣冠単の五位（前後）
（井筒グループ蔵）

宮中での勤務服は束帯です。しかし夜間に宮中に宿泊して勤務する「宿直」の場合は、呼び出しを受けるまでは特に仕事がなく、くつろいでいられるため、立ち居が楽な衣服の着用が許されました。そこで束帯から半臂《はんぴ》や下襲《したがさね》、単《ひとえ》といった下着類を大幅に省き、細身の「表袴《うえのはかま》」をゆったりした「指貫《さしぬき》」に

『令義解』（公式令）
「凡内外百官、司別量事閑繁、各於本司分番宿直〈謂雖是假日、亦須宿直。其主典常直、事有期限、及應急判者、雖無判官亦得與奪也〉。」

『枕草子』
「祭のかへさいとをかし（中略）君達の斎院の垣下にとて、ひの装束うるはしうして」

『連阿口伝抄』
「昼装束ト云ハ束帯ノコト也。直衣并衣冠ヲ宿装束ト云ヲモチテ、可有了簡。」

『平記』
「天延二年（九七四）五月十四日（中略）例如此之時着衣冠、而今日所見甚多、非可束帯。」

『小右記』
「長元二年（一〇二九）七月一日（中略）極熱之間、衣冠相逢、依甚苦也。」

『台記』
「天養二年（一一四五）閏十月廿五日丙寅。左大弁卿著束帯。（中略）親隆著衣冠来云。」

『達幸故実抄』
「仁安元十十。可有立太子事。（中略）公卿・大臣大納言直衣。中納言宰相衣冠。殿上人束帯云々。是康和例也。」

『和名類聚抄』
「奴袴　楊氏漢語抄云、奴袴〈佐師奴枳乃波賀万。漢語抄云、絹狩袴。或云、岐奴乃加利八加万〉。」

『西宮記』
「指貫　王者已下衆人所用也。古時有制臣下不用。近代五位以上昇殿六位皆用之。布袴　旧例上下着之。近年諸官人着之。検非違使別当着布袴、而近代或以綾絹為袴、未知可否。」

束帯の勅使(左)と衣冠の神職二人(『松崎天神縁起絵巻』＊＊＊)

換えた「衣冠」を着用しました。これが「宿《とのい》装束」と呼ばれたため、束帯は「昼《ひの》装束」と呼ばれるようになったのです。衣冠はあくまでも宿直用でしたが、火災発生といった非常時はもとより、真夏の盛暑時などには日中にも着用されることがありました。

平安後期の院政の時代になると、政治の場が宮中から上皇の御所に移行します。規制の細かい宮中ではなく比較的自由な院の御所では、昼間の執務の場でも衣冠を着るようになりました。鎌倉時代から室町時代になると、天皇のいる宮中でも儀式のとき以外は、日中に衣冠が着られるようになり、やがて束帯が重要な儀式のみの着用になると、軽めの儀式は衣冠着用になります。その場合は衣冠の下、白小袖の上に束帯のように「単」を着るようになり、これを「重衣冠《かさねいかん》」「衣冠単《いかんひとえ》」などと呼んで、晴の衣冠として位置づけました。このことは現在の宮中において、侍従《じじゅう》や掌典職《しょうてんしょく》の装束に継承されています。

衣冠の袍《ほう》は束帯の袍とほぼ同じ。大きな相違点は袴で、衣冠はゆったりとした括り袴である「指貫」をはきます。これが宿直時にくつろぐには不可欠でした。絵巻物を見ますと平安時代の指貫は非常に大きかったようで、『枕草子』には「足ぶくろと呼んだ方が良い」とあり、大きな袋状であったようです。

裾に指し貫いた紐で足首に結ぶことから「指貫」と呼ばれ、古くから「奴袴《ぬばかま》」と書いて「さしぬきのはかま」と読んだことが『和名類聚抄《わみょうるいじゅうしょう》』からわかります。『西宮記《さいきゅうき》』によれば絹の「指貫」を五位以上が用い、六位以下の官人は麻製の「布袴」を着用するとあります。この布袴は四巾の細身に仕立てられ、狩衣《かりぎぬ》の時にはく「狩袴《かりばかま》」にもなります。

裾の紐を足首で括る「下《げ》括《くくり》」と、膝下で括る「上括《しょうくくり》」という二種類のはき方があり、通常は下括で括り紐を蜷《にな》結びにして後ろに引きます。お洒落をする場合は紫と白の組紐「腹白《はらじろ》」を用いることもありました。後に歩きやすい上括が一般的になります。

指貫の下には紅の「下袴《したばかま》」をはくことが本儀でしたが、江戸時代の宮中はすべてが簡略化されて下袴が省略されるようになったばかりか、衣冠で指貫をはくのは一日と十五日だけになり、それ以外の日の参内は足首までの丈の「指袴《さしこ》」をはくようになりました。

布袴《ほうこ》・直衣布袴《のうしほうこ》

束帯《そくたい》装束の袴を指貫《さしぬき》に替えたのが「布袴」です。私的な儀式や宴会で威儀を正すときに用いられました。

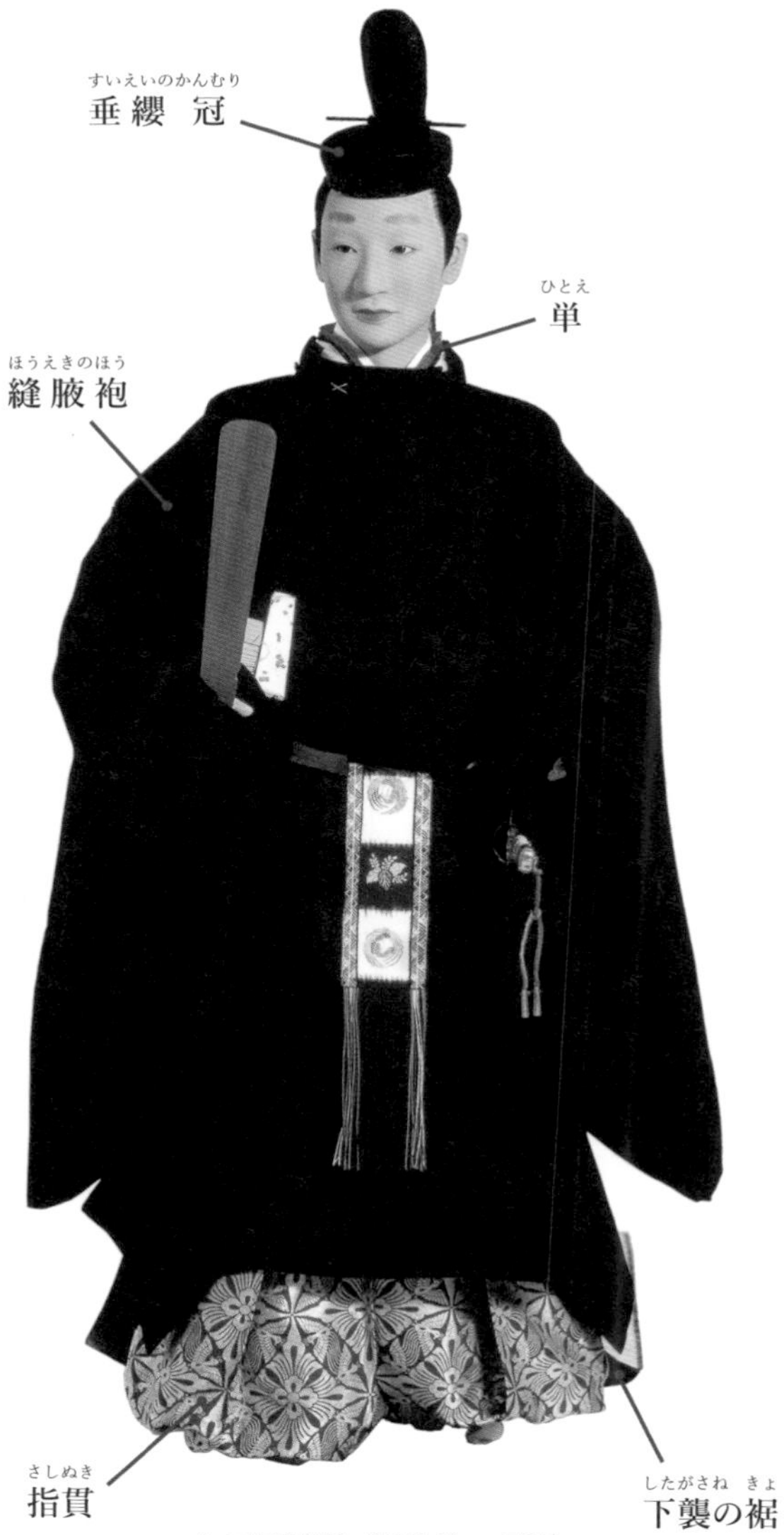

冬の布袴（前）（井筒グループ蔵）

束帯は正式な参内《さんだい》装束でしたので、私的な儀式行事で用いることには憚《はばかり》がありました。そこで婚儀など私的な儀式においては束帯から一段格を下げ、表袴《うえのはかま》を指貫に替えた「布袴」を着用しました。公的な場面では寛和元年（九八五）三月の野行幸《のぎょうこう》で侍臣《じしん》たちが、長徳三年（九九七）五月の藤原道長主催競馬《くらべうま》で参列の公卿たちが、長元四年（一〇三一）九月の上東門院《じょうとうもんいん》の八《はち》幡《まん》・住吉《すみよし》・天王寺《てんのうじ》詣で参列者が布袴を着たと『小右記《しょうゆうき》』にあります。

布袴は袴以外は束帯とほぼ同じパーツ構成となりますが、石帯《せきたい》は「無文《むもん》丸鞆帯《まるともおび》」という軽儀のものとする、剱《たち》を帯びる時は「餝剱《かざりたち》」などの儀仗《ぎじょう》の剱ではなく、狩衣《かりぎぬ》などでも用いる「野《の》剱《だち》」にするというように、意識的に束帯よりも格下のものを用いました。

藤原道長が曲水宴《きょくすいのえん》で紅梅織物直衣に紫織物指貫を組み合わせて直衣布袴にしたと『富家語《ふけご》』にあります。直衣布袴は、布袴の袍《ほう》を直衣に替えたものですが、『西宮記《さいきゅうき》』には「常ではなく状況による」とあり、『中外抄《ちゅうがいしょう》』には「直衣布袴は着るべき時に遭遇しないと着ない」と記されます。

『満佐須計装束抄』
「布袴と云ふ事あり。衣指貫麗しく着て、その上に下襲着て袍に尻つくりて、帯を差して笏を持つなり。衛府はせず。（中略）宿直装束に尻つけたるは、布袴とも衣冠の催束帯ともいふなり。」

『日本紀略』
「寛和元年（九八五）二月十三日戊子、朱雀院太上天皇〈円融〉。出自堀河院、幸于紫野。騎御馬。為子日興也。扈従公卿以下、布袴狩衣各以任意。」

『大鏡』
「この頼忠の大臣、一の人におはしましゝかど、御直衣にて内に参り給事侍らざりき。そうせさせ給ふ事あるおりは布袴にてぞまいりたまふ。」

『餝抄』
「布袴。執婿、若四方拝、非公事無止事之時着之。」

『西宮記』
「直衣。王者已下及被聴雑袍者衣之、殿上人旧例、以直衣為束帯袍、近代不用之。上臈者直衣下着下襲〈随便不常事〉。」

直衣布袴（夏）（『源氏物語絵巻』*）

引直衣《ひきのうし》

平安中期に天皇が直衣を着るとき、一般のように端折《はしょ》って帯で留める着方をせず、そのまま引きずるようにして着ていました。これを「下《さ》げ直衣」姿と呼びましたが、やがてこれが儀式の装束に昇格しました。

平安中期の文献を見ると、天皇の日常生活の衣服は直衣でした。臣下と違うのは指貫《さしぬき》をはかず、女子用の袴のような紅の長袴をはき、引きずる形で直衣を着ていたことです。

あくまでも内々の姿であったようですが、平安後期になると儀式でも着用するようになりました。『江家次第《ごうけしだい》』には石清水臨時祭《いわしみずりんじのまつり》で天皇が「御引直衣」を着用すると記されています。このように儀式で着用されるようになると、カジュアルな着方ではなくきちんと帯を締めた姿が求められるようになります。

天仁二年（一一〇九）頃に完成したともされる『讃岐典侍日記《さぬきのすけにっき》』には、「引直衣の尻を作る」とあり、形を整えて帯をしている様子が見て取れます。また鎌倉前期の『禁秘抄《きんぴしょう》』には、後三条《ごさんじょう》天皇の建久年間（一一九〇〜一一九九）に直衣を臣下のように引き上げたと記されています。ただし『禁秘抄』には「毎日恒例着御引直衣」とあります。このような姿で昔のように裾を長く引く形式を保つために、特別に身頃《みごろ》の長い直衣を仕立て、帯をして懐を調えても「下げ直衣」に見えるようにしたのです。これが「御引直衣」です。

天皇の直衣が臣下と違うところは、冬の直衣の文様が「臥蝶丸《ふせのちょうまる》」ではなく「小葵《こあおい》」であることです。夏の直衣は臣下と同じで二藍《ふたあい》色の三重《みえ》襷《だすき》文様（73ページ）でした。

近代の御引直衣（前後）（井筒グループ蔵）

『江家次第』
「石清水臨時祭試楽　主上出御〈御引直衣。〉」

『殿暦』
「天永二年（一一一一）八月廿日〈相撲召合〉（中略）還御儀如常。一二番主上脱御装束、御下直衣也。御総角同脱給、還御時〈直衣也〉。」

『玉葉』
「建久二年（一一九一）五月二十六日。最勝講初日也。主上召御装束〈忠季朝臣奉仕ス〉御引直衣也。」

『禁秘抄』
「常着御練白二衣赤生袴也。而近代小袖用赤大口。建久以後事也。又自同頃直衣引上如只人。」「毎日恒例（中略）着御引直衣。生袴也。」

『讃岐典侍日記』
「うつくしげにしたてられ、引直衣にておはします。御しりつくりまゐらするにも、昔、まづ思ひ出でらる。」

『民経記』
「寛喜三年（一二三一）十月九日（中略）可被発遣伊勢公卿勅使日也（中略）次為神宝御覧有出御〈御引直衣〉。」

直衣《のうし》

貴族たちの日常の平服は、上級貴族は直衣、中・下級貴族は狩衣《かりぎぬ》でした。直衣は上級貴族のシンボルでもあり、『源氏物語』では光源氏が中級貴族に変装するために狩衣を着る場面が何度か登場します。

冬の直衣（前）（井筒グループ蔵）

直衣（冬）（『春日権現験記』＊）

束帯《そくたい》や衣冠《いかん》の袍《ほう》の色は、位階《いかい》に応じた「当色《とうじき》」に決まっていましたので「位袍《いほう》」と呼ばれました。これに対し、私服として自由な色彩の「雑袍《ざっぽう》」を指貫《さしぬき》と合わせて着たのが直衣です。

直衣は上級貴族の日常着でした。『源氏物語』では若紫《わかむらさき》や夕顔《ゆうがお》が、身分の高い人間を見分けるのに「直衣姿」を基準としています。また『西宮記《さいきゅうき》』には「烏帽子《えぼし》をかぶり直衣を着るのは家の中のこと」と記されています。

直衣は色彩が自由といっても『源氏物語』には真紅の直衣を古くさいものとする表現があり、実際の登場人物が着る直衣は冬は「桜」「柳」、夏は「二藍《ふたあい》」「縹《はなだ》」と、後代の直衣の色彩基準と同様です。喪服としての鈍色《にびいろ》直衣なども登場しますが、紫式部の時代の直衣の色彩は、雑袍とはいえない状況であったことがわかります。『枕草子』での直衣の色彩も同じような描写です。現実世界では藤原道長が曲水宴《きょくすいのえん》で「紅梅直衣」を着たことが『世俗浅《せぞくせん》深秘抄《しんひしょう》』に記されています。

『西宮記』
「直衣。王者以下、及被聴雑袍者衣之。殿上人旧例、以直衣束帯袍。近代不用之。上臈者直衣下著下襲〈随便不常事〉。著烏帽子之間著直衣、家中事也。不私事者不得出行〈式部丞、家中及私行間著之〉。更衣之後、殿上人頭未服新直衣之前、以旧時袍若直衣為宿衣。」

『枕草子』
「昼つかた大納言殿、桜の直衣、少しなよらかなるに、濃紫の指貫、白き御衣ども、上に濃き綾のいと鮮やかなる、出だして参り給へり。」

『世俗浅深秘抄』
「如関白行曲水宴時、紅梅直衣。蒲萄染指貫着時、用丸鞆帯也。」

『禁秘抄』
「後冷泉院御時、俊通・雅忠類聴雑袍。着紅梅直衣。（中略）是過分儀也。」

『満佐須計装束抄』
「衣冠・直衣に衣を出すこと。打衣厚衣いづれも常の事なり。五節には蔵人は紅の打を出す。若き殿上人また常の事なり。又殿上人はおめらかして五重も三重も紅葉重ねなどにしても出す。表織物綾常の如し。」

冠直衣《かんむりのうし》

日常着としての直衣は烏帽子《えぼし》をかぶるのが原則。しかし重要な儀式行事の際には冠を着けることもありました。また天皇の特別な許可があれば直衣での参内《さんだい》も許されましたが、このときも冠をかぶりました。

冠直衣(冬)(『弱竹物語』*)

夏の冠直衣(前)(井筒グループ蔵)

平安中期頃の私的な儀式行事では、本人の気持ち次第で装束を換えることがありました。同じ行事でも立場や気持ちを重く持つときは、直衣姿でも烏帽子ではなく冠をかぶります。『小右《しょうゆう》記《き》』長元四年(一〇三一)九月の上東《じょうとう》門院《もんいん》八幡《はちまん》参詣では、公卿たちは「或いは冠直衣、或いは宿衣《しゅくえ》(衣冠《いかん》)、或いは狩衣《かりぎぬ》」とあり、装束はまちまちだったのです。

天皇による「雑袍《ざっぽう》の許し」を得た者は、冠直衣姿で参内することが許されました。『西宮記《さいきゅうき》』には殿上人が束帯《そくたい》の位袍《いほう》を直衣に替えることもあったが、近年は見られないとあり、平安中期の宮中での直衣姿は冠直衣だったのです。

この姿で参内できることはステータスシンボルであり、『源氏物語』(乙女《おとめ》)では六位の当色《とうじき》を嫌っていた光源氏の子・夕霧《ゆうぎり》が新嘗会《しんじょうえ》の五節《ごせち》にかこつけて雑袍・禁色《きんじき》の許しを得て喜ぶ場面があり、現実では平安後期の仁平元年(一一五一)十一月、藤原頼長《よりなが》の息子・師長《もろなが》が「雑袍の許し」を得ておらず、当色の束帯《そくたい》で参内することが恥ずかしいと、五節の日にも参内しなかったと『台記《たいき》』に記されています。

『小右記』
「長元四年(一〇三一)九月廿五日(中略)今日女院参給八幡・住吉・天王寺。(中略)次上達部、或冠直衣、或宿衣、或狩衣。」

『後二条師通記』
「康和元年(一〇九九)三月二十六日(中略)権大納言大夫元服(中略)大夫着座〈先是着直衣、是冠直衣、余装束也〉。」

『中右記』
「嘉保元年(一〇九四)八月十五日(中略)予今日殿上人布衣中着直衣。(中略)両殿下〈帽子直衣〉、左大臣、公卿〈冠直衣〉、但此中藤中納言(中略)布衣也。皇太后宮権大夫〈公定、衣冠〉、上皇御烏帽子直衣。」

『貞信公記』
「承平二年(九三二)正月廿一日。兼明朝臣・後連・滋典侍等禁色・雑袍宣旨仰下。」

『西宮記』
「直衣。王者以下及被聴雑袍者衣之。殿上人旧例以直衣束帯袍。近代不用之。」

『御堂関白記』
「寛弘二年(一〇〇五)正月十六日(中略)賜雑袍・禁色宣旨左頭中将。」

狩衣《かりぎぬ》

元々は庶民の用いた簡単な衣類でしたが、活動的なことから貴族たちも鷹狩りの際に着用し、「狩衣」と呼ばれるように。主に中・下級貴族の日常着として用いられ、やがて上級貴族も用いるようになります。

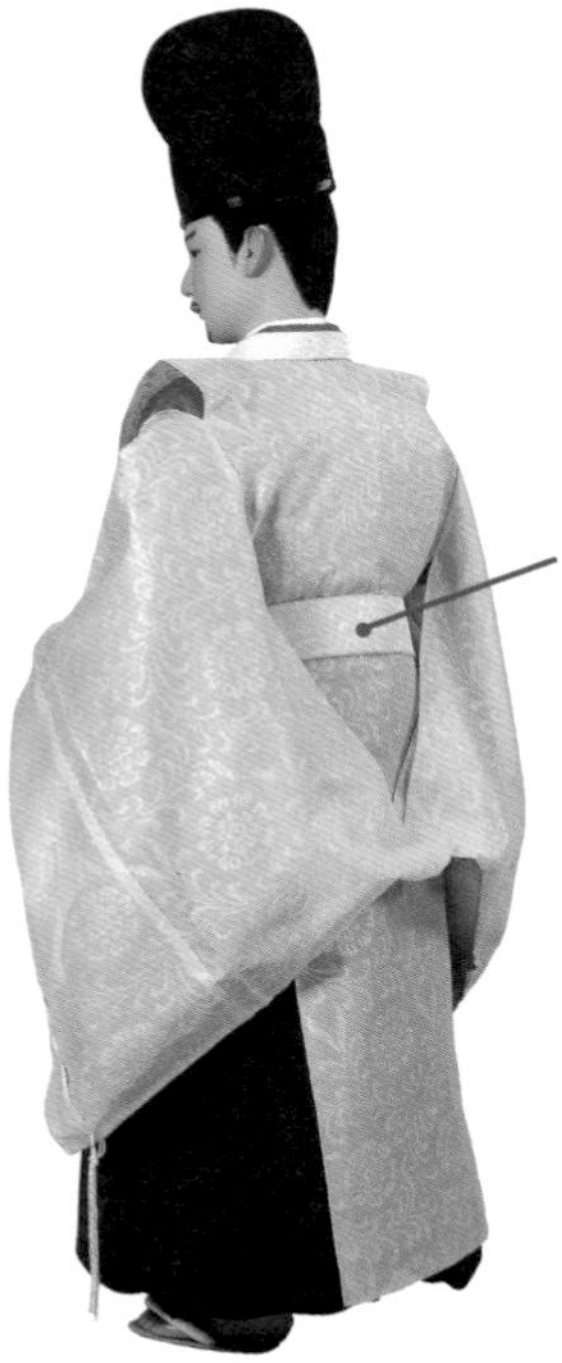

狩衣(前後)(井筒グループ蔵)

狩衣は素朴な貫頭衣《かんとうい》に袖を縫い付けたような形状です。袖も後ろで五寸ほど身頃《みごろ》に縫われているだけで、非常に開放的で簡単な作りの衣類と言えるでしょう。都の庶民たちは、高級とされた唐風《からぶり》の盤領《ばんりょう》(丸襟)形式の衣類を好んで用いました。そして容易に水洗いが可能な麻布で仕立てられたため、

『貞信公記』

「延喜十八年(九一八)十月十九日。行幸北野。皇太子追参、親王・公卿堪其道者、着狩衣鷹合。」


『新儀式』

「野行幸事(中略)又可供奉鶴鷹王卿、着狩衣深履而把笏也。」


『西宮記』

「布衣。太上天皇已下、随便服用無所限。」


『小右記』

「永延二年(九八八)十月三日(中略)早朝参太相府〈直衣烏帽〉。密々参於観音院。(中略)内蔵頭・権中将・余、皆着狩衣騎馬扈従。」「永延二年十月廿八日(中略)辰時許登天台給、御御馬向給山脚之間(中略)公卿以下皆着狩衣・藁履。」「寛弘二年(一〇〇五)十月廿五日(中略)今日今上男一親王参石山云々。(中略)雲上侍臣狩衣装束尽善尽美云々。」「長和二年(一〇一三)四月廿一日(中略)禊日也。(中略)着織物之童八人乗車、過予車前、下自車云々。祖袴左府被調、織物狩衣袴内府所被調云々。憲法立破、為人被嘲耳。」「長元四年(一〇三一)九月廿五日(中略)今日女院参給八幡・住吉・天王寺。(中略)扈従上下狩衣装束、色々折花唐綾羅或五六重、其襖繡二倍文織物、下衣等不知何襲。随身装束不憚憲法。」


『満佐須計装束抄』

「所の殿上人ならぬ六位は、指貫は打ち任せぬことなり。狩袴を着るべきなり。」


『民経記』

「正元元年(一二五九)十二月十三日(中略)還御之後、有布衣始。及半更新院出御〈白襖狩御衣〉。(中略)権大納言・花山大納言・源中納言(中略)各著布衣参候云々。(中略)然而今夜許布衣人不被憚之。」

右上：禄を賜った老人を扶持する狩衣の二人
左上：束帯（左）と狩衣の二人
左下：布衣を着た召使たち
（すべて『春日権現験記』*）

「布衣《ほい》」と呼ばれていました。

袍《ほう》などと比べて軽快・活動的であるため、貴族たちは鷹狩りの際に「狩衣」として着用するようになります。そこから派生して、都の外に物見遊山に出かける折に、身分を問わず狩衣を着用するようになりました。『西宮記《さいきゅうき》』には、「布衣は上皇以下が便《びん》に従い所を限らず着用する」とあります。

『小右記《しょうゆうき》』にはそうした例が数多く載せられていますが、特に藤原道長が華美な狩衣を多用している様子を記します。たとえば寛弘二年（一〇〇五）十月、敦康《あつやす》親王石山寺《いしやまでら》参詣では「雲《うん》上侍臣《じょうじしん》の狩衣装束は善を尽くし美を尽くす」とし、長元四年（一〇三一）九月の上東門院《じょうとうもんいん》八幡《はちまん》参詣には「扈従《こしょう》する上下の狩衣装束、色々《いろいろ》折花《おりはな》唐綾羅《からあやら》を五、六重ね、文《もん》のある二倍《ふたえ》織物で仕立てる」とあります。この時代に素朴な「布衣」から美麗な「狩衣」に変容したことがわかります。

ただしこうしたことを藤原実資《さねすけ》が常に批判的に見ていたことは『小右記』の記述から読み取れます。たとえば長徳三年（九九七）九月に道長が長谷寺《はせでら》を参詣したときは「最上位の貴族が布衣を着て都から出るなど聞いたことがない。軽率である」と記します。

『源氏物語』では上級貴族の日常着は直衣《のうし》、中・下級貴族の日常着は狩衣と明確に区分されていましたが、このように現実の平安中期には、遠出をするときに狩衣を着用することは、身分の上下を問わないこととなり、やがて遠出でなくとも日常生活においては、着やすく動きやすい狩衣を上級貴族も着用するようになるのです。

平安後期以降の院政期になると、狩衣は上皇御所での執務服にまで昇格します。天皇は狩衣を着ることがありませんが、上皇となって最初に狩衣を着用する儀式「布衣始《ほういはじめ》」では、侍臣《じしん》たちも狩衣で参列することが許されました。このように狩衣は運動着から次第に公服に昇格してゆくのです。

『中右記《ちゅうゆうき》』嘉承元年（一一〇六）七月、法皇の石清水《いわしみず》御幸では随身《ずいじん》が「冠《こうぶり》狩衣《かりぎぬ》」を着たと記されます。地位を次第に高めつつあった武士たちにとって、貴族的な狩衣は羨望の的だったようで、晴れ着として着用しました。そして鎌倉時代になると幕府での最上級の礼装という位置付けになるのです。

小直衣《このうし》

いつの時代にも、簡単に美しい姿を演出したいという願望はあるものです。狩衣《かりぎぬ》が公式な場で着られる時代になると、ただの狩衣ではない、グレードの高いタイプを着たいという人々が現れました。

狩衣は軽快ですが、高位高官にはあまりにも安直すぎるという考え方もあったようです。藤原頼長《よりなが》が久安二年（一一四六）九月に石山寺《いしやまでら》参詣をしたとき、人々が布衣《ほい》（狩衣）を着ていたのに対して頼長だけ「無欄《むらん》直衣」を着ています。狩衣の身幅は一巾ですが、直衣は二巾なので、差を付けたのでしょう。これは他に類を見ない装束で、頼長は久安四年には「狩衣直衣」を着ています。こうして狩衣の裾に袍《ほう》のような欄《らん》を付けた衣類が考案され、狩衣より格上の装束とされました。これが「小直衣」あるいは「狩衣直衣」と呼ばれる装束です。

安貞二年（一二二八）三月、近衛《このえ》家《いえ》実《ざね》が平等院《びょうどういん》を訪れたときに、香染《こうぞ》め唐綾《からあや》の小直衣を着たと『猪隈関白記《いのくまかんぱくき》』にあります。小直衣は上皇や親王、高位高官だけが着用を許され、大納言までは狩衣、大臣になってから初めて小直衣の着用が許されました。『民経記《みんけいき》』寛元元年（一二四三）七月の記事に、内大臣の九条基家《くじょうもといえ》が小直衣、子息の従二位中将経家《つねいえ》は布衣、とあります。

天皇が小直衣を着ることはありませんでしたが、江戸時代の『禁中并公《きんちゅうならびにく》家中諸法度《げちゅうしょはっと》』で天皇の装束と定められました。ただしこれは「直衣の簡略版」という位置付けのため、狩衣のような袖括《そでくくり》の緒《お》がありませんし、「御金巾子《おきんこじ》の冠《かんむり》」をかぶります。

上：御小直衣 光格天皇所用
（京都国立博物館蔵）
下：小直衣を着た明神
（『春日権現験記』*）

『台記』
「久安四年（一一四八）九月十一日丙申。午刻著狩衣直衣、沽野参御所。」

『猪隈関白記』
「安貞二年（一二二八）三月四日。早旦参平等院見廻、早旦余着小直衣〈香唐綾小直衣、浅木白衣二《平絹》、浅木綾指貫、生下袴〉、乗手輿。内大臣着小直衣〈白浮線綾小直衣、綾紫衣《重白衣》、薄色綾指貫〉。騎馬人々上下着水干。」

『民経記』
「寛元元年（一二四三）七月廿八日（中略）入夜著布衣参九条前内府（基家）（中略）相府出給〈小直衣〉、羽林（経家）〈布衣〉同出給。」「文永四年（一二六七）九月七日（中略）一院・新院・大宮院御幸左相府日野山庄、有御宿云々。（中略）院御方　御小直衣御装束一具（中略）新院御方　御小直衣御装束皆具。」

『後愚昧記』
「応安三年（一三七〇）四月十一日（中略）小直衣〈或号狩衣直衣（中略）於常狩衣者、丞相以後当家不用之。」「応安元年十一月廿三日（中略）狩衣直衣〈うハつゝき〉親王著用云々」

『建内記』
「永享元年（一四二九）八月四日（中略）昇大将給了、可為小直衣。而不出来、可為御狩衣哉。（中略）且摂家大将之時着狩衣、大臣之時被着小直衣例也。（中略）但於大臣者必着用小直衣也。」

褐衣《かちえ》

近衛府《このえふ》の将曹《しょうそう》以下の官人たちは、大将や中・少将の護衛をする「随身《ずいじん》」を務めますが、天皇の別勅《べっちょく》（命令）で上皇・摂関《せっかん》など貴人・高官の護衛をすることがありました。美男子を揃えた随身は行列の花形でもありました。

別勅により賜る随身の定数には変動がありました。摂関時代の最盛期、藤原道長は内覧《ないらん》左大臣となった長徳二年（九九六）十月、左右近衛府生《さうこのえふしょう》各一人・左右近衛《さうこのえ》各四人、合計十人の随身を賜ったことを皮切りに生涯数度、天皇から「随身兵仗《ずいじんひょうじょう》」を賜っています。『西宮記《さいきゅうき》』では上皇の御随身の装束は布衣《ほい》に烏帽子《えぼし》としていますが通常、随身は「褐衣」に細纓冠《さいえいのかんむり》を着けます。「褐衣」は古代中国では「菓《いちび》製の粗末な衣」という意味もあり、「褐」は毛織物を指したとも言われます。日本では実働部隊としての武官が着用するものとして六位以下の当色《とうじき》である深縹《こきはなだ》の闕腋袍《けってきのほう》のことでした。その後、活動しやすい一巾の狩衣《かりぎぬ》形式になりましたが、闕腋袍の名残で肩を縫い越しています。

大嘗祭《だいじょうさい》の御禊《ごけい》や春日祭勅使《かすがさいちょくし》の行列のような晴の場では、褐衣に丸い「蛮《ばん》絵《え》」文様（76ページ）を墨で摺り出しました。左近衛府は獅子《しし》の蛮絵褐衣に蘇《す》芳裾濃《おうすそご》の袴、右近衛府は熊の蛮絵褐衣に朽葉裾濃《くちばすそご》を用いました。

獅子の蛮絵の褐衣を着た左近衛随身（前）
（井筒グループ蔵）

褐衣姿の随身たち（『春日権現験記』＊）

『西宮記』
「摂政。代天皇摂万機、載幼主受禅宣命後、或詔賜随身、加内舎人、」

『枕草子』
「郎等は、また随身こそあめれ。いみじう美々しうてをかしき君達も、随身なきはいとしらじらし。」

『小右記』
「寛和元年（九八五）十月廿五日乙丑。早朝参内、今日御禊也。（中略）大将随身着盤絵衣・下襲・伊ち比脛巾等。宰相中将・三位中将相同。非参議中少将随身褐衣・伊千比脛巾。」

『年中諸公事装束要抄』
「石清水臨時祭。使かならず蛮絵の随身を召具べし。近比まま蛮絵ならぬ随身をめしぐしたる事もあるやらん、不可然。春日祭。（中略）随身蛮絵袍。左獅子、右熊丸。下重。半比。袴。左蘇芳裾濃。右朽葉裾濃。」

『多々良問答』
「実隆曰、褐色随身用之。(中略)褐、毛布、寛博寛太之衣、賤者之服也。」

火長《かちょう》・白張《はくちょう》

右上：火長(『桜町殿行幸図』**)
右下：白張(『賀茂祭絵詞』*)
左上：居飼(『法然上人伝』*に着彩)

平安京の警察である検非違使《けびいし》の下級官人や上級貴族の仕丁《しちょう》たちは、活動的な狩衣《かりぎぬ》に類似した装束を着用しました。検非違使の下士官である「看督長《かどのおさ》」や「火長《かちょう》」たちは規則に従い、赤や薄桃色、仕丁は白の狩衣です。

火長

衛門府《えもんふ》に属する検非違使は都の治安維持部隊です。「火」は部隊の単位で、『養老令《ようろうりょう》』（軍防令）には「兵士十人を一火となす」とあります。火長は桃染《ももぞめ》布衫《ふさん》（麻の狩衣）・赤弓・二本の白羽の矢を入れた壺胡簶《つぼやなぐい》（これを靫《ゆき》と呼ぶ）が決まりの装束で、白張狩衣で騎馬姿の少尉《しょうじょう》とともに、検非違使を象徴するものでした。布衫の色は図書寮《ずしょりょう》は紺、駕輿丁《かよちょう》は黄など役所・役柄によって決まっていましたが、衛門府官人の桃染は『延喜式《えんぎしき》』（衛門式）に定められていました。火長は通常は白の狩《かり》袴《ばかま》をはいていますが、非常事態では紺の「小袴《こばかま》」をはく場合もあります。足元は通常「草鞋《そうかい》」（藁沓《わらぐつ》）で、脛には「菓脛巾《いちびはばき》」を巻きました。

白張

貴族の家で下部《しもべ》として働く仕丁は白狩衣に白の狩袴《かりばかま》を着用しました。動きやすいように膝で括る「上括《しょうくくり》」が原則でしたので、足首までの丈の「小袴《こばかま》」も用いられたようです。白装束なので仕丁そのものが「白丁《はくちょう》」と呼ばれることもありました。白狩衣に胡粉《ごふん》を塗って木のように固くすることも多く、仕丁の白狩衣は「如木《じょぼく》」という異称もあります。親王や大臣の邸で働く仕丁は薄紅色の「退紅《たいこう》」の狩衣を着用します。また退紅狩衣に黒や紺の小袴を合わせた装束は、牛馬を飼育する「居飼《いかい》」の装束としても知られました。

『小右記』
「寛仁二年（一〇一八）閏四月十日（中略）昨日保昌牛童与維衡草刈男闘乱。左衛門尉正輔入、随身火長・郎等々于保昌宅令追捕。」

『民経記』
「安貞元年（一二二七）四月十三日（中略）今日内大臣殿御拝賀日也（中略）雑色少々如木一人取松明前行。」

『延喜式』（衛門式）
「小儀（中略）府生以上並准近衛府。門部黄袍。衛士桃染布衫。余准中儀〈除末額〉。」

『延喜式』（縫殿式）
「退紅（アラソメ）帛一疋。紅花小八両。酢一合。藁半圍。薪三十斤。」

『岡屋関白記』
「嘉禄元年（一二二五）七月十日。申慶（任大納言）。（中略）檳榔毛車。牛童〈萌木狩襖袴、白帷〉。車副二人〈白張狩襖袴、白帷、平礼〉。雑色長武茂〈布衣、平礼〉。本随身二人〈布衣、不帯劔〉為雑色代。」

『海人藻芥』
「仕丁装束ノ事。親王大臣家ハ退紅。公達等ノ家々白丁也。僧中ニモ随家門可用之。」

水干《すいかん》

布衣《ほい》（狩衣《かりぎぬ》）の簡略版で、襟を「蜻蛉頭《とんぼがしら》」で留めるのではなく紐で結び留めるのが特徴。麻製で容易に洗濯可能なためその名があると言われます。のちに貴族階級も気軽な日常着として用いるようになりました。

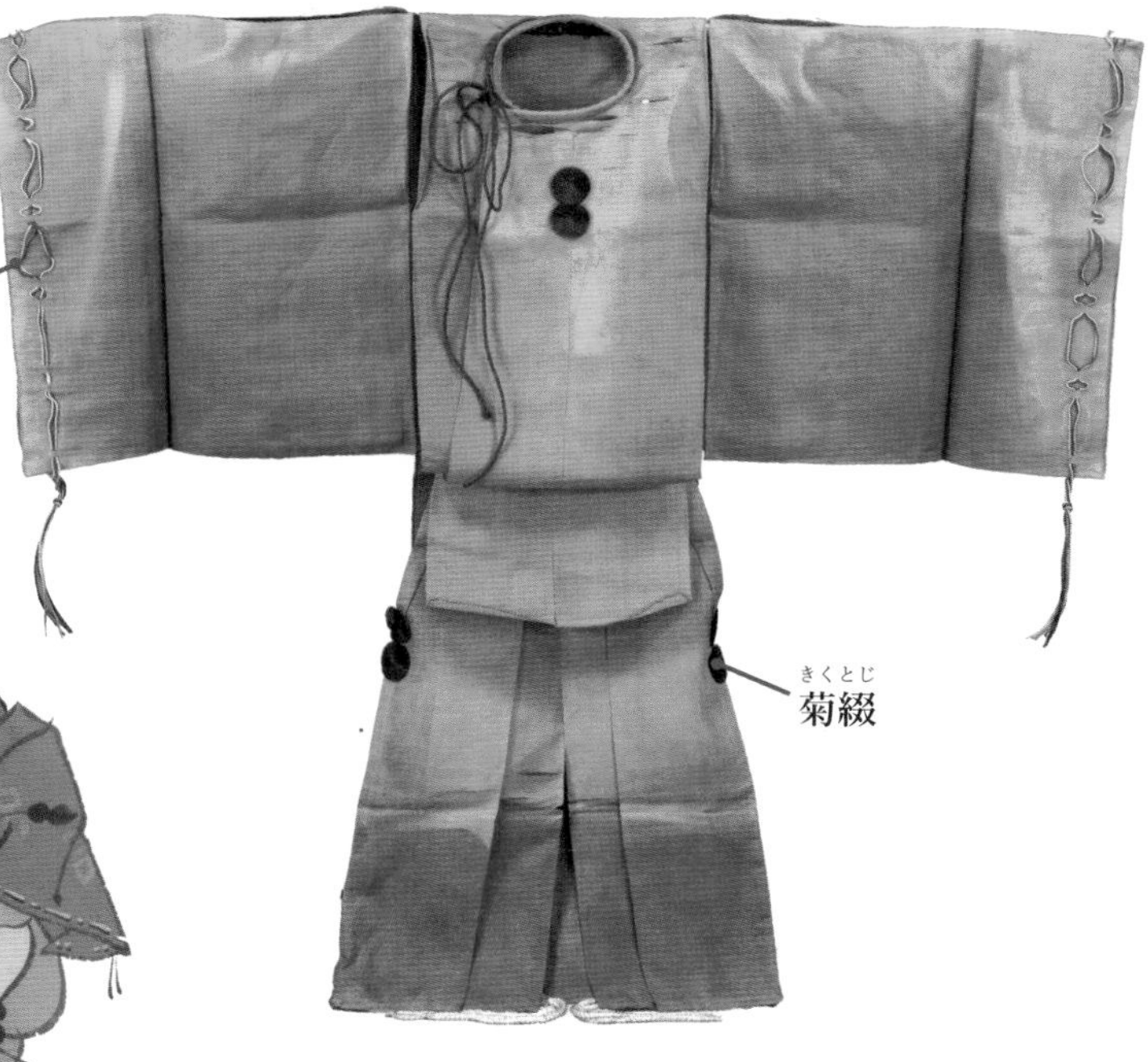

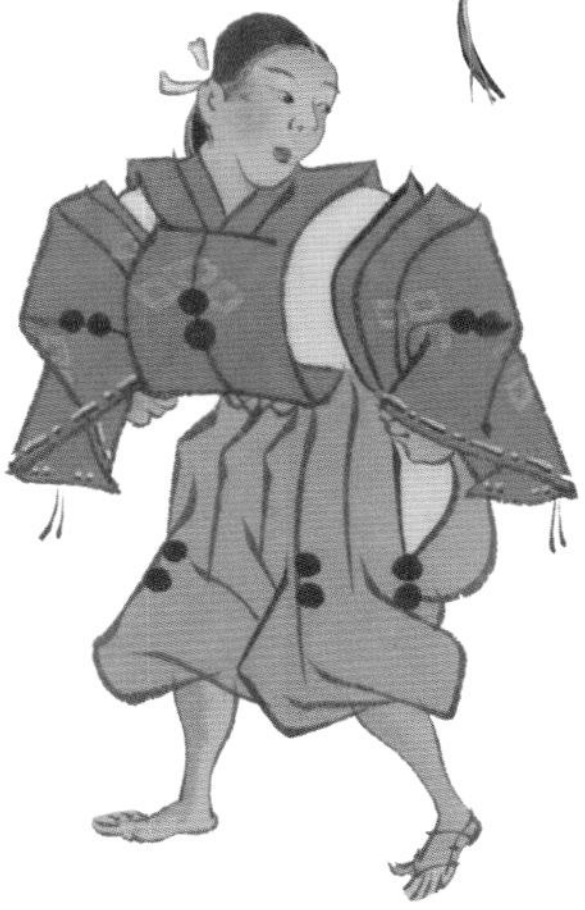

上：置括《おきくくり》の袖緒《そでお》がある童水干＊＊＊
左：垂頸《たりくび》に着た水干の牛飼童
（『賀茂祭絵詞』＊）

紐を蝶結びにして襟を留めるのは、古墳の埴輪《はにわ》にも見られる日本古来の方法です。隋《ずい》・唐《とう》から伝わった「蜻蛉頭」を「受緒《うけお》」に掛けて留める方式よりも格が低いとされ、裾を袴に着込める着方とともに、庶民の労働着らしい装束でした。ただし自由に文様を描いたり、補強の力糸《ちからいと》から派生した「菊綴《きくとじ》」を要所要所に付けるなど、独特のお洒落が楽しまれた衣類でもあります。

貴族たちは鷹狩（216ページ）の際に用いました。冬にオオタカを使う「大鷹《おおたか》狩《がり》」では水干、秋にハイタカを使う「小鷹狩《こたかがり》」には狩衣《かりぎぬ》を着ると『古事談《こじだん》』にあります。そして登山の際にも用いられ、長和五年（一〇一六）五月に三条上皇が比叡山に登った際、公卿以下が水干装束を着たと『百錬抄《ひゃくれんしょう》』に記されます。こうして狩衣のように、貴族社会に溶け込みました。

菊綴の可愛らしさから貴族の子どもや寺院の稚児《ちご》の装束として一般化し、やがて成人貴族も日常に水干を着用するようになります。『殿暦《でんりゃく》』を見ますと、天永二年（一一一一）十月の小倉《おぐら》周遊に、中納言以下の人々が揃って水干を着ています。

室町時代になると貴族の日常着になります。『桃花蘂葉《とうかずいよう》』には大納言まで着用するとありますし、『三内口決《さんないくけつ》』には摂政や清花家《せいがけ》の者も平生に着用するとありますから、最上級の貴族の日常着にまでなっていたのです。

『百錬抄』
「長和五年（一〇一六）五月一日。太上皇登天台山。修七壇法。依御目病也。公卿已下著水干装束。」

『殿暦』
「天永二年（一一一一）十月廿八日丁巳。天陰、雨時々降。午剋許雨宜。仍小倉方見廻、又帰参。中納言以下人々水干装束。」

『玉葉』
「元暦二年（一一八五）五月三日。内大臣息侍従公継来。著水干装束。浮線綾白水干、繍龍紺葛袴、紫衣。生年十一歳。容顔美麗、進退叶度。」

『民経記』
「寛喜三年（一二三一）十月九日（中略）可被発遣伊勢公卿勅使日也。（中略）舎人四人〈紺青丹水干、紺末濃小袴、四目結茜衣〈菊文〉、褐脛巾、立烏帽子〉。」

『桃花蘂葉』
「水干事。紗にても平絹生にても又色は白にても何色にても、大納言の時まで内々着用之。」

『三内口決』
「水干〈摂政、清花、平生着用之。色不相定。当家ハ織物之水干着用之由、見旧記候。童形之間ハ諸家着用。元服以後ハ不用之候。大臣ノ孫子ハ、元服以後着用勿論候〉。」

奈良朝女子《ならちょうじょし》

奈良朝命婦礼服（前後）
（井筒グループ蔵）

飛鳥時代の女子の衣服は、高松塚《たかまつづか》古墳壁画で想像することが可能で、上衣は男子と同形で短く方領《ほうりょう》（通常の着物のような合わせ襟）を胸紐《むなひぼ》で留め、下に裙《くん》（腰裳《こしも》）、さらに下には巻きスカート状の裳を着けています。上衣の襟は男女ともに左前ですが、これは養老三年（七一九）に「天下百姓右衽《うじん》」の勅令が出るまでの日本の風習でした。

奈良時代になり、律令《りつりょう》により運営される朝廷では女子も公的な役割を担いました。内親王・女王といった皇族だけでなく、「内命婦《ないみょうぶ》」と呼ばれた五位以上の女官や「外命婦《げみょうぶ》」（五位以上の官吏《かんり》の夫人）、「庶女《しょじょ》」（無位の一般女子）の服装まで「衣服令《えぶくりょう》」で規定されます。外命婦や庶女が朝廷の儀式に勤仕することがあったからです。

律令で定められたこれらの衣服は、唐の風俗をそのまま持ち込んだものです。特に礼服《らいふく》は結い上げた髪に華やかな髪飾りを付けた「宝髻《ほうけい》」と呼ばれる髪型をしました。その詳細は不明ですが、唐の絵画や『年中行事《ねんじゅうぎょうじ》絵巻《えまき》』（内宴《ないえん》）などから推測できます。

衣服の色彩は男子同様に位階《いかい》に応じた「当色《とうじき》」を用いることが規定されていましたが、外命婦は「夫の当色以下の色ならば良い」、無位の宮人でも「紫以下が少々許される」などと明文化されていますから、男子以上にファッションを好む女子向けらしい配慮がある規定でした。

吉祥天立像（模造）＊＊＊

『続日本紀』
「天平二年（七三〇）四月十六日（中略）自今以後、天下婦女、改旧衣服施用新様。」

『養老令』（衣服令）
「内親王礼服。一品礼服宝髻〈四品以上。毎品各有別制〉・深紫衣・蘇方深紫紕帯・浅緑褶・蘇方深浅紫緑纈裙・錦襪・緑舄〈飾以金銀〉。」「女王礼服。一位礼服、宝髻〈五位以上、毎位及階、各有別制。内命婦准此〉・深紫衣。五位以上、指浅紫衣、自余准内命婦服制。唯褶同内親王。」「内命婦礼服。一位礼服、宝髻・深紫衣・蘇方深紫紕帯・浅縹褶・蘇方深浅紫緑纈裙・錦襪。緑舄〈飾以全銀〉。三位以上、浅紫衣・蘇方浅紫深浅緑纈裙、自余並准一位。四位、深緋衣・浅紫深緑紕帯・烏舄〈以銀飾之〉。五位。浅緋衣・浅紫浅緑紕帯、自余皆准上。大祀大嘗元日、則服之〈外命婦、夫服色以下、任服〉。」「朝服。一品以下五位以上、去宝髻及褶舄、以外並同礼服。六位以下初位以上、並着義髻、衣色准男夫。深浅緑紕帯・緑縹纈紕裙〈初位去纈〉・白襪・烏皮履。四孟則服之。」「制服。宮人、深緑以下、兼得服之〈紫色以下、少少用者聴〉。緑・縹・紺纈・及紅裙、四孟及尋常則服之。若五位以上女、除父朝服以下色者、通得服之。其庶女服、同無位宮人。」

平安前期女子《へいあんぜんきじょし》

大同四年（八〇九）に即位した嵯峨《さが》天皇は唐風《からぶり》を好み、朝廷内の文物は奈良時代以上に唐の制度を模倣しました。そのため女子の装束も唐風で、「衣服令《えぶくりょう》」にない「背子《せこ》」（唐衣《からぎぬ》）も着用しています。

平安前期女子朝服（前後）
（井筒グループ蔵）

平安前期はさまざまな文物で唐風が礼賛された時代。嵯峨天皇は宮門を唐風の名称に改めるなど、特に強い中華嗜好があったようです。弘仁九年（八一八）三月、天武天皇十一年（六八二）から何度も禁令の出ていた「跪礼《きれい》」（地に跪《ひざまず》く礼）を完全に廃止し、衣服も男女を問わず「唐法」に改めるという勅令が出ます。このことを受けて『寛平御遺誡《かんぴょうのごゆいかい》』にも「弘仁の時代に初めて唐服を作製した」とあるのです。遣唐使などから唐の情報がより多くもたらされたこともあるのでしょう。

宋《そう》代の『事物紀源《じぶつきげん》』には「背子は朝《ちょう》服《ふく》の上に加えるもので袖が短い。秦《しん》から始まる」とありますが、『養老令《ようろうりょう》』（衣服令《えぶくりょう》）の女子礼服《らいふく》・朝服には規定されていない「背子」が日本に導入された時期は明確ではありません。正倉院宝物の「伎楽呉女《ぎがくごじょ》」の着ている方領《ほうりょう》の短衣が背子であろうとされていますが、詳細は不明。ただし、平安中期の『和名類聚抄《わみょうるいじゅうしょう》』には「背子の和名はカラギヌ。半臂《はんぴ》のようで腰の襴《らん》がない婦人の表衣《うえのきぬ》」としていますので、後世の唐衣《からぎぬ》に発展したのは確かでしょう。『延喜式《えんぎしき》』（縫殿式）には中宮の春季・冬季の料《りょう》として毎月「背子十領（白一領・白橡九領）料、絹五疋（別三丈）、糸一両一分（別三銖）」と規定されています。夏季・秋季に着用しなかったことから、背子は防寒の意味もある衣類であったことが推測されます。

唐国の衰退や渡航の危険性などもあって、寛平六年（八九四）に遣唐使が廃止されます。これは民間商船がたびたび来航し始めたことも理由の一つとされ、唐物《からもの》の輸入は遣唐使廃止以前よりもむしろ盛んになります。国風文化の隆盛にはもう少し時間が必要でした。

『貞観儀式』
「天皇即位儀（中略）褰帳命婦二人・威儀内命婦四人、各著礼服、相分為以次就座。」「元正朝賀儀（中略）威儀命婦四人〈以三位已下・五位已上為之、各一人、同色相対、以南為上〉、各著礼服、相分以次就座。」

『寛平御遺誡』
「又弘仁御時、諸堂殿門額初書、宮城東面帝親書耳。又初製唐服云々。」

『延喜式』（縫殿式）
「中宮。春季。正月料〈二月三月亦同〉。袍十領〈白一領。作目白橡九領〉料。白絹四足二丈、別二丈五尺。糸一両一分、別三朱。背子〈唐衣云々〉十領〈白一領、白橡九領〉料。絹五足、別三丈。糸一両一分、別三朱。」

『和名類聚抄』
「背子〈領巾附〉弁色立成云、背子〈和名加良岐沼〉。形如半臂無腰襴之袷衣也。楊氏漢語抄云、背子婦人表衣以錦為之領巾〈日本紀私記云比礼〉。婦人項上餝也。」

『事物紀源』
「背子。又曰秦二世詔衫子上朝服加背子。其制袖短於衫、身與衫斉而大袖。今又長與裙斉而、袖纔寛於衫。蓋自秦始也。」

物具姿《ものぐすがた》

奈良時代の唐風《からぶり》装束から国風《くにぶり》の十二《じゅうに》単《ひとえ》に移行する過程のような装束です。平安中期になるとさまざまな文物の国風化が進みましたが、儀式によっては古式を表現する意味から唐風が残っていたのです。

裙帯比礼の物具姿（前）（井筒グループ蔵）

「内宴」の舞妓（『年中行事絵巻』*）

現在「十二単」として知られる装束がいつ生まれたのかは、よくわかっていません。女子の髪型で言えば、奈良時代に結い上げて櫛《くし》を挿していたものが、中央で分けて全体を垂らす形式になったのは西暦一〇〇〇年頃だと考えられます。『宇津保物語《うつほものがたり》』には「女は髪を上げて唐衣《からぎぬ》を着ない姿では御前に出ない」とありますし、『枕草子』にも日常的に髪を上げて櫛を挿していた描写が随所に見られます。しかし『紫式部日記《むらさきしきぶにっき》』では、土御門殿《つちみかどどの》行幸で内侍《ないし》が髪上げして櫨緂《はぜのだん》の裙帯《くんたい》や領巾《ひれ》を着けた姿を「唐絵《からえ》の人物や天女のよう」と評していますから、清少納言と紫式部の活躍時期のわずかな差で、風俗に変化が生じたようなのです。藤原道長の破天荒な美意識が反映されたものなのでしょうか。

けれども重要な儀式では髪を上げて裙帯・領巾をまとう、古式も保たれました。『栄花物語《えいがものがたり》』（謌合《うたあわせ》）では正月の「内宴《ないえん》」に奉仕する女房たちが「裙帯・領巾など、いみじく心を尽して」、「儀式有様などいと珍しうおかしき事の様なり」とあります。また『枕草子』には五月節会《さつきのせちえ》で「あやめの蔵人《くろうど》」が領巾・裙帯を着けて薬玉《くすだま》を配ったとあります。さらに新嘗会《しんじょうえ》の五節舞姫《ごせちまいひめ》も物具装束を着用しました。『小右記《しょうゆうき》』万寿二年（一〇二五）の記事には、新嘗会の寅日《とらのひ》・辰日《たつのひ》での舞姫装束は通常の十二単ではなく「末濃裳《すそごのも》・裙帯・領巾・長鬘《ながかつら》・本結料等紫糸・木彫櫛・下櫛・蒔絵櫛」を着用・装備するとあります。平安後期の舞姫も「目染《めぞめ》の裳・裙帯・領巾」を着用しました。

この伝統は継承され、鎌倉後期の『永仁御即位用途記《えいにんごそくいようとき》』には、即位礼の供奉《ぐぶ》女房や御前命婦《ごぜんみょうぶ》たちが「裙帯比礼二筋《ふたすじ》」をまとったことが記されます。

『西宮記』

「女装束（中略）内宴陪膳更衣、綾青色長袂袷襠裙比礼青下濃裳。（中略）五位、浅緋緑褶、同上、垂緒、又色徽、不載儀式、執翳褶唐衣、比礼目染裳簪如常。供奉節会女房、摺唐衣、比礼纐纈裳簪等、如常。釆女、纐纈唐衣比礼同裳簪、如常、旬日及尋常、青麴塵唐衣裳比礼等也。」「五節舞妓、帳台試〈垂髪、赤色織物、唐衣地摺裳〉。御前試、折隔子散櫛青色麴塵長袂袷襠比礼蘇芳下濃裳。節会夜、折隔子如御前試、羅青摺長袂袷襠比礼蘇芳目染裳、左右着赤紐日蔭縵。」

『宇津保物語』

「女は髪上げて、唐衣着では御前に出ず。男は冠し袍着では御前に出ず。」

『枕草子』

「釆女八人（中略）青裾濃の裳、裙帯、領布などの風に吹きやられたる、いとをかし。」

『民経記』

「寛喜三年（一二三一）四月九日（中略）中宮御入内（中略）同裳・唐衣・裙帯・比礼自納殿渡本宮庁事〈兼日忠高相触之間下知了。是晴行啓之時如常〉。」

十二単《じゅうにひとえ》（女房装束《にょうぼうしょうぞく》）

最も華やかな「平安装束」ともされる十二単は摂関時代に大きく開花し、『栄花物語《えいがものがたり》』には二十枚も衣を重ねて重くて立てないという描写があるほど。その過差《かさ》（贅沢）から、たびたび枚数制限の規定が出されています。

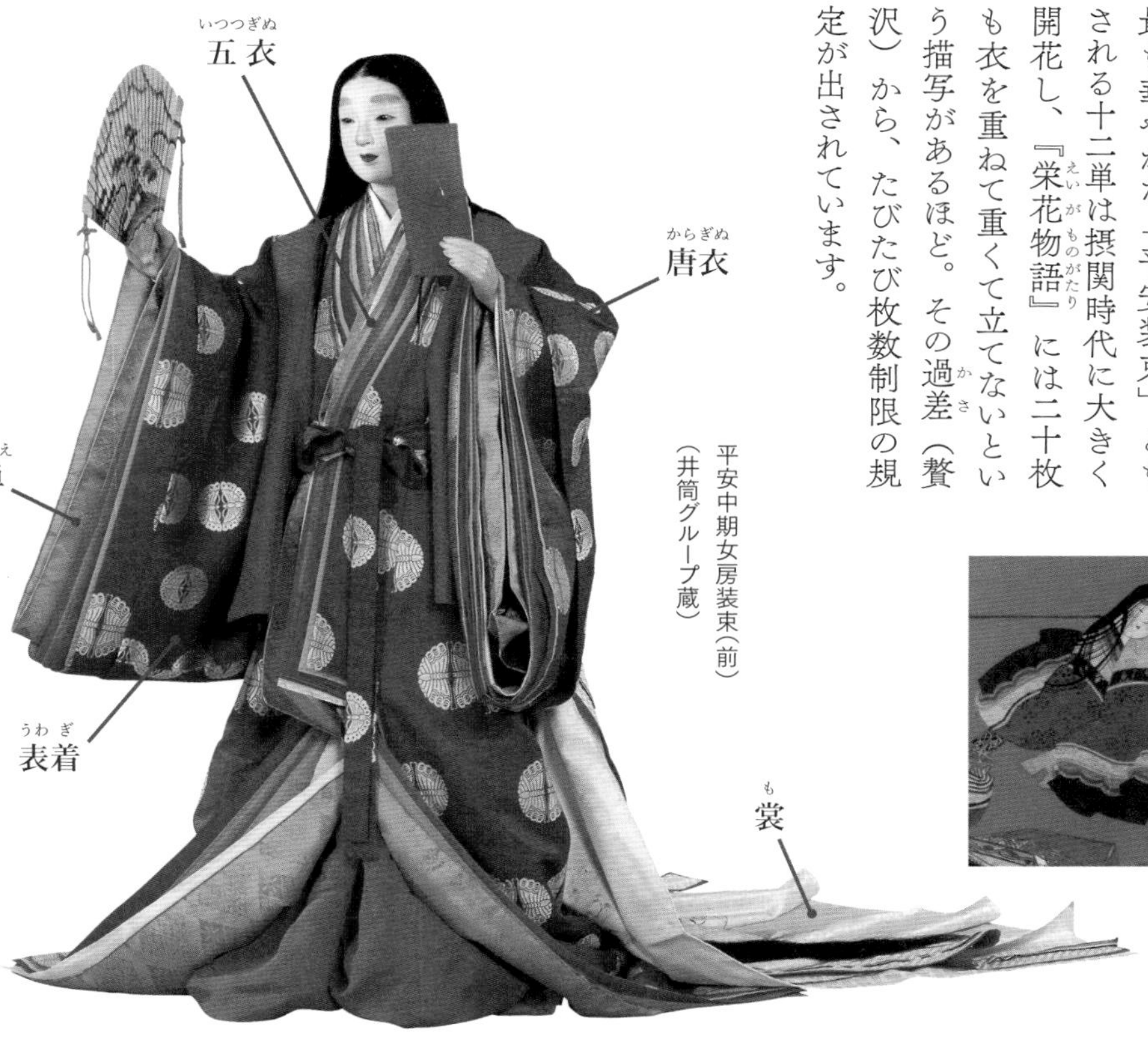

平安中期女房装束（前）（井筒グループ蔵）

唐衣の襟を落として着る平安時代の女房装束（『春日権現験記』*）

平安中期以降の女子の正装、裳《も》を着けて唐衣《からぎぬ》を着る「十二単」は『源平盛《げんぺいせい》衰記《すいき》』に初めて登場する言葉で、俗語です。貴族社会では「女房装束」と呼ばれました。女房つまり貴人に仕える女子たちの勤務服であり、その場における主人格の女子は女房装束を身につけませんでした。

奈良時代には下半身全体を覆う巻きスカート状であった「裳」が、次第に前を開けるようになって、平安中期には腰から後ろに引くものになります。この「裳」を着けることが貴人に対する謙譲表現となりました。『枕草子』には正暦五年（九九四）二月、積善寺《しゃくぜんじ》一切供養において中宮定子《ていし》が裳の上に小袿《こうちぎ》を着ているのを見た関白道隆《みちたか》が、「この座中《ざちゅう》の主君は中宮様だから」と裳を脱がせたことが記されます。また『紫式部日記《むらさきしきぶにっき》』の敦成《あつひら》親王五十日《いかの》賀《が》の場面では中宮彰子《しょうし》が「小袿」姿で、彰子の母である源《みなもとの》倫子《りんし》が「赤色の唐衣、地摺《じずり》の裳」の女房装束を着ています。中宮は実母よりも地位が上なのです。

『源氏物語』（若菜上）では、出自の低い明石《あかし》の御方《おかた》が遠慮して裳を着けて「ことさら卑下《ひげ》したれど」とあります。し、「浮舟《うきふね》」の帖では匂宮《におうのみや》が浮舟に裳を着せて、女一宮《おんないちのみや》の女房にしたらと考える場面があります。裳の着用は貴人に仕える女房装束の象徴だったのです。

唐衣は『枕草子』で「短衣と言うべき」と評される裾も袖も短い衣で、平安時代は現在と異なり、裳の上に唐衣を羽織っていました。また『枕草子』に「唐衣着垂《きた》れたる」とあるように襟を肩から落とす着方をしたようで、各種の絵巻物でもそのように描かれます。裏返した襟が領巾《ひれ》をまとったように見えることを意図したのかも知れません。

『源平盛衰記』
「弥生の末の事なれば、藤重の十二単の御衣を召れたり。」

『小右記』
「長和二年（一〇一三）正月十六日戊申。（中略）入夜後諸卿参入。上達部皆奉出車。女房装束不具。仍在前参欲令渡給之処〈大納言斉信家〉供奉諸衛所司参不。」
「長和三年十一月廿一日。（中略）下仕着無文織物唐衣。兼有可禁過差之仰。而童女下仕着織物。更無勘当。相府被申不可有禁制之由。亦六位着紅色、是有不可着之仰、而不憚着用。強乖叡慮、王化之薄歟、甚以嘆息。」

『満佐須計装束抄』
「使に女房の装束を給ぶべきなり。裳唐衣濃張袴これを女房の装束と云ふなり。」

『栄花物語』（ふじなみの上）
「女房のなりどもは、柳・桜・山吹・紅梅・萌黄の五色をとりかはしつゝ、一人に三色づゝを著させ給へるなりけり。一人は一色を五ゝ、三色著たるは十五づゝ、あるは六つゝ七づゝ、多く著たるは十八廿にてぞありける。」

小袿《こうちぎ》

その名の通り、袿よりも裾が短い衣です。一番上に着るものですから美麗な生地で仕立てられました。女房の正装が十二単《じゅうにひとえ》であるのに対して、その場の主人格の女子の正装が小袿であったのです。

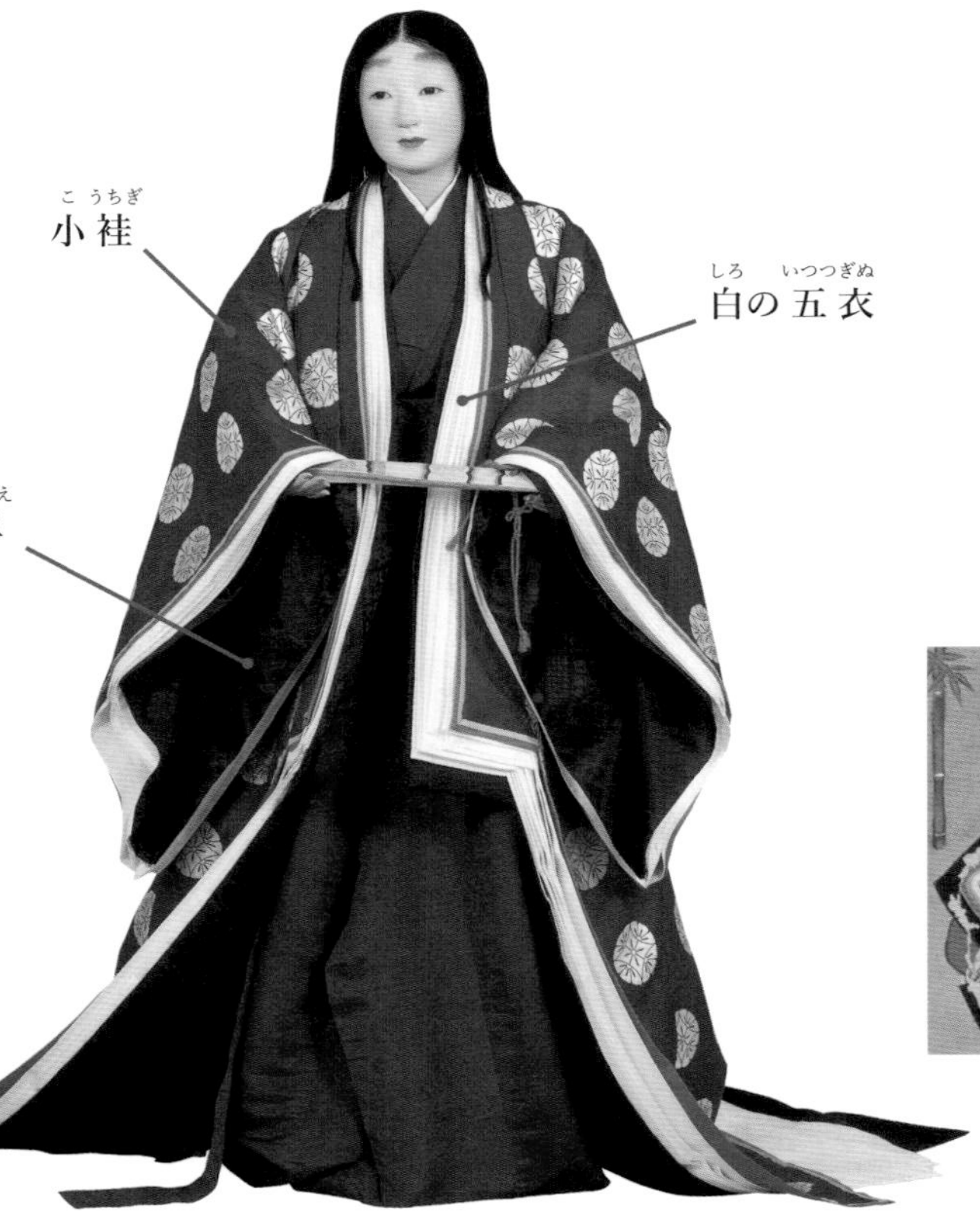

小袿を着た婚儀の装い（前）
（井筒グループ蔵）

袿よりも短い小袿（『春日権現験記』*）

高貴な女子が改まった場で着る装束が小袿です。これは女房《にょうぼう》装束《しょうぞく》における唐衣《からぎぬ》の位置付けでした。『台記《たいき》』の久安四年（一一四八）九月の記事に、四条《しじょう》大后《おおきさき》こと藤原寛子《かんし》（後冷泉《ごれいぜい》天皇皇后）の言葉として「唐衣を着るときは小袿を着ない。小袿を着るときは唐衣を着ないのが礼」とあります。『源氏物語』（若菜下）では、高貴な女子四人が楽器を演奏するに際して、身分立場に応じた細長《ほそなが》や小袿を着ています。この中で「明石《あかし》の御方《おかた》」は出自が低いことに遠慮して、小袿の下に裳《も》を着けてへりくだります。小袿が唐衣に相当するものであることがわかります。

このため小袿は単《ひとえ》の上に羽織るというような略式ではなく、三衣《みつぎぬ》や五衣《いつつぎぬ》、袿の上に着けるものとされ、正式な場ではさらに表着《うわぎ》を重ねた上に小袿を着ることもありました。一番上に着る衣類として、二重《ふたえ》織物（地文の上に別の文を織り出した最上級の織物）など豪華な生地で仕立てられ、平安後期以降の摂家の姫の婚儀では、小袖、単の上に何枚も重ねた「衣」、二重織物の「表着」、そして二重織物の「小袿」という装束が定式になります。

鎌倉後期頃から正式な女房装束を着ることが少なくなり、小袿装束が最上級となります。その頃から丈が長くなり、袿や表着と同じサイズになりました。ただし重ね着の上という位置付けから表地と裏地の間に「中陪《なかべ》」をはさみ、重袿《かさねうちぎ》の印象を残しています。

『枕草子』
「野分のまたの日こそ（中略）黄朽葉の織物、薄物などの小袿着てまことしう清げなる人の」「関白殿、二月二十一日に（中略）殿の上は裳の上に小袿をぞ着給へる。」

『源氏物語』（若菜下）
「かかる御あたりに、明石はけ圧さるべきを（中略）柳の織物の細長、萌黄にやあらむ、小袿着て、羅の裳のはかなげなる引きかけて、ことさら卑下したれど。」

『栄花物語』（はつはな）
「大宮は葡萄染の五重の御衣、蘇芳の御小袿などをぞ奉りたる。」

『台記』
「久安四年（一一四八）九月廿八日、癸丑。使仲行申禅閤曰、著唐衣之時著小袿乎。帰来曰、禅閤不悟。仍問女院。女院仰曰、故四条大后曰、著唐衣之時、不著小袿。著小袿之時、不著唐衣。是礼也。」
「久安六年正月廿一日己亥。女御著二色衣〈二色衣十領。紅打衣、葡萄染織物五重表著。白二重織物、五重小袿、紅張袴。無裳唐衣。是入内夜、縁子内親王所送云々〉。」

『玉蘂』
「嘉禎三年（一二三七）正月十四日丙寅。今夜左丞相可令通、摂政殿御息女（中略）山吹祖、二重織物裏濃蘇芳小袿、同表著濃打袿白袿八領、白単、濃袴著御云々。」

『今鏡』（宮城野）
「女院は白き御衣、十にあまりて重なりたるに、菊の移ろひたる小袿、白き二重織物の表着奉りて、三尺のみき丁のうちにゐさせ給へりけるに、皇后宮は上赤色にて下ざま黄なる櫨紅葉の、十ばかり重なりたるに、表着に同じ色に、やがて濃き蒲萄染めの小袿のいろいろなる紅葉うち散りたる二重織物奉りたりけるを、見参らせたる人の語りけるとなん。」

袿袴《うちぎばかま》（衣袴《きぬばかま》）

貴族の姫や女房たちが、自分の家、自分の局《つぼね》にいるときの普段着の姿です。「うちぎ」の語源は「打掛けて着るから」「上衣の下に着る内着から」など諸説あります。これを羽織るだけの簡単な装束です。

褻の衣袴姿（前後）（井筒グループ蔵）

袴を着けた上に単《ひとえ》を羽織り、その上に「袿《うちぎ》」を着ただけの略装。袿は『和《わ》名類聚抄《みょうるいじゅうしょう》』では「婦人の上衣」とだけ説明されています。平安中期頃に女《にょう》房装束《ぼうしょうぞく》や小袿《こうちぎ》など衣を重ねる装束が生まれますと、唐衣《からぎぬ》の下に着る袷《あわせ》（裏地のある衣類）の着物すべてを「衣《きぬ》」と呼ぶようになり、袿と衣はほぼ同義語になってしまいます。単の上に五枚重ねて「重色目《かさねいろめ》」を楽しむ「重袿《かさねうちぎ》」も「五衣《いつつぎぬ》」と呼ばれるようになりました。

高貴な女子も身内の人だけで過ごす場面では、袿を羽織っただけの袿袴姿で過ごしたようです。『枕草子』には、中宮など目上の人が居ないので裳《も》も着けず袿だけの姿を見られるのが「物ぞこなひに口惜し」とあります。

貴族階級が肌着として単の下に白小袖を着るようになったのは平安後期のこととされます。『殿暦《でんりゃく》』の嘉承二年（一一〇七）十月の記事には、藤原忠実《ただざね》が幼い鳥羽《とば》天皇に衣類を献上した際、「白御衣《しろきおんぞ》」に「御小袖《おんこそで》」を加えたとあります。当時の小袖は白綾《しらあや》の筒袖の衣類でした。「小袖」というのは袖口が小さいからで、やがて袖が大きくなっても名称は小袖のままです。女子の場合、袴の下に小袖を着るようになると、裳を着けなくても胸が見えない姿となるので、小袖＋袴＋単＋袿の姿でも一定の威儀を保つ姿となり、鎌倉時代頃から袿袴は人前に出る場面でも着用されるようになるのです。

袿袴姿（『扇面法華経冊子』（模本）＊＊＊）

『和名類聚抄』
「袿　漢書音義云、諸于〈今案于宜作衧見玉篇〉大袖衣婦人袿衣也、釈名云、袿〈音圭漢語抄作褂云宇知岐〉、婦人上衣也。」

『薩戒記』
「応永廿五年（一四一八）四月十七日。雨降。賀茂祭也。（中略）次髪上来（中略）女房一人〈着衣袴〉請取之。」

『殿暦』
「嘉承二年（一一〇七）十月廿八日（中略）奉御衣於内〈御宿物也〉。白御衣二、無単衣、無御袴、御小袖〈を〉加也。」

『禁秘鈔』
「小袖又無文也。用綾雖無憚。建久以後時々如此。可止事也。志々良練貫無憚。」

『たまきはる』
「夏など、うちおどろかせ給て『暑や』とて、袷の御小袖の御胸を引き開けてふたふたと扇がせ給し御姿」

単袴《ひとえばかま》

「単」は裏地のない衣類のことですが、装束の世界では一番下に着る裏地のない衣を指します。小袖を着なかった平安中期までは単が肌着であり、夏場の内々においては袴に単を羽織っただけの姿で過ごしました。

単袴姿の雲居雁（『源氏物語絵巻』＊）

素肌の透ける生絹の単

自宅の中での夏の装いである「単袴」は袴をはいて、透ける薄物《うすもの》の「単」を羽織っただけの姿です。小袖を着ない時代は胸もあらわでしたが、現在とは風俗や倫理観が異なる時代のこと。『扇面古写経《せんめんこしゃきょう》』などを見ますと、当時は上半身裸の女子が平気で都の中を歩いていていたようですから、今ほどの抵抗感はなかったことでしょう。

しかし『源氏物語』の「空蟬《うつせみ》」の帖では、単袴のような「胸あらは」な姿を「ばうぞく」（だらしがない）としていますし、「常夏《とこなつ》」の帖では単袴姿のままでうたた寝をしている「透きたまへる肌つき」の雲居雁《くもいのかり》を父親が「品《しな》なきことなり」と叱りますから、貴族社会では当時としても他人に見せる姿ではなかったのでしょう。

素肌に触れる単は、さらさらとした触感の「生絹《すずし》」（81ページ）のものが多かったのですが、『源氏物語』の雲居雁の姫は「羅の単《うすもの》」を着ていると書かれています。羅は「綌織《からみおり》」、つまりレース編みのような非常に透ける薄物です（80ページ）。『宇津保物語《うつほものがたり》』（楼《ろう》のうへ下）でも、六月で暑いので「羅の単がさね」を着ているとあります。

単袴姿（『扇面法華経冊子』（模本）＊＊＊）

『和名類聚抄』
「単衣　釈名云、衣無裏曰単〈単衣、比止閉岐沼。謂衣則袴可知之〉。」

『宇津保物語』（楼のうへ下）
「六月暑けれど、楼の上は山高き木どもの風いみじう涼し。犬宮、白き羅の単衣がさね着給へり。」

『源氏物語』（空蟬）
「白き羅の単衣襲、二藍の小袿だつもの、ないがしろに着なして、紅の腰ひき結へる際まで胸あらはに、ばうぞくなるもてなしなり。」

『源氏物語』（常夏）
「姫君は、昼寝したまへるほどなり。羅の単衣を着たまひて臥したまへるさま、暑かはしくは見えず、いとらうたげにささやかなり。透きたまへる肌つきなど、いとうつくしげなる手つきして（中略）女は、身を常に心づかひして守りたらむなむよかるべき。心やすくうち捨てざまにもてなしたる、品なきことなり。」

『狭衣物語』
「常よりも暑き昼つかた、御帳の帷少し結ひ上げて、床の上にて、緋の御座ばかりを敷きて、紅の羅の単衣、生絹の御袴ばかりを奉りて、腕を枕にて寝入らせたまへるに」

重衵《かさねあこめ》

童女の装束は、後ろに長く引く衣類では邪魔で危険なため、「つい丈《たけ》」（身の丈サイズ）に仕立てられることが多くありました。女子の衵も同様で、お洒落のため、つい丈の衣を何枚も重ねる「重衵」を着用しました。

重衵を着た秋の少女二人（『扇面法華経冊子』（模本）＊＊＊）

「衵」は、衣と衣の間に着籠めることによる名称とも言われる中間着です。『和名類聚抄《わみょうるいじゅうしょう》』には「衵」を「女人近身衣」としていますが、平安時代は男子装束として単《ひとえ》と下襲《したがさね》の間に着るものが衵の主流でした。

しかし童装束としては女子も用いました。『枕草子』に「（背の高い）いせい君に衵なし、（背の低い）す定澄僧都《じょうちょうそうず》に袿《うちぎ》なし、」とあるように、袿は丈長の衣、衵は丈の短い衣のことだったのです。

重衵は衵を数枚重ねて着用するもので、重色目《かさねいろめ》が楽しまれました。『源氏物語』（絵合《えあわせ》）では、左右に分かれて絵を競い合う「絵合」の場において、左方の童は「紅に藤重《ふじがさ》ねの織物」、右方の童は「山吹襲《やまぶきがさね》」の重衵を着ています。また「蛍」の帖では童たちが「菖蒲重《しょうぶがさ》ねの衵」を着用。これらの重衵は皆、晴の汗衫《かざみ》（36ページ）の下の着用になっています。

衵は四季にわたって着用されるもので、暑い夏は裏地を引き剥がして「引《ひ》倍木《へぎ》」と呼び、寒い冬は真綿を入れて「綿衣《わたぎぬ》」「厚衣《あつぎぬ》」と呼んで着用しました。『広季記《ひろすえき》』によれば、平治元年（一一五九）七月の婚儀で、姫に付き添う女房たちは濃色の「引倍木」、童女・半物《はしたもの》・雑仕《ぞうし》・御樋澄《おひすまし》たちが「重衵」と「引倍木」を礼装として着用しています。このときは汗衫がありませんので重衵が一番上になります。

重衵は比較的手頃に重色目を楽しめましたので、平安後期には童女の晴着になっていたのです。

『説文』
「衵　日日所常衣。」

『小右記』
「万寿二年（一〇二五）十一月十二日（中略）向五節所可行事者（中略）送童女装束一襲〈葡萄染汗衫・表袴・綾薄色三倍重衵・打茜衵〉。」

『源氏物語』（絵合）
「左は（中略）童六人、赤色に桜襲の汗衫、衵は紅に藤襲の織物なり。（中略）右は（中略）童、青色に柳の汗衫、山吹襲の衵着たり。」

『源氏物語』（蛍）
「童、下仕へなどさまよふ。菖蒲襲の衵・二藍の羅の汗衫着たる童女ぞ、西の対のなめる。」

『広季記』
「平治元年（一一五九）七月一日。六条摂政、迎信頼妹給。今夕女房二十人装束、薄蘇芳単・重濃引倍木・濃蘇芳織物表着三井亀甲・女郎花唐衣筥形織物、薄色裳大文薄物白腰・濃張袴・泥絵夏扇。童女二人装束、同単重衵・濃引倍木・濃蘇芳織物表著・同色汗衫・濃張袴・泥絵扇。半物四人、薄蘇芳単重衵・濃引倍木・濃張袴・同扇・沓。」
「平治元年七月四日。今夕女房以下給褻装束。女房二十人、各女郎花単重衵・紅生袴・二藍唐衣・朽葉裏村濃腰裳。童女二人、各薄色単衵・紅生袴。半物四人、各萩立単重衵・紅生袴。雑仕四人薄青単重衵・濃蘇芳帷・白裳。御樋洗二人、各朽葉同単重衵・紅裳。下仕二人、薄蘇芳単重衵・紅生袴。」

童女の晴の汗衫（前）
（井筒グループ蔵）

晴の汗衫《はれのかざみ》

汗衫と呼ばれる装束には数種あります。童女《わらわ》装束としては「晴の汗衫」と「褻《け》の汗衫」があり、両者はまったく別の形状です。晴の汗衫はさまざまな儀式行事で用いられました。

新嘗会「童女御覧」（『承安儀式』*）

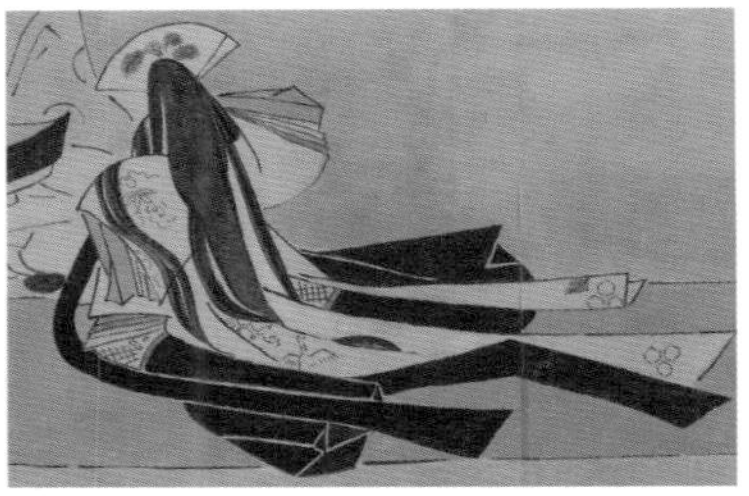

『源氏物語』を見ますと、さまざまな場面で童女が「汗衫」を着ています。しかし汗衫が最も脚光を浴びる機会は、新嘗会《しんじょうえ》で五節舞姫《ごせちまいひめ》に従う童女の姿でしょう。平安末期の『満《ま》佐《さ》須《す》計《け》装束抄《しょうぞくしょう》』には、このときの汗衫について詳細に記しています。まず衵《あこめ》は練絹《ねりぎぬ》の生地を使うけれども汗衫と表袴《うえのはかま》は生絹《すずし》を用います。寸法は後身《うしろみ》頃《ごろ》一丈五尺、前《まえ》身《み》頃《ごろ》一丈二尺と細長く、着装の際、襟を大きく開けて唐衣《からぎぬ》のように肩を押し下げて前を拡げて着るとあります。

装束の構成は青い単に蘇芳《すおう》の衵を二枚重ね、濃色《こきいろ》の打衣《うちぎぬ》、その上に躑躅重《つつじがさ》ね（表白裏蘇芳）の汗衫を着ます。袴は濃色長袴の上に男子束帯《そくたい》用の「表袴」を重ねばきする「重ねの袴」で、男女の装束が混合した不思議な構成です。ただし『九暦《きゅうれき》』天慶九年（九四六）の大嘗会御禊《だいじょうえごけい》の記録では、下仕《しもづかえ》十人が唐衣と汗衫、裳《も》と承和色《そがいろ》（くすんだ黄色）の衵と同色の単袴《ひとえばかま》を身につけて表袴がありません。『満佐須計装束抄』では「童の宿直《とのい》装束」として表袴を着ず帯もしない着方を紹介し、婚儀で「所顕《ところあらわし》」をする前の姿としています。

表袴を重ねない汗衫姿
（『小野雪見御幸絵巻』（模本）***）

『九暦』
「天慶九年（九四六）十月廿八日（中略）是日有大嘗会御禊（中略）今日上下装束（中略）下仕十人。釵子、結髪、青色唐衣・蒲萄染汗衫・村摺裳・承和色綿阿古女・同色単袴・沓付。」

『西宮記』
「女装束（中略）女親王対面、総角、着汗衫・半臂・下襲・表袴・玉帯等。」「斎宮斎院童女、総角、麴塵汗衫・半臂・下襲・表袴・白柳帯。」

『小右記』
「長和三年（一〇一四）十一月十九日（中略）童女二人装束〈葡萄染汗衫、茜染綿打衵一襲、菊重綾衵一襲《号表衣》、表袴三重、茜染袴〉。」

『栄花物語』（根あはせ）
「中宮より童の装束奉らせ給へり。紅の打ちたるに、菊の二重文の、その折枝織りたる衵、蘇芳の汗衫、龍膽の上の袴、皆二重文なり。打ちたる袴など、例の事なり。」

『狭衣物語』
「童は同じ色にて、上の袴・汗衫など、女房の裳・唐衣などの同じ心にてぞありける。」

褻《けのかざみ》の汗衫

童女の夏の普段着である汗衫は、男女ともに用いた汗取りの「汗衫《かんさん》」が上着として用いられるようになったものと考えられています。晴の汗衫とは、文献上区別が難しいものです。

童女の褻の汗衫（前後）
（井筒グループ蔵）

『延喜式《えんぎしき》』（兵庫式）を見ますと、男子が用いる「汗衫」がありました。また『吏部王記《りほうおうき》』承平二年（九三二）十月の天皇鴨川《かもがわ》御禊《ごけい》では、牛車《ぎっしゃ》の「車副《くるまぞい》」たちが麹塵袍《きくじんのほう》に躑躅《つつじ》の汗衫を着たとあります。これらの汗衫は文字どおり、麻製の汗取り衣であったのでしょう。

童女が夏に着る汗衫はこれと同様のものから発展したものらしく、下に着る衵《あこめ》が透けて見えるように薄物《うすもの》で仕立てられたようです。『源氏物語』（蛍）には、童女が菖蒲重《しょうぶがさ》ねの衵の上に二藍《ふたあい》の「羅《ら》」の汗衫を着た描写があります。羅は良く透けるので涼しげな風情だったことでしょう。

『満佐須計装束抄《まさすけしょうぞくしょう》』には汗衫が詳細に記述されていますが、晴と褻の区別が難しいのです。この中で「汗衫の左の端袖《はたそで》の袂《たもと》の筋を五六寸ばかり、ほころばす人あり」とあるのは褻の汗衫のことと考えられます。このほころびを「ゆだち」と呼ぶが、これは誤りで縫い塞ぐべし、とあります。しかし「ゆだち」の開け方の説明もあり、「左の脇の縫目の前を袂まで綻ばして、組紐を付ける」としています。『扇面《せんめん》古写《こしゃ》経《きょう》』には、この「ゆだち」のある汗衫を着た童女が描かれていますが、これも納涼のためでしょう。『枕草子』では「なまめかしきもの」に「ほころびがちなる汗衫」が挙げられます。

褻の汗衫を着た女子
（『扇面法華経冊子』＊＊＊）

『和名類聚抄』

「汗衫　唐令云、諸給時服夏則汗衫一領」

『延喜式』（兵庫式）

「車駕行幸執纛一人〈騎馬。牧子二人執轡〉。著皀末額・緋大纈袍・布汗衫・帛袴・布帯・鞋・行縢。」

『落窪物語』

「そよそよとさうぞき、汗衫着たる人、いと若う清げなる、十余人ばかり物語して、いとなまめかしげなり。」

『源氏物語』（蛍）

「菖蒲襲の衵、二藍の羅の汗衫着たる童女ぞ、西の対のなめる。」

『源氏物語』（蜻蛉）

「氷をものの蓋に置きて割るとて、もて騒ぐ人びと、大人三人ばかり、童と居たり。唐衣も汗衫も着ず、皆うちとけたれば、御前とは見たまはぬに」

『とりかへばや物語』

「火取り持たる童の、濃き衵に、薄物の汗衫なめり、透きとをりたるに、髪いとおかしくかゝりて歩み出でたり。」

江戸時代の十二単《えどじだいのじゅうにひとえ》

鎌倉時代以降は武士の時代となり、戦国時代を経て貴族の衣食住も大きく変化しました。江戸時代にようやく平和を取り戻し、有職故実の研究も発展しますが、以前とは様変わりしたものも多くありました。

裳に懸帯のある
女子正装（前後）
（井筒グループ蔵）

戦国時代、皇室を始め公家社会は経済的基盤を失い、困窮を極めました。江戸時代にようやく幕府の保護を得て復旧するものの、この期間に失われた文物や知識は数多く、宮中の装束も大きな変容を余儀なくされました。

女子の正装である十二単では、裳《も》に大きな変化が見られます。平安時代の裳は小腰《こごし》、場合によっては引腰《ひきごし》で腰に結んで留めました。『満《ま》佐《さ》須《す》計《け》装束《しょうぞく》抄《しょう》』には裳の上部左右に「頒幅《あがちの》」と呼ばれる短かい部分があると記されますが、やがてこれは省略されます。『玉《ぎょく》葉《よう》』文治六年（一一九〇）正月の藤原兼実《かねざね》長女・任子《にんし》入内《じゅだい》の記事には、先例により小腰のない裳の引腰を袖の下から前に引き回して衣の上で諸鉤《もろかぎ》に結う、とあります。

江戸時代、「懸帯《かけおび》」と呼ばれる五寸幅の帯を前で結び肩に掛け、短い裳を背負うような形になります。裳の下には同じく短い「纐纈《こうけち》の裳」を着けました。懸帯は唐衣《からぎぬ》と同じ生地に豪華な刺繡が施されます。『紫《むらさき》式《しき》部《ぶ》日《にっ》記《き》絵《え》巻《まき》』の敦成《あつひら》親王五十日祝《いかのいわい》の場面では、中宮彰子《しょうし》の母倫子《りんし》の十二単の小腰は唐衣と共裂《ともぎれ》のように見え、室町時代にはそれが普通となりますが、懸帯もその流れにあるのでしょう。

懸帯は天保十四年（一八四三）の「装束御再興《しょうぞくごさいこう》」以降次第に廃止されましたが、現代でも雛人形では多く見かけます。

裳を唐衣と共裂の懸帯で背負う

『満佐須計装束抄』
「裳には頒幅と云ひて、うらうへに短かきのあり。下仕ひのには無し。裳の裾は、衣の裾の上に拡げておくべし。」

『玉葉』
「文治六年（一一九〇）正月十一日丙寅。此日摂政太政大臣長女有入内事。（中略）姫君御帳前平敷御座〈母儀在其傍〉余奉令著御裳。以引腰結之〈無小腰先例也〉。自袖下引マハシテ、諸匙ニ結之也〈衣上也〉。」

『北山院御入内記』
「葡萄染の唐衣、裳つねの如し。葡萄染の小腰、紅の打衣、同じ張袴。」

『学習院所蔵文書』（女御様御衣）
「御かけ帯。一たけ、三尺八寸。一よこはゞ、五寸。」

『装束知新抄』
「女房装束事（中略）掛帯唐衣模様ニ随ふ。典侍は上縫紋桐唐草唐鳥を縫。内侍御下は桐唐草の縫計なり。舞妓は椿唐草縫、地紅練裏平絹なり。」

大腰袴《おおごしばかま》・掛衣《かけぎぬ》（腰巻《こしまき》）

室町時代の衰微《すいび》期間を経て、江戸時代の宮中の装束は大幅に簡略化されてしまいました。女官たちは白小袖に紅長袴をはくだけで正装と見なし、盛儀《せいぎ》にはその上に唐衣《からぎぬ》を羽織るだけのような姿になってしまったのです。

上：掛衣姿の女嬬（『女官装束着用次第』*）
左：大腰袴を着けた女官（井筒グループ蔵）

平安後期に装束の下に小袖を着るようになり、やがて白一色であった小袖に色や文様が描かれるようになります。そして小袖は下着から上着に昇格し、鎌倉時代には色物の小袖に袴を着けた「小袖袴《こそでばかま》」（はだか衣）姿が一般化し、室町時代の応仁の乱の後には、女子が袴を着用する機会が減ってしまいました。この時代、宮中の女子たちも袴は中級以上の女官が天皇の前に出るときにのみ着用するものになります。

江戸時代の宮中も簡略化された状態が定着しました。袴をはくことが正装であるという認識から、天皇の前では通常の「張袴《はりばかま》」よりも長くし、腰の紐を大きく幅広に仕立てた「大腰袴」を着用するようになります。その着用は袴に足を入れて上に引き上げただけであり、腰紐をきちんと結ばず、前後の腰紐を合わせて片鉤《かたかぎ》の「ひっこき」（引き解け）結びにして、結び輪を右臂《みぎひじ》に掛けて歩きました。右手を使うときには輪を右肩に掛けます。奇抜とも言える、いかにも簡略な江戸時代の宮中らしい、特殊な着装法です。

「女嬬《にょじゅ》」と呼ばれる下級女官は宮中でも袴をはかず、「搔取《かいどり》」と呼ばれる、袖丈が短く角を丸め、八《や》ツ口《くち》を開けない公家用の小袖を腰に巻き付ける「腰巻」姿で勤務しました。腰巻は安土桃山時代の高貴な婦人たちに愛された着用法です。

搔取（腰巻）（『女官装束着用次第』*）

『女官装束着用次第』
「夏はこれを腰まきと云。表白すゞし、縫はく金銀いろいろもやうをつけ、裏白き精好、小袖のうへに打かけて、肩をぬぎてこしにまく。当時搔取之体〈或曰腰巻〉。搔取ニ用小袖之品。肩裳〈肩裳ニ縫物アル小袖ナリ〉。細格子〈細カナル格子縞小袖ナリ〉。唐織段織筋。」

『女中装束之書』
「大内の上らうは、つねに緋の袴を著給ひ、式正の時は七ツがさね五ツがさねの上へ裳と申を引て、ながく後へ帯を懸給ふといへり。これは上臈小上臈の位までの方にもちいられ候て、下々へはくだらざる事と云り。宮仕の品によりて腰巻、かいどりに、緋の袴、さげ帯の志なはかはりありとなん。志からばさげ帯腰巻などの事は、裳とかけ帯をまなびたるにや。よしある方に尋べし。」

『後松日記』
「上臈女房の腰巻といふもの（中略）腰巻は即ち表衣にて肩脱たる体なり。肩脱たるは礼を失ふ様なれど、帯計にて一向に上衣を著ざるよりはまされりとすべし。」

冠《かんむり》

聖徳太子の「冠位十二階《かんいじゅうにかい》」から朝廷に出仕する者は制帽《せいぼう》として「冠」をかぶりました。冠を着けないと内裏《だいり》に入ることが許されなかったのです。その制度は江戸時代末まで現役でした。

奈良時代の頭巾(垂纓)
(『聖徳太子二王子像御物模写』***)

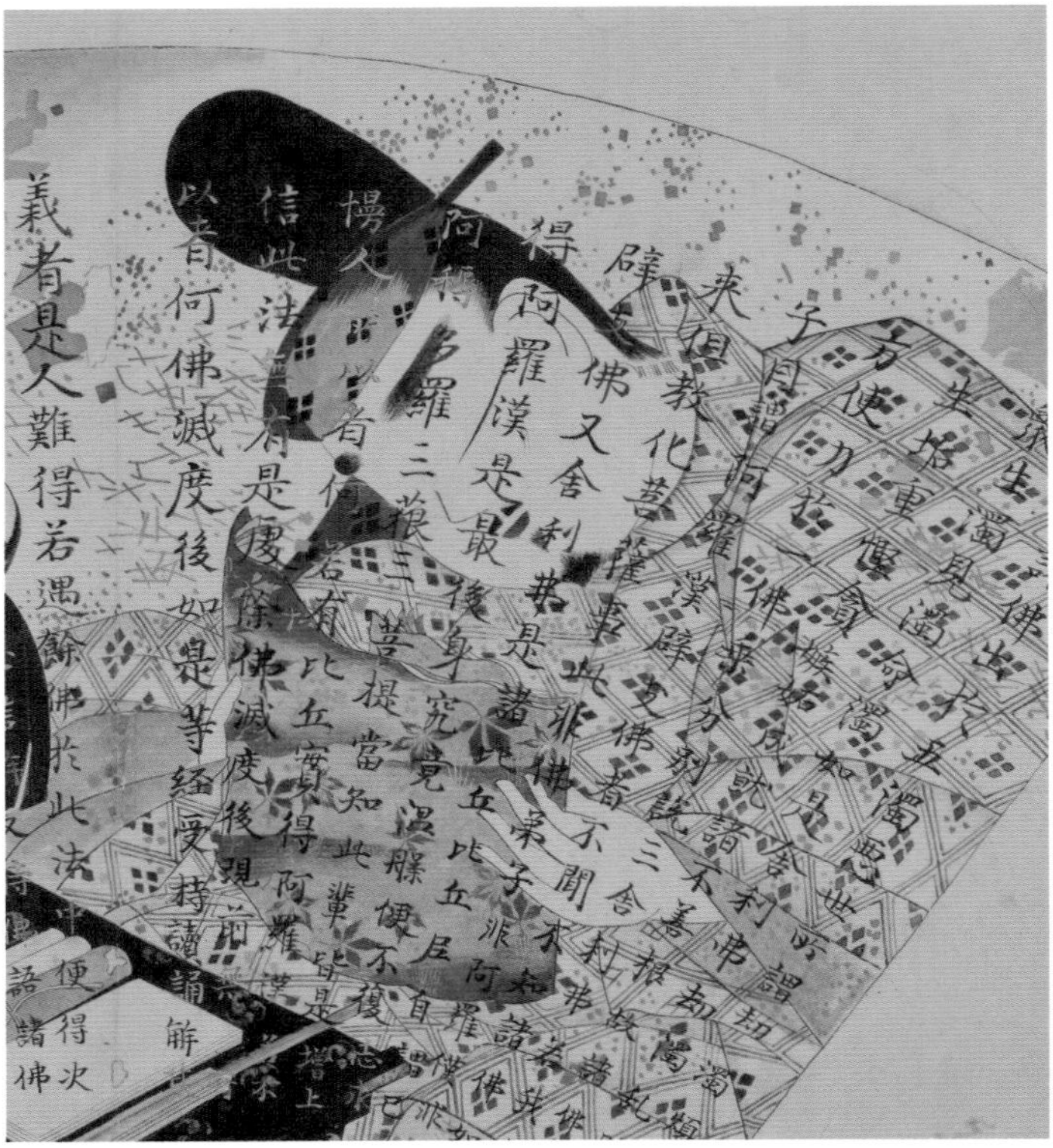
平安時代後期の冠(『扇面法華経冊子』(模本)***)

冠位十二階での冠の形状は、「絁《あしぎぬ》」(平絹《へいけん》)製で袋状、縁があり先端を房のように取ると『日本書紀』に記されます。天武天皇十一年(六八二)六月に冠は一律「漆紗冠《しっしゃかん》」(紗地《しゃじ》に漆を掛けた黒い冠)となり、当色《とうじき》は衣服で表現するようになりました。

律令《りつりょう》では五位以上が黒の「羅《ら》」製、六位以下が黒の「縵《まん》」製と定められます。羅は菱形の文があり、「縵」は無文の薄物《うすもの》絹地で、この有文無文《うもんむもん》の区別が後世の基準となりました。しかし違反者も多かったらしく、『続日本紀《しょくにほんぎ》』霊亀二年(七一六)十月の記事には、改めて六位以下が羅の冠をかぶることを禁じる勅命が出たことが記されています。

「幞頭《ぼくとう》」と呼ばれた古式の冠は、まず「巾子《こじ》」と呼ばれる木製のカプセルを髪の髻《もとどり》にかぶせ、その上に四方に脚の付いた三尺の生地を前から頭に当てて、下の脚二本を後頭部で結び、髻をカバーした上の脚二本を巾子部分の前で結びました。

こうした形式の冠は清少納言の活躍時期までは用いられたようですが、やがて巾子部分と一体化した冠に変化します。その場合は巾子の左右から簪《かんざし》を差し込み、髻に挿して固定しました。

長保二年(一〇〇〇)六月には巾子が高すぎるので元に戻せと宣旨が出ていますので、この時期に変容があったと推測されます。近世以降は紙張貫《かみはりぬき》の上に紗地を張って漆を掛けた硬質の冠に変化しました。

鎌倉末期の『徒然草』には「この頃の冠は、昔よりははるかに高くなっている。古い冠桶を持っている人は、側面をつないで用いている」と記され、鎌倉時代に巾子がさらに高くなった様子が見て取れます。

『和名類聚抄』
「冠〈幞頭附〉 兼名苑注云、冠〈音官〉、黄帝造也。弁色立成云、幞頭〈加宇布利〉。」「巾子 弁色立成云、巾子〈此間巾音如渾〉、幞頭具。所以挿髻者也。」

『養老令』(衣服令)
「一品以下五位以上、並皀羅頭巾。(中略)六位(中略)初位、並皀縵頭巾。」

『続日本紀』
「霊亀二年(七一六)十月壬戌、重禁(中略)六位以下羅幞頭、其武官人者、朝服之袋儲而勿著。及幞頭後脚、莫過三寸。」

『枕草子』
「雨いたう降る日、ちひさき馬に乗りて、御前したる。人の冠もひしげ、うへのきぬも下襲もひとつになりたる、いかにわびしかるらむと見えたり。」

『西宮記』
「踏歌事 八日被定二踏歌之事。(中略)又召内蔵寮、仰可奉高巾子料冠絹之状〈以絹二条為一条〉。」

『政事要略』
「長保二年(一〇〇〇)六月五日宣旨云。(中略)又巾子之高、復旧可減者。左大臣宣、奉勅。」

烏帽子《えぼし》

天武天皇の時代から室町後期まで、男子は頭に何かかぶることが必須とされました。露頂《ろちょう》で人前に出ることは恥辱であったのです。冠は公式のものでしたので、日常はさまざまな形状の烏帽子をかぶりました。

上：立烏帽子（右）と折烏帽子（左）
（『春日権現験記』*）
下：病床でも烏帽子をかぶる柏木
（『源氏物語絵巻』*）

烏帽子の「烏」は烏《からす》の黒色を表し、文献上は「烏帽」と書かれることが多いようです。あくまでも「褻《け》」（日常）のかぶり物とされ、天慶八年（九四五）二月の大原野祭《おおはらのまつり》では、藤原忠平《ただひら》が所《しょ》労《ろう》（体調不良）で束帯《そくたい》が着られず烏帽子直衣《のうし》姿で参列したと『貞信公記《ていしんこうき》』にありますし、『小右記《しょうゆうき》』には長保元年（九九九）十二月に藤原道長の近所で火災があったとき、藤原実資《さねすけ》は体調を崩し、冠をやめて烏帽子をかぶったと記されます。病気の時も人前では烏帽子をかぶったのです。

宮中での烏帽子着用は原則として認められていませんでした。ただし『古《こ》事談《じだん》』には摂政・藤原兼家《かねいえ》が後宮の飛《ひ》香《ぎょう》舎《しゃ》まで烏帽子で通い、そこから冠を着けたと記されますので例外はあったのでしょう。天皇は決して烏帽子をかぶらず、上皇となって初めて狩《かり》衣《ぎぬ》（布衣《ほい》）を着る儀式以後に着用しました。

烏帽子は冠同様、羅《ら》や紗地《しゃじ》に漆を掛けたもので、後ろ内側に付けた小紐を髻《もとどり》に結んで固定しました。しかし下級官人は立《たて》烏帽子のままでは風を受けて不安定なので、烏帽子の上半分を折った「風折《かざおり》烏帽子」をかぶりました。より身分の低い者は縁を付けず漆も薄い「平礼《ひれ》烏帽子」をかぶり、これも上半分を折って用います。武士階級は風折や平礼をさらにもう一度折った「折《おり》烏帽子」をかぶり、戦などでは懸緒《かけお》を掛けて頭に固定しました。近世以降は立烏帽子も風折烏帽子も、紙張貫《かみはりぬき》に漆を掛けた硬質の烏帽子に変化しました。

立烏帽子（『文永賀茂祭図』*）

『日本書紀』
「天武天皇十三年（六八四）閏四月壬午朔。詔曰。（中略）唯男子者有圭冠。冠而著括緒褌。」

『西宮記』
「烏帽。太上天皇或時着之、自余公卿已下褻時所用也。」

『貞信公記』
「天慶八年（九四五）二月廿四日、辛未。大原野祭、奉幣如例。但所労未平不能束帯。着烏帽直衣。」

『小右記』
「長保元年（九九九）十二月一日（中略）於陣外案内御悩〈依着烏帽子〉即帰。」

『古事談』
「大入道殿は一条院の御時、職曹司に住ましめ給ふ。参内の時、烏帽して御衵放ちて玄輝門より参入し給ふ。飛香舎の宮の御方にして冠を改め着して御殿に参らしめ給ふと云々。」

『栄花物語』（松のしづえ）
「今日は皆狩装束にて、烏帽子姿ども、ならはぬ御心地おかしく御覧ず。上達部も皆狩装束にて候ひ給。」

笏《しゃく》

束帯《そくたい》の時に手に持つ細長い板が「笏」。唐から「手板《しゅはん》」が伝わり、日本では養老三年（七一九）から持つようになりました。本来は「こつ」と読みますが「骨」に通じて縁起が悪いとして「しゃく」と読まれます。

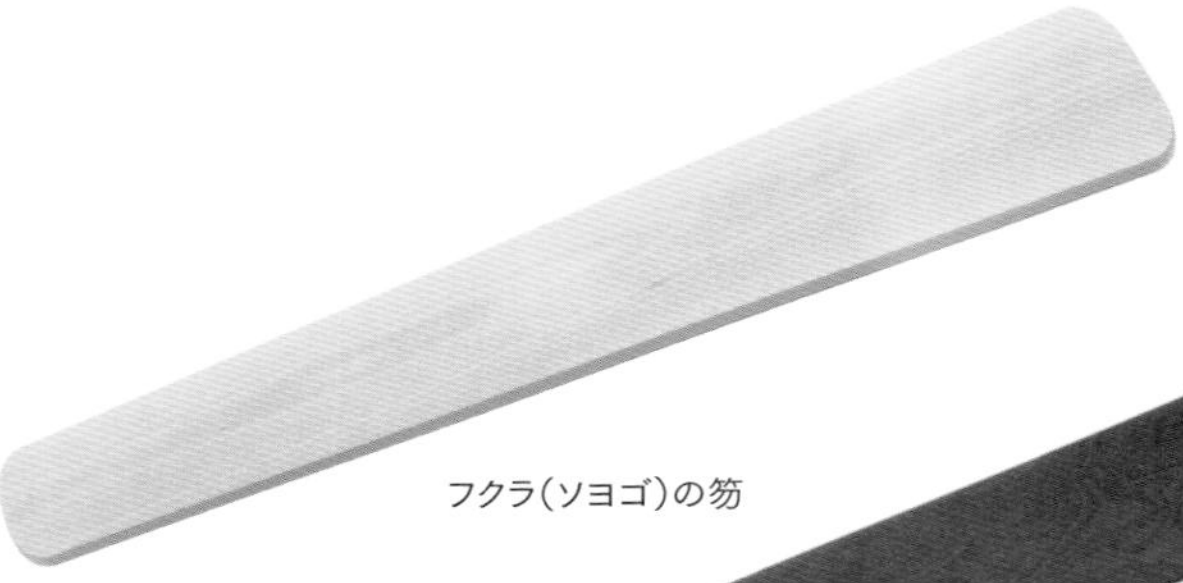
フクラ（ソヨゴ）の笏

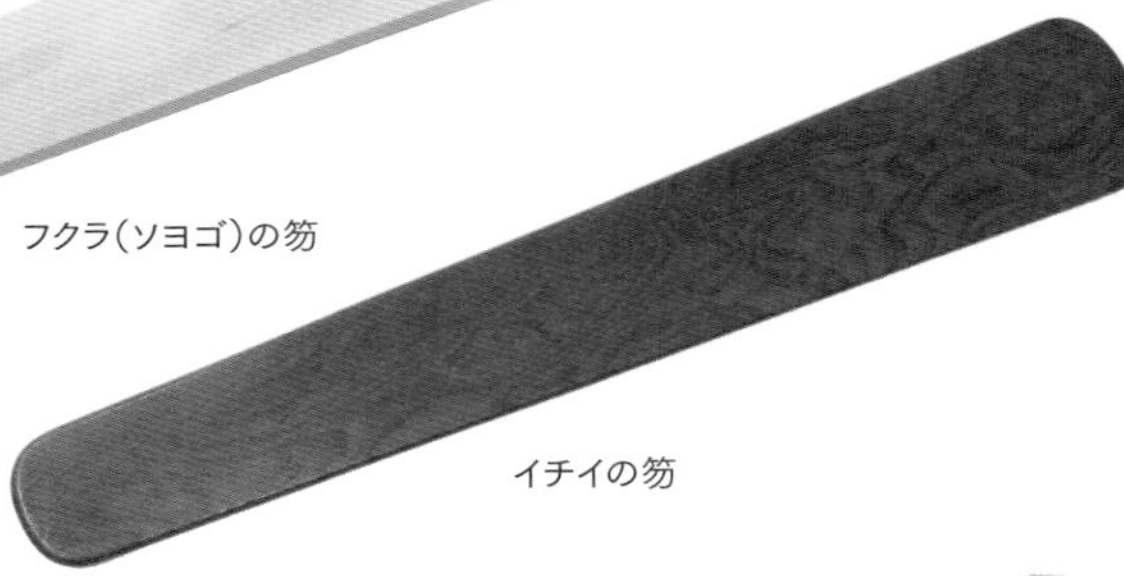
イチイの笏

上円下方の牙笏（法隆寺宝物）＊＊＊

把笏《はじゃく》束帯の公卿たち（『春日権現験記』＊）

束帯着用時に持つ笏。衣冠《いかん》や直衣《のうし》を着用する際は、神拝時以外には持ちません。威儀を正すための持具で、「抜《ばっ》笏《しゃく》・正笏《しょうしゃく》・挿笏《そうしゃく》」など取り扱う動作にも細かい作法がありましたが、それ以外にも、重要な儀式に参列する者が式次第や動作などを書いた「笏紙《しゃくし》」を裏側に貼り付けてカンニングするためにも使われました。儀式に多く参加する式部丞《しきぶのじょう》は何度も笏紙を貼り替えて汚れるため、『枕草子』の「いやしげなるもの」に「式部丞の笏」とあります。

『養老令《ようろうりょう》』（衣服令《えぶくりょう》）では五位以上は「牙笏《げしゃく》」、六位以下は「木笏《もくしゃく》」と定められていましたが、日本では即位礼の礼服《らいふく》の時のみ牙笏を用いました。しかし長和三年（一〇一四）、東宮初朝観《とうぐうはっちょうきん》の際に皇太子が牙笏を持っていますので例外もあったようです。牙笏と称しても実際は「魚骨」（鯨《くじら》の下顎骨）なども使いました。

木笏の材料に規則はなく、好みにより桜や楓《かえで》、柊《ひいらぎ》なども用いられましたが、名称から飛驒・位山《くらいやま》の「櫟《いちい》」が好まれました。牙笏のように白く緻密なフクラ（ソヨゴ）も高位の者が用い、現在も天皇陛下の御笏として使われます。

木目は柾目《まさめ》より板目《いため》が良いと『世俗浅《せぞくせん》深秘抄《しんひしょう》』にあります。

笏の形状は上円下円が普通ですが、叙位任官《じょいにんかん》の慶賀（御礼参り）の場合には「慶賀笏《けいがしゃく》」と称して、上方下円の笏を用いました。また天皇の牙笏は上方下方が通常用で、神事に際しては上円下方を用いると『餝抄《かざりしょう》』などにあります。

板目の笏

『続日本紀』
「養老三年（七一九）二月壬戌《庚申朔三》。初令天下百姓右襟。職事主典已上把笏。其五位以上牙笏。散位亦聴把笏。六位已下木笏。」

『和名類聚抄』
「笏　四声字苑云、笏〈音忽、俗云尺〉、手板。長一尺六寸、闊三寸、厚五分也。」

『小右記』
「長和三年（一〇一四）十一月十七日（中略）太子出自休廬〈把牙笏、帯剣、御平緒短如凡人。古伝云、皇太子平緒等御衣前云々。不知古実之人達奉仕歟〉。」

『世俗浅深秘抄』
「以板目笏為善。近代用満佐事僻事也。古最上宝物皆板目也。」

『餝抄』
「久寿二正一槐記曰。節会。今日所用笏殊有光明。押笏紙之時。可損其光〈放笏紙拭続飯之間損光也〉。」

『猪隈関白記』
「建久八年（一一九七）二月二日（中略）今日予申慶賀。（中略）笏〈慶賀笏也〉。」

檜扇《ひおうぎ》・蝙蝠《かわほり》

団扇《うちわ》形式の扇は中国由来ですが、開閉できる形式の扇は日本で生まれたとされます。メモ帳として用いた「木簡《もっかん》」を綴じ合わせたものが発祥らしく、平城京遺跡から文字の書かれた檜扇が発掘されています。

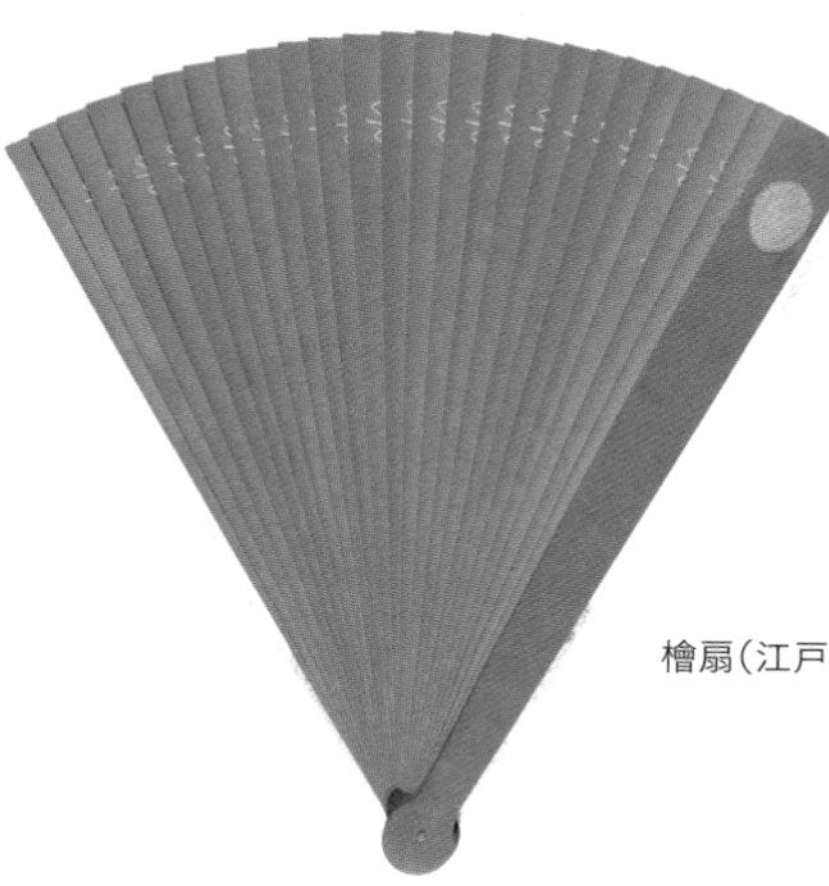

檜扇（江戸時代）＊＊＊

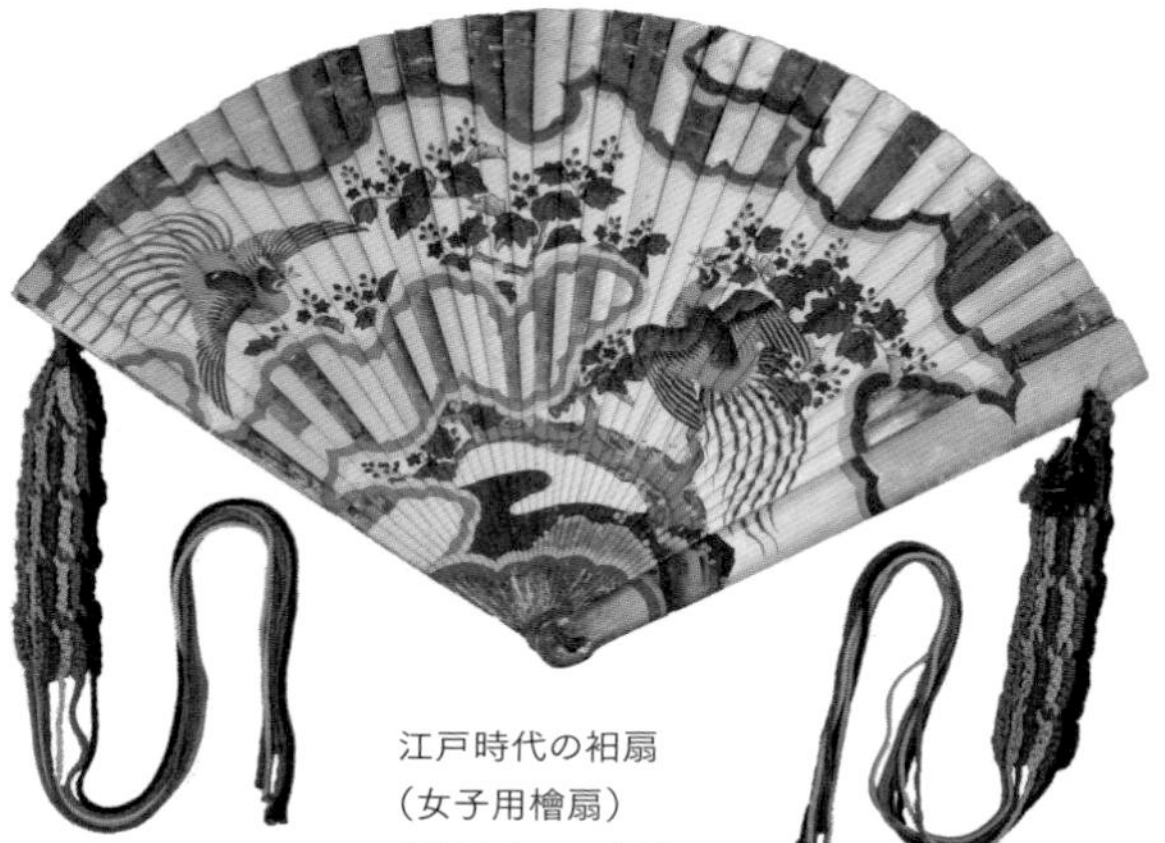

江戸時代の衵扇
（女子用檜扇）
（井筒グループ蔵）

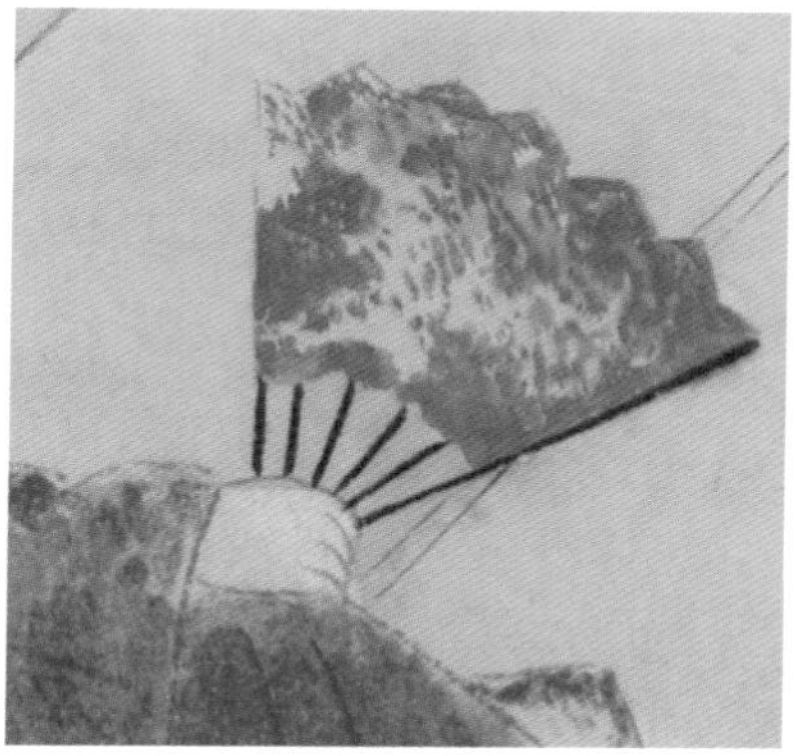

蝙蝠扇（『源氏物語絵巻』＊）

檜《ひのき》の薄板を要《かなめ》で綴じて開閉できるようにしたのが檜扇です。『西宮記《さいきゅうき》』には四月一日に近衛府《このえふ》・兵衛府《ひょうえふ》が檜扇を天皇に献上するとあり、同日の「孟夏旬《もうかのしゅん》」で臣下に扇を賜る儀式を記します。檜扇が実用品としてよりも儀式用品となっていく様子が見て取れます。束帯《そくたい》・衣冠《いかん》・直衣《のうし》の際には懐中《かいちゅう》することとされ、笏《しゃく》を持たない衣冠・直衣では笏代わりにも用いられたようです。

骨に紙を張る扇「蝙蝠」は純粋な夏の避暑具として生まれました。語源は形状がコウモリに似ているから、「紙《かみ》張《は》り」が転訛《てんか》したものなど諸説あります。誕生時期は不詳ですが、『平記《へいき》』天延元年（九七三）六月の記事に「檜扇十枚・蝙蝠十枚」とありますから、平安中期には一般化していました。

美しく自由に彩色可能な蝙蝠は、衣冠の場合は冬でも持つと『猪隈関白記《いのくまかんぱくき》』の承元三年（一二〇九）六月の記事にありますが、束帯では必ず檜扇を持つこととされました。

鎌倉後期の『海人藻芥《あまのもくず》』には、檜扇は公卿は二十五橋、殿上人は二十三橋とあり、蝙蝠扇は検非違使別当《けびいしのべっとう》・弾正台大小弼《だんじょうだいだいしょうひつ》・検非違使尉《けびいしのじょう》は六橋、その他は十二橋を持つとしています。

また十六歳以前の少年は杉製で女子用のような彩色が施された「横目扇《よこめおうぎ》」を持ちました。

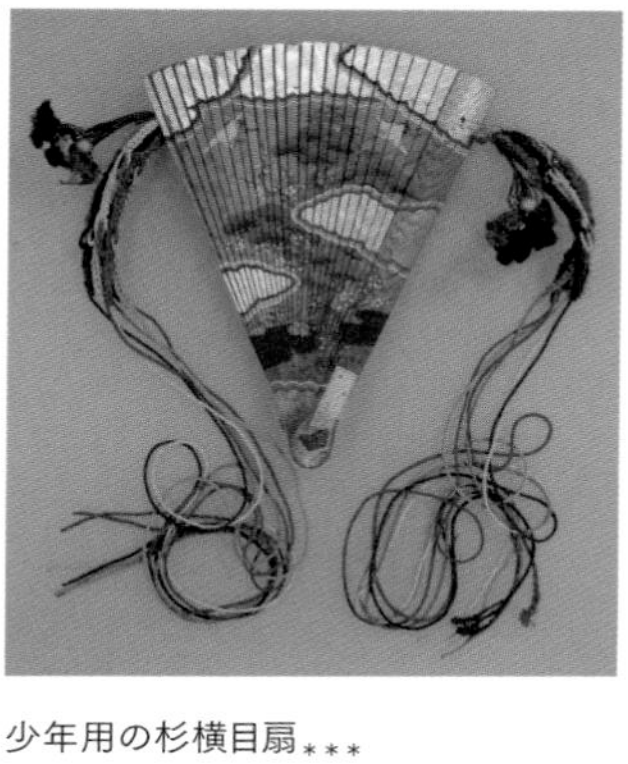

少年用の杉横目扇＊＊＊

『西宮記』
「四月一、張御扇事〈廿二柄、大二、中四、小十、見承和例也〉。」「四月一、四府進檜扇〈起自四月一日尽九月、左右近衛・左右兵衛、付内侍所〉。」
「夏此間、給扇〈延木十二、庭立奏之前給云々〉（中略）、天暦三五一、番奏了、内侍執入扇柳筥、居御屏風南端、出居将入自母屋北一間、取筥経本道立王卿座前、少将以扇賜大臣、大臣取扇復座、給侍従已上、少将跪取自料入懐。」

『小右記』
「天元五年（九八二）四月廿日（中略）檜扇四枚令奉内、依先日之仰。」

『猪隈関白記』
「承元三年（一二〇九）六月廿日（中略）入夜余着衣冠〈着張単衣〉、黄練指貫如常、持冬扇〈着衣冠之時扇、夏扇冬扇共常事也。不着剣、不持笏也〉。」

『桃花蘂葉』
「檜扇は廿五枚。若年の時は白糸にてとぢて、糸のあまりにて藤の花を置物にして、かなめより上二三寸程持ところを残すべし。（中略）束帯の時は夏も檜扇を持也。衣冠直衣などの時、極熱には蝙蝠の扇も子細なし。老者は猶冬の扇をもつべし。」

石帯《せきたい》

束帯《そくたい》で袍《ほう》を束ね締める革ベルトです。名前のとおり背部には石の飾りが付き、儀式を飾るものとして尊重されました。『宇津保物語《うつほものがたり》』では家伝の石帯を巡る大騒動が描かれ、いかに貴重品であったかがわかります。

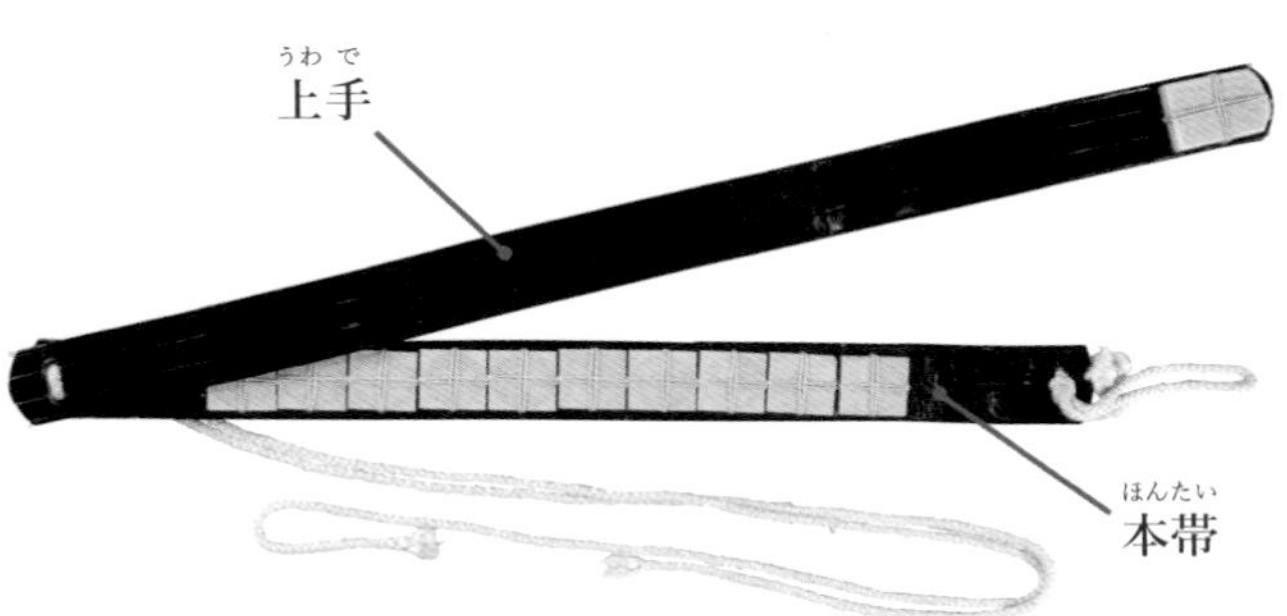

有文白石巡方帯（井筒グループ蔵）

古式の石帯　正倉院宝物・紺玉帯（残欠）

平安時代の石帯の尻（『弱竹物語』*）

正倉院宝物の「紺玉帯残欠《こんぎょくのおびざんけつ》」を見ますと、石帯の形状やバックル金具「鉸具《かこ》」は現在の革ベルトとほぼ同様の形状でした。平安後期の「強装束《こわ》」では懐をかい込みます。このとき金具では袍《ほう》が傷むことから、見えなくなる前部分は二本の組紐で結び留め、見える背部だけ革製ベルト「本帯《ほんたい》」（床《とこ》）とする形式に変化したようです。背中に挿す余り部分は別パーツ「上手《うわで》」になり、古式に似せました。

飾り石「銙《か》」の材質と形状、文様の有無は、身分と場合により細かな規定がありました。材質について『延喜式《えんぎしき》』（弾正式）の規定では、「白玉《はくぎょく》」は公卿のみ、「玳瑁《たいまい》・馬脳《めのう》・斑犀《はんざい》・象牙《ぞうげ》・沙魚皮《はぜひ》・紫檀《したん》」が五位已上通用、「紀伊石《きいいし》」の白磨きは五位以上、「烏犀《うさい》」は六位以下が用いるとされていました。

これには変遷があるようで、『西宮記《さいきゅうき》』では「白玉隠文《はくぎょくいんもん》」が親王公卿、「烏犀」は天皇から無位まで通用、「斑犀」「瑪瑙」は四位五位が用いる、「紀伊石」「無文玉《むもんぎょく》」は公卿は節会《せちえ》以外で使用、「出雲石《いずもいし》」は六位が用いるとあります。

形状には巡方《ずんぽう》（四角形）と丸鞆《まるとも》（円形）があり、『桃花蘂葉《とうかずいよう》』によれば「有文《うもん》巡方」は節会《せちえ》・行幸に着用、「有文丸鞆」は節会のない行幸で着用、「無文丸鞆《むもんまるとも》」は尋常で着用とあります。のちに巡方と丸鞆を組み合わせて、どのような場合でも使用できるとする「通用帯《つうようたい》」が考案され便利に使用されました。

有文白石巡方帯の上手の銙（井筒グループ蔵）

『延喜式』（弾正式）
「凡白玉腰帯。聴三位以上及四位参議著用。玳瑁・馬脳・斑犀・象牙・沙魚皮・紫檀五位已上通用。」「凡烏犀帯、聴六位以下著用。但有通天文者不在聴限。」

『西宮記』
「帯。白玉隠文、王者以下三位及参議已上用之。親王雖平生時着隠文。烏犀帯、帝王以下無位以上通用。斑犀、四位五位用之。節会及有重事之時着巡方。馬脳、四位五位着之。（中略）紀伊石無文玉等、公卿〈除節会・行幸・大嘗・列見・考定・立后・任大臣・相撲召合・慶賀等時之外着用無文〉。映玉雖有文、四位五位用之。出雲石、六位用之。近代六位上官着用、而有用角帯輩未為可。」

『満佐須計装束抄』
「上達部は常は無文の玉の帯、紺地の平緒差すなり。殿上人は角の帯瑪瑙常に差すことなり。諸大夫この定なり。瑪瑙は巡方の無き代わりに用ゐるものなり。」

『桃花蘂葉』
「帯。有文をば隠文の帯ともいふ也。有文巡方は節会行幸拝賀の時用之。餝劒・螺鈿劒には必巡方を用る也。又有文丸鞆帯は巡方丸鞆を兼たる帯也。但節会行幸にはいたくは不用之。（中略）無文丸鞆帯は尋常諸公事に用之。」

靴《かのくつ》・浅沓《あさぐつ》・深沓《ふかぐつ》

平安時代の貴族たちの日常の履き物は「緒太《おぶと》」と呼ばれる草履《ぞうり》がメインでしたが、儀式の際や人に会うときなど、きちんとした場ではさまざまな履き物を用いました。束帯《そくたい》の「靴」が最上級です。

靴（昭和即位礼で使用）

深沓（江戸時代）

浅沓（現代品）

束帯で用いる履き物は牛革製の「靴」で、「かのくつ」と読み「韡」とも書かれます。武官用に思われがちですが、文官も晴の儀式ではこれを用います。唐の「烏皮履《くりかわのくつ》」が変化したもので、先端の反り具合に唐風《からぶり》を感じます。革製の靴帯《かたい》で足にフィットするように締めて着用するため、全体的に皺が生じますが後年、形式的になった靴は皺を強調するように成形しています。上部には「靴氈《かせん》」と呼ばれる錦を張った部分があり、そこに表袴《うえのはかま》を入れ込みます。丈が低く靴帯のない簡略版の「半《ほう》靴《か》」もありました。

日常に用いられたのが「浅沓」で、「履」とも書かれます。平安時代の浅沓は形状が不明で、革製のつっかけのような「鼻切《はなきれ》」と同じものであったとも考えられています。『西宮記《さいきゅうき》』には鼻切は公卿から六位まで任意着用とあり、『後二条師通記《ごにじょうもろみちき》』の寛治二年（一〇八八）正月の記事に「摂政殿鼻切浅履也」とあります。のちに桐や紙張貫《かみはりぬき》で作られ、「鼻」（前部分）は高くなっています。

雨や雪の日に用いたのが「深沓」です。牛革に漆を塗ったもので、現代の長靴のような形状です。縁には紫革（検非違使別当《けびいしのべっとう》は青革）を付けました。原則としては雨天用ですが、正月に太政官庁または外記庁《げきちょう》で行われる「政始《まつりごとはじめ》」などでは、唐風《からぶり》を演出するためか深沓が用いられました。

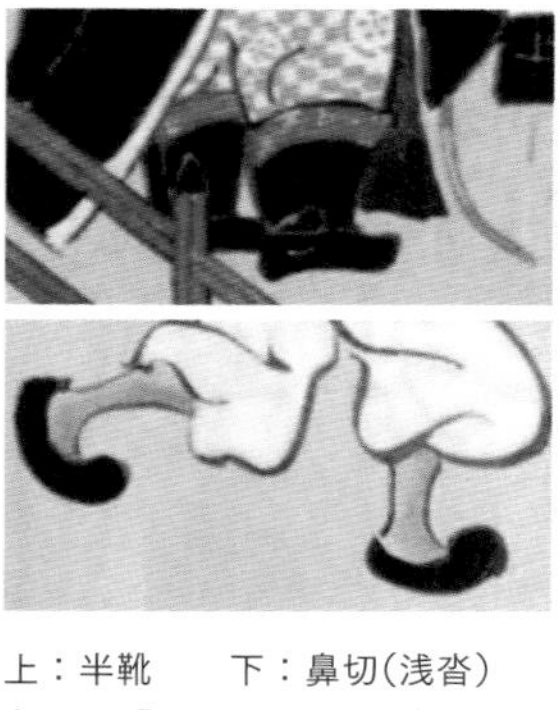
上：半靴　下：鼻切（浅沓）
（ともに『春日権現験記』*）

『延喜式』（弾正式）
「凡諸衛府生以上〈左右馬寮准此〉、除衛仗日之外皆著靴。但著布帯時、須用麻鞋。凡除著靴之外、通著麻鞋。」「凡内外諸司。不論把笏非把笏者。公事・公会之所悉著靴。自余時著履。」

『小右記』
「長和四年（一〇一五）九月十二日（中略）半靴、其体靴覆脛巾短也、有靴氈、以無靴帯、象半靴歟。」「正暦四年（九九三）三月廿九日（中略）次将佩樋螺鈿劔、後方躑躅下襲・馬脳帯・鼻切。」

『後二条師通記』
「寛治二年（一〇八八）正月十九日（中略）摂政殿鼻切浅履也。」

『醍醐天皇御記』
「延喜四年（九〇四）十一月廿三日。賀茂臨時祭試楽如常。但因両雪深著深履。」

『西宮記』
「沓。深沓、上下共用之。公卿尋常政、着外記庁着用〈初着靴〉。」

『世俗浅深秘抄』
「如政時。公卿用深沓。縁用紫革也。検非違使別当青革也。」

梨地螺鈿金装飾剣

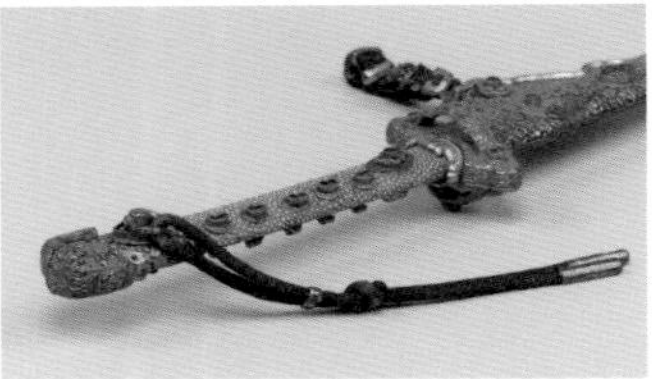
梨地螺鈿金装飾剣
（部分）

太刀《たち》

『延喜式《えんぎしき》』（弾正式）に「凡刀子刃長五寸以上不得輙帯。但衛府者聴之」とあり、衛府官《えふかん》以外の者が五寸以上の刀剣を帯びることは禁じられていましたが、見栄えが良いとして帯剱《たいけん》を願う者が多くいました。

武官以外の帯剱は禁じられていましたが、「勅授《ちょくじゅ》」と呼ばれる天皇の特別の許可があれば文官でも帯劒可能でした。しかしそれは摂関《せっかん》・大臣など特別な場合で、それ以下の者が帯劒するためには「侍従《じじゅう》」になるのが早道。侍従は平安中期には、天皇秘書官としての職務を「蔵人《くろうど》」に奪われますが、建前上は天皇侍衛《じえい》の官として、帯劒が許されたのです。高級貴族の子弟の初任の官が侍従であるのはそのためでもあり、大納言まで昇っても侍従を兼任する者が多くいたのもそれが理由です。

六位以下の剱は銀装黒鞘《ぎんそうくろざや》ですが、五位以上の帯びる剱は身分や場合によりさまざまな種類がありました。『西宮記《さいきゅうき》』によれば、まず最高級の「飾剱《かざりたち》」は公卿が節会《せちえ》の際に佩用《はいよう》。「螺鈿剱《らでんのたち》」は公卿が二《に》宮大饗《ぐうのだいきょう》・行幸・列見《れっけん》・定考《こうじょう》などの時に用いました。衛府の次将も節会の時に用います。実戦用の「野剱《のだち》」は公卿が布袴《ほうこ》の時に革緒《かわお》で佩用《はいよう》しました。また侍従は野剱を用いないとあります。

室町前期の『名目抄《めいもくしょう》』になると、さらに詳細に剱の種類と用途が示されています。「鐒剱」は、節会及び御禊行幸《ごけいぎょうこう》に供奉《ぐぶ》する公卿や、臨時祭《りんじさい》の勅使用。「木地《きじ》螺鈿劒」は尋常の行幸で。「蒔絵《まきえ》螺鈿剱」は遠所行幸用。「樋《ひ》螺鈿剱」や「蒔絵細劒」は無文《むもん》丸鞆《まるとも》の石帯《せきたい》を着ける日常の束帯《そくたい》用。

実戦用の野剱では、「螺鈿野劒」は節会や行幸で近衛次将が用い、公卿は用いません。「蒔絵野劒」は「毛抜形太刀《けぬきがたたち》」「革緒太刀《かわおだち》」とも呼ばれる武官専用で、晴の儀式ではない褻《け》の時に帯びました。警固任務の際は衛府の公卿以下五位まで、直衣《のうし》・衣冠《いかん》・束帯を問わず革緒で佩用します。「沃懸地剱《いかけじのたち》」は検非違使別当《けびいしのべっとう》用。「黒塗剱《くろぬりのたち》」は六位が用い、柄に「毛抜《けぬき》形《がた》」の飾りがあるとします。

剱の鞘《さや》には二本の「帯取革《おびとりがわ》」が付けられ、ここに革緒や平緒《ひらお》を通して腰に帯びました。『名目抄』には帯取革が紫革の場合は「紫緂平緒《むらさきのだんひらお》」を用い、藍革の時は「紺地平緒《こんじひらお》」を用いるのが故実であるとしています。また金具類は大臣以上は金、大納言以下は銀としていますが、室町後期の『桃花蘂《とうかずい》葉《よう》』では「近頃はあるものを用いるので、金銀の区別がない」とされています。

なお天皇は「昼御座御剱《ひのおおましのぎょけん》」と通称される剱を持ちますが自ら帯劒することはなく、内侍《ないし》、近衛次将などお付きの者が御剱を捧持《ほうじ》しました。

帯取革
昭和即位礼で勅任官が佩用

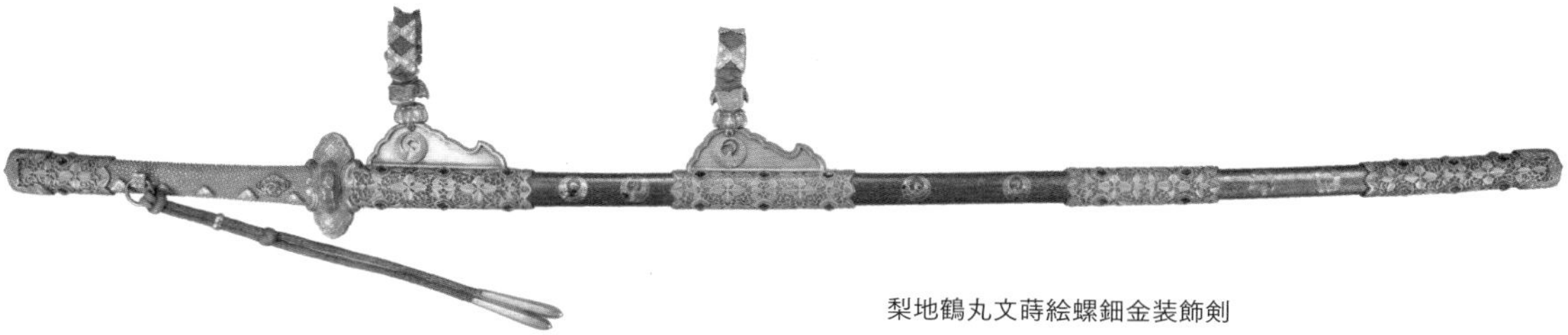

梨地鶴丸文蒔絵螺鈿金装飾剣

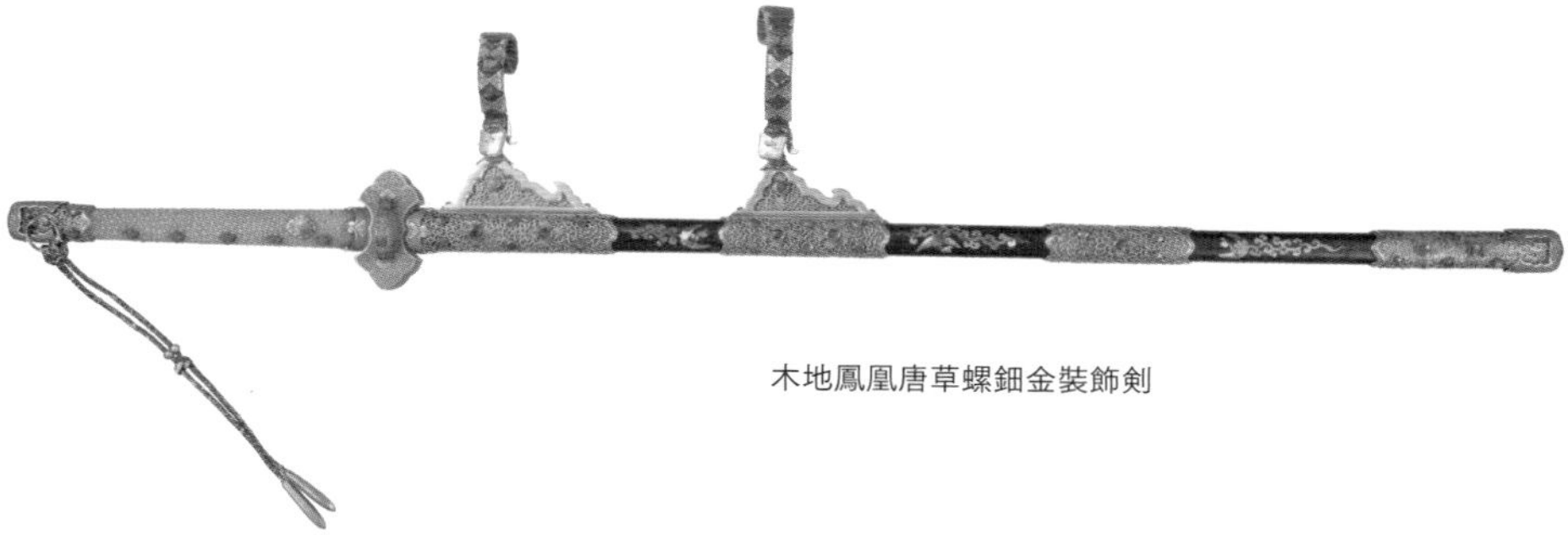

木地鳳凰唐草螺鈿金装飾剣

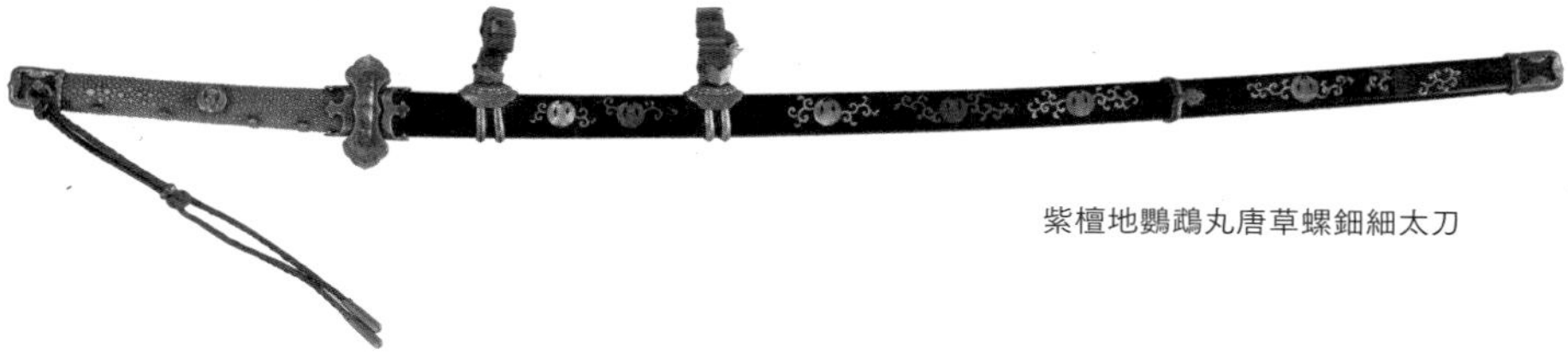

紫檀地鸚鵡丸唐草螺鈿細太刀

塩山蒔絵細太刀拵

花文衛府太刀拵

（太刀の画像はすべてColBase）

『小右記』

「治安元年（一〇二一）七月廿五日、戊戌。今日任大臣（中略）下官依勅授帯剣。」

『御堂関白記』

「長和五年（一〇一六）正月廿九日（中略）御譲位（中略）又頭・蔵人新任者同仰、令仰内大臣勅授宣旨如旧。」

『西宮記』

「劔。飾劔、東宮及参議以上、節会時着之。螺鈿、東宮〈尋常〉事。公卿二宮大饗・行幸・列見・考定時凡随便着之。諸衛次将節会時同用之。野劔、公卿布袴時着革緒用之。衛府、平緒革緒随便用之。庇設饗雑役用野劔云々。侍従・中務輔等、不着野劔。雖宿衣直衣時、尚用螺鈿平緒等。」

『桃花蘂葉』

「劔。蒔絵太刀は尋常用之。木地螺鈿劔〈沈地或紫檀〉、行幸時帯之。樋螺鈿劔・蒔絵螺鈿劔も行幸用之。又蒔絵螺鈿太刀は拝賀の日又染装束之時に用之。螺鈿野劒は公卿次将大将の時、遠所行幸〈春日・日吉行幸〉等帯之。餝劒は節会并御禊行幸供奉の公卿用之。又餝劒代といふ太刀あり。名のみきゝていまだ見ず。節会の日執政の時、代が代号して螺鈿劔を用る事あり。故殿は常に是を用給へり。餝劒代の又代の心に、代が代とはいへる也。大臣の時は金装束。大納言までは銀づくりにてあるべけれど、近比はあるにまかせて用るによりて、金銀の沙汰にをよばざるなり。羽林より大将までは職につきて帯劔勿論也。大将を兼せざる大納言の時は、勅授帯劒の宣下を申て帯劒すべし。又大臣の大将を辞て後は、勅授帯劒如元之由宣下せられて、前途の時までも帯劒すべき也。」

『御堂関白記』

「寛仁元年（一〇一七）十二月五日、己巳。清武献葦毛参大内（中略）御出、近衛次将候昼御座御劔。」

平緒《ひらお》・尻鞘《しりざや》

劔《たち》を佩用《はいよう》する際は、実用的な「革緒《かわお》」で吊るか、豪華な織物帯の「平緒」を用いました。束帯《そくたい》のときは平緒で帯劔するのが原則。規則ずくめの束帯装束の中で唯一、個性を出せるのが平緒だったのです。

平緒

束帯で劔を吊るときに用いる「平緒」。『日本三代実録《にほんさんだいじつろく》』貞観十六年（八七四）九月の記事に、五位以上の平緒は「唐組《からくみ》」、六位以下の平緒は「綺《かんはた》」や「新羅組《しらぎくみ》」を用いることとあります。

地質《じしつ》に身分差はありますが、色彩や意匠は用いる者の趣味嗜好が如実に表れるものでした。地織りの色彩そしてその上の刺繍《ししゅう》に各人の美意識が表現されます。刺繍のモチーフは季節に合った鳥や植物が多く選ばれました。

最も多く用いられたのは「紺地《こんじ》平緒」で、これはどのような場合でも用いられました。節会《せちえ》のときによく使用されたのは「紫緂《むらさきのだん》平緒」です。「緂」とは「だんだら」のことで、白と色彩が順番に織り出されたもの（70ページ）。紫緂は紫・白・紫・白と織られます。『世俗浅深秘抄《せぞくせんしんひしょう》』には節会《せちえ》に参列する者は多く紫緂平緒を用い、特に踏歌節《とうかのせち》会《え》では必ず用いるとあります。そのほか秋は「櫨緂《はぜのだん》平緒」、正月の臨時客には「紅梅平緒」、朝覲《ちょうきん》行幸の近衛次将用は「青地平緒」。最勝講《さいしょうこう》や暑気が甚だしいときは「青朽葉《あおくちば》平緒」、賀茂祭《かものまつり》の帰りは「青緂《あおのだん》平緒」。「楝緂《おうちのだん》平緒」（青緂と紫緂を交互）は四月五月に用いるなどとあります。

平緒は本来は一本の帯で劔を帯び前に垂らしましたが、扱いが大変面倒なので、平安後期には帯と垂れ部分を切り離した「切《きり》平緒」が多用されました。ただし人前で劔を解く可能性がある場合は切り離さない「続《つづき》平緒」を用いるとされます。

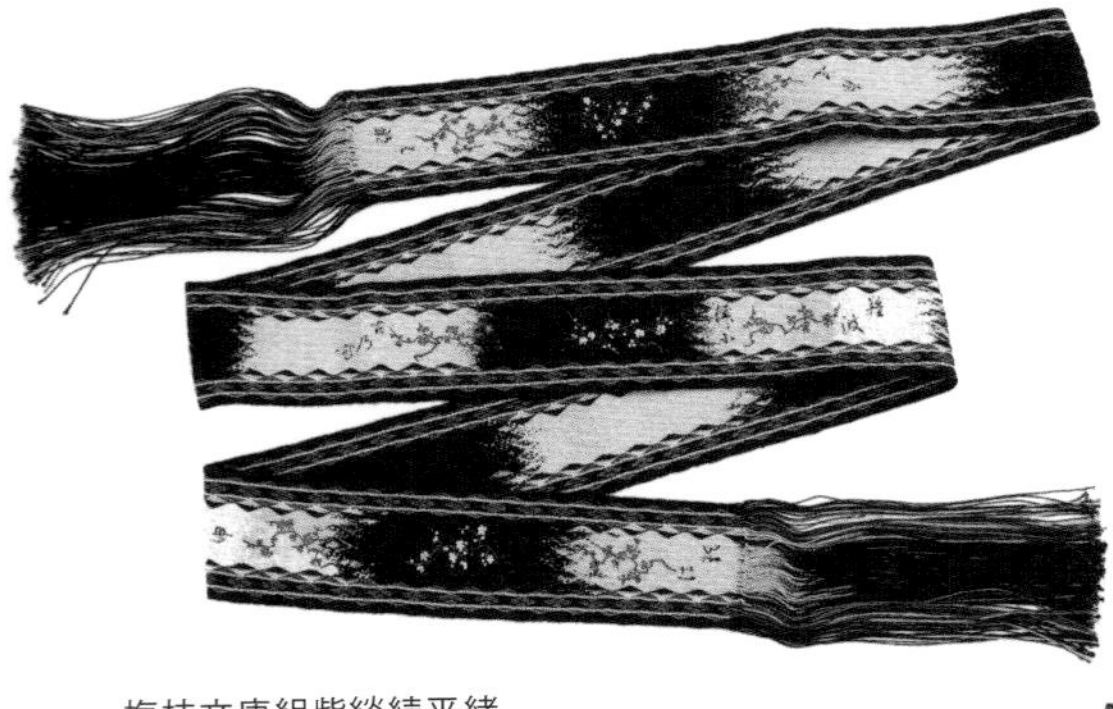

梅枝文唐組紫緂続平緒

梅花文唐組紺地続平緒
（井筒グループ蔵）

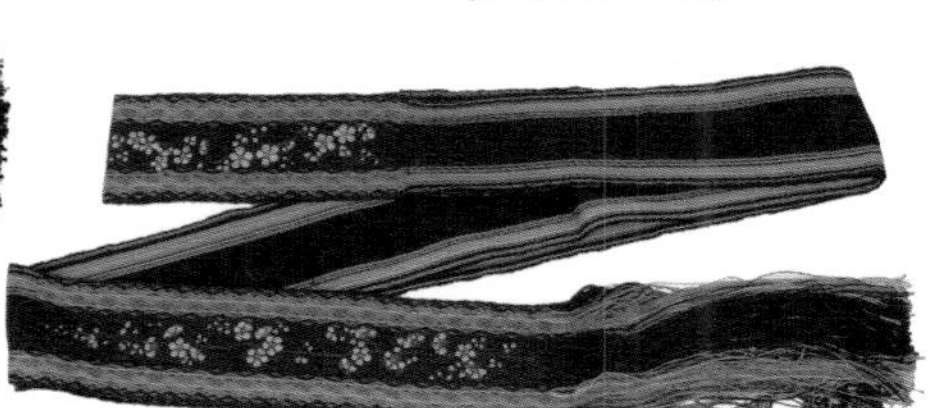

『西宮記』
「野劔、公卿布袴時、着革緒用之。衛府、平緒革緒随便用之。庇設饗雑役用野剣云々。侍従中務輔等、不着野劔。雖宿衣直衣時、尚用螺鈿平緒等。」

『小右記』
「正暦四年（九九三）三月十三日（中略）摂政第有射（中略）而主人以虎皮尻鞘相替懸云々。」「寛仁元年（一〇一七）十一月廿三日（中略）錦蓋飾剣・平剣・唐組平緒（中略）并種々神宝。」

『御堂関白記』
「寛仁元年九月廿三日（中略）御装束蒔絵螺鈿長劔・紺地平緒・有文巡方御帯。」

『後二条師通記』
「寛治四年（一〇九〇）十一月廿九日（中略）予装束蘇芳下襲并黒袍、美也（下襲調之張云々）。劔菊螺鈿檀地保梨物也。櫨緂平緒。（中略）殿下蒲萄染下襲、紺地平緒、菊形繡物、金作檀地御釼云々。」

『中外抄』
「仁平元年（一一五一）十二月卅日。於御前于時御土御門第、被撰平緒。明日并臨時客間料也。其次仰云。紫淡平緒ハとく損シテ無益物也。多ハ年若人用之。公卿も又用之。故殿仰云。踏歌節会ハ自他節会モ夜ニ入ナリ。件日紫淡ハ多ハ可用也。」

『富家語』
「凡年高人紺地平緒、若人ハ緂平緒ハナヤカニテヨシト故殿有仰シナリ。」

『達幸故実抄』
「仁安二年（一一六七）二月十一日。新任人四人不出跪。解劔置地上。（中略）近年之人多用切平緒。至今日於前庭可解之。仍人々用不切之平緒。予昇進事雖不存。用不切可然事也。」

『満佐須計装束抄』
「舞人の装束のこと。（中略）五位六位は尻鞘を差す。五位は虎、六位は水豹。」

『世俗浅深秘抄』
「凡尻鞘ハ、四位豹・五位虎也。但行幸之時、五位次将用豹皮。四位不入尻鞘故也歟。舞人時四位入尻鞘。然而猶五位輩或用豹。行幸之時用虎皮人有之。時人難之云々。筑豹・小豹・虎、次第如此。」

尾長鳥丸文紫緂切平緒

尻鞘

劔の鞘《さや》を包む毛皮です。本来は防水カバーの意味合いでしたが、その華やかな見た目が賞美されました。賭弓《のりゆみ》や白馬節会《あおうまのせちえ》、端午節会《たんごのせちえ》、行幸、春日祭《かすがさい》近衛使《このえつかい》など武官が花形となる儀式行事でも用いられましたが、最も象徴的であったのは賀茂社《かものやしろ》や石清水社《いわしみずのやしろ》の臨時祭《りんじさい》舞人《まいにん》の付ける尻鞘です。

身分によって毛皮の種類が異なります。『満佐須計装束抄《まさすけしょうぞくしょう》』では舞人装束の尻鞘は、五位は虎、六位は水豹（アザラシ）とあります。また『世俗浅深秘抄《せぞくせんしんひしょう》』では四位は豹皮、五位は虎皮とし、行幸のときは四位は尻鞘を使わないので五位の近衛次将が豹皮を用いるとあります。その他、熊・猪・鹿など、さまざまな毛皮も用いられました。

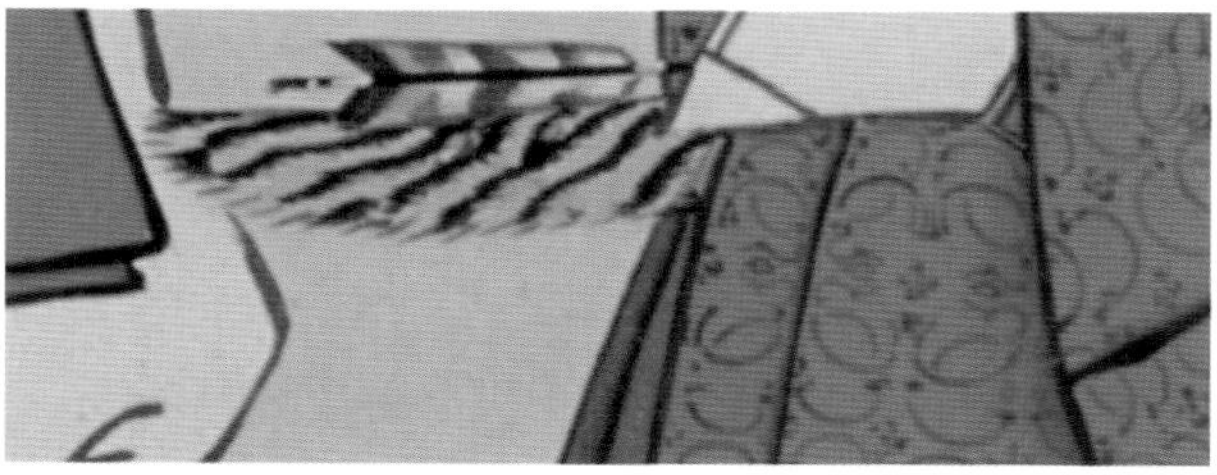

虎の尻鞘

水豹の尻鞘

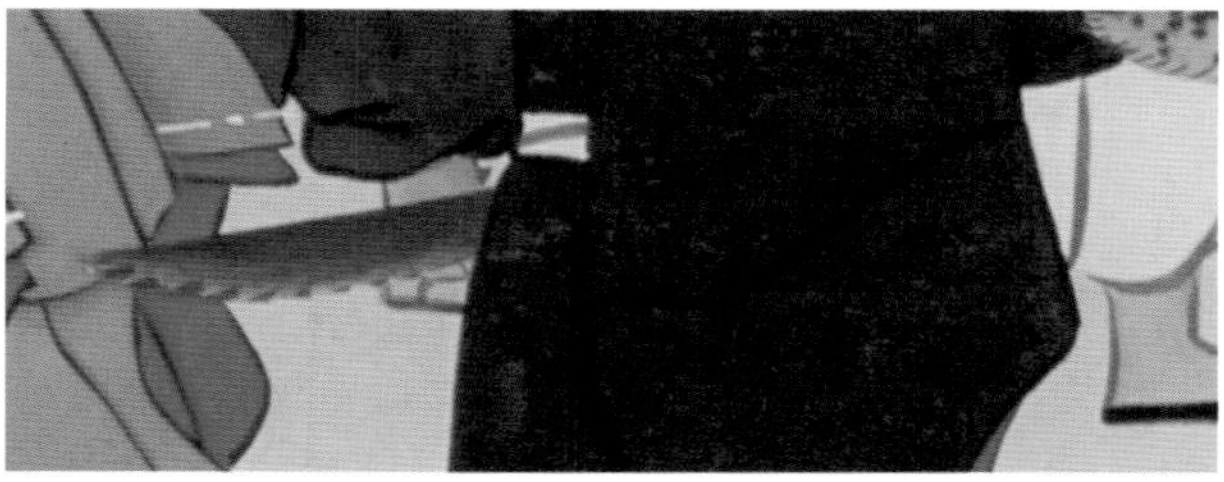

猪の尻鞘

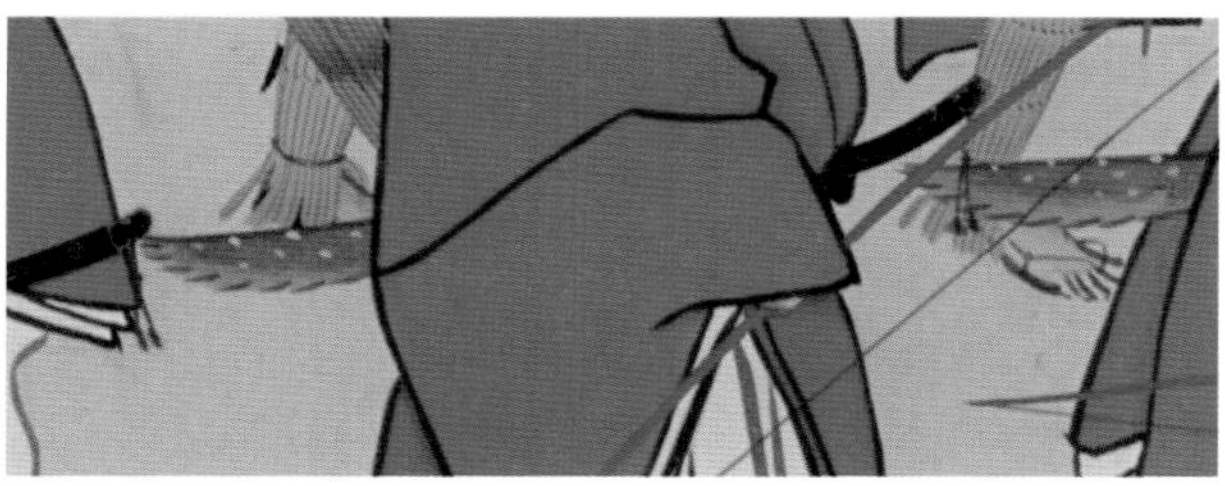

鹿の尻鞘

（「尻鞘」の画像はすべて『桜町殿行幸図』＊＊）

而御賀時、殿上人奉仕舞。左用小豹・右用筑豹。是頗不審也。」

『餝抄』

「仁安二十一廿一賀茂臨時祭。同三石清水臨時祭舞人之時、故殿用竹豹尻鞘給也。同四二十二殿記曰。四位用豹皮、五位用虎皮云々。」

『衛府具抄』

「平緒色々事。紫緂平緒、節会行幸拝賀等之日用之。又若年人尋常用之。蘇芳緂平緒、執政之人用之。青緂平緒、五月最勝講用之。又朝覲行幸用之。櫨緂平緒、春日行幸大将之時用之。楝緂平緒・紺地平緒、尋常用之。蒔絵太刀二八大略用之。萌木平緒・紫地平緒・紅梅地平緒、染装束之時用之。小忌平緒、白地有繡。大嘗会着小忌時用之。鈍色平緒、凶服用之。諒闇時用之。」

弓箭《きゅうせん》

平安時代の武技の代表格が弓箭（弓と矢）で、年中行事にも弓に関するものが数多くあります。衛府官《えふかん》は弓箭を常時帯することが名誉とされました。儀式に用いられる弓箭の具は美麗なものになります。

武官の中でも衛府に属する者は原則として常に弓箭を帯しました。平安中期以降は儀仗兵《ぎじょうへい》的に見栄えを大切にした五位以上の近衛《このえ》次将（中・少将）や兵衛《ひょうえ》・衛門《えもん》の督佐《かみすけ》たちは、華美で非実用的な弓箭を用いるようになります。近衛は大納言兼任の大将までは弓箭を帯しましたが、大臣兼任の大将は弓箭を帯せず、冠に「緌《おいかけ》」を掛けないのが原則です。緌は弓箭に掛け、随身《ずいじん》に持たせることになっていたのです。

実戦で用いる弓である「兵仗《ひょうじょう》の弓」に対して、束帯姿で持つ儀式用の弓は「儀仗の弓」と呼ばれる美麗なもので、蒔絵や摺貝《すりがい》などさまざまな装飾加工が施されました。「取柄《とつか》」(手で握る部分)には錦や綾を貼り、その上下を赤や紫糸で「伏組《ふせぐみ》」を巻き、弓の数か所に「樺《かば》」と呼ばれる紙を貼りました。樺の色は若い間は紅梅色、高位高齢になると白くします。弦《つる》は紫糸を段だらに巻く「紫緂《むらさきのだん》」にしましたが、近衛大将や高齢の衛府督は弦を張らないことになっていました。また『世俗浅深秘《せぞくせんしんひ》抄《しょう》』には「公家は弓を右手に持ち、武家は左手に持つ」とあり、これは公家の文治主義を表したものでしょう。

『西宮記《さいきゅうき》』を見ますと年中行事「賭《のり》弓《ゆみ》」では矢も見栄えを重視し、左近衛《さこんえ》府《ふ》や左兵衛府《さひょうえふ》は「鷲羽《わしは》」、右近衛府《うこんえふ》や右兵衛府《うひょうえふ》は「粛慎羽《しゅくしんは》」の矢羽の矢を用いました。鷲羽は文様が大きく、上下が白で中央が黒い「大中黒《おおなかぐろ》」になり、クマタカ類の羽である「粛慎羽」は細かく白黒まだらの出る「切斑《きりふ》」になります。しかし鎌倉時代の『餝抄《かざりしょう》』では左右の別が無くなり、近衛の大将から少将までは切斑、それ以下は定め無しになってしまいました。「筈《はず》」(弦を掛ける先端)は牛角を用いますが儀仗用は水晶です。筈の下の「筈巻《はずまき》」の色は弓の樺の色と同じものを用います。

矢を収容する容器「胡籙《やなぐい》」は大別して「平《ひら》胡籙」と「壺《つぼ》胡籙」の二種。『年中行事秘抄《ねんじゅうぎょうじひしょう》』には諸節会《せちえ》の中で「中儀《ちゅうぎ》」には平胡籙、「小儀《しょうぎ》」には壺胡籙を用いるとありますが、大将や次将は豪華で見栄えのする「平胡籙」を多用するようになります。これは漆塗りの浅い箱に矢を扇形に配置し、「間塞《まふたぎ》」と呼ばれる紙で下部分を包むものです。装備する矢の本数は時代とともに変化し、後世の衣紋道《えもんどう》では山科《やましな》流は二十一本、高倉《たかくら》流は二十五本と定められました。このうち一本を「落とし矢」と呼んで、少しずらして配置します。

壺胡籙は七本の矢を収納する楕円形の筒です。譲位や節会警固時に用いられましたが、無骨と思われたのか、近衛大将や検非違使別当《けびいしのべっとう》は用いませんでした。古代は四角い箱のような形状の「靫《ゆき》」を用いましたが、平安時代では靫も壺胡籙も同じもので、検非違使《けびいし》が白羽の矢を二本入れると「靫」、七本入れると「壺胡籙」と区別しました。

『西宮記』

「正月七日（中略）府生以上着弓箙。番長以下服中儀〈謂黄袍也〉。供奉白馬陣、寮頭助着闕腋・平胡籙・老懸・尻鞘・靴。宛如供奉行幸。」「正月十八日賭弓。（中略）番長已下服中儀。左府鷲羽、右府粛慎羽。」「天皇譲位〈并〉立皇后及太子、任大臣事〈公卿如例、諸衛将佐着縫腋壺胡籙靴也〉。」「賀茂祭警固〈臨時警固、又同之〉、衛府之公卿、巻纓着緌。帯弓及箭壺胡籙等候陣座。」「四月廿九日駒牽。天皇位服。王卿已下着靴。衛府者平胡籙。」「荷前。天皇帛。公卿如恒。諸衛将佐有御出之時、負壺胡籙。」「追儺。天皇御南殿〈直衣、内侍纔着〉。王卿如常。衛府公卿帯弓箭。諸衛将佐着壺胡籙。」「行幸時事。巻纓着緌。又着平胡籙・虎皮尻鞘・闕腋・靴等。宮中行幸之時、着縫腋・壺胡籙・着浅沓。非違佐者、縫腋之上着平胡籙・靴尻鞘等。年来着平装束・壺胡籙・着浅沓。自余可時議。」

『世俗浅深秘抄』

「近衛次将及大将、惣テ衛府輩、除下臈之衛府外、必弓可持右。馬上時為上其弦、歩行之時為下也。大将若高年衛府督爾不張弓持之、常事也。（中略）惣テ者武家弓持左、文家弓持右。依是大将以下五位以上雖為武官、猶文家也。仍如此也。」

『御禊行幸服飾部類』

「保安四年（一一二三）（中略）已上番長以下装束。蛮絵袍。左師子、右熊。（中略）左鷲羽、百大中黒中。指篠箙。借召襖御、衛府紫革装束。右粛慎羽新調之。以烏鷲羽切続。三府他事如常。」

『衛府官装束抄』

「看督長はゆきをおふ也。靫といふは、此定に漆ぬりたる木のきれをおゐて、白羽の箭を二すぢさすなり。靫負佐看督長四すぢさす也。」

『桃花蘂葉』

「壺胡籙。譲位節会等警固時。衛府公卿帯之。但大将検非違使別当は。不負壺云々。」

金蒔絵の儀仗の弓箭を帯する四位の衛府官
（『春日権現験記』*）

平胡籙（江戸時代）

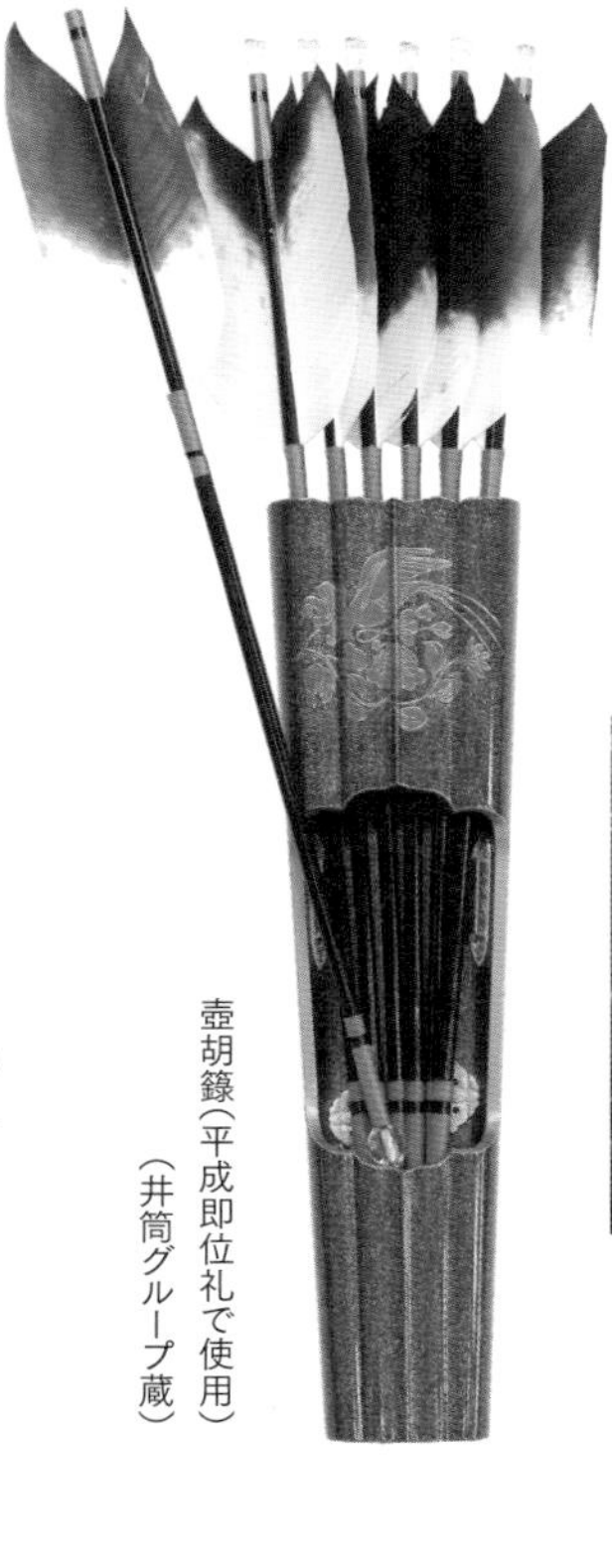

壺胡籙（平成即位礼で使用）
（井筒グループ蔵）

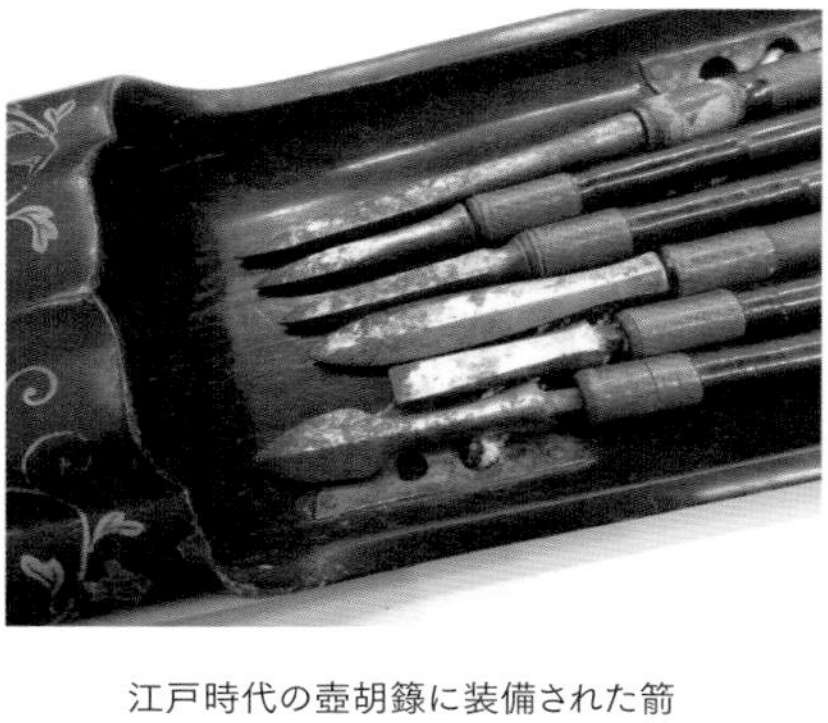

江戸時代の壺胡籙に装備された箭

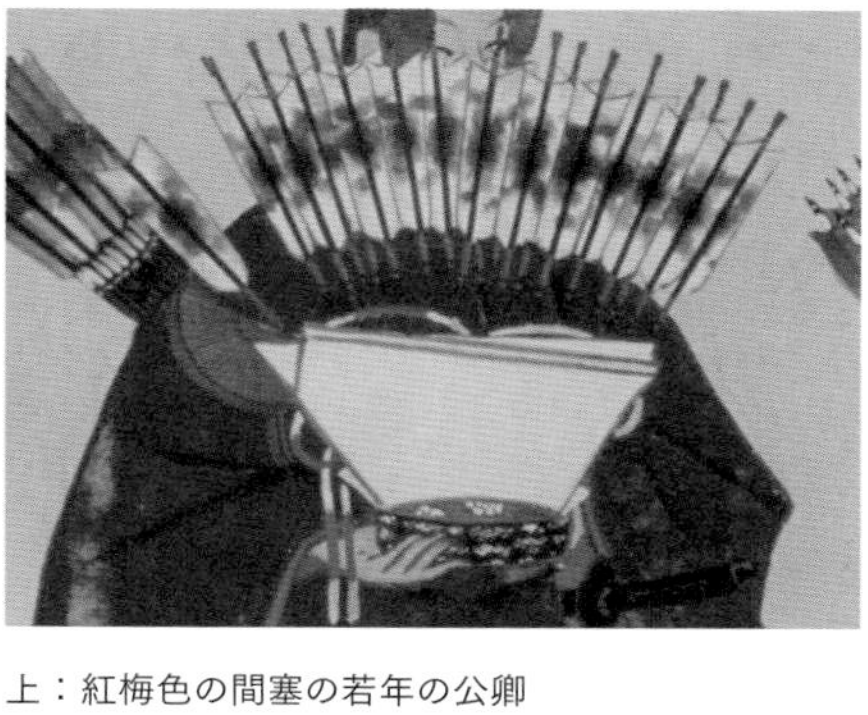

上：紅梅色の間塞の若年の公卿
下：随身が捧持する大臣兼任大将の平胡籙
（ともに『桜町殿行幸図』**）

染色《そめいろ》

有職故実の世界での色彩は、自然の植物を利用した草木染《くさきぞめ》。紫や赤は簡単には染められない色でしたので、誰もが利用できるものではありませんでした。数ある色の中から代表的なものを紹介します。

紅《くれない》

ベニバナ（紅花、学名：*Carthamus tinctorius*）（71ページ）を用いた染色。

『**延喜式**』（**縫殿式**）

「韓紅花（カラクレナヒ）綾一疋。紅花大十斤・酢一斗・麩一斗・藁三圍・薪一百八十斤。」

『**日本紀略**』

「延喜十四年（九一四）六月一日丙寅、禁制美服紅花深浅色等。」

退紅《たいこう》

ベニバナの使用量を極端に少なくした紅色。

『**延喜式**』（**縫殿式**）

「退紅（アラソメ）帛一疋。紅花小八両・酢一合・藁半圍・薪三十斤。」

『**貞観儀式**』

「二月四日祈年祭儀（中略）執翳左右各一人次之〈並著退紅染衫〉」

一斤染《いっこんぞめ》

絹一疋（長六丈×広一尺九寸）を紅花大一斤（六〇〇g）で染めた薄紅色。

『**日本紀略**』

「延喜十八年（九一八）三月十九日壬辰。仰検非違使自来月一日可制止火色之由。但以紅花大一斤為染絹一疋之色給本様」

深蘇芳《こきすおう》

インド、マレー諸島原産のスオウ（228ページ）で染めた色彩。高貴な色とされ、三位以上の者の妻子および四・五位の者の妻だけに蘇芳の衣の着用が許されました。

『**延喜式**』（**縫殿式**）

「深蘇芳　綾一疋。蘇芳大一斤・酢八合・灰三斗・薪一百廿斤。」

『**源氏物語**』（**藤裏葉**）

「やむごとなき家の子どもなどにて、青き赤き白橡、蘇芳、葡萄染めなど、常のごと。」

浅蘇芳《あさきすおう》

綾一疋を染めるのに深蘇芳の二割弱の量で、かなり淡い色彩。その淡さを利用して、濃い装束との組み合わせの妙を楽しみました。

『**延喜式**』（**縫殿式**）

「浅蘇芳　綾一疋。蘇芳小五両・酢一合・灰八升・薪六十斤。」

『**源氏物語**』（**若菜下**）

「紫の上は葡萄染にやあらむ色濃き小袿、薄蘇芳の細長」

紅梅色《こうばいいろ》

紅梅は新春の花であり、その色は旧暦の正月を祝う色とされました。

『源氏物語』（浮舟）
「今日は、乱れたる髪すこし削らせて、濃き衣に紅梅の織物など、あはひをかしく着替へてゐたまへり。」

『後二条師通記』
「寛治五年（一〇九一）正月一日（中略）殿下御随身薄紅梅色袴也。予随身袴色同之云々。」

赤色《あかいろ》

宮中最高のお洒落色で上皇の当色《とうじき》としても知られます。

『九暦』
「天暦三年（九四九）三月廿二日。殿上賭弓、未時参入。今日不着位服、著赤色服。在昔上達部如此之間、必不着位服云々。」

『小右記』
「正暦四年（九九三）正月廿二日、辛亥。今日有内宴。（中略）摂政着赤色袍。先例第一人着之。若依臈次左大臣可着。」

赤白橡《あかしらつるばみ》

公卿しか着用できない禁色《きんじき》。後世に「赤色」と同色という認識となります。

『延喜式』（縫殿式）
「赤白橡　綾一疋。黄櫨大九十斤・灰三石・茜大七斤・薪七百廿斤。

『延喜式』（弾正式）
「凡赤白橡袍。聴参議已上著用。」

『西宮記』
「内宴　天皇御服赤白橡、縫腋〈近代闕腋〉。」

青色《あおいろ》

「赤色」と対をなす色彩。天皇が石清水《いわしみず》臨時祭《りんじさい》の舞の予行演習や賭弓《のりゆみ》、弓場《ゆば》始《はじめ》など、比較的軽い儀式のおりに着用する御袍《ごほう》の色とされました。

『西宮記』
「袍 赤色、主上及一上卿、内宴時服之。青色、帝王及公卿已下侍臣、随便服之〈非蔵人用無文〉。」

『源氏物語』（行幸）
「左右大臣、内大臣、納言より下はた、まして残らず仕うまつりたまへり。青色の袍、葡萄染の下襲を、殿上人、五位六位まで着たり。」

青白橡《あおしらつるばみ》

カリヤスの黄色と、ムラサキの紫色を掛け合わせる染色。赤白橡《あかしらつるばみ》と対になる色彩で、許可が無ければ使えない禁色《きんじき》でした。のちに「青色」と同じ色という認識になります。

『延喜式』（縫殿式）
「青白橡　綾一疋。苅安草大九十六斤・紫草六斤・灰三石・薪八百四十斤。」

『政事要略』
「元慶七年（八八三）五月一日奉勅宣旨云、聴二世真実王着青白橡。（中略）无位孫王。可着纁色。自非有奉勅宣旨、不可着用青白橡等衣。若当色之外、着禁色者。」

萌木《もえぎ》

萌えいずる葉、木々の新芽のグリーンです。平安中期以降は、比較的青みが強いグリーンを「青」、黄色みが強いグリーンを「萌木」と呼ぶことが多く、「緑」という色彩表現はあまり使われなくなります。

『枕草子』

「宮の方より、萌黄の織物の小袿、袴おしいでたれば、三位の中将かづけ給ふ。」

「女の表着は薄色。葡萄染。萌黄。桜。紅梅。すべて、薄色の類。」

『源氏物語』（若菜下）

「柳の織物の細長、萌黄にやあらむ、小袿着て、羅の裳のはかなげなる引きかけて」

浅黄《あさぎ》

ネギの白い部分と青い部分の中間の色、「浅葱」と書くことが本儀とされます。文字の誤解から、平安後期には緑色か黄色かで幾度も論争が起きています。

『殿暦』

「天仁元年（一一〇八）正月一日（中略）此間御薬了程也〈主上生気色御直衣を着給。件直衣色黄平絹単也。浅黄御直衣ノ上ニ着給也〉。」

『満佐須計装束抄』

「若やぐ人は、夏生絹の指貫を浅葱にても薄色にても着交ぜて着る常の事也。五位になりなば、冬浅葱をとく着よ。悪しからず。」

中縹《なかはなだ》

藍染めのブルーである「縹」は「花田」とも表記され、ツユクサ（露草、学名：*Commelina communis*）の花の色を指したものと言われます。「花色」といえばツユクサの色のことでした。

『延喜式』（縫殿式）
「中縹　綾一疋。藍七圍・薪九十斤。」
『玉勝間』
「月草は、今世に露草といふ物也。（中略）又古き哥に、花色衣とよめるも、此月草染也。今の世に、青色を花色といふ是也。」

中紫《なかむらさき》

宝亀五年（七七四）には二位大臣は「中紫」が当色《とうじき》となります。さらに弘仁元年（八一〇）には二位大臣は一位と同じ「深紫《こきむらさき》」とされ、その他の二位三位は「浅紫《あさきむらさき》」から「中紫《なかむらさき》」に昇格しました。

『続日本紀』
「宝亀五年（七七四）正月辛亥。勅。先令大臣身帯二位者著中紫。自今以後。宜為例行之。」
『延喜式』（弾正式）
「凡大臣帯二位者、朝服著深紫。諸王二位已下五位已上、諸臣二位三位并著中紫。」

半色《はしたいろ》

中紫《なかむらさき》を標準の「紫」として、その半分の淡い紫色とされます。『桃花蘂葉《とうかずいよう》』には「半色、薄色の紫の方へよりたるを云也」とあります。

『満佐須計装束抄』

「指貫。紫・半色・薄色・練浅葱・縹の打指貫。（中略）半色。これ又おとなだつ若き人などは着る事なり。」

『殿暦』

「嘉承元年（一一〇六）十二月十八日（中略）余装束半色指貫、松出衣〈表ハ青織物、裏ハ蘇芳濃〉。」

薄色《うすいろ》

「色」と言えば紫のことで、薄色とは薄紫のことです。半色《はしたいろ》よりもさらに淡い薄紫とされ、男女公私を問わず、さまざまな場面で多く用いられました。


『小右記』

「寛和元年（九八五）二月十三日（中略）拝舞之間失礼太多。今日四位・五位・六位皆着綾羅如何。下官着白襖・薄色狩袴等。」

『紫式部日記』

「萌黄、蘇芳、山吹の濃き薄き、紅梅、薄色など、つねの色々をひとたびに六つばかりと、表着とぞ、いとさまよきほどにはべる。」

葡萄色《えびいろ》

ブドウと書いてエビと読みます。平安前期までは下級者用の地味な色とされた葡萄ですが、平安中期頃から貴族たちに愛好され、『源氏物語』では特に登場回数の多い色彩です。

『延喜式』（縫殿式）
「蒲萄　綾一疋。紫草三斤・酢一合・灰四升・薪四十斤。」
『延喜式』（弾正式）
「凡公私奴婢服。黄・葡萄・浅紅・赤練橡・白橡・墨染。其裙青赤絁布等色聴之。」

二藍《ふたあい》

呉藍《くれのあい》（ベニバナ）と藍（タデアイ）の二種の「藍」で染める青紫色。貴重なムラサキ（71ページ）を使わずに紫色に染めることができるため、夏の直衣《のうし》ほか非常に多く用いられました。


『醍醐天皇御記』

「延喜八年（九〇八）五月十一日。賜大使裴璆別貢答物。其物御衣一襲。青白橡表袍。二藍下重具如例。」

『満佐須計装束抄』

「夏は上達部赤色の下襲。殿上人二藍。」

濃色《こきいろ》

スオウを鉄媒染《てつばいせん》で染めた暗紫色。年少者の色という認識があり、男子の場合は、大口《おおくち》袴《ばかま》や単《ひとえ》に濃色を用いました。女子は晴儀で袴や単に用います。


『三条家装束抄』

「下袴事。本儀綾也。十五以前の人濃色〈濃蘇芳の事也〉。十六以後の人紅色なり。」

『桃花蘂葉』

「幼稚之者雖可着濃色装束。於申請内々装束着紅色事。」

橡《つるばみ》

「橡」は『和名類聚抄《わみょうるいじゅうしょう》』に「和名都流波美、櫟実也」とあるように、ブナ科の樹木であるクヌギのことです。その橡の実とアカネを掛け合わせた赤みを含んだ淡茶色が、『延喜式《えんぎしき》』（縫殿式）の「橡」です。上下を問わず好まれた色彩です。

『延喜式』（縫殿式）
「橡　綾一疋。搗橡二斗五升・茜大二斤・灰七升・薪二百廿斤。」
『延喜式』（弾正式）
「凡公私奴婢服。黄葡萄浅紅。赤練橡。白橡。墨染。其裙青赤絁布等色聴之。紫緋緑紺縹等不須全色。唯得纐紕裁縫。」

黄橡《きつるばみ》

『万葉集』の歌に「橡の衣は人皆事なしと 言ひし時より着欲しく思ほゆ」とあるように、古い時代は普段着の色としてポピュラーであったようです。これは橡だけを椿灰《つばきばい》媒染《ばいせん》で染めた黄橡のことと考えられます。

『令義解』（衣服令）
「制服（中略）家人奴婢橡墨衣〈謂橡者、櫟木実也。以橡染繪、俗云橡衣也〉。」

朽葉色《くちばいろ》

朽ちた落葉の色。僧尼の利用や心喪《しんそう》装束の色という認識もありましたが、晴にも褻《け》にも、吉事にも凶事にも利用される、守備範囲の広い色彩です。

『延喜式』（縫殿式）
「中宮（中略）四月料〈五月。六月同七月〉。袍十領〈白一領。作目白橡九領〉。袷袍六領〈藍并朽葉之類〉料。」

『小右記』
「寛弘八年（一〇一一）七月十七日（中略）左兵衛督〈実成〈不可着鈍色、只可着心喪服〈朽葉色下襲・青鈍色袴云々〉」

［忌色《いみじき》］

鈍色《にびいろ・にぶいろ》

凶服《きょうふく》（喪服）の色。「忌色」と呼ばれるこれらの色は吉事には用いませんでした。平安時代の凶服の色に細かな決まりは無く、本人の服喪の気持ち次第でした。鈍色も心の持ちようで深くも浅くもしたのです。

『小右記』
「寛弘八年（一〇一一）七月十四日（中略）御四十九日間不着鈍衣候院、可無便宜、至今着鈍色可参入之由被定了者、但参内之時可着心喪装束云々。」

『胡曹抄』
「鈍色（中略）又或云、青花ニスミヲ入也。」

青鈍《あおにび・あおにぶ》

鈍色《にびいろ》の藍を強くしたブルーグレーで、比較的軽い服喪の色とされました。公式には服喪の対象ではない師匠や友人、愛人などの死に対して表す「心喪《しんそう》」の色でもありました。

『西宮記』
「心喪装束。綾冠・綾袍・青朽葉・青鈍袴也。」

『小右記』
「寛弘八年（一〇一一）七月十七日（中略）着心喪装束可参院及内裏者。（中略）不可着鈍色、只可着心喪服〈朽葉色下襲・青鈍色袴云々〉者。」

萱草色《かんぞういろ・かぞういろ》

忌色の一つで、女性が服喪期間に着用する袴の色です。カンゾウの花の色で、古代中国で萱草は「忘れ草」と呼ばれ、憂いを忘れることができるとされました。そこから服喪の色とされたのです。

『源氏物語』（椎本）
「濃き鈍色の単衣に、萱草の袴もてはやしたる、なかなかさま変はりてはなやかなりと見ゆるは、着なしたまへる人からなめり。」

『河海抄』
「萱草色　紅の黄ばみたる色也。凶服也。」

柑子色《こうじいろ》

萱草色《かんぞういろ》と同じく忌色のひとつで、男子が紅を用いる衣類、たとえば大口袴《おおくちばかま》など、また女性の小袿《こうちぎ》の裏、袴など服喪に際しては柑子色を用いました。萱草色よりも柑子色のほうがより深い服喪を表わすとされます。

『**愚昧記**』

「養和元年（一一八一）一月十九日、丙寅。積雪。大蔵卿装束事注遣之、申相府也。冠〈巻纓無文〉、表衣〈平絹黒色、裏鈍色〉、下重〈鼠色単也。不可有裏〉、表袴〈鼠色、或鈍色、裏柑子色〉、袙・単等〈鈍色、或白〉、大口〈柑子色〉、扇〈鈍色〉、襪・沓・笏如恒。」

[当色《とうじき》]

深紫《こきむらさき》

律令《りつりょう》における一位の当色。東洋において紫は北極星の色、至高の色とされました。アルミニウムを含むツバキの灰を媒染剤《ばいせんざい》とし、六〇℃ほどの低温で加熱する染色は難しいものでした。

『**延喜式**』（**縫殿式**）

「深紫　綾一疋。紫草卅斤・酢二升・灰二石・薪三百六十斤。」

『**養老令**』（**衣服令**）

「諸王礼服　一位礼服冠〈五位以上毎位及階各有別制。諸臣准此〉。深紫衣。（中略）諸臣礼服。一位礼服冠。深紫衣。」

黒橡《くろつるばみ》

橡を鉄媒染《てつばいせん》で染めると、黒に近い焦げ茶色になります。律令《りつりょう》では最下級の人々の服色とされ、貴族階級では喪服の色とされましたが、平安中期に黒が四位以上の当色になると、大逆転して最高位の色となりました。

『**令義解**』（**衣服令**）

「制服（中略）家人奴婢橡墨衣〈謂橡者、櫟木実也。以橡染繪、俗云橡衣也。」

『**政事要略**』

「昇殿之輩。重喪之者。四位五位六位。皆着黒橡袍。可謂非也。儀制令云。其遭喪被起者。朝参処亦依位色。」

深緋《こきあけ》

アカネとムラサキで染めた色で、律令《りつりょう》の定めでは四位の当色でしたが、平安中期に四位は三位以上と同じ色に。それに引きずられ浅緋《あさきあけ》が当色であった五位が、深緋を着用するようになりました。

『**延喜式**』（**縫殿式**）

「深緋　綾一疋。茜大四十斤・紫草卅斤・米五升・灰三石・薪八百四十斤。」

『**小右記**』

「正暦三年（九九二）九月一日。明順真人叙四位、乞袍。以三品袍送四品如何、然而遣之。其報云。近代三四位袍、其色一同。又最初着用如此衣云々。仍所驚示也。為奇不少。」

浅緋《あさきあけ》

アカネ（71ページ）だけで染めた色彩。平安後期にはカリヤスで黄色く染めた上にスオウを掛け合わせて緋色を表現しました。律令《りつりょう》の定めでは、浅緋が五位の当色でしたが、平安中期に五位の当色は深緋《こきあけ》になってしまいました。

『**延喜式**』（**縫殿式**）

「浅緋　綾一疋。茜大卅斤・米五升・灰二石・薪三百六十斤。」

『**続日本後紀**』

「承和五年（八三八）三月癸未。勅曰、諸衛府及劇官雑色人、特聴著緋色袴。自余諸人不聴著染袴。而特聴之徒所著之袴、或用黒緋、或用浅緋、著人任意、不拘文法。」

深縹《こきはなだ》

藍染め（71ページ）によるブルーで、入手しやすく染色も容易な色彩です。律令《りつりょう》においては八位の当色でしたが、平安中期頃から六位以下の有位者全員の当色となりました。

『延喜式』（縫殿式）
「深縹　綾一疋。藍十圍・薪六十斤。」

『当代装束抄』
「六位束帯冠纓袍〈夏冬有、夏ハ穀二藍、冬平絹花色〉。」

黄《き》

イネ科ススキ属の植物、カリヤス（71ページ）で染める黄色。黄色は律令《りつりょう》における無位の当色です。『続日本後紀《しょくにほんこうき》』には位階《いかい》を剥奪されて配流された小野篁《おののたかむら》が承和七年（八四〇）に帰郷したおり、「披黄衣以拝謝」したとあります。

『延喜式』（縫殿式）
「深黄　綾一疋。苅安草大五斤・灰一斗五升・薪六十斤。」

『養老令』（衣服令）
「制服　無位。皆皂縵頭巾、黄袍、烏油腰帯、白襪、皮履。朝庭公事、即服之。」

黄櫨染《こうろぜん》

平安初期まで天皇の当色の規定はありませんでしたが、弘仁十一年（八二〇）に嵯峨《さが》天皇が隋《ずい》や唐《とう》の皇帝が用いた「赭黄《しゃおう》」の袍《ほう》に倣い、天皇の当色に定めました。

『延喜式』（縫殿式）
「黄櫨　綾一疋。櫨十四斤・蘇芳十一斤・酢二升・灰三斗・薪八荷。」

『日本後紀』
「弘仁十一年（八二〇）二月甲戌朔。詔曰。云々。其朕大小諸神事、及冬奉幣諸陵、則用帛衣。正受朝則用袞冕十二章。朔日受朝、日聴政、受蕃国使、奉幣及び大小諸会、則用黄櫨染衣。」

黄丹《おうに・おうだん》

律令《りつりょう》で定められた皇太子の当色が黄丹です。なぜ皇太子の当色がこの色に定められたのかは不明で、天武天皇十四年（六八五）の服制により五年間だけ存在した「朱華《はねず》」が復活したとも考えられます。

『延喜式』（縫殿式）
「黄丹　綾一疋。紅花大十斤八両・支子一斗二升・酢一斗・麸五升・藁四圍・薪一百八十斤。准生木所定。余皆准此。」

『養老令』（衣服令）
「皇太子礼服　礼服冠。黄丹衣。牙笏。白袴。白帯。深紫紗褶。錦襪。烏皮履。」

深支子《こきくちなし》

クチナシの果実は黄色の染料になりますが、染色の支子色はクチナシの黄色にベニバナの紅色を掛け合わせたオレンジ色です。深く染めると、皇太子の当色「黄丹」に似た色になるので禁色とされました。

『延喜式』（縫殿式）
「深支子　綾一疋。紅花大十二両・支子一斗・酢五合・藁半圍・薪卅斤。」

『延喜式』（弾正式）
「凡支子染深色可濫黄丹者、不得服用。」

春

重色目《かさねいろめ》

日本古来の絹糸は細く、織り上げた生地も薄く裏地が透けるため、表裏の重なりの色が楽しまれました。自然との一体感を大切にした平安貴族たちは、重色目で四季の植物を表現したのです。

梅《うめ》

『雁衣鈔』
「梅。面白・裏蘇芳。自五節至二月着之歟。」

紅梅《こうばい》

『雁衣鈔』
「紅梅。表紅梅・裏蘇芳。若人着之。」

桜《さくら》

『胡曹抄』（衣色事）
「桜（冬春）表白・裏赤花。」

柳《やなぎ》

『雁衣鈔』
「柳。表白・裏青。若モ老モ着之。」

壺菫《つぼすみれ》

『胡曹抄』（衣色異説）
「つほ菫　表紫・裏薄青。」

躑躅《つつじ》

『雁衣鈔』
「躑躅。面紅梅・裏青。」

羊躑躅《もちつつじ》

『胡曹抄』（衣色異説）
「もちつゝし　表紫、うら紅。」

山吹《やまぶき》

『胡曹抄』
「打下襲（中略）山吹　表薄朽葉・裏黄。自冬至三月。」

藤《ふじ》

『雁衣鈔』
「藤。面薄紫・裏青。三月用之。四月同通用之。」

牡丹《ぼたん》

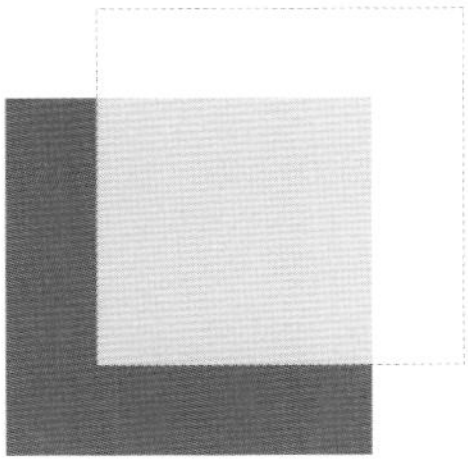

『胡曹抄』（衣色異説）
「ぼうたん　表白・うら紅梅。かさねと有へし。」

夏

卯花《うのはな》

『物具装束抄』
「卯花狩衣。面白・裏青。四五月着之。」

若鶏冠木《わかかえで》

『西三条装束抄』
「若蝦手　面薄青・裏紅、又一説、裏薄紅歟。」

杜若《かきつばた》

『物具装束抄』
「杜若狩衣。面二藍・裏萌黄。四五月着之。」

菖蒲《しょうぶ・あやめ》

『物具装束抄』
「菖蒲狩衣。面青・裏濃紅梅。四五月着之。」

盧橘《ろきつ・はなたちばな》

『雁衣鈔』
「盧橘。面朽葉・裏青。四月五月着之。」

楝《おうち》

『雁衣鈔』
「楝。面薄色・裏青。四月五月着之。」

薔薇《そうび・ばら》

『胡曹抄』（衣色異説）
「志やうひ　表紅・うらむらさき。」

瞿麦《なでしこ》

『雁衣鈔』
「瞿麦。面蘇芳・裏青。或面用紅梅両説也。四五六夏三ケ月着之歟。」

夏萩《なつはぎ》

『胡曹抄』（衣色異説）
「夏萩のきぬ　表青・裏紫。」

桔梗《ききょう》

『雁衣鈔』
「桔梗。面二藍・裏青。五月六月着之。」

女郎花《おみなえし》

『雁衣鈔』「女郎花。面黄・裏青。秋初可着之。到十七八着之。」

紫苑《しおん》

『物具装束抄』「紫苑狩衣。面濃薄色・裏青。自六月至八九月着之。」

紅葉《もみじ》

『雁衣鈔』「紅葉。面赤色・裏濃赤色。」

蝦手紅葉《かえでもみじ》

『胡曹抄』（衣色事）「蝦手紅葉　表薄青・裏黄。」

櫨紅葉《はじもみじ》

『胡曹抄』（衣色事）「櫨紅葉　表蘇芳・裏黄。」

槿《あさがお》

『胡曹抄』（衣色異説）「あさかほ　表・裏花田。としよりのきる也。」

白菊《しらぎく》

『雁衣鈔』「白菊。表白・裏青。秋末冬初着之。若色也。」

蘇芳菊《すおうぎく》

『胡曹抄』（衣色事）「白菊（九月十月）表白・裏蘇芳、又号蘇芳菊。」

移菊《うつろいぎく》

『雁衣鈔』「移菊。面中紫・裏青。時節同右（自九月至五節）。」

月草《つきくさ》

『胡曹抄』（衣色異説）「つき草（鴨頭）表花田・裏薄花田。」

櫨《はぜ・はじ》

『雁衣鈔』「櫨。表赤色・裏黄。若色也。年少人モ又十七八人モ着之。秋末冬初可着之。」

冬

虫襖《むしあお》

『胡曹抄』（衣色事）「虫襖　表青クロミ有・裏二藍、又薄色。」

雪の下《ゆきのした》

『胡曹抄』（衣色事）「雪ノ下　表白・裏紅、中部同。」

四季通用

松重《まつがさね》

『雁衣鈔』「松重。表青・裏蘇芳。或云。濃薄色赤み有べし。十七八ニテ着之。冬色也。或云。表萌木。裏赤也。」

海松色《みるいろ》

『布衣記』「面こき萌木・裏薄萌黄をば海松色と申。」

ハゼノキ（学名：*Toxicodendron succedaneum*）

枯色《かれいろ》

『雁衣鈔』「枯色。表薄香・裏青。自冬至二月許可着之。若モ頗老モ着也。或云。おとなしき色なり。」

雪の下で咲く紅梅の花

篠青《ささのあお》

『雁衣鈔』「篠青。表白・裏青。三四十之人着之。」

木賊《とくさ》

『雁衣鈔』「木賊。表黒青・白裏。老色也。五十余人可着之。」

襲色目《かさねいろめ》

女子の装束は何枚もの衣《きぬ》を重ねます。平安後期には五枚重ねが主流となり、その「五衣《いつつぎぬ》」と単《ひとえ》などの組み合わせを示したのが襲色目で、ここでは最も古い平安後期の『満佐須計《まさすけ》装束抄《しょうぞくしょう》』に準拠して紹介します。

蘇芳の匂《すおうのにおい》

「上は薄くて、下様に濃く匂ひて。青き単。」

松重《まつがさね》

「上二つ蘇芳《すおう》の濃き薄き、萌木《もえぎ》の匂ひたる三。紅の単。」

春夏秋冬の色々。祝に着る色々

紅の匂《くれないのにおい》

「上紅匂ひて、下へ薄く匂ひて。紅梅の単。」

紅の薄様《くれないのうすよう》

「紅匂ひて三・白き二。白き単。」

紅梅の匂《こうばいのにおい》

「上は薄くて、下へ濃くて。青き単。また倍《まさ》りたる単をも着る。」

萌木の匂《もえぎのにおい》

「上は薄くて、下へ濃く匂ひて。紅の単。」

十月一日より練衣綿《ねりぎぬわた》入れて着る

紅紅葉《くれないもみじ》

「紅・山吹《やまぶき》・黄なる・青き濃き薄き。紅の単。蘇芳《すおう》単トゾ覚ユル。」

青紅葉《あおもみじ》

「青き濃き薄き・黄なる・山吹《やまぶき》・紅。蘇芳《すおう》の単。」

櫨紅葉《はぜもみじ》

「黄なる二・山吹《やまぶき》・紅〈黄ナルハ一ツニテ山吹ヲ匂ハカスナリ〉・蘇芳《すおう》。紅の単。」

さまざまな色相を見せる紅葉

五節《ごせち》より春まで着る色

紫の匂《むらさきのにおい》

「上濃き紫より下へ薄く匂ひて。紅の単。」

紫の薄様《むらさきのうすよう》

「上より下へ薄くて三・白き二。白き単。」

裏倍紅梅《うらまさりこうばい》

「裏倍りたる紅梅は、表薄くて裏倍りて青き単。」

山吹の匂《やまぶきのにおい》

「上濃くて下へ黄なるまでに匂ひて。青き単。」

梅重《うめがさね》

「上白き・紅梅匂ひて・紅一・濃《こき》蘇芳《すおう》。濃単。青き単も心ごころなり。」

雪の下《ゆきのした》

「白き二・紅梅匂いて三。青き単。」

紫村濃《むらさきむらご》

「紫匂ひて三・青き濃き薄き二。紅の単。」

色々《いろいろ》

「薄色一・萌木《もえぎ》一・紅梅一・裏山吹《やまぶき》一・裏濃蘇芳《こきすおう》一。紅の単□□□□又桜躑躅《さくらつつじ》とて、桜の衣、桜萌木の表《うわ》着《ぎ》、樺桜《かばざくら》の唐衣《からぎぬ》などを着る。」

四月薄衣《うすぎぬ》に着る色

菖蒲《あやめ》

「青き濃き薄き・白き・紅梅濃き薄き。白き生絹《すずし》の単。」

若菖蒲《わかあやめ》

「表青き濃き薄き三、二つは裏白し。白表二。裏、紅梅の匂ひ三。白き生絹《すずし》の単。」

藤《ふじ》

「薄色の匂ひて三・白表二が。裏、青き濃き薄き。白き生絹《すずし》の単。又紅の生絹の単。」

躑躅《つつじ》

「紅匂いて三・青き濃き薄き二。単白き、紅。心ごころなり。」

花橘《はなたちばな》

「山吹《やまぶき》濃き薄き二・白き一・青き濃き薄き。白単。青単。」

餅躑躅《もちつつじ》

「蘇芳《すおう》三匂ひて・青き濃き薄き。白単。」

五月捻《ひね》り重《がさ》ね

杜若《かきつばた》

「薄色匂ひて三・青き濃き薄き。紅の単常の事なり。□□□ばかりなり。」

八月一日より十五日まで捻《ひね》り重《がさ》ね

薄《すすき》

「蘇芳《すおう》の濃き薄き三・青き濃き薄き。白単。」

女郎花《おみなえし》

「表、女郎花。裏、皆青し。紅の単。」

花期にも果実の残るタチバナ

清少納言も愛した蘇芳色のススキ

平安貴族に深く愛されたオミナエシ

織色目《おりいろめ》

糸の段階で染めてから生地を織り上げる「先染《さきぞ》め」を「織物」と呼びました。経《たて》糸（タテ糸）と緯《ぬき》糸（ヨコ糸）の色を変えて織ることで「玉虫色《たまむしいろ》」現象が起き、光の当たり具合によって色彩が変化します。

薄色《うすいろ》

『桃花蘂葉』

「薄色〈経紫・緯白〉」

半色《はしたいろ》

『桃花蘂葉』

「半色〈経緯共ニ薄紫也〉」

薄青《うすあお》

『桃花蘂葉』

「薄青〈経青・緯白〉」

赤色《あかいろ》

『桃花蘂葉』

「赤色〈経紫・緯赤也〉」

脂燭色《しそくいろ》

『胡曹抄』

「しそく色。ぬき紅・たて紫、火色同じ如何。」

蒲萄染《えびぞめ》

『胡曹抄』

「蒲萄染。経赤・緯紫歟」

紅梅《こうばい》

『物具装束抄』

「紅梅狩衣。面タテ紅・ヌキ白。裏□□。至五節至正月着之。或説。自立春着之云々。」

藤《ふじ》

『物具装束抄』

「藤狩衣。面タテ青・ヌキ黄。裏萌黄。自春至四月着之歟。」

紫苑《しおん》

経青・緯薄色

蘇芳《すおう》

経紫・緯二藍

欵冬《かんとう》（山吹《やまぶき》）

『**四季色目**』

「欵冬　春夏モ　面経紅・緯黄、裏黄或青（口伝抄）。」

花葉色《はなばいろ》

『**餝抄**』

「花葉色。経黄色・緯欵冬色。裏青打云々。多者三月着用。」

女郎花《おみなえし》

『**満佐須計装束抄**』

「女郎花。黄なるに青経。」

萩《はぎ》

『**満佐須計装束抄**』

「萩。薄色に青経。」

青色《あおいろ》（麹塵《きくじん》）

『**装束雑事抄**』

「青色袍〈綾浮織物。文牡丹に尾長鳥。たて青。緯黄。裏蘇芳。夏は裏をとりて着す。夏冬同物なり。麹塵ともいふなり〉。」

江戸時代の蔵人《くろうど》袍《ほう》裂地《きれじ》

青色《あおいろ》（麹塵《きくじん》）の織物

香色《こういろ》

『蹇驢嘶餘』

「香色トハ、タテ紅・ヌキ黄也。」

朽葉《くちば》

『物具装束抄』

「朽葉狩衣。面タテ紅・ヌキ黄。裏黄也。」

青朽葉《あおくちば》

『西三条装束抄』

「青朽葉。面経青・緯黄、裏青、四五月老者多用之」

唐紙《からかみ》

『満佐須計装束抄』

「唐紙。黄なるに白き経。青き重ねをしたり。」

松重《まつがさね》

経青・緯紫

海松色《みるいろ》

経濃香・緯萌木

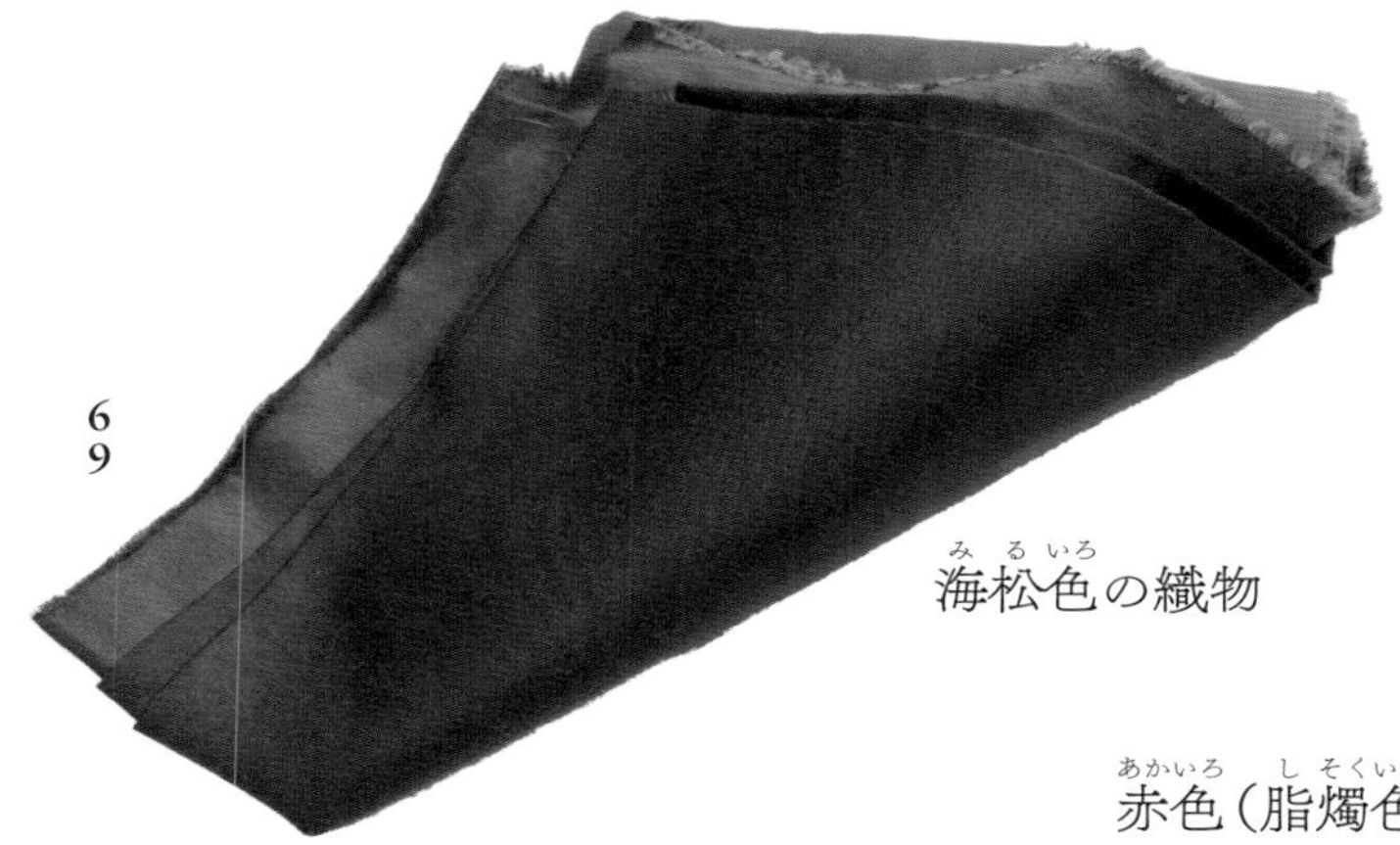

海松色《みるいろ》の織物

赤色《あかいろ》（脂燭色《しそくいろ》）の織物

緂《だん》

白を基調にさまざまな色を「段だら」に色分けしたものを「緂」と呼びます。束帯《そくたい》装束で劒《たち》を吊す「平緒《ひらお》」(48ページ)や馬の手綱《たづな》、狩衣《かりぎぬ》の袖括りの緒《お》などに用いられました。

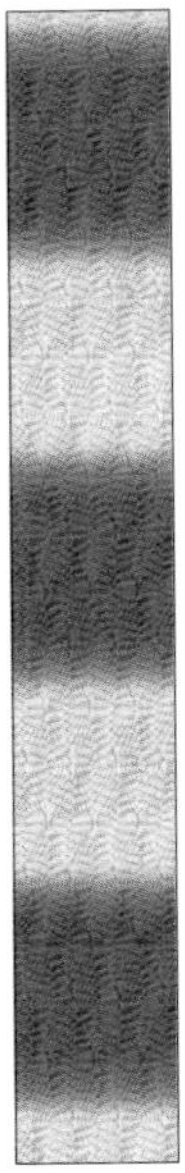

紫緂《むらさきのだん》

『物具装束抄』

「平緒事。紫緂〈四季通用之〉。」

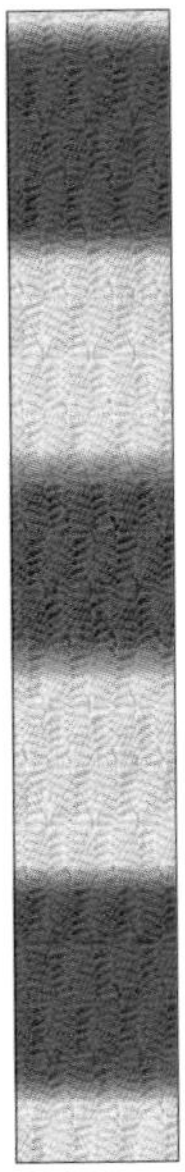

棟緂《おうちのだん》

『物具装束抄』

「平緒事。(中略)棟緂〈四季通用之〉。(中略)棟緂〈殿上人以下四位五位用之〉。」

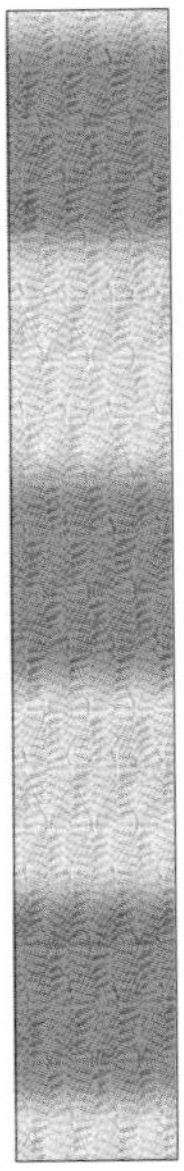

櫨緂《はぜ(はじ)のだん》

『桃花蘂葉』

「平緒色々事(中略)櫨緂平緒〈承元四八廿春日行幸。左大将峯殿用櫨緂平緒給云々〉。」

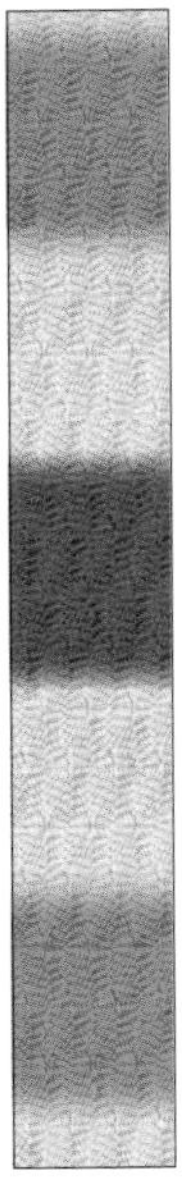

櫨紫緂《はぜ(はじ)むらさきのだん》

『後二条師通記』

「寛治四年(一〇九〇)(中略)釼菊螺鈿檀地保梨物也。櫨紫緂平緒。」

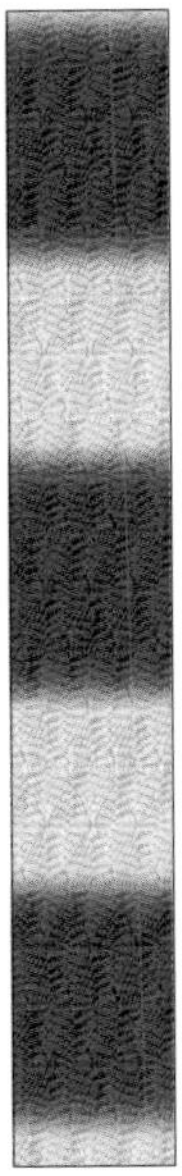

蘇芳緂《すおうのだん》

『桃花蘂葉』

「平緒色々事。(中略)蘇芳緂平緒。執政之人用之。」

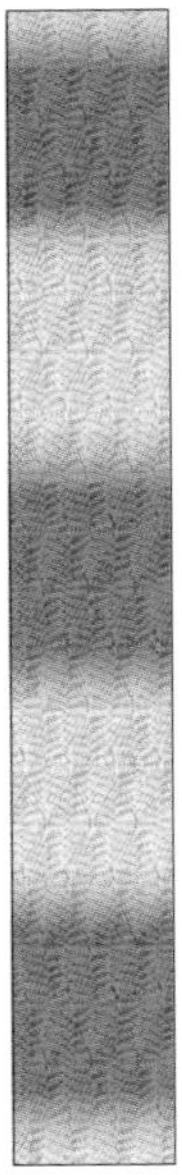

青緂《あおのだん》

『桃花蘂葉』

「平緒色々事。(中略)青緂平緒。五月最勝講用之。」

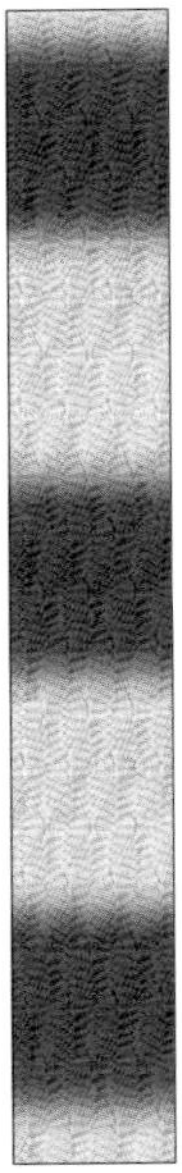

紺緂《こんのだん》

『物具装束抄』

「手綱事。(中略)紺緂〈六位用之〉。」

染料《せんりょう》

染料となる植物にはさまざまな種類があります。また媒染剤《ばいせんざい》を変えることで、同じ染料からまったく異なる色彩に染めることも可能となります。

カリヤス

刈安、学名：*Miscanthus tinctorius*
イネ科ススキ属の多年草
利用部位：葉・茎
華やかな黄色に染まる。アイと重ね染めをすることで緑色の染色が得られる。

ムラサキ

紫、学名：*Lithospermum erythrorhizon*
ムラサキ科ムラサキ属の多年草
利用部位：根
60℃の低温で染色しなければならない。
絶滅危惧種。

ハゼノキ

櫨の木、学名：*Toxicodendron succedaneum*
ウルシ科ウルシ属の落葉《らくよう》小《しょう》高木《こうぼく》
利用部位：幹の芯材
黄櫨染《こうろぜん》はハゼノキとスオウで染める。江戸時代までは輸入に頼ったと思われる。

ベニバナ

紅花、学名：*Carthamus tinctorius*
キク科ベニバナ属の多年草
利用部位：根
紅は別名「呉の藍」から「くれない」とも呼ぶ。

アカネ

茜、学名：*Rubia argyi*
アカネ科アカネ属の多年草
利用部位：根
日本で「赤」といえばアカネ染色を意味した。

アイ

藍、学名：*Persicaria tinctoria*
タデ科イヌタデ属の一年草
利用部位：葉
醗酵させた「すくも」で濃く染まる。染色は「縹《はなだ》」と呼ばれる。

文様《もんよう》

有職故実にかかわる装束や調度品に施される「有職文様」は、ササン朝ペルシアなど西域からシルクロードを通して伝わったものが、日本で長い時間をかけて洗練されたデザインです。

袍《ほう》の文様

桐竹鳳凰麒麟《きりたけほうおうきりん》

天皇の袍文

尾長鳥牡丹唐草《おながどりぼたんからくさ》

天皇の青色《あおいろ》（麹塵《きくじん》）袍、蔵人《くろうど》の袍に用いられた文

窠菊唐草《かにきくからくさ》

上皇の袍文

窠中鴛鴦《かのなかにえんおう》

皇太子の袍文

雲鶴《うんかく》

親王の袍文（近代のデザイン）

藻勝見《もかつみ》

絵巻物に見られる平安時代の公卿の袍文

輪無唐草《わなしからくさ》

諸家共通の袍文

轡唐草《くつわからくさ》

諸家共通の袍文

雲立涌《くもたてわく》

近衛《このえ》家の異文《いもん》（大臣任官後の袍文）

丁子唐草《ちょうじからくさ》

鷹司《たかつかさ》家の異文

輪繋唐草《わつなぎからくさ》

三条《さんじょう》家の異文

窠唐草《かにからくさ》

徳大寺《とくだいじ》家の異文

直衣《のうし》の文様

小葵《こあおい》

天皇の直衣《のうし》・引《ひき》直衣・小《こ》直衣

臥蝶丸《ふせちょうのまる》

臣下の冬直衣

三重襷《みえだすき》

天皇・臣下の夏直衣

表袴《うえのはかま》の文様

窠霰《かにあられ》

公卿以上や若年者の晴の表袴

臥蝶丸《ふせちょうのまる》

公卿・禁色《きんじき》聴許者《ちょうきょしゃ》の表袴

指貫《さしぬき》の文様

亀甲地臥蝶丸《きっこうじふせちょうのまる》

若年者の指貫

鳥襷《とりだすき》

二十歳頃までの指貫

八藤丸《やつふじのまる》

二十歳以降の指貫

雲立涌《くもたてわく》

親王・太閤《たいこう》の指貫
（近代のデザイン）

単《ひとえ》の文様

繁菱《しげひし》

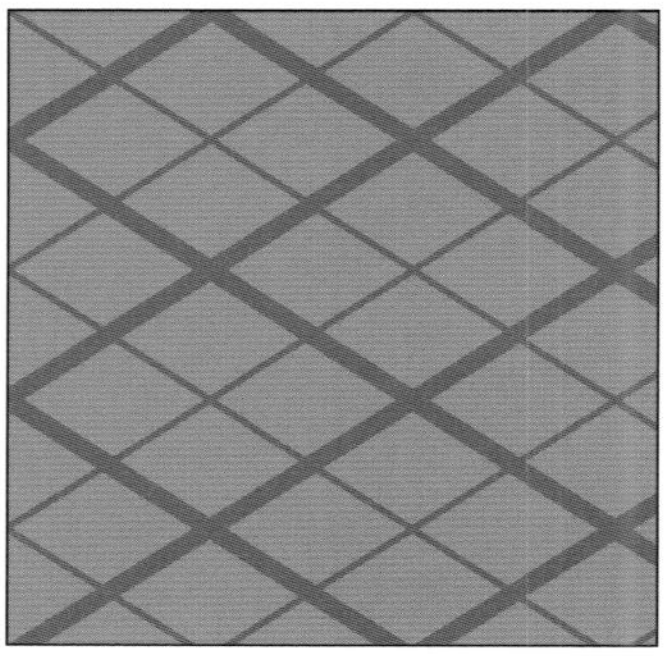

男子の単

先間菱《さきあいびし》

女子の単（千剣菱《せんけんびし》・幸菱《さいわいびし》とも）

狩衣《かりぎぬ》ほかの文様

桐竹立涌《きりたけたてわく》

徳川家斉《とくがわいえなり》の小直衣《このうし》

老松丸《おいまつのまる》

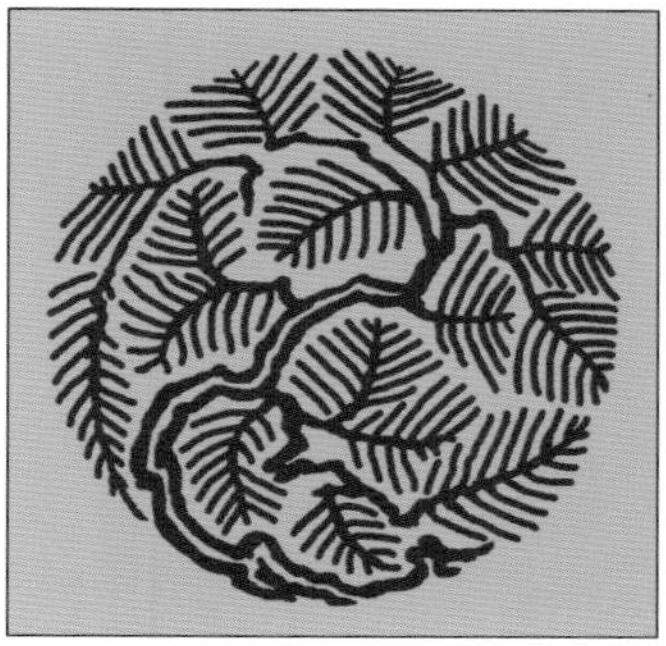

江戸時代の狩衣

葵立涌《あおいたてわく》

徳川家斉《いえなり》の小直衣《このうし》

日蔭蔓唐花《ひかげかずらからはな》

甘露《かんろ》寺《じ》国長《くになが》の狩衣

菱繋襷唐花《ひしつなぎだすきからはな》

三 条《さんじょう》 実美《さねとみ》の小直衣《このうし》

勝見襷《かつみだすき》

岩倉具視《いわくらともみ》の小直衣《このうし》

若松丸《わかまつのまる》

江戸時代の皇太子の衣

蜀花亀甲繋《しょっかきっこうつなぎ》

江戸時代の狩衣

鴛鴦蛮絵《えんおうのばんえ》

江戸時代の礼服《らいふく》

鳳凰蛮絵《ほうおうのばんえ》

江戸時代の狩衣

霊芝雲《れいしぐも》

光格《こうかく》上皇の小直衣《このうし》

五連蝶丸《いづれちょうのまる》

光格《こうかく》上皇の小直衣《このうし》

波丸繋《なみのまるつなぎ》

春日大社唐櫃覆《かすがたいしゃからびつおおい》

波立涌《なみたてわく》

広橋《ひろはし》家の狩衣

熊蛮絵《くまのばんえ》

右近衛府《うこんえふ》褐衣《かちえ》の摺文《すりもん》

獅子蛮絵《ししのばんえ》

左近衛府《さこんえふ》褐衣《かちえ》の摺文《すりもん》

松立涌《まつたてわく》

女子皇族の五衣《いつつぎぬ》

若松立涌《わかまつたてわく》

江戸時代の皇女の細長《ほそなが》

梅丸《うめのまる》

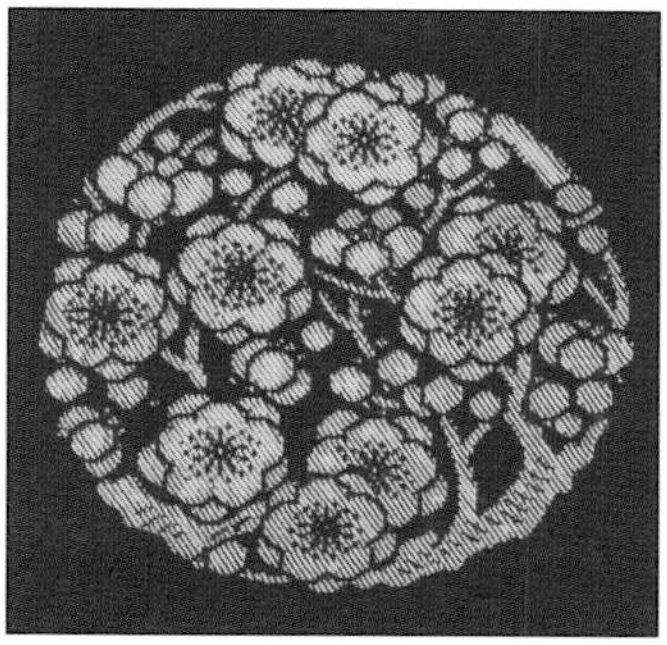

勅任《ちょくにん》女官の五衣《いつつぎぬ》

八重梅丸《やえうめのまる》

後《ご》桜町《さくらまち》上皇の五衣《いつつぎぬ》

藤立涌《ふじたてわく》

江戸時代の女御《にょうご》の五衣《いつつぎぬ》

瞿麦丸《なでしこのまる》

和宮親子《かずのみやちかこ》内親王の小袿《こうちぎ》

葉椿《はつばき》

江戸時代の典侍《ないしのすけ》の表着《うわぎ》

入子菱地海松丸《いりこびしじみるのまる》

大正《たいしょう》即位礼命婦《みょうぶ》の唐衣《からぎぬ》

唐花唐草《からはなからくさ》

光格《こうかく》天皇中宮の小袿《こうちぎ》

唐花唐草《からはなからくさ》

江戸時代の女官の袿《うちぎ》

菱繋《ひしつなぎ》

『紫式部《むらさきしきぶ》日記《にっき》絵巻《えまき》』の袿《うちぎ》

向鸚鵡丸《むかいおうむのまる》

大正時代の華族夫人の袿《うちぎ》

牡丹唐草錦《ぼたんからくさにしき》

高御座《たかみくら》の敷布《しきふ》

両面錦《りょうめんにしき》

清涼殿《せいりょうでん》朝餉《あさがれい》の間《ま》の畳縁《たたみべり》

窠唐花錦《かにからはなにしき》

伊勢《いせ》の神宮《じんぐう》御神宝《ごしんぽう》

牡丹柏葉錦《ぼたんにかしわばにしき》

靴氈《かせん》

袍《ほう》・直衣《のうし》・狩衣《かりぎぬ》などの文様の配置

装束の文様配置の原則は年齢による区別で、若年者（十六歳未満が一般的）は文様を「小さく数多く」配置します。こうした細かい配置を「繁文《しげもん》」と呼びます。成人後は一般的な大きさと配置になります。これは丸形文であれば反物《たんもの》の横幅に二個分配置するものです。高齢（古くは四十歳以降）になると大文《だいもん》となり、反物の横幅に一個分配置するようになります。こうした配置は「桂手《かつらで》」と呼ばれます。

若年者

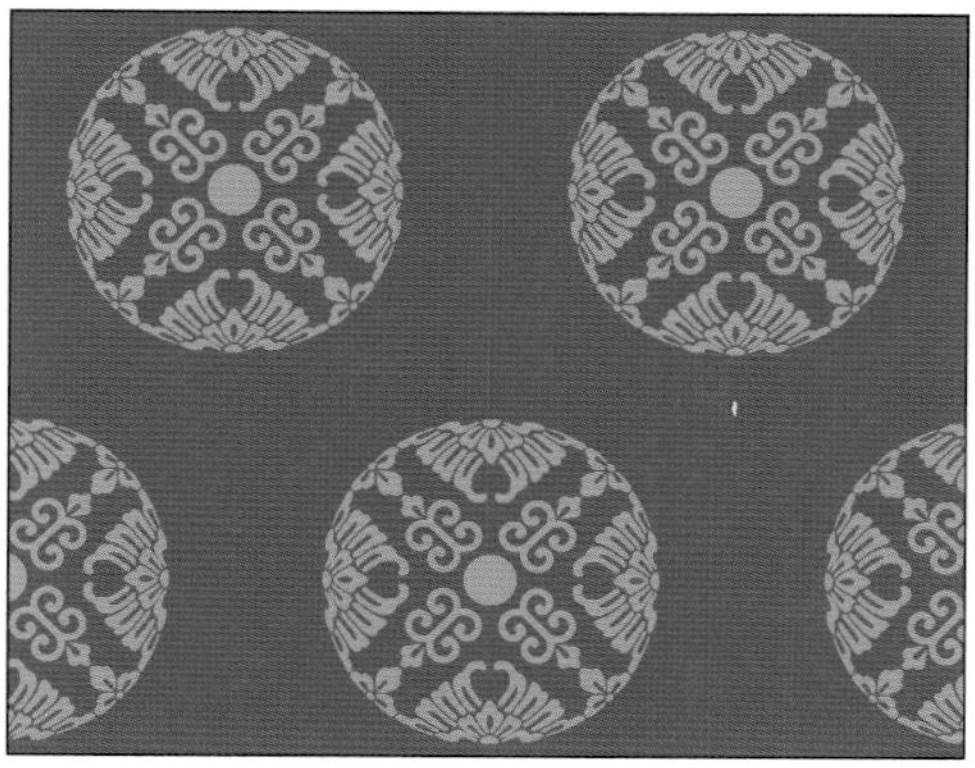
成人後

高齢者

小袿《こうちぎ》と袿《うちぎ》

平安時代には実際に小さく裾短《すそみじか》に仕立てた「小袿」（32ページ）でしたが、やがて袿と同じサイズの仕立てになってしまいます。小袿には「中陪《なかべ》」（表地と裏地の間に挟む生地）があり、袿（33ページ）にはないともされますが、実際にはさまざまな遺物が見られ、これは絶対的なルールではないようです。

近世以降を見ると、フォーマル度の高い「小袿」の文様は一つの文が単独で配置されています。これに対して比較的カジュアルな「袿」の文様は、異なる二種類の文様を組み合わせて配置する「比翼文《ひよくもん》」が多用されています。

しかし近年は比翼文の小袿も見られ、これも絶対的な基準ではなくなっているようです。

袿（比翼文）

小袿（単独文）

生地地質《きじじしつ》

装束や調度品に使用される生地は、最も素朴な縦横の糸で織った「平織《ひらおり》」、文様を織り出す「綾織《あやおり》」、透ける薄物《うすもの》の「綟織《もじりおり》」、数種類の色糸を用いた文《もん》織物「錦《にしき》」など多数の織り方で作られています。

錦《にしき》

数種類の色糸を用いた美麗な文織物。伊勢の神宮への奉幣《ほうべい》の錦

平織《ひらおり》

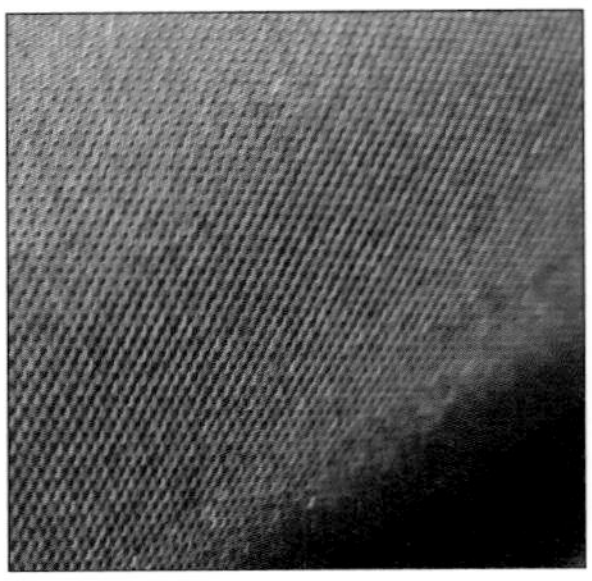

経《たて》糸、緯《ぬき》糸とを一本ずつ交互に組織したもの。伊勢の神宮への奉幣《ほうべい》の絁《あしぎぬ》

綾《あや》（固地綾《かたじあや》）

地《じ》を三枚《さんまい》綾、文様部分を六枚《ろくまい》綾で織られた綾織物。指貫《さしぬき》

綾《あや》（綾地綾《あやじあや》）

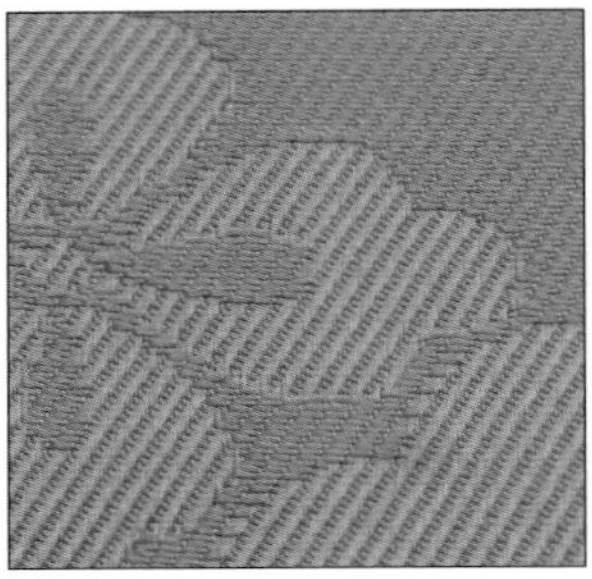

地《じ》も文《もん》も三枚《さんまい》綾で織られた綾織物。女子の単《ひとえ》

羅《ら》

三本以上の経《たて》糸が網目を作って絡んだ組織。

縠《こめ》

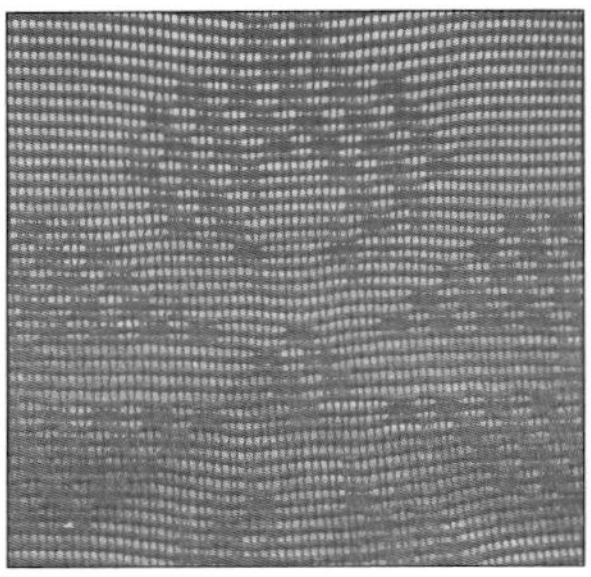

経《たて》を二本一組とし他の一組と対にして間隔に粗密《そみつ》を生じさせたもの。五位の夏袍《なつほう》

顕文紗《けんもんしゃ》

紗地《しゃじ》に平織で文を作る。夏狩衣《なつかりぎぬ》

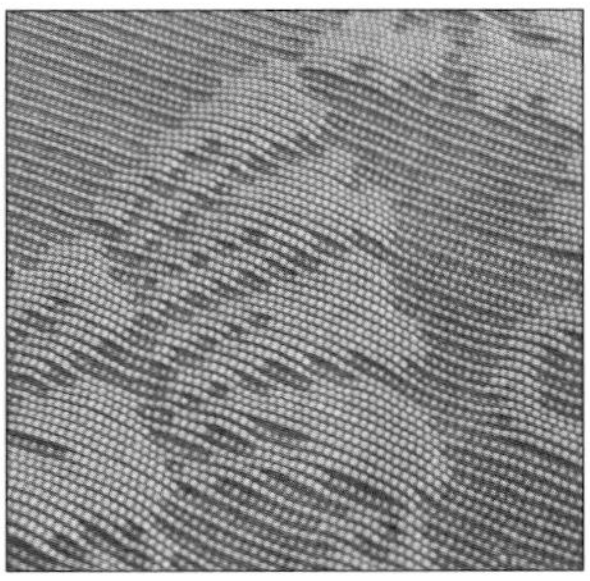

唐組《からくみ》

織物ではなく幅広に組む組紐の一種。五位以上の平緒《ひらお》

どし織《おり》

古代の「新羅組《しらぎぐみ》」を模したもの。近代の奏任官の平緒《ひらお》

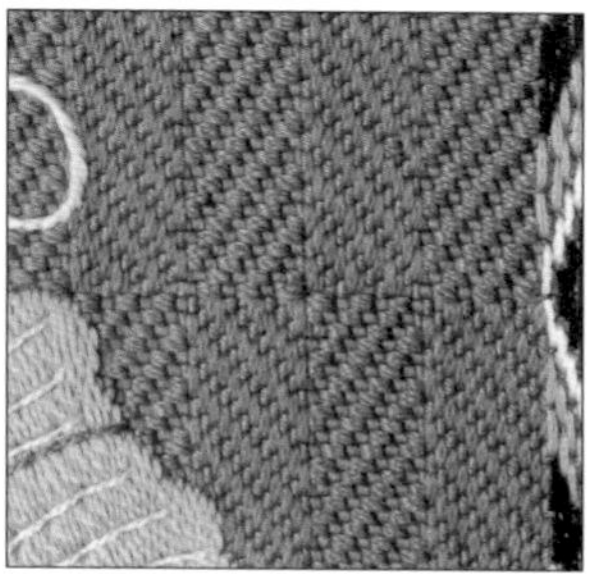

博多織《はかたおり》

唐組《からくみ》の平緒《ひらお》が調製できなかった江戸時代の公家の平緒

縫取織《ぬいとりおり》

地組織を織りながら別の杼《ひ》で部分的に文を織る。昭憲《しょうけん》皇太后の袿《うちぎ》

浮織《うきおり》

緯《ぬき》糸を経《たて》糸にからませずに文《もん》を織る。鶴岡八幡宮《つるがおかはちまんぐう》御神《ごしん》宝《ぼう》（再現品）

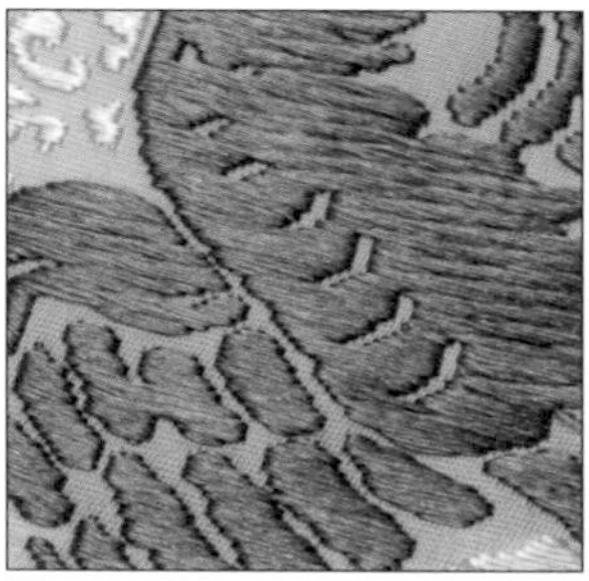

生糸《きいと》と練糸《ねりいと》

絹糸は蚕《かいこ》が吐き出した繊維を撚《よ》って作ります。蚕が吐き出したままの糸を「生糸」と呼びます。これは繊維一本のまわりに「セリシン」という膠質《にかわしつ》のタンパク質がコーティングされていて、サラサラした質感となり、光沢もあまりありません。色もやや黄ばんでいます。生糸をアルカリ性の液体で煮沸処理することによって、セリシンを取り除いた糸が「練糸」。この作業を「精練《せいれん》」と呼びます。

精練された練糸は、ネットリとした質感と素晴らしい光沢が得られます。「練絹」には糸の段階で精練する「先練《さきねり》」と、生地に織ってから精練する「後練《あとねり》」があり、先練は「緞子《どんす》」のようにしっかりとしたコシがあり、後練は「羽《は》二重《ぶたえ》」に代表される柔らかい風合いに仕上がります。

いっぽう生糸は張りがあり、よく透けて通気性に優れています。セリシンが絹の繊維成分・フィブロインをカバーするため、比較的汗ヌレにも強いとされます。こうした特性から、生糸で織った「生絹《すずし》」は夏の衣類や裏地によく用いられたのです。

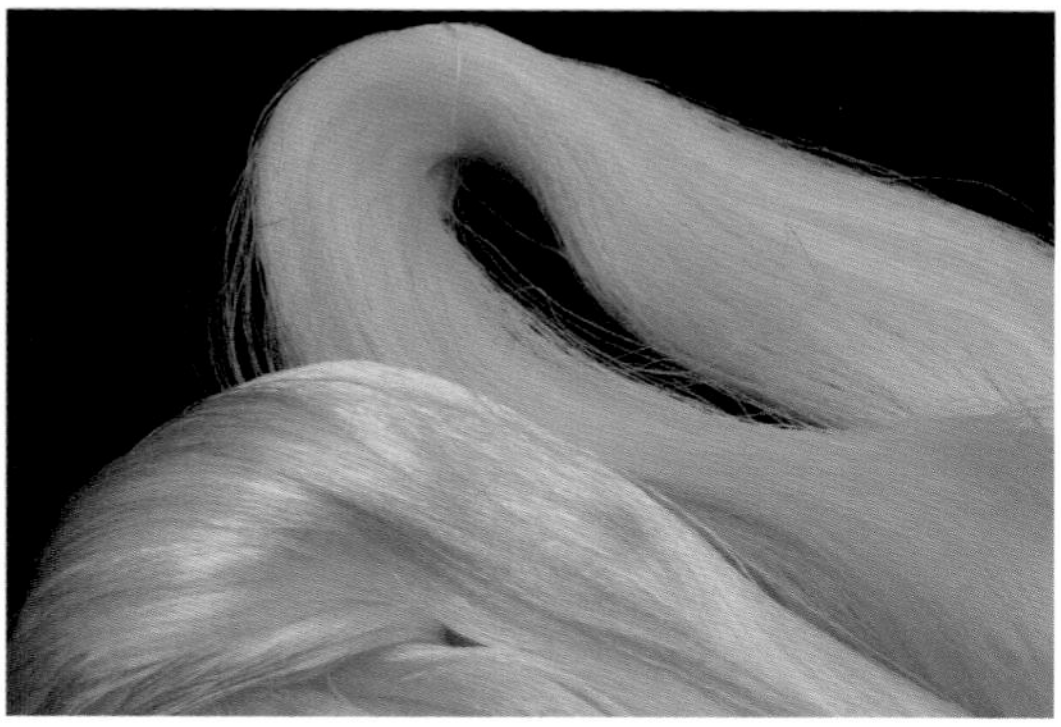

生糸（右上）と精錬後の練糸（左下）

『延喜式』（織部式）
「絡糸。生糸一斤。長功三人・中功四人・短功五人。練糸一斤。長功二人・中功三人・短功四人。右雑織料糸并功程依前件。其糸録数申省。待官符到請受。練染訖即織之。」

『落窪物語』
「女君は暑気にや、悩ましうて見たまはねば（中略）いと濃き紅の御袴、白き生絹の御単、薄物の直衣を着て」

『たまきはる』
「冬は二重織物の三つ御衣などに御小袴、夏も、折につけたる生絹の御衣どもの、世になくうつくしきにてぞありし。」

『とりかへばや物語』
「中納言の紅の生絹の袴に白き生絹の単衣着て、うちとけたるかたちの、暑きにいとゞ色はにほひまさりて」

『宇治拾遺物語』（増賀上人、三条の宮に参り振舞の事）
「人のよりは大に候へども、今は練絹のやうに、くたくたとなりたるものを」

『禁秘鈔』
「賢所（中略）賢所御衣。上古被奉、自中古絶。周防内侍曰。女御装束也。但只以夏生衣冬練絹被奉也。」

宮中の錦《きゅうちゅうのにしき》

宮中ではさまざまな錦が用いられました。調度品などに見られる生地類を近代の調進控《ちょうしんひかえ》（生地見本）から紹介します。

（資料協力：宮崎訓子氏）

繧繝錦《うんげんにしき》

高御座《たかみくら》の御倚子《おいし》に置く畳の縁に用いられる錦。

東京錦《とうぎょうき》

高御座《たかみくら》の御倚子《おいし》の下に敷く敷物「毯《たん》代《だい》」に用いられる白地の錦。

大和軟錦《やまとぜいきん》

高御座《たかみくら》で「東京錦毯代《とうぎょうきのたんだい》」の下に敷く毯代に用いられる錦。屏障具《へいしょうぐ》の縁にも用いられる。

大和錦《やまとにしき》

高御座《たかみくら》で「大和軟錦毯代《やまとぜいきんのたんだい》」の下に敷く「龍鬢土敷《りゅうびんのつちしき》」と呼ばれるござの縁に用いられる錦。

牡丹柏葉文浮織錦《ぼたんかしわばもんうきおりにしき》

天皇の遷御《せんぎょ》にあたり、三種の神器の一つ、御神鏡を運ぶ御輿《みこし》「御羽車《おはぐるま》」の外被《がいひ》の錦地。

雲龍文錦《うんりゅうもんにしき》

京都御所で三種の神器の一つ、宝剣を奉安《ほうあん》する「剣璽《けんじ》の間《ま》」の帷《かたびら》。龍モチーフの有職生地は珍しい。

小葵文大和錦《こあおいもんやまとにしき》

さまざまな調度品として用いられる。「大和錦」（倭錦）は国風《くにぶり》の錦のこと。

赤地浅黄葉《あかじあさぎば》小牡丹文唐錦《こぼたんもんからにしき》

さまざまな調度品として用いられる。「唐錦」は唐風《からぶり》の錦のこと。

「木菓子」の饗膳（西陣魚新調製）

「食」の部

食べることは生命の維持には不可欠。
しかしそれだけではなく、
季節折々の美食を味わうことは人生の喜びであり、
また豊饒《ほうじょう》・平和《へいわ》・平穏《へいおん》の証明でもありました。
それは神への感謝につながることとして
日本では特別に尊重されました。

年中行事《ねんじゅうぎょうじ》

貴族社会では、平安時代に定められた一年間の「年中行事」をつつがなく運営することが何よりも大切と考えられていました。
年中行事には行事食がつきもの。それは五穀豊穣《ごこくほうじょう》・天下泰平《てんかたいへい》あればこそなのです。

京都御所・清涼殿の「年中行事障子」

清涼殿《せいりょうでん》『年中行事障子《ねんじゅうぎょうじのしょうじ》』（抜粋）

正月　元正、朝拝天地四方属星及二陵事。同日平旦、所司供屠蘇白散事。同日、受群臣朝賀事。同日、小朝拝事。同日、宴会事。立春日、主水司献立春水事。上卯日、献御杖事。二日、皇后宮及東宮拝賀事。七日、節会及叙位事。十五日、主水司献七種御粥事。十六日、踏歌事。十七日、射礼事。十八日、賭射事。二十日、内宴事。

二月　上丁、釈奠事。上申日、春日祭事。十一日、列見選人等事。

三月　朔日及十一日、着朝座事。三日、御灯事。

四月　朔日、主水司始貢氷事。同日、旬事 同日。掃部寮撤冬御座供夏御座事。中申酉日、賀茂祭事。

五月　四日、奏走馬結番并毛付事。五日、節会事。六日、競馬事。

六月　朔日、造酒司始献醴酒事。晦日、大祓事。

七月　十五日、七寺盂蘭盆供事。廿八日、相撲召合事。

八月　上丁、釈奠事。同日、大学寮献昨日之胙事。十五日、牽信濃国勅旨御馬事。

九月　朔日、奏可醸新嘗黒白二酒事。九日、節会事。十一日、奉幣伊勢太神宮事。

十月　朔日、掃部寮撤夏御座供冬御座事。同日、旬事。同日、主殿寮進御殿炭及殿上侍料炭事。五日、射場始事。廿一日、競馬負方献物事。同日、大歌始事。

十一月　中寅日、鎮魂祭事。同日夜、試五節舞事。中卯日、新嘗祭事。中辰日、節会事。下酉日、賀茂臨時祭事。

十二月　朔日、内膳司供忌火御飯事。午日、御髪上事。十日、奏御卜事。晦日、奏瑞有無事。同日、宮内省率典薬寮進御薬事。同日、大祓事。同日、追儺事。

歯固《はがため》

正月一日

歯が丈夫なことと長寿は同義とされ、年の初めに固いものを食べて歯を固めることは、長寿の祈りでした。平安中期の『西《さい》宮《きゅう》記《き》』には「内膳《うちかしわでの》供御《くご》歯固」として、大根《おおね》・瓜串刺《うりくしざし》・押鮎《おしあゆ》・焼鳥《やきとり》・猪肉《ししにく》など、当時のご馳走で歯ごたえのありそうなものが並んでいます。

江戸時代になると変化が見られます。『後《ご》水尾院《みずのおいん》当時《とうじ》年中行《ねんじゅうぎょ》事《うじ》』には、「この頃の歯固は古い図とは異なる」とあり、『後《ご》陽成院《ようぜいいん》以来《いらい》当時《とうじ》公家《くげ》年事《ねんじ》』によれば、江戸時代の歯固は「初《しょ》献《こん》〈数の子・餅〉、二献《にこん》〈雉焼《きじやき》〉、三献《さんこん》〈菱花《ひしはな》びら、菱《ひし》の餅《もち》〉」とあります。この「菱花びら」は薄く丸い白餅の上に薄い紅色の菱餅を置き、牛蒡《ごぼう》を載せて白味噌を掛けたもの。明治時代にお菓子「花びら餅」に変容し、現在に継承されています。

江戸時代の宮中鏡餅（『御定式御用品雛形』川端道喜蔵）

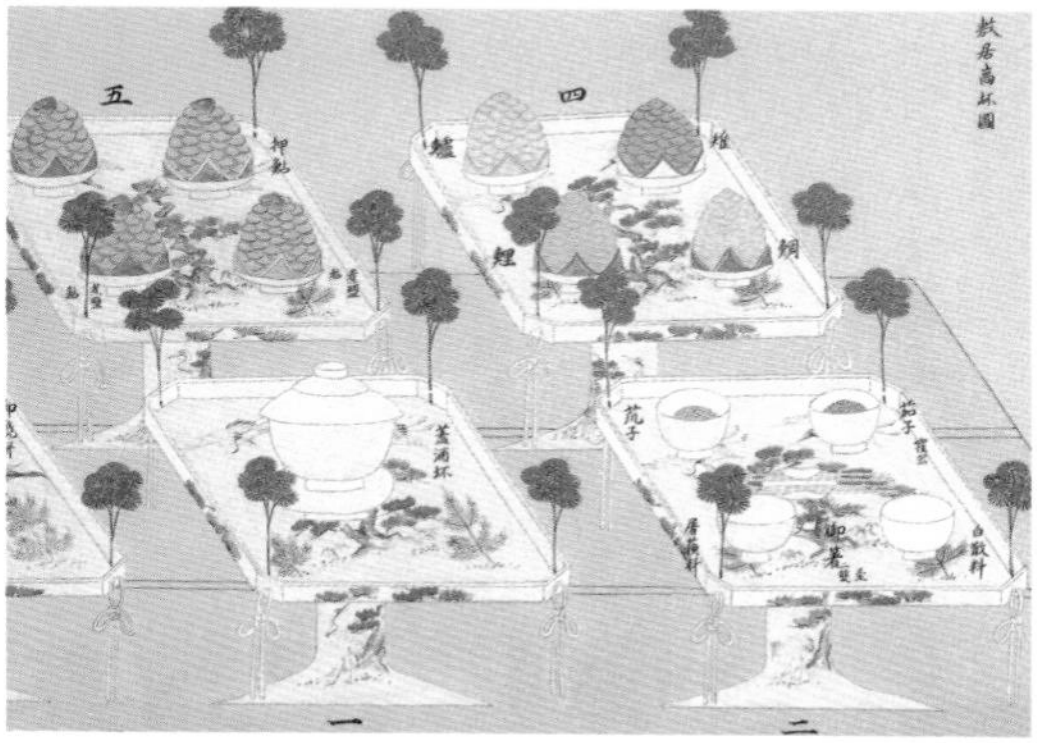

上：『類聚雑要抄』に見られる歯固料理（『高橋大隅両家秘伝供御式目』京都学・歴彩館蔵）
下：江戸時代の宮中菱葩（『諸品雛形』川端道喜蔵）

鏡餅《かがみもちい》

正月一日

餅は古代から吉事の食物と考えられていましたし、丸い形を霊性があるとされた鏡に見立て、正月に「鏡餅を見る」ことは縁起が良いとされていました。

『類聚雑要抄《るいじゅうぞうようしょう》』に載る平安時代の鏡餅は、丸い餅の上にユズリハ一枚・蘿蔔《すずしろ》（大根《おおね》）一株・押鮎《おしあゆ》一隻・三つ実がなった橘《たちばな》一枝を置くとされています。

江戸時代になると鏡餅は大きく変容しました。川端道喜《かわばたどうき》文書『御定式御用品雛形《ごじょうしきごようひんひながた》』によれば、餅は巨大で下が白、上が赤の二段重ね。その上に菱《ひし》と葩《はなびら》を十二枚ずつ重ね、砂金袋《さきんぶくろ》の形をした餅を積み上げ、頂上に伊勢エビを載せます。餅の周囲にはユズリハやウラジロ、串柿や昆布を鏡餅に、ユズとダイダイを三宝《さんぼう》の四方に飾りました。

『西宮記』
「正月一、内膳供御歯固、大根苽串刺押鮎焼鳧等。付進物所。進物所例云、正月元日早朝、供奉屠蘇御膳事、猪宍二盤〈一鮮、一焼〉、押鮎一盤〈切盛置頭二串〉、煮塩鮎一盤〈同切置頭二串〉。御器者度於内膳、瓷盤四口。」

『源氏物語』（若菜）
「歯固めの祝ひして餅鏡をさへ取り混ぜて、千年の蔭にしるき年のうちの祝ひ事どもして」

『江家次第』
「此外称腋御膳。自御厨子所供御歯固具。又供御薬酒等。以高坏六本献之。有餅鏡。〈用近江火切〉。」

『類聚雑要抄』
「供御脇御歯固六本立〈三ケ日同前也。付御台盤所供之〉。猪宍〈代用雉〉・鯛・茄子・白散・鹿宍〈代用雉〉・鯉・瓜子・屠蘇・押鮎・煮塩鮎・押漬瓜・煮塩鮎・蓋酒坏・糟漬瓜・醤漬茄子・蘿蔔・蕪。」
「御鏡餅。置鏡餅上物。粒葉一枚・蘿蔔一株・押鮎一隻・三成橘一枚〈但近代一ツ成用之〉。」

『栄花物語』（つぼみ花）
「抱き取り奉らせ給て、餅鏡見せ奉らせ給ふ」

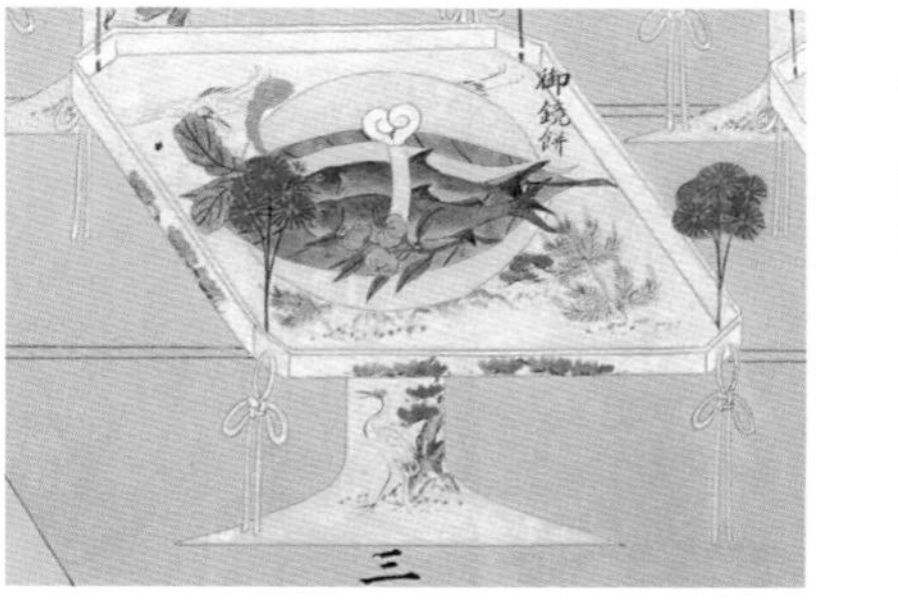

『類聚雑要抄』に見られる平安時代の鏡餅（『高橋大隅両家秘伝供御式目』京都学・歴彩館蔵）

春の七草

若菜《わかな》

正月七日

現在正月七日に「七草粥」を食べますが、これは古代中国の「七種菜羹《しちしゅさいかん》」から来た風習です。六世紀中国の『荊楚歳時《けいそさいじ》記《き》』に「正月七日を人日《じんじつ》とし、七種の菜《な》を『羹《あつもの》』にして食べると邪気を払う」とあります。また日本には、正月の最初の「子《ね》」の日に郊外に出かけ、芽吹いた野草を摘み、それを食べることで春の精気を体内に取り込む、という意味合いの「子の日の若菜摘み」という風習がありました。やがてこの両者が融合します。本来「子の日」の行事のはずですが、『枕草子』には「七日の日の若菜」とあり、平安中期には正月七日の行事となったようです。

「若葉の精気を取り込む」という意味からか、「四十御賀《よそじのおんが》」のような長寿の祝宴にも「若菜御羹《わかなおあつもの》」が供されたことが『新儀式《しんぎしき》』に載り、『源氏物語』（若菜）にも描かれます。

七種粥

一般の行事食となった小豆粥

七種粥《ななくさのかゆ》

正月十五日

平安時代から正月十五日には七種類の雑穀粥《ざっこくがゆ》を食べました。古代中国の悪霊退散のおまじないが由来のようです。『延喜式《えんぎしき》』（主水式）によれば、七種粥とは「米・粟《あわ》・黍《き》子《び》・稗子《ひえ》・葟子《みのごめ》・胡麻子《ごまし》・小豆《あずき》」の雑穀粥です。ただしこれは天皇用で、一般向けは小豆のみの簡易版でした。『延喜式』（主水式）に「同日雑給粥料（中略）米一石、小豆五斗、塩八升」とあり、米と小豆だけの塩味の小豆粥です。

この「七種」が「ななくさ」と読めることから若菜の「七草」と合体します。室町後期の『尺素往来《せきそおうらい》』では「若菜醤水者人日之俗儀。七穀烹粥者上元之世礼」と、人日《じんじつ》（七日）と上元《じょうげん》（十五日）の区別をしていますが、この時代に「七草みそうづ（雑炊）」が生まれています。こうして、今に伝わる「七草粥」となったのです。

『新儀式』
「奉賀天皇御算事（中略）此間采女調和若菜御羹供之。又采女以供進和羹頒給侍臣。」

『西宮記』
「正月上子日、内蔵内膳供若菜。」
「正月十五日、主水司献御粥事〈七種付女房供之、御器納所、当日請之〉。」

『二中歴』
「節日由緒　七日採七種羹〈七日七種羹、先嘗味、除邪気之術也〉。」

『年中行事秘抄』
「七種菜。薺、蘩蔞、芹、菁、御形、須々代、仏座。金谷云。正月七日、以七種菜作羹食之、令人無万病。」

『宇多天皇御記』
「正月十五日七種粥（中略）俗間行来以為歳事。自今以後毎色弁調宜供奉之。」

『延喜式』（主水式）
「正月十五日供御七種粥料〈中宮亦同〉。米一斗五升・粟・黍子・稗子・葟子・胡麻子・小豆各五升、塩四升。」

『御堂関白記』
「寛弘七年（一〇一〇）正月十五日。乙丑、金閉。〈主水司献七種御粥事〉。」

粽《ちまき》

五月五日

端午《たんご》の節供《せっく》の行事食と言えば「粽」。『宇多天皇御記《うだてんのうぎょき》』に五月五日は「五色粽《ごしきちまき》」とあり、これは五世紀中国の『続齊諧《ぞくせいかい》記《き》』に載る、屈原《くつげん》の逸話に基づく「五花糸粽《ごかしちまき》」からのものと考えられますが、端午粽の起源には諸説あります。

粽は五月五日だけの行事食ではありませんでした。『延喜《えんぎ》式《しき》』（内膳式）には、糯米《もちごめ》と大角豆《ささげ》で作る赤飯のような粽が、三月十日から五月末日まで毎日天皇の食膳に供されるとあります。平安時代の粽について『和名類聚抄《わみょうるいじゅうしょう》』には「菰《こも》の葉で米を包み灰汁《あく》で煮る。五月五日に食べる」とあります。灰汁で煮るのは日保ちをよくするためで、鹿児島の伝統菓子「あくまき」に受け継がれています。

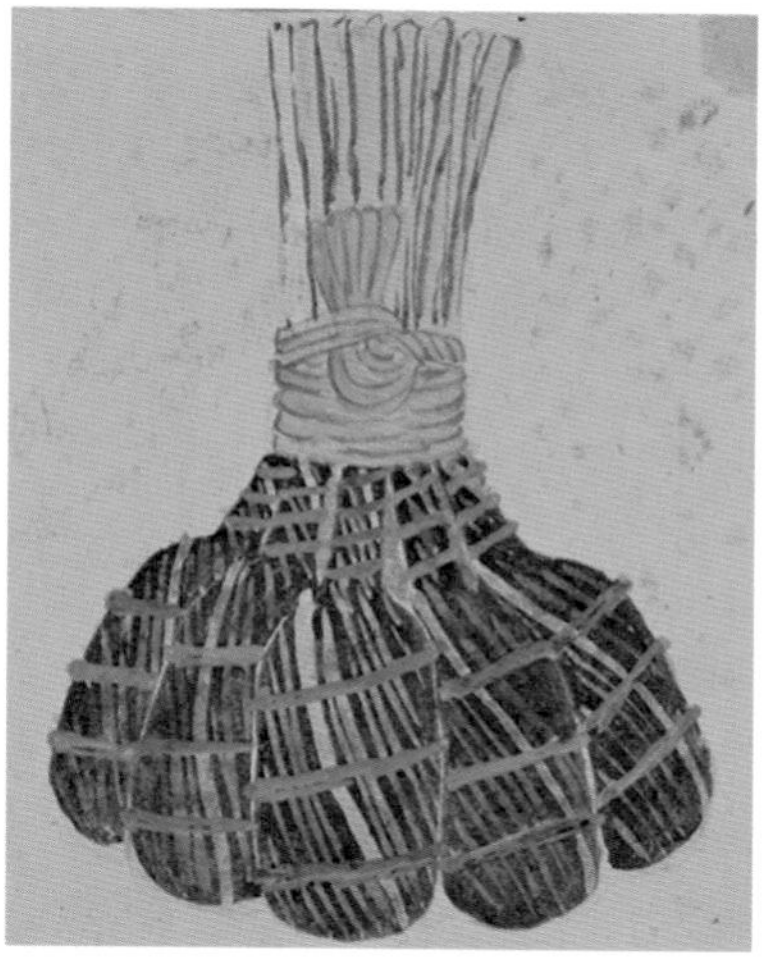

江戸時代の宮中「御献粽」
（『諸品雛形』川端道喜蔵）

嘉祥菓子《かじょうがし》

六月十六日

現在「和菓子の日」とされる六月十六日は、かつては「嘉《か》定《つう》」や「嘉祥《かじょう》」と呼ばれ、菓子を贈答し合う日とされていました。南宋《なんそう》の銭貨・嘉定通宝《かじょうつうほう》にちなむなど由来には諸説ありますが、遅くとも室町後期頃には行われています。

『禁中近代年中行事《きんちゅうきんだいねんじゅうぎょうじ》』によれば、江戸時代の宮中では「七かじゃう」と呼ばれる蒸し菓子七個を藍染めの器七つに盛ったとあります。しかしこの行事は宮中よりも江戸幕府で華やかに行われました。約五百畳の大広間に二万個以上もの菓子（饅頭や羊羹《ようかん》、鶉焼《うずらやき》、きんとんなど）が用意され、染帷子長袴《そめかたびらながばかま》という礼服《らいふく》を着用した諸大名、旗本・諸役人たちに配るという大がかりなもので、幕末にまで及びました。

現在販売している嘉祥菓子の一例
（画像提供：株式会社虎屋）

六月十六日嘉祥ノ図（『千代田之御表』＊）

○粽

『続齊諧記』

「五花糸粽　屈原五月五日投汨羅水、楚人哀之、至此日以竹筒子貯米投水以祭之。（中略）今若有恵、当以楝葉塞其上、以綵糸纏之。此二物蛟龍所憚、曲依其言、今五月五日作粽、幷帯楝葉五花糸遺風也。」

『延喜式』（内膳式）

「粽料糯米二石。日別二升五合。大角豆六斗。日別六合六勺。苧大二斤。薪六十荷。直。蒋六十束。物。右従三月十日迄五月卅日供料。」

○嘉祥菓子

『御湯殿上日記』

「（慶長八年（一六〇三）六月十六日）かつう、女ゐんの御所、女御の御かた、宮の御かた、大御ちの人より参る。」

『後水尾院当時年中行事』

「六月十六日。兼日おのおの嘉定をたぶ。院・女院などへは勿論参る。御所御所摂家方門跡方、その外人々時宜によりてたぶ。定たるやうなし。」

索餅《さくべい》

七月七日

『宇多天皇御記《うだてんのうぎょき》』にある「七月七日索麪」は、現在も「七夕」の行事食である素麵《そうめん》のことだとされます。そしてこれは中国から伝わった「唐菓子《からくだもの》」（95ページ）の一種である「索餅」が発祥ではないかと考えられています。索餅は三世紀・後漢の『釈名《しゃくみょう》』にも載る古代中国の菓子で、小麦粉を練って細長くし、糸束のようにねじって揚げたものです。

『延喜式《えんぎしき》』（大膳式）を見ますと、「仁王経斎会《にんのうきょうさいえ》」における索餅の調味料として、糖《あめ》・小豆《あずき》・酢・醬《ひしお》・塩・生薑《しょうが》・胡桃子《くるみ》が、七月二十五日の相撲節会《すまいのせちえ》における索餅の調味料として、醬・味醬《みしょう》・塩・堅魚《かたうお》が挙げられています。これらの調味料からして、現在の素麵と同じような食べ方が想像できます。

乞巧奠《きっこうてん》（七夕）にふさわしい
糸束に似た唐菓子の索餅

蓮葉飯《はすのはめし》

七月十五日

旧暦の七月十五日に行われる「盂蘭盆会《うらぼんえ》」。これは道教の「中元《ちゅうげん》」（地獄の帝「地官大帝《ちかんたいてい》」の誕生日で、死者の罪障赦免《ざいしょうしゃめん》を願う行事）が仏教と融合したもので、『日本書紀』には推古天皇十四年（六〇六）に、毎年四月八日（灌仏《かんぶつ》）と七月十五日に仏事を行うことが定められた、とあります。

仏教の象徴とされる蓮の葉で飯を包んだ「蓮葉飯」（もしくは荷葉飯）が行事食に用いられました。『延喜式《えんぎしき》』（大膳式）では「七寺盂蘭盆供養料」として、米一斗四合、糯米《もちごめ》二斗そして「荷葉」三百枚が規定されています。江戸前期の『後水尾院当時年中行事《ごみずのおいんとうじねんじゅうぎょうじ》』には「緒《お》」で結んだ「はすの供御《くご》」（蓮葉飯）が記されます。

江戸時代の蓮飯餝《はすのいいかざり》
（『御定式御用品雛形』川端道喜蔵）

○索餅
『釈名』
「蒸餅、湯餅、蝎餅、髓餅、金餅、索餅之属。皆隨形而名之也。」
『延喜式』（主殿式）
「大膳職胡麻油一升二合〈供御并中宮御索餅糖料〉。」
『延喜式』（大膳式）
「索餅料。小麦粉一石五斗・米粉六斗・塩五升、得六百七十五藁〈粉一升得四藁半。藁別熇得三合〉。手束索餅亦同。」

○蓮葉飯
『延喜式』（大膳式）
「七寺盂蘭盆供養料〈東西寺、佐比寺、八坂寺、野寺、出雲寺、聖神寺〉。寺別、餅菜料米一斗四合、糯米二斗、（中略）荷葉三百枚。」
『師守記』
「貞治六年（一三六七）七月十五日（中略）早旦霊供三前備之（中略）蓮葉飯分、師豊・赤子・次郎・阿古〈子孫〉・侍従生子等、各五分宛也。」

ハス（学名：*Nelumbo nucifera*）

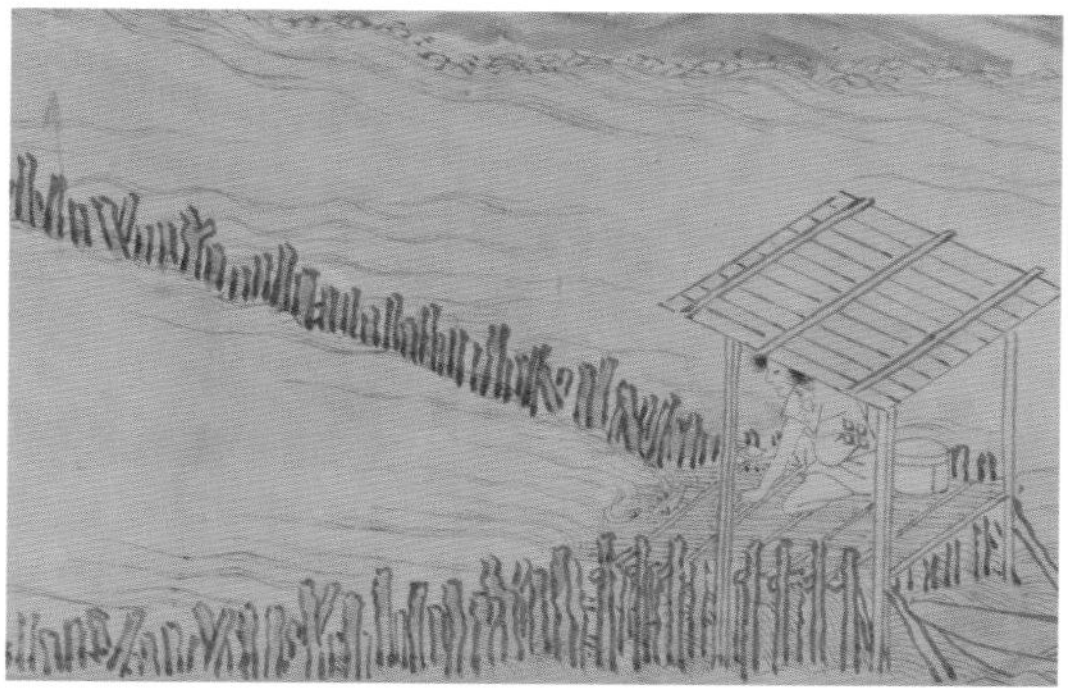

上：宇治川の網代漁（『石山寺縁起』＊）
下：鮎の稚魚である氷魚

氷魚《ひうお》 十月一日

天皇が政治情勢を臣下から聞く「旬政《しゅんせい》」と呼ばれる儀式が四月一日（孟夏《もうか》）と十月一日（孟冬《もうとう》）にありました。

十月一日の「孟冬旬《もうとうのしゅん》」で食べられたのが「氷魚」と呼ばれたアユの稚魚です。秋から冬場、宇治川《うじがわ》で獲れるアユの稚魚は大変美味しく、氷のように透き通っているので「氷魚」と称されたのです。『延喜式《えんぎしき》』（内膳式）によれば、山城《やましろの》国《くに》・宇治と近江国《おうみのくに》・田上《たなかみ》に「氷魚網代」が設けられ、九月から十二月末日まで貢納される定めでした。この漁は広く知られ、特に「宇治の網代木《あじろぎ》」は数多くの歌にも詠まれています。

白酒黒酒《しろきくろき》 十一月中辰

宮中祭祀として最重要視された「新嘗会《しんじょうえ》」において神聖な御神酒《おみき》として神前に供され、豊明節会《とよあかりのせちえ》で群臣にも下賜されたのが「白酒黒酒」。白酒にクサギの灰を入れたのが「黒酒」です。

この特徴的な「黒酒」は、古代中国で神前に捧げられた「鬱鬯《うっちょう》」（サフランともされる「鬱金草《うこんそう》」を煮て黒キビと混ぜて醸造した香酒《こうしゅ》）を模倣したものと考えられます。

クサギは中国では「恒山《こうざん》」と呼ばれ、実在の中国の山岳・恒山（山西《さんせい》省渾源《こんげん》県）が「五岳《ごがく》」の一つとされ、北（配色は黒）を象徴する存在であったことも影響していたでしょうし、クサギの独特の香りが香酒である「鬱鬯」を想定させるものだったのでしょうか。

新嘗会に欠かせない白酒黒酒

クサギ（学名：*Clerodendrum trichotomum*）

○氷魚

『延喜式』（内膳式）

「山城国江御贄者。国司率預人漁捕進之。山城国。近江国氷魚網代各一処。其氷魚始九月迄十二月卅日貢之。」

『小野宮年中行事』

「十月朔日。旬事。供奉儀式。一同四月一日。但給氷魚。采女取氷魚塩梅等。就貫首之西頭。貫首人降座伝取。置台盤上復座。目出居次将令召内豎。内豎二人参上。取氷魚塩梅。引給王卿以下。各以匕搔入前器。」

○白酒黒酒

『水経注』（酈道元）

「応劭曰。鬱人掌祼器。凡祭醊賓客之祼事。和鬱鬯以実樽彝。鬱、芳草也。百草之華。煮以合釀黒黍、以降神者也。或説今鬱金香是也。」

『延喜式』（造酒式）

「新嘗会白黒二酒料。（中略）其造酒者。米一石〈令女丁舂官田稲〉。以二斗八升六合為糵。七斗一升四合為飯。合水五斗各等分為一甕。甕得酒一斗七升八合五勺。熟後以久佐木灰三升〈採御生気方木〉。和合一甕、是称黒貴。其一甕不和、是称白貴。其践祚大嘗会遣酒部二人於二国斎場院。」

右：天皇が搗く玄猪用品
左：江戸時代の宮中玄猪丸餅
（ともに『御定式御用品雛形』川端道喜蔵）

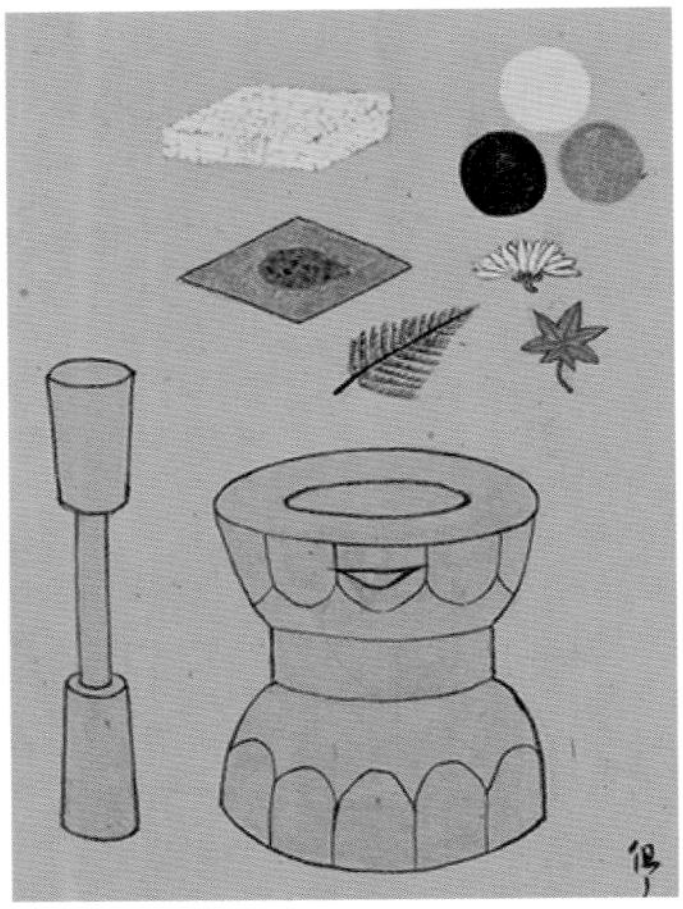

亥子餅《いのこもちい》

十月亥

十月の亥の日に餅を食べると病気に罹《かか》らないとされた「亥子餅」の風習は、『宇多天皇御記《うだてんのうぎょき》』に「十月初亥餅等」とあり、『源氏物語』（葵《あおい》）にも登場します。

平安中期の亥子餅の実相は不明ですが、『執政所抄《しっせいじょしょう》』には「五種。胡麻《ごま》・大角豆《ささげ》・大豆・小豆《あずき》・栗」とあり、『掌中暦《しょうちゅうれき》』にも「亥子餅七種粉、大豆・小豆・大角豆・胡麻・栗・柿・糖《あめ》」とありますから、かなりカラフルなものだったようです。

江戸時代の宮中では、天皇が形式上自ら搗《つ》いて作った碁石サイズの小餅を、臣下に配る儀式「玄猪《げんちょ》」が行われました。白・黒・赤の三色があり、身分によって下賜される餅の色が異なります。公卿は黒・白、殿上人は赤、五位殿上人以下は白と定まっていました。

『日次紀事』による温糟粥

温糟粥《うんぞうがゆ》

十二月八日

十二月八日は釈迦《しゃか》が悟りを開いた「釈尊成道の日《しゃくそんじょうどう》」とされ、室町時代以降の宮中ではこの日に「うんぞう粥」を食べました。『貞丈雑記《ていじょうざっき》』には、公家説の「粥に味噌と酒粕を刻み入れて煮る」のほか、「赤豆粥」説も載ります。『日次紀事《ひなみきじ》』では「昆布・串柿・大豆粉・菜葉を混ぜた粥」とされるなど定説がない状態。ただし濃厚で滋味豊かな粥であることは共通しています。

この粥の由来は、苦行後に衰弱した釈迦が、長者の娘・スジャータから乳粥の施しを受けたところ、体力を回復したという伝説です。これをもとにこの日に食べられたのが「温糟粥」ですから、濃厚な滋養豊富な粥であることは当然だったのです。

亥子餅にあわせ摂津国・能勢郡から宮中に貢納された能勢餅は猪を象るとされる

〇亥子餅

『政事要略』

「蔵人式云。初亥日、内蔵寮進殿上男女房料餅〈各一折櫃〉。内蔵所進餅。（中略）十月亥日、食餅余万病。雑五行書云、十月亥日、食餅令人無病〈亥日之餅、本縁如此。」

『執政所抄』

「十月　亥子御餅事〈毎亥日勤仕之。料物別三石〉（中略）御強飯一合〈例折櫃〉五種　胡麻、大角豆、大豆、小豆、栗、深草小春日坏立紙盛之、居例折櫃。」

〇温糟粥

『二水記』

「永正十七年（一五二〇）十二月八日、臘八之御盃如常。温臓於御末令食了、巳刻許退出了。」

『御湯殿の上の日記』

「慶長八年（一六〇三）十二月八日、うんそう、御あしたの物に参る。うんそうの御さか月、いつものごとく一こん参る。」

『後水尾院当時年中行事』

「八日。あしたの物に、うむそうかゆを供す。夕方、うんそうかゆの御盃参る。正月七日の御みそなと等に同し。」

食事《しょくじ》マナー

『明月記《めいげつき》』建暦三年（一二一三）五月、「削氷《けずりひ》が全員に行き渡る前に食べ始める者がいる。その可否を知らないのだ」とあります。さらに「大臣は食後の食器を台盤《だいばん》の上に戻したが、器に箸を入れたまま台盤の下に置いた者は物知らず」と手厳しく記されます。

有職故実では細かな食事作法が定められていましたが、基本はがつがつ食べるように見られないための配慮です。

平安後期の『富家語《ふけご》』には「果物や菓子を食べるとき、多くは手で食べる。かき餅や栗などを食べる時に箸を使うのは見苦しい。ただし、手で食べたものは、手で触った部分は必ず食べ残すこと」など、さまざまなマナーが具体的に記されます。

節会の台盤（『元日節会図』＊＊＊）

立箸《たてばし》

飯に箸を立てる「立箸」は現代では葬式の作法として嫌われますが、平安時代には正式な饗膳における吉事の作法でした。宮中での宴会「殿上淵酔《てんじょうえんずい》」について記した『殿上淵酔次第《しだい》』には「次二献。先之立箸於饗。先貫首立之後。殿上人応之。勧盃巡流如前。次抜箸置之。貫首抜之後殿上人応之。」とあり、食事の前に一座の主役が箸を立てると一同が立て、主役が抜くと全員抜くという作法があったようです。『宇槐雑抄《うかいざっしょう》』には「飯が供されれば箸匙を立てる。まず箸、次に匙。主客が箸と匙を立て終わると次客が箸と匙を立てる。一巡目が立箸、次の一巡が立匙ではない」とあります。

『禁秘鈔《きんぴしょう》』には朝餉間《あさがれいのま》における「大床子御膳《だいしょうじのおもの》」という儀式的食事は「昔は本当に食べたが。近代はただ箸を立てるばかり」とあり、儀礼化された様子がわかります。

立箸（『御膳圖　朝餉大床子』＊）

○食事マナー

『富家語』

「饗座ニハ、著座時自本饗近ク居也。遠ク居テ食セムトテ居寄ハ見苦事也。」

「晴ニテ食物スルニハ大口ニハ不食也。」

「菓ハ君御前ニテハ実ナトハ入懐紙也。無吐散。梨柿等類以手食之。手ニ取タル所ハ食残シテ可置箸土器也。」

「食瓜ニハ不食端、是為不令見多食由也。」

『門室有職抄』

「飯ヨリ左ノモノヲサシコシテハサムベカラズ。魚ノヤキタラムハ、ムシリテ多不可食。鱠ハカイシキノ紙ノミヱルマデ、内ノ子ナドヲ不可食。」

○立箸

『九暦』

「天暦十年（九五六）二月十三日（中略）着宴座、三献了立箸云々。」

『西宮記』

「大饗（中略）次飯汁〈近代頗違此儀、立箸〉。」

「二月十一日、列見（中略）次弁史酌、如前。上卿立箸匕、即抜。」

『小右記』

「正暦四年（九九三）正月廿三日（中略）申文了立箸後、少納言勧杯於上卿、致下臈宰相手（中略）扶義立箸欲申、人々目令抜箸也。」

「長和二年（一〇一三）正月十日（中略）於宿所経時剋、参飛香舎。饗饌已闌、只立箸不食。」

『北山抄』

「外記政（中略）次非参議大弁已下着南座〈若有非参議大弁者不着、若着者更不待飲食。申文訖即退出。旧説、不立箸。申文了早退出云々。而近来立箸。〉」

『中右記』

「天仁元年（一一〇八）二月十七日（中略）作法如例。次更執笏、又置笏立箸。一々立箸、少納言定通一人召大舎人後立箸〈故実云々〉。」

大臣大饗《だいじんだいきょう》

「大饗」は大きな饗宴のこと。大臣に任命されたときは臨時に「庇大饗《ひさしのだいきょう》」が、毎年正月には「母屋大饗《もやのだいきょう》」が開催されました。これは公的な盛儀です。

大臣大饗（『年中行事絵巻』＊）

大臣邸での「母屋大饗」は公式行事。大臣たちは自らの権勢を誇るように、朱器《しゅき》（127ページ）や様器《ようき》（125ページ）に山海の珍味を盛り付けた豪華な食膳で、主賓である「尊者《そんじゃ》」以下の参会者をもてなしました。池に浮かべた龍頭鷁首《りゅうとうげきしゅ》の舟（144ページ）では管絃《かんげん》が奏でられ、饗宴を盛り上げます。

庭には調理用の「幄舎《あくしゃ》」（145ページ）が設営されます。東の幄舎「立作所《たちつくりどころ》」には大きな俎《まないた》を置いて雉《きじ》や鯉《こい》といった生の食材を調理。西の幄舎「酒部所《さかべどころ》」には大鍋を据えて酒をお燗《かん》します。庭の幄舎での「庖丁《ほうちょう》」（料理人）の華麗な調理の技は、お客たちのいる寝殿《しんでん》の中から見ることができました。食材として鳥類として尊ばれたのが雉《きじ》（121ページ）です。鷹飼が新鮮な雉を木の枝にぶら下げて庭に参入し、立作所に雉を届けるのも一種の儀式でした。

大饗を盛り上げる演出のもう一つが「蘇甘栗使《そあまぐりのつかい》」の来訪です。これは天皇が大饗のために蔵人《くろうど》を使いとして、ご馳走である甘栗と乳製品の「蘇《そ》」（101ページ）を届けるというもの。勅使《ちょくし》到来で座は盛り上がり、『枕草子』で清少納言が「大饗の折の甘栗の使などに参りたる。もてなし、やむごとながり給へるさまは、いづこなりし天降り人《あまくだびと》ならむとこそ見ゆれ」というほど歓待されました。

『西宮記』

「藤氏一大臣大饗用朱器台盤。」

『江家次第』

「大臣家大饗（中略）藤氏一大臣者、謂氏長者也。用朱器台盤。此朱器等者、閑院左大臣冬嗣公御物、在勧学院。関白初任之時渡之。正月大饗用此器也。自余大臣者、大饗用赤木黒柿机様器等。」

『満佐須計装束抄』

「立ち作りの幄と云ふことあり。縁近く三間の幄を打ちて。床子の尻懸くる程なるを立てたり。それは尻を懸けて鯉を切りて御肴に参らするなり。その幄は座の上の方に打ちて幔を上げて庖丁を尊者御覧ずるなり。包丁師は五位六位を嫌はず。家の者を召さる。」

『長秋記』

「天永四年（一一一三）正月十六日、太政大臣家大饗、（中略）次御鷹飼渡。（中略）流文狩衣紫裏白、両面袴、紅衣、同色単衣、熊行縢、壺脛巾、浅沓、烏帽子ウヤヲカケリ、其上著錦帽子、又ウヤヲカク、結緒〈カタカギナリ〉鳥頸劒〈件劒顯季劒也、而上皇賜装束、次借召預給云々、銀作鴛頸切螺鈿劒、無目貫、左手入革嚢、付餌袋、件餌袋具、斑豕尻鞘入劒螺鈿。柴一枝、指雌雉一羽、鈴付尾無鈴〉」

『侍中群要』

「蘇甘栗使事　大臣家大饗、内蔵人奉仰、召仰出納、令調蘇甘栗等、蘇四壺、栗十六籠、各入折櫃一合、置土高坏、小舎人一人、仕人二人相従之、蔵人束帯〈著麴塵袍〉。（中略）蘇甘栗勅使　蘇甘栗等。」

大饗《だいきょう》の饗膳《きょうぜん》

最も華やかな宴会である正月の大臣大饗。『類聚雑要抄《るいじゅうぞうようしょう》』に載る、永久四年（一一一六）正月二十六日開催の大饗の配膳図です。主賓である「尊者《そんじゃ》」二十品、陪席《ばいせき》の公卿二十品、弁官・少納言十二品、もてなす主人八品の山海の珍味です。

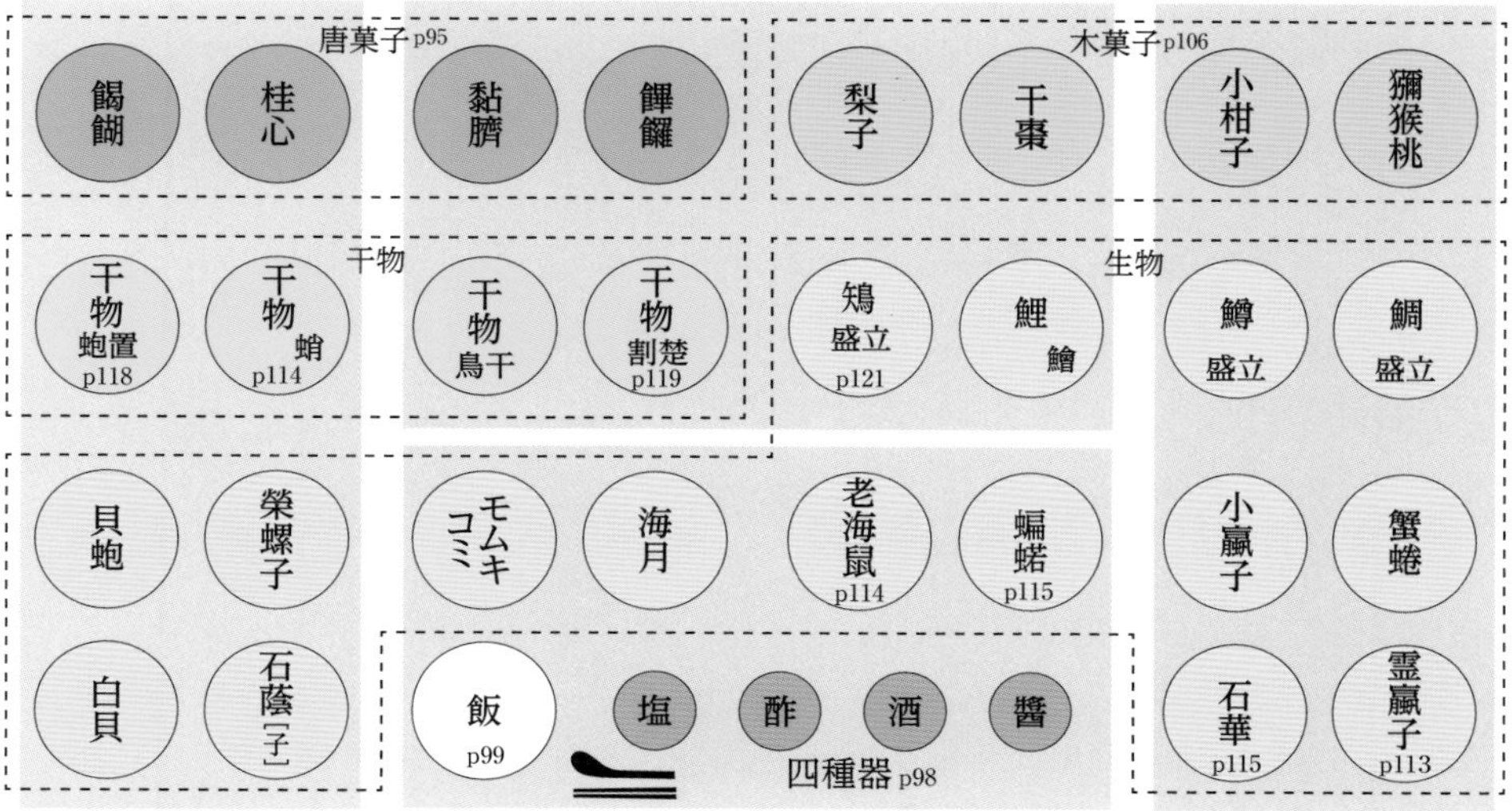

【尊者・20品】

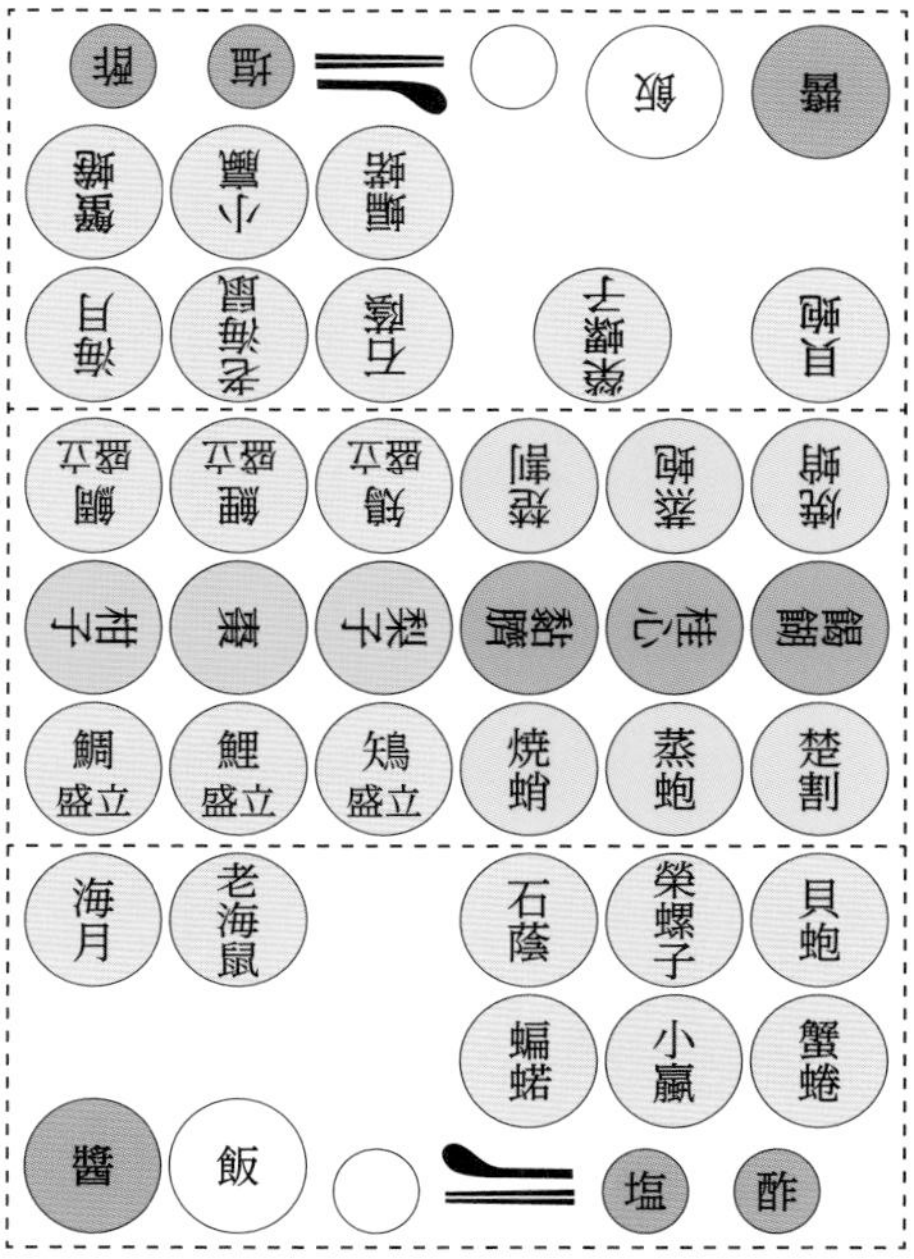

【陪席の公卿・20品】

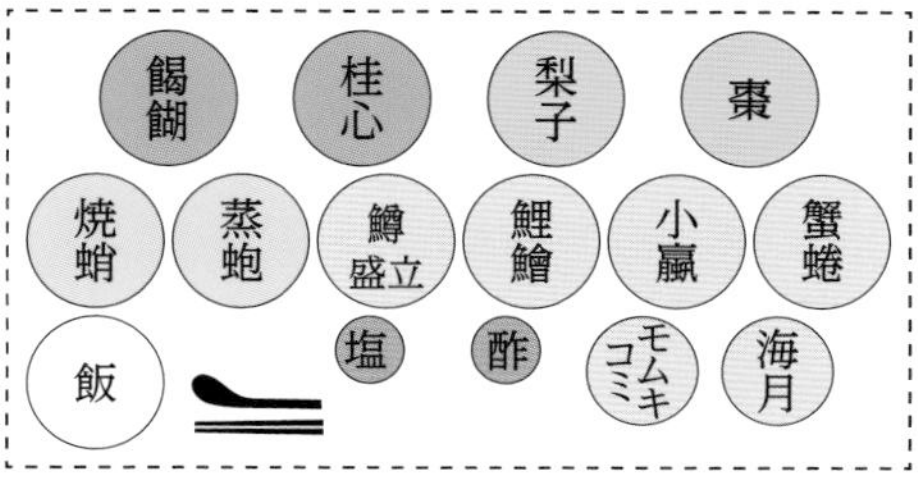

【少納言弁官・12品】

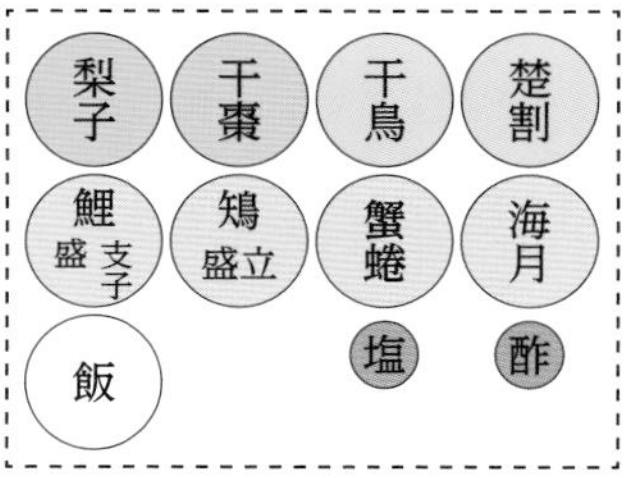

【主人・8品】

亀足《きそく》・別足《べっそく》

晴の宴会では日常には見られない特別な料理が登場。宴席を華やかに演出するために、盛り付けも工夫されました。

亀足

平安時代の「蒲鉾《かまぼこ》」は魚のすり身を蒲《がま》の穂のように串に刺して焼いたものでした。また「零《む》余子焼《かごやき》」（皮付きの魚を小さく四角く切って串に刺して焼いた料理）も大饗《だいきょう》でよく供されました。

こうした串焼料理は串が焼けて油で汚れるため、盛り付けに際して、手で持つ部分に紙を巻き付けました。

割り箸袋のような紙を串にかぶせ、装飾的な意味で端を捻ります。これが亀の足のように見えるので「亀足」と呼びました。先端はくるりと巻き上げますが、これは巻貝をかたどったものとされます。宮中は八角折《はっかくおり》、そのほか六角折《ろっかくおり》もあると室町後期の『四条流庖丁書《しじょうりゅうほうちょうしょ》』にあります。

亀足のついた零余子焼（『正月三節會御膳供進之次第』*）

別足

鳥のムネ肉を「引垂《ひきたれ》」、モモ肉を「別足」と呼びました。安土桃山時代頃の『庖丁聞書《ほうちょうききがき》』には、雉《きじ》は胸を裂くので垂れて「引垂」と言うとあります。

別足は骨付きで盛り付け、現代のクリスマスの鶏モモ焼のようにして食べました。肉の外側に十七・内側に十三・上に三、合計三十三の切り込みを交差させて入れて食べやすくします。もちろん手が汚れないように骨には亀足を付けます。

『古事談《こじだん》』に興味深い話が載ります。平安後期、学者として知られた藤原頼長《よりなが》が大饗《だいきょう》で別足を食べたとき、人々が食べ方を見習おうと食べ残りを見たところ、関節の曲がった内側を一口だけ食べていたそうです。

雉のモモ焼である「別足」（『正月三節會御膳供進之次第』*）

○亀足

『四条流庖丁書』

「亀足ノ事。蒲鉾ニテモヌカゴザシニテモ、組付ノ上下ニヨリテ亀足ノ巻様替ベシ。ケ様ノ事世ニ知人稀成ベシ。口伝。亀足ノカタチノ事ハ辛螺・蒲鉾ハ同前。ヌカゴザシ以下ノ物ナドハ同前ナルベシ。鳥ノ別足包時ハ又替ベシ。」

『貞丈雑記』

「きそくの物には箸はすはらず候〈折の内にもりたる物、きそくさしたる物ならば、箸をすへざる也。きそくの物はきそくを以て人に遣す故也〉。」

○別足

『北山抄』

「大饗事（中略）四献〈以下公卿取之、雉別足〉」

『類聚雑要抄』

「雉〈別足・引垂、引渡盛之〉」

『厨事類記』

「鳥足ハ。或説云、鳥ノ右ノ別足也。ヤキテフシヨリ切テ、薄様ニテツヽミテモルベシ。」

唐菓子《からくだもの》

中国由来の菓子で、小麦粉を練って各種の形を作り、油で揚げたものです。平安時代「菓子」とはフルーツやナッツのことで、人工的な菓子は中国由来の唐菓子だったのです。大変珍重され、節会《せちえ》や大饗《だいきょう》など、特別な宴席で供されるものでした。

『和名類聚抄《わみょうるいじゅうしょう》』には「八種唐菓子」として、「梅枝《ばいし》・桃《とう》枝《し》・餲餬《かっこ》・桂心《けいしん》・黏臍《てんせい》・饆饠《ひちら》・䭔子《ついし》・団喜《だんき》」が挙げられています。永久四年（一一一六）の大臣「母屋《もやの》大饗」では、「黏臍・桂心・餲餔《かっこ》」の三種が『類聚《るいじゅう》雑要抄《ぞうようしょう》』に記されます。

味は同じで形だけ変えたものとされ、自由に甘味（103ページ）を付けて食べたと考えられています。またそれぞれの具体的な形状は不明な点が多く、現代では江戸中期の『集古図《しゅうこず》』に載る図が参考とされています。

『集古図』によるさまざまな唐菓子

糒を煎って蜜で固めた粔籹

粔籹《おこしごめ》

今も東京浅草や大阪名物として知られる「おこし」。古代中国の『楚辞《そじ》』にも「粔籹蜜餌、有粻餭些」と登場する古い菓子です。蒸した糯米《もちごめ》を乾かした「糒《ほしいい》」を炒ったものに、飴や蜜をまぶして固めて作ります。『延喜式《えんぎしき》』（神祇式）に大嘗祭《だいじょうさい》で神前に供える品の一種として掲載されている「粰粇」がこれのことだとされます。

『古今著聞集《ここんちょもんじゅう》』には、藤原忠《ただ》通《みち》が娘である皇嘉門院《こうかもんいん》（崇徳《すとく》天皇皇后）に「おこしごめ」を献上したところ、握り砕けて衣の上に「はらはらと散りかかり」とありますので、現在のおこしよりも砕けやすいものであったのでしょう。比較的容易に作ることのできる菓子でしたので江戸時代に普及し、『雍州府志《ようしゅうふし》』には「近頃は二口屋《ふたくちや》と虎屋《とらや》製の品が良い」とあります。

○唐菓子

『和名類聚抄』

歓喜団　楊氏漢語抄云、歓喜団〈（中略）今案、俗説、梅枝・桃枝・餲餬・桂心・黏臍・饆饠・䭔子・団喜、謂之八種唐菓子〉。」

『新儀式』

「皇太子加元服事（中略）立皇太子台盤、〈有帽額毯代等〉、預供菓子〈唐菓子・木菓子、各四盛也〉。」

『九暦』

「天暦四年（九五〇）八月五日（中略）此日儲宮降誕之後当百日（中略）朱小御台六基。一基御匕筯乾荷葉四種、以上銀器、二基唐菓子八種、二基餅八種、一基等菓子四種、以上盛銀平盤。」

○粔籹

『和名類聚抄』

「粔籹　文選注云、粔籹〈巨女二音。和名於古之古女〉。以蜜和米煎作也。」

『延喜式』（神祇式）

「凡供神御雑物者。（中略）小豆餅筥十合。捻頭筥五合。粰粇筥五合。已上六種。別納六枚。」

『和漢三才図会』

「粔籹（をこしごめ）〈和名於古之古女〉。文選注云、粔籹、蜜和米煎作也。按粔籹造法以糯米蒸、晒乾微炒、膠飴與米粉和溲米。」

現在も市販される唐菓子
清浄歓喜団（亀屋清永製）

薯預粥《いもがゆ》

自然薯の薄切りを甘葛汁で煮る薯預粥

饗宴、特に正月の大臣大饗《だいきょう》(92ページ)の最後に供されるデザートが、芥川龍之介の小説でも知られる「薯預粥」。これは山芋を「千歳蘽」(甘葛煎《あまずらせん》)で煮た甘美な食品です。

作り方は『厨事類記《ちゅうじるいき》』に詳細に記され、それによれば山芋の皮をむいて薄く切り、石鍋で「みせん」(甘葛汁)を沸騰させて山芋を軽く煮ます。『今昔物語集《こんじゃくものがたりしゅう》』にも「薄き刀の長やかなるを以て、此の薯預を削りつつ撫切《なでぎり》に切る。早う薯預粥を煮るなりけり。(中略)さらさらと煮返して『薯預粥出で来にたり』と云へば」とあり、ほぼ同じ製法です。

『北山抄《ほくざんしょう》』十二月の「御仏名《おぶつみょう》」に「酒肴、薯蕷粥」とあり、『江家次第《ごうけしだい》』の「大臣家大饗」に「零余子焼、薯粥等」とあるなど、宴席の最後を飾る甘味として欠かせないものでした。

削氷《けずりひ》

『枕草子』にも登場する削氷

『枕草子』の「あてなるもの」(上品なもの)に「削氷に甘《あま》葛《ずら》入れて、新しき金鋺《かなまり》に入れたる」とあります。現代のかき氷に相当する削氷は、平安時代の貴族階級にも夏の風物詩として楽しまれました。夏の饗宴では冬の薯預粥《いもがゆ》の代わりとして供されています。『定家朝臣記《さだいえあそんき》』康平三年(一〇六〇)七月の任大臣大饗《だいきょう》では、「隠座《おんざ》」(二次会)で「削氷、薯蕷粥代」が楽しまれたことが記されています。

『延喜式《えんぎしき》』(主水式)の規定によれば、四月一日から九月末日まで毎日、畿内十か所の氷室《ひむろ》から氷が納められました(138ページ)。また『朝野群載《ちょうやぐんさい》』には六月一日に、関白から史生《ししょう》に至るまで、太政官の官人たちに氷が頒布されている永久四年(一一一六)の記録が残ります。

下鴨神社「鴨の氷室」の内部

○薯預粥

『和名類聚抄』

「薯預粥　崔禹錫食経云千歳蘽汁肰如薄蜜甘美。以薯預為粉和汁作粥。食之補五臓。〈薯預粥和名、以毛加由〉。」

『九暦』

「天暦七年(九五三)正月五日(中略)家饗(中略)仍招入親王・公卿於北廊、勧酒及薯蕷粥等。」

『小右記』

「治安三年(一〇二三)正月八日(中略)今夜上達部・僧等被羞菓子・薯蕷粥・薯蕷巻。」

「長元四年(一〇三一)正月十五(中略)就中今年所々饗無信乃梨。此梨尤優。又薯蕷粥美。」

○削氷

『中右記』

「寛治五年(一〇九一)閏七月六日(中略)太上皇召相撲人覧布引(中略)次給削氷、次又三献、次給瓜。」

『定家朝臣記』

「康平三年(一〇六〇)七月十七日癸卯、大饗。納言以下、菓子二種〈梨栗〉(中略)隠座〈削氷、薯蕷粥代〉。」

『桃花蘂葉』

「臨時客大饗献次第事(中略)大饗次第曰。(中略)次水飯〈湯漬代。立后大饗召之〉。穏座〈削氷薯蕷粥代〉。」

三日夜餅《みかよのもちい》

平安時代、男性が女性のもとに三回通って、女性の家の火で作った餅を食べることで結婚が成立しました。自由恋愛の通い婚は、平安中期以降になると親が決めた相手との結婚になりますが、三日夜餅の風習は長く受け継がれました。『河《か》海抄《かいしょう》』では、三日夜餅は女の年の数を調進するとしますが、年齢の下一桁の数という説もあります。いずれにせよ餅を小さく丸めて団子状にしたものです。

三日夜餅を載せる台と箸台《はしだい》は特別なものでした。『江家次《ごうけし》第《だい》』では銀の箸台は鶴の形で銀箸一双、木箸一双。燕の文様の螺鈿《らでん》が施された紫檀《したん》の筥《はこ》。燕は「夫婦年久・子孫繁昌」を意味するとあり、婿は餅三枚を食い切らずに一口で食べるとしています。

伝統が継承される宮中の三日夜餅（西陣魚新蔵）

産養《うぶやしない》・真菜始《まなはじめ》

平安時代、産後三日・五日・七日・九日目の夜に「産養」の宴会を開催し、「襁褓《おむつ》」「産着《うぶぎ》の細長《ほそなが》」など赤子の衣服、飲食物などを贈りました。乳幼児死亡率の高かった当時、一日一日と育っていくことが何よりの喜びであったのです。その後、五十日祝《いかのいわい》、百日祝《ももかのいわい》と祝宴が続きます。このときは「五十日餅《いかのもち》」「百日餅《ももかのもち》」を食べさせます。

若君が順調に育ち、初めて魚を食べる儀式を「真菜始」（魚味始《うおみはじめ》）と呼びます。『玉葉《ぎょくよう》』には「俗に生後二十か月で行うと言われるが、承暦年間では二十五か月（生まれ月）の例もある。よって当家の二人の子はそうした」とあります。魚味の代表的な料理が「鯛鰭《たいひれ》」。汁物の鯛の身に胸びれを差し込んで「新鮮な鯛一匹使った」ことを象徴しました。

上：敦成親王の五十日餅（『紫式部日記絵巻』（模本）＊＊＊）
下：鯛鰭吸物

○三日夜餅

『吏部王記』

「天暦二年（九四八）十二月卅日。徽子女王入内。仍重取案内供餅。不可過今夜之故也。」


『小右記』

「天元元年（九七八）四月十日。左大臣一女遵子入内。十二日、始参上。殿下同参。餅四種盛銀盤。同盤置同銀箸。餅上置心葉〈有組〉。納蒔絵筥〈置一口〉。」


『為房卿記』

「寛治五年（一〇九一）十月廿五日庚辰、今日四宮入内。（中略）十一月二日丙戌。今日午後殿下令参院給、次御参内。玆夜被供三夜餅。」

○産養・真菜始

『吏部王記』

「天暦四年（九五〇）七月七日。是夕藤女御有産養事。産婦饌衝重十六合破子食七荷屯食八具碁手銭二万。賜物児衣襁褓各五重。納支佐木筥二合〈有白絹嚢〉。」


『九暦』

「天暦五年十月廿六日（中略）初聞食魚類〈降誕之後、来月満廿ヶ月。世俗云、及廿月聞食魚云々。而故女一親王満廿月初進勧魚、其例不宜、仍今月所供〉。」


『中右記』

「長治元年（一一〇四）八月十一日（中略）今日依吉日、東宮初聞食魚味（中略）大盤上兼居饗饌。」


『民経記』

「貞永元年（一二三二）閏九月廿七日（中略）今日春宮始供魚味。」

「文永四年（一二六七）六月十七日（中略）今日右佐小児始嘗魚味、幸甚幸甚。」

庖丁《ほうちょう》

宮中で天皇の料理を調製するのは「内膳司《うちのかしわでのつかさ》」。二名の「奉膳《ぶうぜん》」を長官とし、調理は「御厨子所《みずしどころ》」に属する四十名の「膳部《ぜんぶ》」が担当します。彼らはプロの料理人でしたが平安時代、料理は貴族の特技、趣味でもありました。『新猿楽記《しんさるがくき》』には趣味人・十一君《じゅういちのきみ》の得意芸の中に、管絃や和歌と並んで「庖丁・料理」が挙げられています。

メイン食材の魚や鳥を捌《さば》くときは、材料に手を触れず、「庖丁刀《ほうちょうがたな》」と「真魚箸《まなばし》」を用いました。こうした魚鳥の調理のことを「庖丁」と呼びます。『古事談《こじだん》』には一条天皇の御代、清涼殿《せいりょうでん》における酒宴で讃岐守《さぬきのかみ》の源《みなもとの》 高雅《たかまさ》（藤原道長の家司《けいし》）が「庖丁に奉仕す」とありますし、鳥羽《とば》上皇の御前での酒宴では刑部卿《ぎょうぶきょう》・藤原家長《いえなが》が「庖丁に奉仕」しています。庖丁の技は貴人の観賞対象だったのです。これが今に伝わる「庖丁道」に発展することになりました。

魚や鳥は手を触れずに調理する
（『僧家風俗図絵』（酒飯論）＊）

四種物《しすもの》

平安時代の宴席では、料理はほとんど無味に近く、各自が自分の好みの味を付けて食べたと考えられます。その調味料として膳に並んだのが「四種物」と呼ばれる、酢・塩・酒・醬《ひしお》でした。格下の者は酢と塩だけの「二種」となります。

上級の調味料とされた「醬」は、大膳職《おおかしわでのつかさ》の醬院《しょういん》で製造される発酵調味料で、『和名類聚抄《わみょうるいじゅうしょう》』では「和名は比之《ひし》保《ほ》、豆醢《とうかい》である」とし、『延喜式《えんぎしき》』（大膳式）には醬の原料として大豆・米（糵料《もやし》）・糯米《もちごめ》・小麦・酒・塩が挙げられ、搾り滓《かす》を意味する「滓醬《さいしょう》」も載っていますから、「醬」はおそらく現代の醬油に似た液状もしくは泥状の調味料であったと考えられます。また「酒」は現在よりも糖度が高く茶色い「醴酒《れいしゅ》」などで、甘味料であったと思われます。

酢（左上）・塩（左下）・醬（右上）・酒（右下）

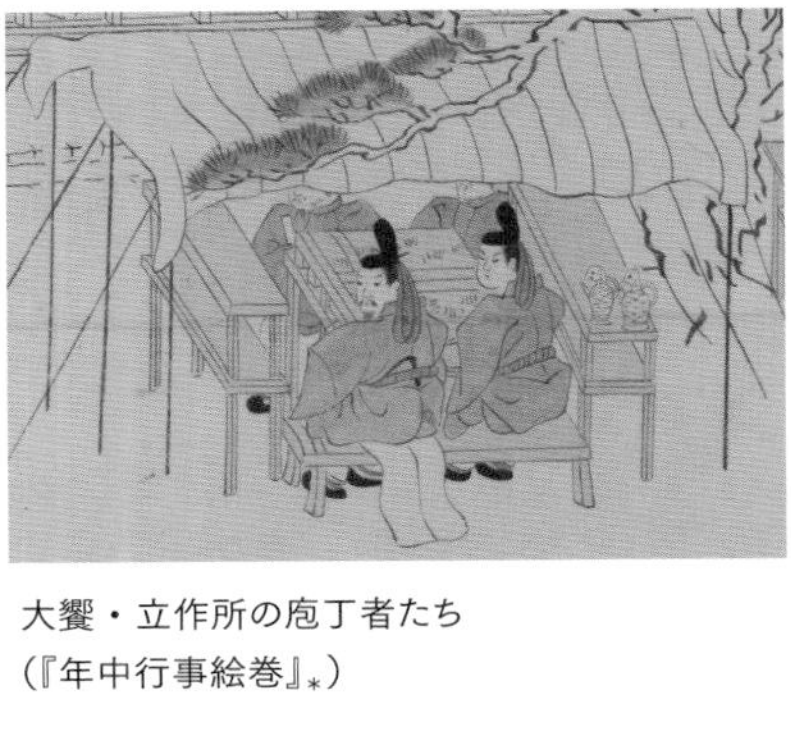

大饗・立作所の庖丁者たち
（『年中行事絵巻』＊）

○庖丁

『満佐須計装束抄』

「饗応あり。（中略）幔を上げて庖丁を尊者御覧ずるなり。包丁師は五位六位を嫌はず、家の者を召さる。」

『宇治拾遺物語』（用経、荒巻事）

「さて『まな板洗ひて持て参れ』と声高くいひて、やがて『用経、今日の庖丁は仕らん』といひて、真魚箸削り、鞘なる刀抜いて設けつつ、『あな久し。いづら来ぬや』など心もとながりゐたり。」

○四種物

『二中歴』

「執智供膳（中略）次四種〈酢・醬・酒・塩、居箸台、右汁焼物供此之〉。」

『類聚雑要抄』

「保延二年（一一三六）十二月日、内大臣殿廂大饗差図。（中略）四種〈酢・塩・酒・醬〉在箸台（中略）四種坏〈口径各二寸〉、箸台〈口径五寸、二方折立端〉。已上、深草土器用之。」

『厨事類記』

「四種器、酢・酒・塩・醬。或止醬用色利。〈裏書〉色利煎汁。イロリトハ大豆ヲ煎タル汁也云々。或鰹ヲ煎タル汁也云々。」

飯《いい》

日本人の主食は米と粟《あわ》。鎌倉時代まで天皇の主食も米と粟でしたが、もちろん米のほうが格上です。米は弥生時代以来、「甑《こしき》」で蒸して食べました。素焼き土器で煮ると米が土臭くなるため、蒸して食べたのでしょう。これを「飯《いい》」と呼びます。

宮中では宮内省の「大炊寮《おおいのつかさ》」という炊飯専門の役所で飯を炊きました。『延喜式《えんぎしき》』（大炊式）を見ますと、さまざまな行事儀式でどこにどれだけ米飯を支給するかなどが詳しく規定されています。たとえば松尾祭《まつのおまつり》で用意される「裹飯《つつみいい》」（おむすび）一個は一升一合。「延久宣旨《えんきゅうせんじ》枡《ます》」から見て、現在の六合半ほどの大きさです。当時の日本人の食事がいかに米飯偏重であったかがわかります。なお明治時代の陸軍でも兵隊一人あたり一日「精米六合」が原則でした。

饗膳では高盛飯が豊穣の象徴（西陣魚新蔵）

粥《かゆ》

米を「甑《こしき》」で蒸して食べる時代から、鍋で煮て食べる時代に移ると、これを「粥」と呼びました。煮るときに水が少ないものを「饘《かたがゆ》」（固粥）、水が多い現在の「お粥」を「汁粥」と呼び分け、やがて固粥が一般化するとこれを「姫飯《ひめいい》」、従来の蒸した飯を「強飯《こわいい》」（おこわ）と呼ぶようになります。

そうしたことから平安時代の文献で見る「粥」は、現在の炊いた「ご飯」を指した可能性もあります。たとえば『小右《しょうゆう》記《き》』寛弘五年（一〇〇八）九月十日の記事に「強飯・粥」と並記される「粥」はご飯のことでしょう。

炊飯は「大炊寮《おおいのつかさ》」の仕事でしたが、饘（固粥）や汁粥を作るのは、水を管理する「主水司《もいとりのつかさ》」と定められていました。粥は「水を食べる」という認識であったのがわかります。

日本の食生活は米飯多食であった
（『酒飯論』*）

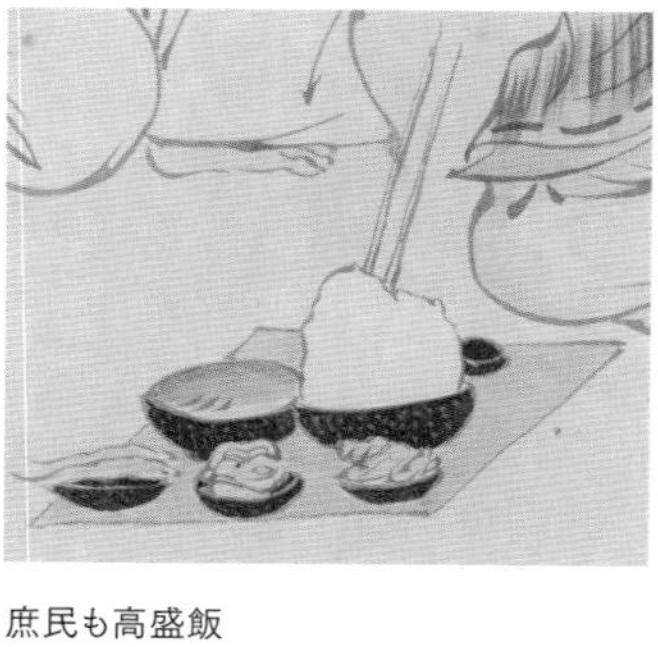

庶民も高盛飯
（『病草子』（模本）***）

○飯

『延喜式』（大炊式）

「松尾祭料　米二石九斗二升八合〈一石四斗二升八合机六前、折櫃卌五合、大笥卌三合、裹飯百廿口料。一石五斗百度料〉。」

『延喜式』（内膳式）

「供御月料（中略）糯米二斗四升七合五勺、粟三斗四升五合。」

『西宮記』

「四月一、内御神祭事〈案之、勘吉日、於上下御厨子所申上大炊寮、渡米五升及飯供〉。」

○粥

『和名類聚抄』

「糄糅　唐韻云糄糅〈編索二音、和名比女。或説云、非米非粥之義也〉。煮米多水者也。」

「粥　唐韻云饘〈諸延反、和名加太賀由〉。厚粥也。四声字苑云、周人呼粥也。粥〈之叔反、和名之留加由〉。薄糜也。」

「強飯　史記云、廉頗強飯斗酒食肉十斤〈飯音符万反亦作餅飦強飯、和名古八伊比〉。」

『小右記』

「寛弘五年（一〇〇八）九月十日、（中略）辰剋許相府羞強飯・粥等於卿相・殿上人等。卿相自暁更祗候簀子敷。」

酒《さけ》

酒に酔い赤くなることを「豊明《とよのあかり》」と呼んだ
（『僧家風俗図絵』（酒飯論）*）

『延喜式《えんぎしき》』（造酒式）を見ますと、平安時代には数種類の酒が造られていました。現在の酒造家の考えでは、「御酒《ごしゅ》」は甘口で酸味の少ない澄んだ酒。「御井酒《ごいしゅ》」は濃厚甘口の澄んだ酒。「醴酒《れいしゅ》」は酒を酒で仕込む甘い酒。「三種糟《さんしゅそう》」は麦芽《ばくが》・米麹《こめこうじ》を併用し、米・粟《あわ》・麦を用いて酒で仕込む甘い酒、などと推定されています。いずれも色の濃い甘い酒です。

その中で圧倒的に生産量が多いのが「御酒」。米一石と糵《もやし》（麹《こうじ》）四斗、水九斗を混合し、糖化させてからアルコール発酵させ、絞ると酒になります。これは現代の「段仕込み《だんじこ》」に類似していると考えられるため、アルコール度数が高く、絁《あしぎぬ》（絹地）で作った「篩《ふるい》」の規定があるため、濾《こ》して濁りを抜いた「清酒《せいしゅ》」であったと推測されます。

茶《ちゃ》

平安時代、大内裏には茶園があった

『日本後記《にほんこうき》』弘仁六年（八一五）四月廿二日に「大僧都《だいそうず》・永忠《えいちゅう》が嵯峨《さが》天皇に茶を煎じて奉った」とあります。嵯峨天皇は気に入り、近江《おうみ》・丹波《たんば》・播磨国《はりまのくに》に栽培を命じています。

毎年二月、国家安泰を祈る仏教行事「季御読経《きのみどきょう》」で眠気覚ましに「引茶《ひきちゃ》」が振る舞われました。これは蒸した茶葉を固めた「団茶《だんちゃ》」を粉末にし、沸騰した湯に入れ煮出したと考えられています。『江家次第《ごうけしだい》』を見ますと、さらに漢方薬「厚朴《こうぼく》」（ホオノキの樹皮・健胃剤）や生姜《しょうが》を入れたり、甘味料「甘葛煎《あまずらせん》」を入れて飲むこともありました。

『西宮記《さいきゅうき》』には平安中期、大内裏《だいだいり》の主殿寮《とのもりづかさ》の東に「茶園」があり、三月一日に「造茶使《ぞうちゃし》」が茶を摘む儀式を行ったと記されています。

○酒

『延喜式』（造酒式）

「年料醸酒数 御酒料、二百十二斛九斗三升六合九勺九撮。御井酒料、十九石五斗。擣糟料、四十八石。醴酒料、三石六斗。三種糟料、八斗。五斗糟料、三斗。三種麹各一斗料、糯米五斗・粱米五斗・小麦三斗。」

「酒八斗料、米一石・糵四斗・水九斗。御井酒四斗料、米一石・糵四斗・水六斗。醴酒九升料、米四升・糵二升・酒三升。」

「其酒起十月、酢起六月、各始醸造。経旬為醞。並限四度。其三種御糟。預前醸造。正月三節供之。」

「供奉年料〈中宮准此〉。（中略）大篩十二条〈別五尺〉。絁小篩廿四条〈別一尺〉。縫篩糸二分。敷納盞筥暴布単十二条〈別二尺〉。布篩十二条〈別五尺〉。」

○茶

『西宮記』

「季御読経事（中略）召典薬厚朴為引茶料（中略）春夏蔵人所引茶〈初後日不引〉、御前殿上人引。」

「差造茶使事。所承和例云、三月一日、差造茶使、粮並雑物、行内蔵寮者使一人、侍医校書殿執事一人、共造之。校書殿使摘茶進所、薬殿生以升量請、造法見例文也。」

『小右記』

「天元五年（九八二）三月廿七日、己未。今日有論義事。（中略）引茶之後御論義事。」

『江家次第』

「季御読経事。上卿一人著二南殿一例〈天喜四年（一〇五六）、三ケ日毎夕座侍臣施煎茶、衆僧相加甘葛煎、亦厚朴・生薑等随要施之〉。」

蘇《そ》

古代、日本でも薬として牛乳が用いられていました。『続《しょく》日本紀《にほんぎ》』和銅六年（七一三）五月の記事に、山背国《やましろのくに》に乳牛《ちうし》を飼う農家五十戸を定めるとあります。典薬寮《くすりのつかさ》には「乳牛《にゅうぎゅう》院《いん》」という役所があり、「乳牛戸《ちうしべ》」を管理していました。

天皇の食膳にも牛乳が上りました。『侍中群要《じちゅうぐんよう》』では延喜十三年（九一三）の「定乳分配文」を引用し、天皇供御《くご》の牛乳は一日三升一合、乳牛院が調進するとあります。

『大般涅槃経《だいはつねはんぎょう》』には牛乳を煮詰めてゆくと順番に「酪《らく》」、「生蘇《しょうそ》」、「熟蘇《じゅくそ》」、「醍醐《だいご》」となり、醍醐が最上とあります。この中の「熟蘇」が「蘇」と呼ばれ、宮中で尊重されました。特に正月の大臣大饗《だいきょう》では天皇から「蘇甘栗使《そあまぐりのつかい》」が派遣され、甘栗とともに「蘇」が下賜されることが習慣でした（92ページ）。

大臣大饗に甘栗とともに天皇から贈られた

椿餅《つばいもちい》

「菓子」がフルーツを意味していた平安時代、人工の菓子は油で揚げた唐菓子《からくだもの》（95ページ）のことでしたが、唯一の「和菓子」らしきものが「椿餅」です。『三条中山口伝《さんじょうなかやまくでん》』には「菓餅は常には見られない晴の菓子で、椿葉を用いるものが最上」とあり、『小右記《しょうゆうき》』では寛弘二年（一〇〇五）の石清水《いわしみず》臨時祭《りんじさい》で、『江家次第《ごうけしだい》』では元日節会《せちえ》の宴会に登場しています。また『源氏物語』（若菜上）で蹴鞠《けまり》に参加した若い人々が気軽につまむフィンガーフードのように描かれることから、椿餅は蹴鞠の会では必須の軽食とされました。

椿餅は「餅粉に甘葛《あまずら》を掛けて椿の葉で挟む」と『河海抄《かかいしょう》』にあり、『類聚名物考《るいじゅうめいぶつこう》』「鞠の庭に奉る椿餅の事」にある、干飯《ほしいい》を甘葛で固めて椿の葉で挟む方法が一般的です。

『源氏物語』以後、蹴鞠に欠かせない軽食となる

日本原産のツバキ
（学名：*Camellia japonica*）

○蘇

『西宮記』
「諸院　乳牛院〈典薬別所、在左近馬場西、有別当乳師預等、納山城丹後薪、大炊雑穀、送所立味原牛供三宮乳〉。」

『侍中群要』
「日中行事　供御乳日別三升一合。但依宣旨散用云々者。（中略）乳牛院進乳。」

『吏部王記』
「天慶八年（九四五）一月五日。右大臣家饗。羞饌次第。汁物後茎立。次腹赤雉。次蘇甘栗。」

『江家次第』
「二宮大饗 三獻〈在座公卿二人執坏〉給飯汁。（中略）近代不過三獻、茎立包焼蘇甘栗等給之。」

○椿餅

『小右記』
「寛弘二年（一〇〇五）三月廿二日、庚午。八幡臨時祭（中略）餺飥・椿餅・粽等送僧正房。」

『類聚雑要抄』
「五節殿上饗目録。（中略）次菓子〈小餅・唐菓子・（中略）椿餅・甘栗〉。」

『江家次第』
「元日宴会　立朱台盤五脚弁備饗饌。（中略）干柿〈一坏〉、椿餅〈一坏〉。」

『源氏物語』（若菜上）
「椿餅、梨、柑子やうのものども（中略）若き人びとそぼれ取り食ふ。」

粉熟《ふずく》

『原中最秘抄』の方法により作られた粉熟
三月から八月まで天皇に供された

『延喜式《えんぎしき》』（内膳式）には、「粉熟」は白米と大角豆《ささげ》で作るもので、三月一日から八月末日まで天皇に供するとあります。『西宮記《さいきゅうき》』を見ますと正月の「御斎会《ごさいえ》」から十一月の「新嘗会《しんじょうえ》」まで、さまざまな儀式の膳に粉熟が登場します。

製法は『厨事類記《ちゅうじるいき》』には餅米の粉・大角豆・串柿・干棗《ほしなつめ》・胡麻《ごま》・搗栗《かちぐり》・煎豆《いりまめ》の粉と甘葛煎《あまずらせん》を混ぜて練り、厚さ一寸・長さ四寸に丸めて胡麻油で揚げて切るとありますが、これは『延喜式』の材料とは異なります。南北朝時代の『原中最秘抄《げんちゅうさいひしょう》』には、イネ・脎麦《たんばく》・大豆・小麦・胡麻の五穀を粉にして茹で、甘葛煎とこね合わせて竹筒に入れて突き出し、双六《すごろく》の駒のように切るとあり、これが現在の一般的解釈です。他の唐菓子《からくだもの》同様、粉熟も時代と共に変容したのでしょうか。

餅餤《へいだん》

孔子にまつわる中華料理

二月の「列見《れっけん》」と八月の「定考《こうじょう》」という、六位以下の人事選考の儀式で食べられたのが「餅餤」。儀式が孔子《こうし》を祀る「釈奠《せきてん》」とも関連しているため、特殊な中華料理です。『枕草子』にもこのとき孔子像を懸けて、天皇も「聡明《そうめい》」と呼ばれる特別な料理を食べると記されます。『小右記《しょうゆうき》』治安三年（一〇二三）八月十三日に「一昨考定、今日進餅餤」とあり、列見・定考には欠かせないものだったようです。

中国の餅餤は肉を小麦粉の皮で包んだものでしたが、日本では肉を使わずにアヒルや鴨の玉子と雑菜を煮合わせたものを餅で包み四角に切ると『和名類聚抄《わみょうるいじゅうしょう》』にあります。「餅」は中国では小麦粉をこねて蒸した食品の意味ですが、平安中期以降の日本では米粉の皮であったかも知れません。

○粉熟

『延喜式』（内膳式）
「造粉熟料　白米四石。大角豆一石八斗。」

『和名類聚抄』
「粉熟　弁色立成云粉粥〈以米為之今案粉粥即粉熟也〉」

『九暦』
「天慶八年（九四五）八月十四日、定考云々（中略）着穏座〈一献之後献粉熟〉。」

『吏部王記』
「延長六年（九二八）（中略）進粉熟之時、余問左衛門督。此諸節所用、是餛飩乎、是粉熟乎。督曰、伝称索餅云々。」

『源氏物語』（宿木）
「宮の御前にも浅香の折敷、高坏どもにて、粉熟参らせたまへり。」

『小右記』
「寛弘八年（一〇一一）正月一日（中略）節会作法如恒、但内膳供御膳、次諸卿前居粉熟、訖下御箸。」
「万寿元年（一〇二四）正月七日（中略）頃之白馬陣渡、御馬引渡了、次令居粉熟、次飯・汁等。」

○餅餤

『和名類聚抄』
「餅餤　楊氏漢語抄云、裹餅中納煮合鵝鴨等子并雑菜而、方截。一名餅餤〈玉篇云餤達濫反着也〉。」

『西宮記』
「定考（中略）三献之後居粉熟飯〈近年二献居粉熟、三献居飯（中略）〉数巡後居餅餤。」

『枕草子』
「頭の弁の御もとより（中略）餅餤といふ物を二つ並べてつつみたるなりけり。」

『侍中群要』
「餅餤事　列見定考後朝官厨家献餅餤〈入折櫃、居土高坏〉。」

『兵範記』
「保元三年（一一五八）二月十一日壬寅、依式日有列見事（中略）令居餅餤粉熟等、且食所休息也。」

餺飥《はくたく》

甲州名物「ほうとう」の語源とも言われる

小麦粉を練って薄くのばし、四角に切ったものが「餺飥」です。『小右記《しょうゆうき》』永祚元年（九八九）三月の一条天皇春日行幸の記事では、春日大社の「餺飥女《はくたくめ》」二十人が餺飥を打っているのを天皇以下が見物しています。『台記別記《たいきべっき》』の仁平元年（一一五一）の春日参詣の記事でも、春日大社の妓女《ぎじょ》たちが雅楽に乗って餺飥を打つ場面があり、出来上がった餺飥を小豆汁で食べています。春日の名物だったのでしょう。

六世紀中国の『斉民要術《さいみんようじゅつ》』には、肉汁でこねた麺を細く長く伸ばして沸騰した湯で煮る、とラーメンのように記されますが、『厨事類記《ちゅうじるいき》』では自然薯《じねんじょ》をすり下ろして、米の粉に合わせ、すりこぎでよく押し広げて包丁で二寸に切り、茹でて取り上げて小豆を擂《す》った汁に浸けて食べるとあります。

甘味料《かんみりょう》

米と麦芽で作る甘味料「糖」（飴）

サトウキビが原料の砂糖がほぼなかった時代、容易に製造・消費された甘味料は、糯米《もちごめ》と麦芽《ばくが》の糖化酵素により製造する「飴《あめ》」。文献では「糖」と表記されることが多く、『延喜式《えんぎしき》』（内膳式）「供御月料《くごげつりょう》」には「糖一斗四升二合五勺」とあり、毎月相当な量が天皇の食膳に供されたようです。

次は「蜜」、蜂蜜です。『日本書紀』皇極天皇二年（六四三）に養蜂《ようほう》失敗の記事があり、自然の蜂の巣から得る蜜だけの利用だったため、量産はできませんでした。文献では甘味料よりも練香《ねりこう》を丸めるときに用いる記述が多く見られます。

最高級の甘味料が「千歳虆汁」（甘葛煎《あまずらせん》）で、夏ヅタなどブドウ科植物の樹液を煮詰めたもの。全国から貢納され、薯《い》預粥《もがゆ》や削氷《けずりひ》、粉熟《ふずく》の甘味料となりました。

樹液が甘葛煎となる夏ヅタ
（学名：*Parthenocissus tricuspidata*）

○餺飥

『和名類聚抄』

「餺飥〈飥字附〉 楊氏漢語抄云、餺飥〈慱託二音。字亦作䬪䬳、見玉篇〉。飥 麵方切名也。四声字苑云、飥〈古旱反 上声之重〉。摩展衣也。」

『小右記』

「永延元年（九八七）三月卅日（中略）打餺飥女十人給禄、陪従取之。」

「永祚元年（九八九）三月廿三日（中略）此間有勅喚餺飥女廿人令打之、給禄。」

○甘味料

『和名類聚抄』

「飴 説文云、飴〈音怡和名阿女〉。米蘖煎也。」

「蜜 説文云、蜜〈音密。俗云美知〉。甘飴也。野王案、蜂採百花醞釀所成也。」

「千歳虆汁 本草云、千歳虆汁。味甘平無毒続筋骨長肌肉一名虆蕪〈虆無二音〉。蘇敬注云、即今之蘡薁藤汁是也〈蘡薁二音嬰育。和名阿末豆良。本朝式云甘葛煎〉。」

『延喜式』（大膳式）

「糖料。糯米一石、萌小麦二斗。得三斗七升。」

『延喜式』（内蔵式）

「蜜蘇。〈諸国所進〉 蜜。〈甲斐国一升。相摸国一升。信濃国二升。能登国一升五合。越中国一升五合。備中国一升。備後国二升〉。」

稲《いね》・粟《あわ》

自然環境に恵まれた日本では、山からも川からも海からも、さまざまな産物を得ることができました。想像以上に豊かな食材が食膳を飾ったのです。美味珍味の食材を「美物《びぶつ》」と呼び珍重しました。

稲

稲は日本人の命と言って過言ではない植物。『源氏物語』（明石《あかし》）では「田の実」とも呼ばれています。古来朝廷の第一の仕事は、稲作の平穏無事・豊年万作を祈る「まつりごと」でしたし、明治に至るまで国家経営の根幹指標は米の収穫高であり続けました。

全国は稲の収穫量や人口などの経済力で大国《たいこく》・上国《じょうこく》・中国《ちゅうこく》・下国《げこく》の四等級に区分され、区分ごとに「租庸《そよう》調《ちょう》」の納税量が定められて、各国から都に送られた「春米《とうまい》」（脱穀米）総量二万四千五百石を民部省《みんぶしょう》が管理します。春米のうち精白された「白米」は大炊《おおいの》寮《つかさ》に、精白されない「黒米」（玄米）は各省と内蔵寮《うちのくらのつかさ》に納められました。それらの米は給食に使用されるほか、官人への給料支給にも用いられました。

日本の食生活を支えた稲（上）と粟（下）

『枕草子』には稲穂は赤いと記される

粟

日本人の主食は稲（米）と考えられていますが、実際には粟も主食でした。新穀を神に供える「新嘗祭《にいなめのまつり》」の神饌《しんせん》の主役は稲と粟で、『小野宮年中行《おののみやねんじゅうぎょ》事《うじ》』では十月二日に神前に供える作物の農耕地を定める「稲粟卜定《とうぞくぼくじょう》」が定められています。

また天皇の主食といえども、中世に至るまで米だけでなく粟も用いられました。『延喜式《えんぎしき》』（内膳式）には「供御《くご》月料《げつりょう》」として「糯米《もちごめ》二斗四升七合五勺、粟三斗四升五合」と粟の方が多く規定されています。鎌倉時代になっても、『後鳥羽院宸記《ごとばいんしんき》』に「御飯は四杯で米二杯・粟二杯。天皇も二杯で、米と粟の飯である」と記されますから、上流階級も含めて日本人の主食は米と粟で成り立っていたのです。

アワ（学名：*Setaria italica*）

○稲

『延喜式』（神祇式）

「四時祭上（中略）凡祈年祭二月四日。大忌風神祭並四月・七月四日。月次祭六月・十二月十一日。神嘗祭九月十一日。」

『養老令』（田令）

「凡田租。准国土収獲早晩。九月中旬起輸。十一月三十日以前納畢。其春米運京者。正月起運。八月三十日以前納畢。」

『養老令』（職員令）

「主税寮。頭一人〈掌、倉廩出納・諸国田租・春米・碾磑事〉。」

○粟

『延喜式』（内膳式）

「新嘗祭供御料。（中略）米二斗、糯米二斗、糯・粟子等糒各二升。」

「供御月料。糯米二斗四升七合五勺、粟三斗四升五合。」

『小野宮年中行事』

「十月二日奏可供新嘗会祭定田稲粟卜定文事。神祇官率卜部・宮内省丞録各一人。率史生共向大炊寮。卜定可進稲粟国郡。訖即付内侍奏。奏覧了返給。内侍下於弁官。」

『後鳥羽院宸記』

「一御飯八四坏也。而諸家記皆二坏云々。又乍二坏米御飯云々。実八米二坏粟二坏也。是秘事也。」

橘《たちばな》

『日本書紀』の「非時香具菓《ときじくのかぐのこのみ》」伝説でも有名ですが、橘は『魏志倭人伝《ぎしわじんでん》』にも記される、日本に自生していた植物です。奈良時代は宮廷にも貴族の邸宅の門前にも盛んに植樹されていて、『万葉集』には橘を賞賛する歌が多数見られます。

平安時代には紫宸殿《ししんでん》の前に「左近桜《さこんのさくら》」と並んで「右近橘《うこんのたちばな》」が植栽されます。「菓子《くだもの》の長上」と称された橘の実は、当然ながら食用として多用され、『延喜式《えんぎしき》』（内膳式）によれば、天皇の食膳に「供御月料《くごげつりょう》」として上り、「正月三節《さんせち》」「新嘗《にいなめの》祭《まつり》」などさまざまな重要な儀式にも欠かせないものでした。これらの橘は一大産地であった相模国《さがみのくに》（神奈川県）から貢納されると『延喜式』（宮内式）にあります。

奈良時代「菓子の長上」と尊重された

覆盆子《いちご》

『和名類聚抄《わみょうるいじゅうしょう》』では「覆盆子」の和名を「イチゴ」としています。この漢字は萼《がく》を盆に見立て、盆の下に果実が実るモミジイチゴなどの木イチゴ類を形容したものと思われます。『枕草子』では「あてなるもの」（上品なもの）として、「たいへん可愛い幼な子が覆盆子を食べている姿」を挙げます。そうした光景がよく見られたほど、平安貴族社会で人気のあるフルーツであったのでしょう。

『延喜式《えんぎしき》』（内膳式）によれば、天皇用の「覆盆子園」があり、五月に「供奉雑菜《ぐぶざっさい》」として二升の覆盆子が天皇の食膳に上りました。大膳職《おおかしわでのつかさ》の規定では、「諸国貢進菓子」として山城国《やましろのくに》・河内国《かわちのくに》・摂津国《せっつのくに》から貢納されています。

果実が逆さまに実るモミジイチゴ
（学名：*Rubus palmatus var. coptophyllus*）

カジイチゴ（学名：*Rubus trifidus*）

○橘

『魏志倭人伝』
「其木有枏、（中略）桃支。有薑、橘、椒、蘘荷、不知以為滋味。」

『続日本紀』
「和銅元年（七〇八）十一月廿一日。供奉挙国大嘗。廿五日御宴。天皇誉忠誠之至。賜浮杯之橘。勅曰。橘者果子之長上。人之所好。柯凌霜雪而繁茂。葉経寒暑而不彫。与珠玉共競光。交金銀以逾美。是以汝姓者賜橘宿禰也。」

○覆盆子

『和名類聚抄』
「覆盆子　爾雅注云、葥葐〈欠盆二音〉覆盆也。本草云覆盆子〈和名以知古〉。」

『延喜式』（内膳式）
「供奉雑菜（中略）覆盆子二升〈五月〉。」

『延喜式』（大膳式）
「諸国貢進菓子 山城国〈郁子四担、蕾子一擔、覆盆子一棒、楊梅子三担、平栗子十石〉。」

『平記』
「康平五年（一〇六二）四月廿二日（中略）次供菓子〈椿餅・栗・枝柿・覆盆子〉。」

郁子《むべ》

上：不老長寿の霊果とされた
下：郁子の可食部は少ない

木通《あけび》の実に似ていますが、木通と異なり郁子の実は裂けません。小さく食べにくい果実ですが甘く、平安時代は不老長寿の貴重なフルーツとして、御料《ごりょう》農園で天皇用に栽培されていました。また『延喜式《えんぎしき》』（大膳式）の「諸国貢進菓子」では山城《やましろ》と近江《おうみ》両国から郁子が貢納されるとしています。後世の江戸時代にも、十一月一日に近江国から送られてくると『後水尾院当時年中行事《ごみずのおいんとうじねんじゅうぎょうじ》』に記されています。

郁子と宮中との関連としては、江戸後期の『古今要覧稿《ここんようらんこう》』に、聖徳太子（天智天皇説もあり）が不老長寿の村人に理由を尋ねたところ、郁子を食べているからと答え、そこから朝廷に納めるようになったという近江国奥島《おくしま》（滋賀県近江八幡《はちまん》市）の伝説が載ります。

棗《なつめ》

古代中国で「五果」の一つとされた

棗は古代中国の五行説における「五果《ごか》」の一つ。薬用にもなり『延喜式《えんぎしき》』（典薬式）では「諸国進年料雑薬」として五か国から「大棗《たいそう》」が貢納されています。また『延喜式』（内膳式）では御料《ごりょう》農園で「大棗」三十株を栽培することが規定されていました。これが「干棗子《ほしなつめ》」となり、「供御月料《くごげつりょう》」として一斗四升二合五勺が天皇に供されたのです。

食用記録は多く、正月三節《さんせち》や内宴《ないえん》、孔子《こうし》を祀る「釈奠《せきてん》」、聟娶《むことり》（結婚式）など、さまざまな晴の饗膳に上った記録が数多くあります。最も重要な使用機会は宮中神事でした。六月と十二月の「神今食《じんこんじき》」や、「新嘗祭供御料《にいなめのまつりくごりょう》」として「干棗子」が用いられ、現代においても新嘗祭の神饌《しんせん》として、干棗が供されています。

○郁子

『延喜式』（内膳式）
「雑菓樹四百六十株。〈（中略）橘廿株。大棗卅株。郁卅株〉。」

『延喜式』（大膳式）
「諸国貢進菓子 山城国〈郁子四担・（中略）〉。近江国〈郁子二輿篭。」

『後水尾院当時年中行事』
「十一月朔日。毎事、例のことし。近江国より、むへといふ物を献す。いつより奉りそめけるにか。」

○棗

『日本三代実録』
「仁和三年（八八七）二月九日癸丑。信濃国例貢梨子・大棗・呉桃子・雉腊、別貢梨子・大棗等、貢献之期、元不立制。太政官議定。例貢毎年十月、別貢十一月為期、立為恒例。」

『延喜式』（内膳式）
「新嘗祭供御料（中略）干棗子二升。干栗子二升。搗栗子四升。生栗子一斗。」

『小右記』
「寛仁三年（一〇一九）十二月二十一日癸卯。（中略）今夜子時依可移寝殿（中略）嘗五菓〈生栗・搗栗・柏・干棗・橘、当時美名物〉。宰相手長、余嘗了。」

ナツメ（学名：*Ziziphus jujuba*）

椎《しい》

灰汁《あく》が少なく、すぐに食べられるドングリが、椎の仲間です。日本で最も普通に見られる椎がスダジイ。その実は縄文時代の遺跡からも数多く発見されています。稲作が伝わる以前、縄文時代の日本人の主食とも呼べる存在が椎の実だったとも言えるでしょう。

現在も椎の実を煎って食べている地域は多いですが、平安時代も多く食べられ、天皇の食膳にも「供御月料《くごげつりょう》」として椎の実が四斗五升も用意されたことが『延喜式《えんぎしき》』（内膳式）に見られ、宴会で公卿や女官に支給するという規定もあります。

大嘗祭《だいじょうさい》の際建てられる「大嘗宮《だいじょうきゅう》」の柴垣《しばがき》には「志比乃和恵《しいのわえ》」と呼ばれる椎の小枝が差し込まれますが、これは遙か古代の食生活を象徴したものなのでしょうか。

渋味のないドングリとして今も食べられる

榧《かや》

『和名類聚抄《わみょうるいじゅうしょう》』に「榧子、本草云柏実」とあるように、古い文献で「柏実・栢実」と書かれているのは、多くは榧の実のこと。『江家次第《ごうけしだい》』の「東宮《とうぐう》御元服」における木菓子《きがし》「柏実」や、『厨事類記《ちゅうじるいき》』の干菓子《ひがし》「栢実」は榧の実のことです。

榧の種子には三十五％もの油脂が含まれていますので、よく灰汁《あく》を抜いて煎ると美味しい珍味になります。

『延喜式《えんぎしき》』（典薬式）の「諸国進年料雑薬」には、全国から「榧子《ひし》」を大量に貢納する規定が記されていますが、薬剤としての記載はありません。ただし江戸後期の『閑窓瑣談《かんそうさだん》』には「榧の油は切り傷の妙薬。腫物の肉をあげ、痛みを和らげ、悪血を去り、腰の痛みに塗って良い」とありますので、そうした利用もあったのでしょうか。

松ヤニ臭が残る野趣のある珍味

○椎

『延喜式』（内膳式）

「供御月料（中略）生栗子二石二斗五升。干柿子廿九連。椎子四斗五升。」

『延喜式』（大膳式）

「宴会雑給。親王以下三位已上并四位参議（中略）搗栗子・椎子各四合。」

『貞観儀式』

「践祚大嘗祭儀（中略）垣末挿拵四椎枝者。古語所謂志比乃和恵〉。」

○榧

『和名類聚抄』

「榧子　本草云柏実〈柏音百〉。一名榧子〈榧音匪。和名加倍〉。」

『江家次第』

「東宮御元服　木菓子四杯〈松実・柏実・石榴・棗〉（中略）並以朱漆盤盛之。」

『厨事類記』

「干菓子　松実・栢実・柘榴・干棗・松子五葉子ト云。イリテカハムキテモル、栢子コレモイリテモル。」

令和度大嘗宮の「志比乃和恵」

蕪《かぶら》

蕪を収穫した農婦（『春日権現験記』*）

根茎も茎も葉も賞味された蕪

現在と同じように、蕪は美味しい野菜として食べられました。『日本書紀』持統天皇七年（六九三）三月に、五穀の助けとして「蕪菁《かぶら》」を植えよという詔《みことのり》が出ています。カブラという名は丸い根の部分が「頭」に似ていることから。葉の部分「蔓菁《あおな》」は和名が「あをな」で、青菜の代表格だったのです。また若い茎は「茎立《くくたち》」と呼ばれ、さまざまな饗宴に登場する食材でした。『吏部王記《りほうおうき》』天慶八年（九四五）右大臣家饗に「汁物後茎立」とあります。

『延喜式《えんぎしき》』（内膳式）を見れば「供奉雑菜《ぐぶざっさい》」として一年中「蔓菁」が、二・三月には「茎立」が天皇の食膳に上っています。また葉も茎も根も塩漬け・醬《ひしお》漬け・糟《ぬか》漬けの漬物になっています。蕪は、平安時代の代表的な野菜と言って良いでしょう。

芹《せり》

春の七草に欠かせない

『日本書紀』（天武天皇）に「芹は苦い」という「童謡」が登場するように、その苦みを含んだ味が古来好まれました。『延喜式《えんぎしき》』（内膳式）には天皇用の雑菜として、一月から六月まで、乙訓郡《おとくにぐん》の御料田《ごりょうでん》で栽培した芹四把を用いると記され、また『延喜式』（大膳式）には園韓神祭《そのからかみのまつり》・春日祭《かすがさい》の「雑給《ざっきゅう》料《りょう》」として韮《にら》、葱《ねぎ》、大根《おおね》などとともに芹が供されています。

平安時代、京の中では水田耕作が禁じられていましたが、湿地の芹は自由栽培が許可されたことが『続日本後紀《しょくにほんこうき》』承和五年（八三八）七月の記事に見られます。手軽に新鮮な食材が入手可能なので、日常菜として多用されたのです。正月七日の「七種菜羹《しちしゅさいかん》」（86ページ）でも筆頭に挙げられる野菜が芹でした。『源氏物語』にも食材として登場します。

セリ（学名：*Oenanthe javanica*）

〇蕪

『日本書紀』

「持統七年（六九三）三月丙午《十七》。詔。令天下勧殖桑・紵・梨・蕪菁等草木。以助五穀。」

『和名類聚抄』

「蔓菁　蘇敬本草注云蕪菁〈武青二音〉。北人名之蔓菁〈上音蛮。和名阿乎奈〉。揚雄方言陳宋之間蔓菁曰葑〈音封〉。

蔓菁根　毛詩云采葑采菲〈音斐〉。無以下体〈和名加布良〉。注云下体根茎也。此二菜者蔓菁與葵菖之類也。」

「蘴　広韻云、蘴〈音豊。和名久々太知。俗用茎立二字〉蔓青苗也。」

『江家次第』

「大臣家大饗（中略）四献（中略）次茎立〈有指塩〉。」

〇芹

『和名類聚抄』

「芹　陸詞切韻云芹〈音勤。和名世里〉。菜生水中也。本草云水芹味甘平無毒。一名水英。」

『延喜式』（内膳式）

「供奉雑菜　（中略）芹四把〈准四升。自正月迄六月〉。」

「田六段二百卅四歩〈種芹水葱料。在乙訓郡〉。」

『続日本後紀』

「承和五年（八三八）七月丙辰朔。勅。如聞。諸家京中好営水田。自今以後一切禁断。但元来卑湿之地、聴殖水葱芹蓮之類。」

「生大豆」として平安時代から愛された枝豆

大豆《だいず》

朝廷は稲以外の雑穀の栽培を勧め、『類聚三代格《るいじゅうさんだいきゃく》』には承和七年（八四〇）の太政官符《だいじょうかんふ》として「黍《き》稷《び》・稗《ひえ》麦・大小豆・胡麻《ごま》等」を植えよと記します。

『延喜式《えんぎしき》』（内膳式）によれば御料《ごりょう》農園内に大豆畑一段があり、種子八升を蒔いて栽培していました。こうして得られた大豆は新嘗祭《にいなめのまつり》・正月三節《さんせち》・五月五日節・九月九日節に用います。また大豆と米麴、小麦で醤油の元祖のような「醤《ひしお》」を製造。この「醤大豆」をさらに醸造を重ねて、味噌の祖型「未醤《みしょう》」も製造しています。

天皇の六～九月の食膳や、盂蘭盆会《うらぼんえ》や相撲節会《すまいのせちえ》といった夏の行事では、「生大豆」「青大豆」として、現代の枝豆のように茹でて食べられていました。

赤色が吉祥の農産物とされた

小豆《あずき》

正月十五日の小豆粥（86ページ）に見られるように、日本人が古代から食べてきた小豆はその赤い色が魔除けとなる吉祥の作物と考えられました。『古事記』では小豆は「五穀」のひとつとされ、日常でも普通に食べられました。『延喜式《えんぎしき》』（内膳式）によれば御料《ごりょう》農園で栽培され「供御月料《くごげつりょう》」として、また枝豆のような食べ方で「供御雑菜《ざっさい》」として天皇の膳に上がりました。『延喜式』（大膳式）を見ると公卿から六位以下まで、大豆と小豆がたびたび支給されています。

小豆は発泡性の強いサポニンを含んでいるため、小豆粉「澡豆《そうず》」（168ページ）は石鹼のように用いられました。『延喜式』（主水式）では天皇・中宮の「供御月料」として「御澡豆料、小豆二升五合」が規定されています。

アズキ（学名：*Vigna angularis*）

○大豆

『延喜式』（内膳式）

「供奉雑菜（中略）生大豆・小豆各六把〈並六七八九月〉。」

『延喜式』（大膳式）

「七寺盂蘭盆供養料（中略）青大豆三十把、青大豆三束、熟瓜三十六顆。」

「七月廿五日節料（中略）生大豆・大角豆〈五位已上二把〉。」

「供御醤料。大豆三石。米一斗五升〈糵料〉。糯米四升三合三勺二撮。小麦。酒各一斗五升。塩一石五斗。得一石五斗。」

「未醤料。醤大豆一石。米五升四合〈糵料〉。小麦五升四合。酒八升。塩四斗。得一石。」

○小豆

『延喜式』（内膳式）

「正月三節（中略）大豆三升三合。小豆二升四合。」「供御月料（中略）大小豆各二斗二升五合。」

「供奉雑菜（中略）生大豆・小豆各六把〈並六七八九月〉。」

『延喜式』（主水式）

「供御月料〈中宮亦同〉。御澡豆料。小豆二升五合〈小月亦同〉。」

『延喜式』（主殿式）

「新嘗会供奉料〈中宮准此〉。沐槽一隻。（中略）小豆三升〈澡豆料〉。」

里芋《さといも》

茎も食べられる里芋
（学名：*Colocasia esculenta*）

日本に稲作が定着するまで里芋は主食の一つでもあったようで、非常に重要な植物として尊重され、好まれました。『徒然草』に高僧・盛親僧都《じょうじんそうず》が「芋頭《いもがしら》」（里芋の親芋）を好み、三百貫という大金すべてを芋頭購入に使ってしまったという話が載っています。

里芋は根茎だけでなく太い茎が「芋茎《ずいき》」として食べられます。『延喜式《えんぎしき》』（内膳式）を見ますと、六～九月は芋茎が、九～一月は根子《いも》が天皇の食膳に上っています。

八月十五日の月見では里芋が多用され、「芋名月《いもめいげつ》」とも呼ばれてこの夜の酒肴として楽しまれました。また七月七日の行事「乞巧奠《きっこうてん》」では、里芋の葉に入れて包んだ水で墨を摺り、梶《かじ》の葉に歌を書くという風習が『後水尾院当時年中行事《ごみずのおいんとうじねんじゅうぎょうじ》』に記されています。

菱《ひし》

栗のような食感の菱の実

ヒシ（学名：*Trapa jeholensis*）

夏に湖沼に大繁茂する水生植物。鬼が角《つの》を出したような形の実は『枕草子』では「恐ろしげなるもの」と表現されていますが、実の中身は栗のような食感の美味な食材で、平城京の長屋王《ながやおう》邸跡から出土した木簡にも記されています。

『延喜式《えんぎしき》』（内膳式）には「供御月料《くごげつりょう》」として菱子二斗二升五合が天皇の御膳に上り、正月三節《さんせち》の料理や神今食《じんこんじき》・新嘗祭《にいなめのまつり》の神饌《しんせん》にも用いられると記されています。『延喜式』（大膳式）では九月九日の重陽節会《ちょうようのせちえ》で丹波《たんば》国産の菱子が用いられています。また『延喜式』（神祇式）には新嘗祭で神前に供える神饌《しんせん》として、椎の実や蓮の実と並び「菱子」を用いるとあります。

菱はその旺盛な繁殖力が吉祥ととらえられ、菱文様はさまざまな意匠に用いられています。

○里芋

『和名類聚抄』
「芋　四声字苑云、芋〈于遇反。和名以閉都以毛〉。葉似荷其根可食之。唐韻云、萪〈音耿。和名以毛加良。一云以毛之。俗用芋柄二字〉。芋茎也。」

『延喜式』（内膳式）
「供奉雑菜（中略）芋茎二把〈六七八九月〉。（中略）芋子四升〈正九十十一十二月〉。」

『後水尾院当時年中行事』
「八月十五日。名月御盃、常の御所にて参る。まづいも、次に茄子を供す。」「七月七日、梶の葉に歌をかゝしめ給ひて、二星に手向らる。（中略）いもの葉に水をつゝみゆひて。」

○菱

『延喜式』（内膳式）
「新嘗祭供御料（中略）菱子各四升。」「正月三節（中略）菱子三升。」「供御月料（中略）橘子・菱子各二斗二升五合。」

『延喜式』（大膳式）
「九月九日節料。生大豆〈五位已上二把〉。（中略）菱子〈参議已上八合・五位已上六合〉。」

『延喜式』（神祇式）
「供新嘗料（中略）椎子・菱子各五升、蓮子・干棗各一升。」

薯蕷《やまいも》

薩摩芋や馬鈴薯《じゃがいも》がなかった時代、「いも」と言えば本種と里芋のことでした。煮ても焼いても生でも食用になる便利な薯蕷は、さまざまに料理され食膳に上りました。『延喜式《えんぎしき》』(大膳式)には「仁王経斎会供養料《にんのうきょうさいえくようりょう》」として、長さ一尺・径一寸の「薯蕷」三根半が用意され、「菓餅料《かへいりょう》」として二根、「好《こう》物料《ぶつりょう》」として一根、そして「生菜料《せいさいりょう》」として半根が費消されています。鎌倉時代の『厨事類記《ちゅうじるいき》』には「板目塩都呂々《とろろ》〈薯蕷〉」とあり、「とろろ」で食べたことがわかります。また「餺飥《はくたく》」(103ページ)は米粉を薯蕷で練って作りました。

最も脚光を浴びるのが宴会のデザート「薯蕷粥《いもがゆ》」(96ページ)。薄切りにした薯蕷を甘葛煎《あまずらせん》で軽く煮たスイーツです。

日本原産のヤマノイモ（学名：*Dioscorea japonica*）はナガイモ（学名：*Dioscorea polystachya*）とは別種

野老《ところ》

数多く生えるひげ根の見た目から「野老」の字があります。薯蕷の仲間ですが、苦くて普通には食べられず、油断して食べると胃腸を壊す可能性すらあります。しかし古くは灰汁《あく》を抜いて食べました。『和名類聚抄《わみょうるいじゅうしょう》』には「焼き蒸して食べる」とあります。野老は薯蕷と異なり根が浅く群生するために収穫しやすかったのです。

『宇津保物語《うつほものがたり》』では、山奥で過ごす食生活の中で登場します。また『源氏物語』(横笛《よこぶえ》)では、父朱雀院《すざくいん》から尼となった女《おんな》三宮《さんのみや》に「野老」が贈られてきます。そうした山菜としての記録の多い野老ですが、『類聚雑要抄《るいじゅうぞうようしょう》』では「五節殿上饗《ごせちてんじょうきょう》」の「菓子」として、唐菓子《からくだもの》や椿餅《つばいもちい》と並んで「野老」が登場します。「薯蕷粥《いもがゆ》」のようなスイーツなのでしょうか。

そのままでは食べられない野老
（学名：*Dioscorea tokoro*）

○薯蕷

『延喜式』（大膳式）

「仁王経斎会供養料（中略）薯蕷三根半〈根長一尺・径一寸。菓餅料二根。好物料一根。生菜料半根〉。」

『中右記』

「大治六年（一一三一）正月三日辛丑。人々参中宮御方、有臨時客。（中略）人々及酔舞、始自殿上人舞万歳楽、至大納言座止之、居薯蕷粥、其後人々退出。」

『執政所抄』

「臨時客　御料次第　一献主人（中略）五献薯蕷粥。」

○野老

『和名類聚抄』

「薢　崔禹錫食経云、薢〈音解。和名土古呂（中略）漢語抄用野老二字。今案所出並未詳〉味苦小甘無毒、焼蒸充粮。」

『宇津保物語』（としかげ）

「この子『うれし』と思ひて、持ていきて、母に食はす。この後は山に入りて、見せ知らせし薯蕷、野老を掘りて、木の実、葛の根を掘りて養ふ。」

『源氏物語』（横笛）

「御寺のかたはら近き林に抜き出でたる筍、そのわたりの山に掘れる野老などの」

『類聚雑要抄』

「五節殿上饗目録（中略）次酒盞　次菓子〈小餅、唐菓子、枝柿、小柑子、搔栗、野老、椿餅、甘栗〉。」

ヤマイモの実　トコロの実は軍配形

蕨《わらび》

現在も人気の山菜として初夏の食膳を飾る蕨。葉が展張《てんちょう》する前の若芽の段階が食用になります。特に芽生えの柔らかい蕨は「早蕨《さわらび》」と呼ばれ好まれました。『枕草子』の「五月の御精進のほど」で、清少納言たちが高階明順《たかしなのあきのぶ》から供される田舎料理の食材が蕨。また『源氏物語』(椎本《しいがもと》)で、宇治《うじ》の姫君たちに阿闍梨《あじゃり》が贈るのは芹《せり》と蕨です。『源氏物語』では「早蕨」の帖でも阿闍梨が土筆《つくし》と蕨を贈る描写があり、精進料理の主要食材であったことがわかります。また『延喜式《えんぎしき》』(内膳式)では天皇の春の漬物として蕨が用いられます。

蕨は日向《ひなた》に生え、たくさん生やすための野焼きも行われます。『久安百首《きゅうあんひゃくしゅ》』藤原俊成《しゅんぜい》の歌「冬枯れの裾野《すその》の原を焼きしより　さわらびあさりきぎす鳴くなり」はその風情です。

精進料理の代表的食材

真桑瓜《まくわうり》

瓜にも多くの種類がありますが、甘みの強い真桑瓜は、かつて日本の夏の水菓子の代表でした。平安時代も人気があり、大和国《やまとのくに》(奈良県)が名産地。宮廷人に心待ちにされ、清涼《せいりょう》殿《でん》の『年中行事障子《ねんじゅうぎょうじのしょうじ》』には「五月五日内膳司《うちのかしわでのつかさ》献早瓜事」とあります。平安後期の『大槐秘抄《たいかいひしょう》』には、村上天皇の時代に鴻臚館《こうろかん》で栽培が始まったと記されています。

甘いので「熟瓜《うみうり》」、熟すとヘタが自然に外れるので「臍落《ほぞち》」とも呼ばれます。熟瓜が活躍するのは七月でした。『小右記《しょうゆうき》』長徳五年(九九九)七月一日の記事には「熟瓜が十二駄到着したので各所に配った」とあります。七月の風物詩であったのです。七月には相撲節会《すまいのせちえ》と盂蘭盆会《うらぼんえ》があり、それらでの熟瓜の活躍が『西宮記《さいきゅうき》』など数多くの文献に記されます。

日本の水菓子の代表とされた真桑瓜

水で冷やされた瓜(『酒飯論』＊)

甘瓜・熟瓜とも呼ばれ愛された

○蕨

『和名類聚抄』

「薇蕨　爾雅注云、薇蕨〈微厥二音。和名和良比〉。初生無葉而可食之。崔禹錫食経云、白者曰虌〈音鱉〉、黒者曰蕨、紫者曰綦〈音期〉。置熱湯中令熟然後可噉之。」

『延喜式』(内膳式)

「漬年料雑菜　蕨二石〈料塩一斗〉。(中略)右漬春菜料。」

『公事根源』

「延喜十一年(九一一)正月七日に、後院より七種の若菜を供ず。(中略)若菜を十二種供ずる事あり。其のくさぐさは若菜、はこべら、苣、芹、蕨、薺、葵、芝、蓬、水蓼、水雲、松と見えたり。」

○真桑瓜

『年中行事障子』

「五月五日、節会事。同日、内膳司献早瓜事。」

『西宮記』

「七月〈相撲〉〕御覧日(中略)王卿候簀子敷、給熟瓜〈次将外衛佐等自御帳良簾下受取給之。突重各一合、不切瓜長作、入居長押上〉。」

『小野宮年中行事』

「天慶六年(九四三)七月廿八日。抜出云々。殿上中将等出自簾中給熟瓜如例。」

『延喜式』(大膳式)

「七寺盂蘭盆供養料。(中略)青大豆三束。熟瓜卅六顆。」

海鼠《なまこ》・棘甲蠃《うに》

有効な運搬手段がなかった時代、海産物を都に送るためには干物にする、鮓《すし》にするといった加工を施す必要がありました。鮎などの川魚は鮮魚も食膳に上ります。

海鼠

『和名類聚抄《わみょうるいじゅうしょう》』で「蛭《ひる》に似て大きい者」と表現されるように、生きているときは決して気持ちが良いとは言えない姿。しかし乾燥させた「熬海鼠《いりこ》」を水で戻すと、弾力のある食感の珍味になります。『和名類聚抄』での和名は「いりこ」ですが本来は「こ」で、「熬海鼠」をいりこと読んだのです。また海鼠の内臓を干したものを「海鼠腸《このわた》」と呼び、これも珍重しました。

『延喜式《えんぎしき》』(内膳式)では「供《く》御月料《ごげつりょう》」として熬海鼠と海鼠腸が規定されています。天皇も賞味したのです。また『延喜式』(大膳式)には「雑給料《ざっきゅうりょう》」として五位以上には一律「熬海鼠三両二分」を支給する規定があります。宮廷人にとって得がたき珍味だったのでしょう。

熬海鼠を戻した海鼠

今もむかしも高級食材のウニ

棘甲蠃

現在は、生きているときは「雲丹」「海胆」、食材としては「雲丹」と書かれます。『和名類聚抄《わみょうるいじゅうしょう》』では「霊蠃子」、橘《たちばな》の実に似て丸く、紫色で角が生えているとされ、これはムラサキウニのことのようです。『養老令《ようろうりょう》』(賦役令)では、「調《ちょう》」として「甲棘蠃六斗」が定められていました。

『貞観儀式《じょうがんぎしき》』や『延喜式《えんぎしき》』(神祇式)では「践祚大嘗祭《せんそだいじょうさい》」に欠かせないものとして、阿波国《あわのくに》那賀郡《ながのこおり》の「潜女《かずきめ》」(海女《あま》)が獲った棘甲蠃や石花《かめのて》(115ページ)を献上するとされています。霊蠃子は保存性の関係からか『延喜式』(内膳式)には登場しません。『類聚雑要抄《るいじゅうぞうようしょう》』では、大臣大饗《だいきょう》の主賓用として最高の珍味「雲蠃子」が食膳に載っています。

○海鼠

『和名類聚抄』

「海鼠　崔禹錫食経云海鼠〈和名古本朝式加熬字云、伊里古〉似蛭而大者也。」

『延喜式』(内膳式)

「供御月料。(中略)煮堅魚・熬海鼠各八斤四両(中略)堅魚煎・海鼠腸各四升五合。」

『延喜式』(大膳式)

「雑給料。参議巳上(中略)熬海鼠三両二分。(中略)五位巳上卅人(中略)熬海鼠三両二分。」

「九月九日節料(中略)同節文人料。五位一人(中略)東鰒・隠岐鰒・堅魚・烏賊・熬海鼠、各一両。」

○棘甲蠃

『養老令』(賦役令)

「凡調絹絁糸綿布(中略)若輸雑物者(中略)甲棘蠃六斗。」

『和名類聚抄』

「霊蠃子　本草云、霊蠃子〈漢語抄云、棘甲蠃、宇仁〉。貌似橘而円。其甲紫色生芒角者也。」

『貞観儀式』

「践祚大嘗祭(中略)鰒鮨十五坩、細螺・棘甲蠃・石華等井廿坩〈巳上那賀潜女十人所作〉。」

『類聚雑要抄』

「永久四年(一一一六)正月廿三日。内大臣殿母屋大饗寝殿指図(中略)同饗膳差図。獼猴桃(コクワ)・鯛〈立盛〉・蟹蜷・雲蠃(ウニ)子。」

現在は高級中華食材として珍重される熬海鼠

鮹《たこ》

『和名類聚抄《わみょうるいじゅうしょう》』では「裸の人に似て頭が丸い」とされ、古代から日本人の好物であった鮹。干蛸にして各国から貢納されることが『延喜式《えんぎしき》』（主計式）に定められていました。

「干物」の代表的なものの一つとして、あるいは薄く削いで供される「削物《けずりもの》」の一種として一年中、各種の宴会の饗膳に上りました。たとえば『二中歴《にちゅうれき》』には「干物」として蒸《むし》蚫《あわび》・焼鮹・干鳥・楚割《すわやり》（119ページ）が、「五種削物」として蚫・鰹《かつお》・鯛《たい》・雉《きじ》そして鮹が挙げられています。

『延喜式』（内膳式）では「供御月料《くごげつりょう》」として「蛸・烏賊《いか》各廿三斤四両」が定められ、『延喜式』（大膳式）では園韓 神《そのからかみの》祭《まつり》と春日祭《かすがさい》で鮹が用いられていました。現在と同じく平安時代もポピュラーな食材だったようです。

「干物」の代表的なものの一つ

老海鼠《ほや》

「海のパイナップル」とも呼ばれる変わった形状のホヤは、『厨事類記《ちゅうじるいき》』には「老海鼠〈或称保夜《ほや》〉」とあります。現在は三陸《さんりく》地方の名物として知られますが、かつては各地で漁獲され、『延喜式《えんぎしき》』（内膳式）では三河国《みかわのくに》（愛知県）からの貢納が定められています。

饗膳に並べる「窪坏物《くぼてもの》」（浅めの小碗に入れる珍味類）では、海月《くらげ》と保夜がポピュラーな食材でした。『平記《へいき》』康平三年（一〇六〇）七月の記録では「窪坏物は二種。海月と、保夜の代用品として稚鮎《ちあゆ》の鱠《なます》」とわざわざ記しています。それほど保夜は不可欠の珍味だったのです。『西宮記《さいきゅうき》』正月の内宴《ないえん》に「保夜一缶」が載ります。保夜は初夏から夏が旬ですので、冬場のこれは塩漬か干物ということになります。

磯の珍味として愛されるホヤ

○鮹

『和名類聚抄』

「海蛸子　本草云、海蛸子〈今案蛸正作鮹所交反見唐韻。和名太古。俗用蛸字。所出未詳〉。貌似人裸而円頭者也。長丈余者謂之海肌子。」

『延喜式』（主税式）

「凡諸国輸調（中略）乾鮹九斤十三両（中略）鮹脯四斤（中略）凡中男一人輸作物（中略）乾鮹（中略）各二斤。」

『類聚雑要抄』

「保延二年（一一三六）十二月日内大臣殿廂大饗差図（中略）穏座肴物（中略）干物八種（中略）焼鮹〈刊裹長切八寸引渡盛之〉。」

○老海鼠

『和名類聚抄』

「老海鼠　漢語抄云老海鼠〈保夜。俗用此保夜二字〉」

『延喜式』（内膳式）

「参河国保夜一斛。土佐国腸漬小鰒四缶〈缶別納三斗〉。毎年交易進上。」

『平記』

「康平三年（一〇六〇）七月十七日（中略）窪坏物二種〈海月・「保夜代」鮎児鱠〉。」

『類聚雑要抄』

「永久三年（一一一五）七月廿一日戊子関白右大臣東三条移御前物台三本定（中略）大盤五進。海月・鮑味噌・老海鼠・鯛醤」「花山院廂大饗（中略）窪坏物。海月・保夜〈老海鼠也〉」

海のパイナップル

石花《せい（かめのて）》

ミョウガガイ科の動物で、貝ではなく海老・蟹の仲間の甲殻類です。実際に茹でて食べると甲殻類らしい風味の美味です。『本草和名《ほんぞうわみょう》』では和名は「世衣《せい》」。『和名類聚抄《わみょうるいじゅうしょう》』には和名は「勢」で、亀の手のような「蔓脚《まんきゃく》」が磯の石に付く花に見えるので「石花」とも書かれるとあります。

全国の磯で見られますが、『貞観儀式《じょうがんぎしき》』や『延喜式《えんぎしき》』（神祇式）では、践祚大嘗祭《せんそだいじょうさい》に際して棘甲羸《うに》と同じく、阿波国《あわのくに》（徳島県）からの貢納。『延喜式』（内膳式）には見られませんが、『類聚雑要抄《るいじゅうぞうようしょう》』では大臣母屋大饗《もやのだいきょう》の饗膳を飾ります。

上：蟹や海老に似た味を持つ
下：「石花」と呼ばれる自然の造形

蝙蠚《い（ゆむし）》

浅い海底の砂泥中に生息するユムシ科の無脊椎《むせきつい》動物。『和《わ》名類聚抄《みょうるいじゅうしょう》』には和名は「為《い》」で、ミミズに似て大きいとあります。実際に生きている姿は太いミミズのようで、体の長さ太さを変化させてうごめく不気味な生物です。茹でて食べると旨味はありますが味は薄く、こりこりとした食感を味わう珍味のようです。

食材としての記録は、『類聚雑要抄《るいじゅうぞうようしょう》』永久四年（一一一六）正月の大臣母屋大饗《もやのだいきょう》で主賓「尊者《そんじゃ》」の饗膳に登場するほかは、あまり見かけません。特殊な珍味であったのでしょうか。

こりこりとした食感を持つ

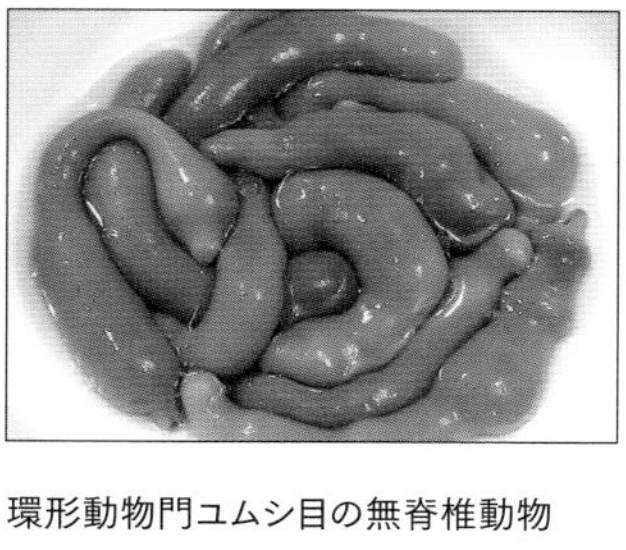

環形動物門ユムシ目の無脊椎動物
マダイやクロダイのエサとなる

○石花

『和名類聚抄』
「尨蹄子　崔禹錫食経云、尨蹄子〈和名勢〉。貌似犬蹄而附石生者也。兼名苑注云、石花〈花或作華〉。二三月皆紫舒花附石而生故以名之。」

『貞観儀式』
「践祚大嘗祭（中略）阿波国（中略）棘甲羸・石華等并廿坩〈已上那賀潜女十人所作〉。」

『延喜式』（神祇式）
「阿波国所献（中略）細螺・棘甲羸・石花等并廿坩。已上那賀潜女十人所作。」

『二中歴』
「大饗。尊者。（中略）窪坏物八坏〈腕裹・海月・保夜・蟻・細螺・蝌蜷・石花・肝搔〉。」

○蝙蠚

『和名類聚抄』
「蝙蠚　七巻食経云、蝙蠚〈偏若二音。和名為。俗用蝛蛦二字。本文未詳〉。其貌似蚓而大者也。」

『類聚雑要抄』
「永久四年（一一一六）正月廿三日。内大臣殿母屋大饗寝殿指図（中略）干物楚割・蝙蠚・老海鼠・海月。醤・酒・酢・塩。是尊者前也。赤木机四脚南北行並立。」

その姿は豊かな髪の象徴ともされた

新嘗祭の神饌に欠かせない

海松《みる》

全国の磯の潮間帯《ちょうかんたい》から下に生える緑藻類で、大潮の干潮時に姿を現します。平安時代は非常にポピュラーな食材で、数多くの記録が残ります。『執政所抄《しっせいじょしょう》』では正月二日の「臨時《りんじ》客《きゃく》」、十五日の「七種粥《ななくさのかゆ》」、三月四月の法事などで饗膳に上ります。『延喜式《えんぎしき》』(内膳式)では「供御月料《くごげつりょう》」として海松二斤四両が天皇に供され、また『延喜式』(大膳式)では后妃の「月料」として「海松一斤」が支給されています。

海松は形状が松のようにふさふさとしているため吉祥とされ、「髪削《かみそぎ》」儀式の縁起物とされたり、文様としても好まれました。さらに茶がかった深緑色は「海松色」として、重色《かさねいろ》目《め》や織色目《おりいろめ》(69ページ)に多用されました。

大凝菜《こるもは》

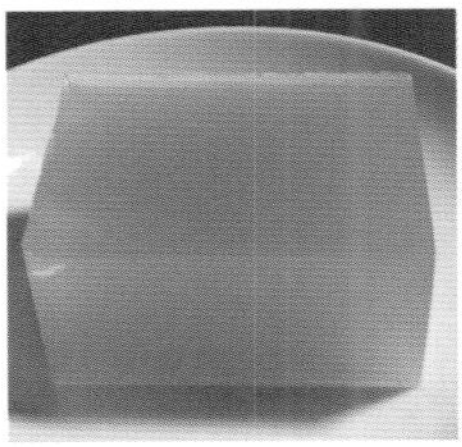

上：マクサ
(学名：*Gelidium elegans*)
下：マクサを煮溶かして
心太とする

テングサと呼ばれる海藻の代表格がマクサ。文献で「大凝菜」「凝海菜」あるいは「石花菜」と書かれる海藻がマクサのことだとされます。『和名類聚抄《わみょうるいじゅうしょう》』では「大凝菜」は和名「こるもは」、俗に「心太」と書いて「こころぶと」と読むとしています。アガロペクチンなどの多糖類《たとうるい》を含み凝固作用のある大凝菜はトコロテンの材料となり、都の西市《にしのいち》に「心太店」があったことが『延喜式《えんぎしき》』(市式)に載ります。

『延喜式』(内膳式)では「供御月料《くごげつりょう》」として「大凝菜四斤八両」が天皇に供され、『延喜式』(大膳式)では正月の「最《さい》勝王経斎会《しょうおうきょうさいえ》」はじめ一年中の仏事で用いられたことが記されます。

○海松

『和名類聚抄』

「海松　崔禹錫食経云水松。状如松而無葉〈和名美流〉。楊氏漢語抄云海松〈和名上同。俗用之〉。」

『延喜式』(内膳式)

「供御月料(中略)海松二斤四両。」

『執政所抄』

「正月二日臨時客(中略)居物〈干物。平物、海松・保夜・荏裹・梨菜。生物、腹赤・円蕪・雉・立物〉。」「御料次第(中略)三献雉羹。追物生鮑・浮海松・雉足・酢坏〈无海松時用白根〉。」「宇治平等院御幸御膳〈元永元年(一一一八)九月廿四日〉(中略)干物五杯〈海松・青苔・牛房・川骨・蓮根〉。」

○大凝菜

『和名類聚抄』

「大凝菜　本朝式云凝海藻〈古留毛波。俗用心太二字云古々呂布止〉。楊氏漢語抄云大凝菜。」

『延喜式』(内膳式)

「供御月料(中略)紫菜十二両・海松二斤四両・滑海藻十三斤八両・海藻廿二斤八両・大凝菜四斤八両・於期五斤四両・鹿角菜十二斤。」

『延喜式』(大膳式)

「正月最勝王経斎会供養料。(中略)紫菜三分。海藻二両。於期菜。鹿角菜。角俣菜各二両。稚海藻三両。海松一両二分。海藻根一両。滑海藻二両二分。大凝菜三分。」

海松文様
大正即位礼・命婦の唐衣

昆布《ひろめ》

日本料理の基本「だし」の材料の一つ昆布は、古代から愛用されてきました。生息域は東北地方以北で、『延喜式《えんぎしき》』(民部式)には「陸奥国《むつのくに》」から「交易雑物《こうえきぞうもつ》」(買い上げ品)として、アシカやラッコの毛皮や砂金とともに、昆布・索昆布・細昆布が納められると規定されます。『和名類聚抄《わみょうるいじゅうしょう》』では幅が広い「布《め》」(海藻)であることから和名は「ひろめ」。別名が「えびすめ」とあるのは東北地方「蝦夷《えみし》」からの到来品であることによるのでしょう。運搬手段が陸路の荷運びしかない当時、昆布は現在以上に貴重な品でした。

『延喜式』(大膳式)では仏事の精進料理に不可欠な食材とされます。また室町時代以降の宮中では、ご馳走として第一に「こぶあわ」、つまり昆布と鮑《あわび》が挙げられました。

はるか蝦夷から輸送された昆布

海藻《にぎめ（わかめ）》

海藻は古代から日本人が多く食べていた主要食材の一つで、全国各地から多種多様な海藻が大量に都に送られました。『和名類聚抄《わみょうるいじゅうしょう》』では「海藻」と書いて「にぎめ」、俗に「和布《わかめ》」としています。柔らかく美味しいワカメは海藻の代表格だったのです。

『延喜式《えんぎしき》』(内膳式)では「供御月料《くごげつりょう》」に「海藻廿二斤八両」があり、(大膳式)では各種の仏教儀式の饗膳に上りました。また(近衛式)や(主税式)では営夫《えいふ》・工匠《こうしょう》役夫《やくぶ》といった人々にも給料として支給されています。収穫量の多い和布は、大量供給可能な食材として重宝されたのでしょう。

『類聚雑要抄《るいじゅうぞうようしょう》』では「御湯漬《おゆづけ》」の具として「和布・干瓜」があり、『源氏物語』(夢浮橋《ゆめのうきはし》)にも同様の描写が見られます。

今も海藻の代表格であるワカメ

干したワカメ「引干」
湯漬の菜として『源氏物語』にも登場する

○昆布

『和名類聚抄』
「昆布　本草云昆布。味鹹寒無毒。生東海〈和名比呂米。一名衣比須女〉。陶隠居注云黄黒色柔細可食。」

『延喜式』(大膳式)
「七寺盂蘭盆供養料(中略)昆布半帖・細昆布十四両。」

『延喜式』(民部式)
「交易雑物(中略)陸奥国〈葦鹿皮・独犴皮、数随得。砂金三百五十両。昆布六百斤。索昆布六百斤。細昆布一千斤。」

○海藻

『和名類聚抄』
「海藻　本草云海藻。味苦鹹寒無毒〈和名迩木米。俗用和布〉。」

『西宮記』
「六月、神今食(中略)次主水司供御粥、副和布羹。」

『延喜式』(主税式)
「凡工匠役夫。人別日加給醴六合、魚二合、和布二把。」

『類聚雑要抄』
「宇治平等院御幸御膳(中略)御湯漬ケ〈様器。和布・干瓜。居中盤〉。」

鰒《あわび》

古来日本の「ご馳走」の代表格が鰒（鮑）でした。『延喜《えんぎ》式《しき》』（内膳式）を見れば「供御月料《くごげつりょう》」として「東鰒四十五斤・薄鰒十一斤四両・隠岐《おき》鰒四十五斤・醤《ひしお》鰒廿一斤・安房《あわ》雑鰒廿三斤四両」と鰒が多く登場します。『延喜式』では（大膳式）その他において、神饌《しんせん》として必ず鰒が供えられています。神・人ともに美味なるものという認識だったのです。

『延喜式』（大膳式）には東《あずま》鰒・縄貫《なわぬき》鰒・佐渡《さど》鰒・隠岐《おき》鰒・阿波《あわ》鰒・筑紫《つくし》鰒など、各地から貢納される鰒が列記されていますが、多いのは安房国《あわのくに》（千葉県）産の「東鰒」と「隠岐鰒」。『和名類聚抄《わみょうるいじゅうしょう》』に「内乾可食」とあるように、原則として干鰒を戻して使ったようです。

古代から日本の代表的なご馳走
海産物に恵まれた日本では全国から
たくさんの干し鰒が都に貢納された

薄鰒《うすあわび》

生の鮑を薄く削いで干したものが薄鰒で、若狭《わかさ》・出雲《いずも》・筑《ちく》前《ぜん》・日向《ひゅうが》・壱岐《いき》などの国々から貢納されました。一個の鰒よりも使いやすいため便利な食材として多用され『延喜式《えんぎしき》』（内膳式）では「供御月料《くごげつりょう》」として「薄鰒十一斤四両」が天皇の食膳に供されました。また大嘗祭《だいじょうさい》はじめ各種の神事での神《しん》饌《せん》として用いられたことは『貞観儀式《じょうがんぎしき》』などから見て取れます。また『執政所抄《しっせいじょしょう》』では七月七日「乞巧奠《きっこうてん》」の供物《くもつ》の筆頭に「薄鮑〈乍偏盤之〉」が登場します。

薄鰒は高級な贈答品としても用いられ、これを「熨斗《のし》鰒」と呼びました。現代の「熨斗紙」「熨斗袋」の右上にある細長六角形の装飾はその名残です。そのため海産物を贈るときは重複するので熨斗を付けないとされます。

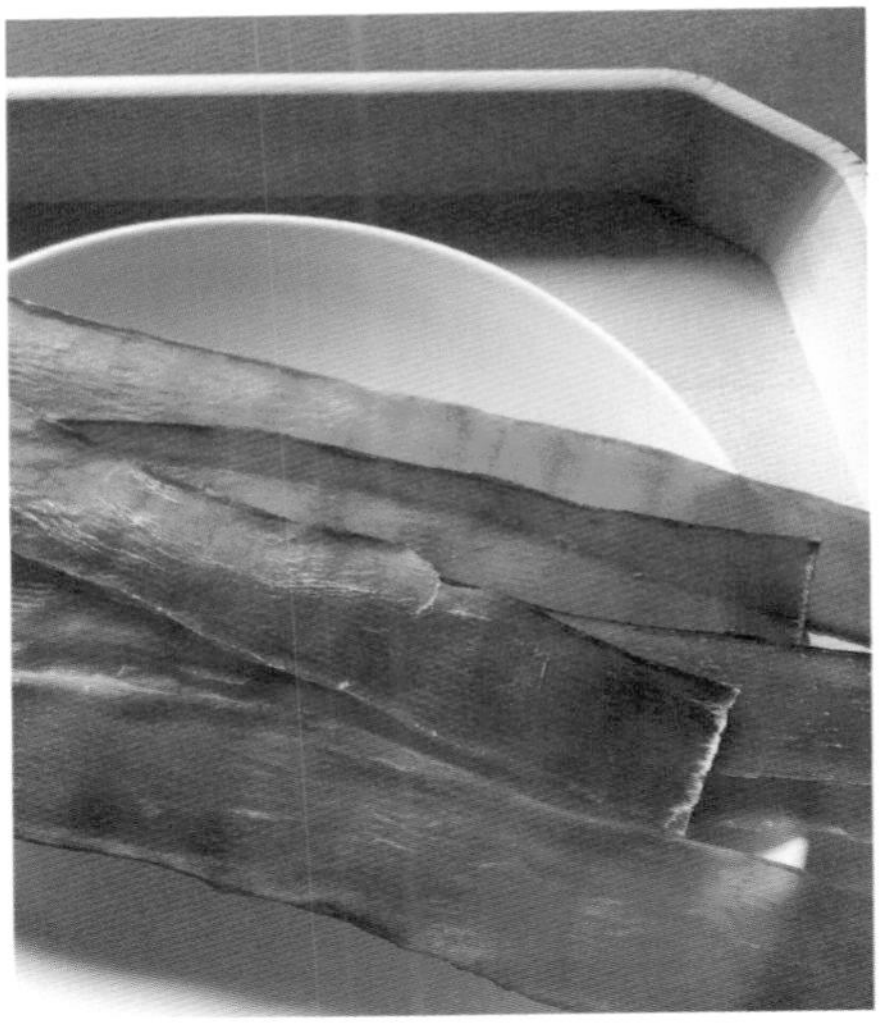

現代でも神社の神饌には欠かせないものとされ、
「熨斗紙」の風習も残る

○鰒

『和名類聚抄』

「鰒　四声字苑云鰒〈蒲角反与雹同。今案一音伏見本草音義〉。魚名似蛤偏著石。内乾可食。出青州海中矣。本草云鮑一名鰒〈鮑音抱。和名阿波比〉。崔禹錫食経云石決明〈和名上同〉。食之心目聡了。亦附石生故以名之。」

『延喜式』（内膳式）

「旬料（中略）志摩国御厨鮮鰒螺。起九月尽明年三月、月別上下旬各二担。味漬・腸漬・蒸鰒。玉貫御取夏鰒等月別惣五担。」

『延喜式』（大膳式）

「凡称雑盛一篭者、鰒・堅魚・海藻各盛一斤。」

○薄鰒

『貞観儀式』

「践祚大嘗祭（中略）陳置祓物、各五色薄絁各一尺、木綿二斤、米二升、酒一斗、薄鰒・堅魚・海藻各一連。」

『延喜式』（内膳式）

「六月神今食料〈十二月准此〉。淡路塩二升、東鰒七斤五両、薄鰒六斤十両。」

「供御月料（中略）東鰒四十五斤、薄鰒十一斤四両。」

「年料（中略）太宰府〈御取鰒四百五十九斤五裹、短鰒五百十八斤十二裹、薄鰒八百五十五斤十五裹〉。」

室町時代以降、宮中の酒肴として愛された「こぶあわ」（昆布鰒）

楚割《すわやり》

『和名類聚抄《わみょうるいじゅうしょう》』では「魚条」の和名を「須波夜利《すはやり》」、「楚《すわ》割《やり》」のことであるとします。『厨事類記《ちゅうじるいき》』に「鮭ヲ塩ツケズシテ、ホシテ削テ」とあるように魚肉を乾かした干物の細切りです。『延喜式《えんぎしき》』（大膳式）「雑給料《ざっきゅうりょう》」には「雑魚楚割」「平魚楚割」もありますが、ただ「楚割」と言ったときは鮭の楚割を指したようです。『延喜式』（内膳式）には「年料《ねんりょう》」として信濃国《しなののくに》（長野県）から「楚割鮭一荷」（五十四隻）を十月に貢進するとあります。また越後国《えちごのくに》（新潟県）からも「楚割鮭八籠八十隻」が納められています。

『西宮記《さいきゅうき》』には正月の「内宴《ないえん》」、『類聚雑要抄《るいじゅうぞうようしょう》』では「移徙《いと》」（転居）や「聟娶《むことり》」（結婚式）などでも楚割が登場します。

裂いてから干す、干してから裂くの両説あり
古代はさまざまな魚種で楚割が作られたようである

鮎《あゆ》（年魚）

鮎は都の近くで漁獲可能でしたので新鮮な食材が入手可能でした。さらに、『延喜式《えんぎしき》』には煮塩年魚《にしおあゆ》・塩漬《しおづけ》年魚・押《おし》年魚・鮨《すし》年魚・火干《ひぼし》年魚など各種の加工品が全国から貢納されるとあります。（内膳式）「供御月料《くごげつりょう》」では「押年魚十六斤八両」が天皇の食膳に上りますが、これは塩漬けにして重しを掛けたものと考えられ、正月の「歯固《はがため》」料理にも登場します。また「旬料《しゅんりょう》」として四月から八月、大和国吉野《やまとのくによしの》の御厨所《みくりやどころ》から「鮨年魚」と「火干年魚」が納められるとされます。さらに『小右記《しょうゆうき》』には、寛和三年（九八七）二月の「一種物《いっすもの》」（持ち寄り宴会）で右大将・藤原済時《なりとき》が「鮨鮎」を持参したと記されます。

上：全国から貢納された鮎鮨
中：重石を乗せて塩漬けされた押鮎　下：火干年魚

○楚割
『西宮記』

「正月。内宴（中略）楚割二口。」

『類聚雑要抄』

「永久三年（一一一五）七月廿一日戊子関白右大臣東三条移御前物台三本定（中略）焼鮹・楚割・分坏・蒸鮑・干鳥。」

○鮎
『和名類聚抄』

「鮎　本草云鮧魚〈上音夷〉。蘇敬注云一名鮎魚〈上音奴兼反。和名安由。楊氏漢語抄云銀口魚。又云細鱗魚〉。」

『延喜式』（内膳式）

「新嘗祭供御料（中略）煮塩年魚。」

「九月九日節（中略）押年魚・鳥腊各八両。」「供御月料（中略）鳥腊・押年魚各十六斤八両。」

「諸国貢進御贄（中略）旬料。大和国吉野御厨所（中略）年魚鮨火干。従四月至八月。月別上下旬各三担。」

『小右記』

「寛和三年（九八七）二月廿三日（中略）各提一種物（中略）右大将鮨鮎一桶桶即銀鮎、是例鮎也。」

鮒《ふな》

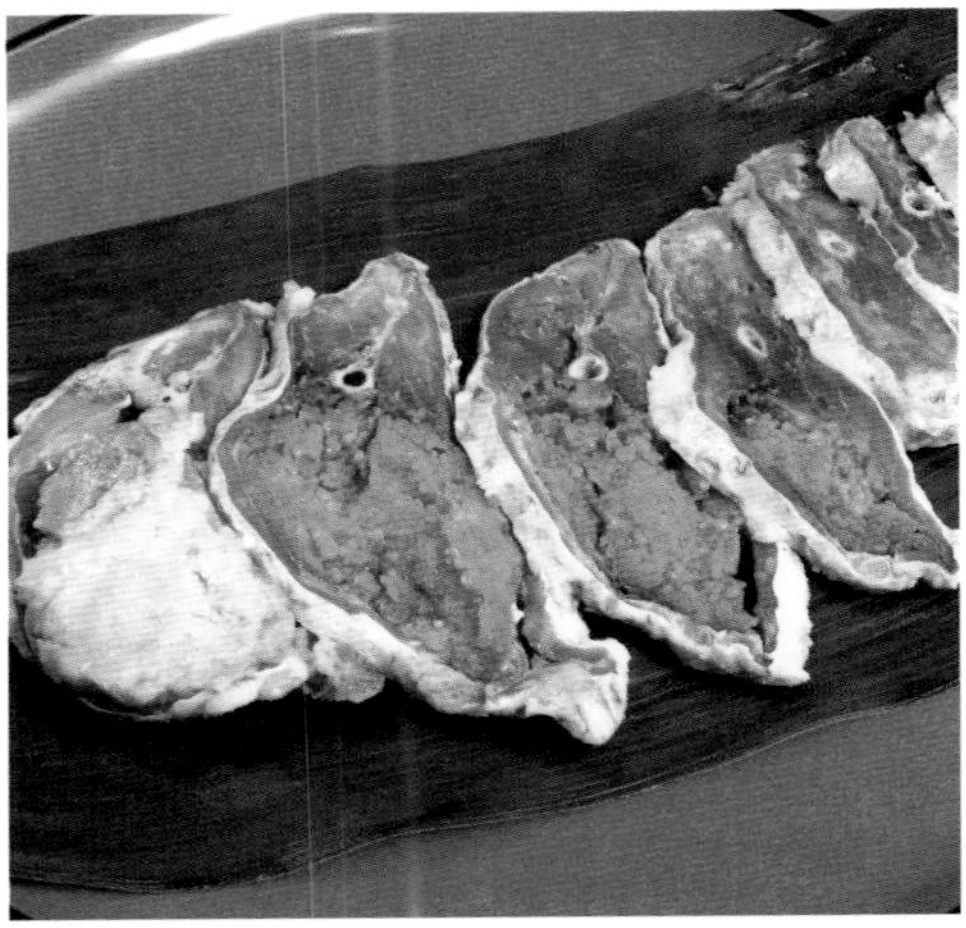

現在も湖国・滋賀県の名産品の鮒鮨

全国で見られる魚ですが、特に琵琶湖《びわこ》の鮒は美味とされます。平安時代、天皇の食膳を司る「内膳司《うちのかしわでのつかさ》」に属する「筑摩御厨《つくまのみくりや》」で鮒漁を管理しました。これは近江国坂田郡《おうみのくにさかたぐん》（滋賀県米原《まいばら》市）にあった御厨《みくりや》（御料食材供給元）です。

鮒鮨《ふなずし》はいわゆる「なれ寿司」で、鮒を塩と飯に交ぜ乳酸発酵させた保存食です。『延喜式《えんぎしき》』（内膳式）の「供御月料《くごげつりょう》」にはありませんが、鮨鮒十石を近江国筑摩厨が、大宰府《だざいふ》が鮒鮨百七十八斤五缶を貢進するとありますので、天皇も鮒鮨を食べていたと考えられます。また六月と十二月の「神今食《じんこんじき》」と「新嘗祭《にいなめのまつり》供御料《くごりょう》」では「醤《ひしお》鮒」が用いられます。これは鮒鮨に煎塩《いりしお》と煎豆《いりまめ》を交ぜたものと（内膳式）に記されます。

氷頭《ひづ》

今は正月料理に添えられることが多い氷頭なます

鮭の頭部の軟骨のことで、半透明なので「氷頭」と呼ばれます。これを薄切りにして鱠《なます》にしますと、こりこりとした食感の珍味になります。『厨事類記《ちゅうじるいき》』には鮭の盛り方として「重ねた身に氷頭を三枚か五枚のせる」とあります。『延喜式《えんぎしき》』（内膳式）では「諸国貢進御贄」として越前《えちぜん》・越後《えちご》・丹後《たんご》・備前《びぜん》の各国から氷頭が貢納されます。

相当量が宮中に届いていたはずですが、『延喜式』では（内膳式）にも（大膳式）にも氷頭が料理に利用されている具体的記述がないのは不思議です。

鮭の背腸《せわた》（腎臓）の塩漬は現在も珍味酒肴として好まれますが、氷頭と並んで日本海側各国から貢納されています。

○鮒

『和名類聚抄』
「鮨　爾雅注云鮨〈渠脂反与耆同。和名須之〉。鮓属也。」

『延喜式』（内膳式）
「六月神今食料〈十二月准此〉。（中略）醤鮒〈煎塩煎地豆交鮨鮒〉各二升。」「造醤鮒・鮨鮒各十石。味塩鮒三石四斗〈近江国筑摩厨所進〉。」「諸国貢進御贄（中略）年料（中略）大宰府鮒鮨一百七十八斤五缶。」

『土佐日記』
「七日になりぬ（中略）人の家の池と名ある所より鯉はなくて鮒よりはじめて川のも、海のも、こともののども、ながひつにになひつゞけておこせたり。」

『源氏物語』（藤裏葉）
「東の池に舟ども浮けて、御厨子所の鵜飼の長、院の鵜飼を召し並べて、鵜をおろさせたまへり。小さき鮒ども食ひたり。」

○氷頭

『和名類聚抄』
「氷頭　本朝式云年魚氷頭背腸〈年魚者鮭魚也。氷頭者比豆也。背腸者美奈和太也。或説云謂背為皆訛也〉。」

『延喜式』（主計式）
「凡諸国輸調（中略）鮭氷頭合作一斤十両。」

『延喜式』（内膳式）
「諸国貢進御贄〈中宮准此〉。越前国〈穉海藻二担十籠（中略）鮭児・氷頭・背腸〉。（中略）越後国〈楚割鮭八籠八十隻、鮭児・氷頭・背腸各四麻笥、別一斗〉。（中略）丹後国〈生鮭三担十二隻三隻、氷頭一壺、背腸一壺〉。（中略）備前国〈氷頭十缶二度〉。」

『厨事類記』
「鮭ハ皮ヲスキテ、ツクリカサ子テモルベシ。上ニ氷頭〈三枚或五枚〉コレヲモリテ供之。」

雉《きじ》

鶏《にわとり》は天武《てんむ》天皇の禁令により食べられませんでしたので、食用鳥類の代表は雉でした。雉の干物「雉脯《きじほしし》」は「干鳥《ほしどり》」と呼ぶと『和名類聚抄《わみょうるいじゅうしょう》』にありますが、雉が「鳥」の代表であったことを象徴します。特に鷹狩りの際は最上級の獲物とされました。『吏部王記《りほうおうき》』天慶八年（九四五）一月の右大臣家饗で、汁物の後に茎立《くくたち》、次に「腹赤《はらあか》」（鱒《ます》）と雉が賞味されています。このときは鷹飼が野《の》装束を身につけ、肘《ひじ》に鷹を据え、枝に吊した雉を持って庭の「立作所《たちつくりどころ》」（臨時調理所）に向かうのが恒例になっていました。皆が楽しみにしていたのです。

これは生の雉ですが、干鳥も盛んに利用され、その記録は枚挙に暇がありません。

鹿《しか》

天武天皇四年（六七五）四月、人の役に立つ牛・馬・犬・鶏と、人に似る猿を食べることが禁止されましたが、この他の鹿や猪は規制外で、その後も盛んに食べられています。『延喜式《えんぎしき》』（主計式）では「中男作物《ちゅうなんさくもつ》」として「鹿脯《かのほしし》・猪《いの》脯《ほしし》」「鹿鮨《かのすし》・猪鮨《いのすし》」が定められ、正月の「歯固《はがため》」料理で鹿・猪の肉が用いられました。『延喜式』（大膳式）では孔子《こうし》を祀る「釈奠《せきてん》」で「鹿脯卅斤、鹿醢《かのひしお》一升」のみならず「鹿五臓一升」まで用いられていますが、これは中華料理だからでしょう。

しかし『江家次第《ごうけしだい》』の歯固料理の記載を見ますと、平安後期の宮中では四足獣の肉を雉肉《きじ》で代用するようになっていたことがわかります。

○雉

『和名類聚抄』

「雉脯　遊仙窟云西山鳳脯〈音甫。師説保之止利。俗用干鳥二字〉。」

『北山抄』

「大饗事。（中略）四献〈以下公卿取之、雉別足〉。」

○鹿

『和名類聚抄』

「鹿脯　説文云脯〈音甫。和名保之々〉。乾肉也。礼記云牛脩鹿脯〈脩亦脯也。音秋〉。」

『延喜式』（内膳式）

「正月三節（中略）鹿宍・猪宍・押鮎・煮塩鮎。瓷盤七口」「節料（中略）但近江国元日副進猪・鹿。其旬料已下並収司家。随事供之。」

『延喜式』（大膳式）

「釈奠祭料　鹿脯卅斤（中略）羊脯十三斤八両〈代用鹿脯〉。」

『類聚雑要抄』

「供御御歯固（中略）鹿宍〈代用水鳥〉、猪宍〈代用雉〉。」

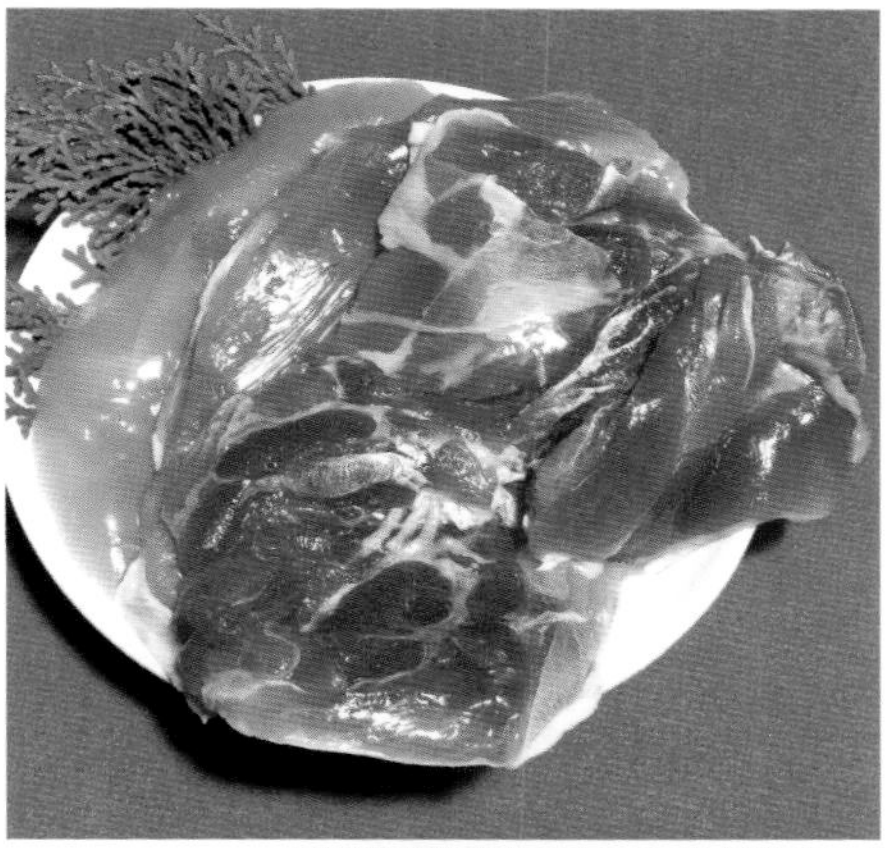

上：鷹狩りでの最上の獲物とされた
下：抱卵中のメスのキジ

細切り肉を塩漬けにした鹿醢

鷹狩りの獲物の雉を帝に捧げる『源氏物語画帖』（行幸）（メトロポリタン美術館蔵）

懸盤《かけばん》・衝重《ついがさね》

平安時代以降の宮中・貴族の食膳にはさまざまな食器が並びました。土師器《はじき》・須恵器《すえき》由来の素朴な食器も現役でしたし、朱漆の豪華な食器、さらに銀食器も用いられました。身分により使う食器が決まったのです。

懸盤

入隅《いりすみ》折敷の四隅に脚を取り付けた懸盤は、最高級の膳でした。『御堂関白記《みどうかんぱくき》』寛仁二年（一〇一八）九月の土御門《つちみかど》行幸では、天皇・中宮には「懸盤」、公卿には「衝重」が供されたことが記されています。

『枕草子』の「五月の御精進のほど」に、清少納言たちが高階明順《たかしなのあきのぶ》から接待を受けたとき、「唐絵《からえ》にかきたる懸盤」に料理を並べられて戸惑う場面が描かれます。これを見て明順は「さらば、取りおろして。例の、はひぶし（腹ばい）にな, らはせ給へる御前たちなれば」と言います。平安中期、女房階級は床に置く「折敷《おしき》」で食べるのが普通で、懸盤は公卿以上が用いるものであったことが推測されます。

上：懸盤＊＊＊
下：脚の湾曲した懸盤
（『春日権現験記』＊）

衝重

折敷《おしき》の下に箱形の台（胴）を付けたもの。神前へのお供えに用いる「三方《さんぼう》」が衝重です。さまざまな場面で上下を問わず白木の衝重が多用されましたが、晴の場では胡粉《ごふん》で白塗り彩画、逆に凶事には黒塗りを用いることもありました。

いま「三方」と呼ぶのは胴の三方向に穴があるからですが、室町末期の『三中口訣《さんちゅうくけつ》』では「大臣以上ハ四方、大納言以下ハ三方」と区別され、『弱竹物語《なよたけものがたり》絵巻《えまき》』には天皇が四《し》方《ほう》、廷臣《ていしん》が三方を用いている場面が描かれます。また江戸中期の『玉函叢説《ぎょっかんそうせつ》』には、親王・大臣が四方、公卿が三方、四位以下は穴なしとあり、『維新前の宮廷生活』には公卿は三方、それ以下は穴なしで、それを「衝重」と呼んだとあります。

上：継ぎ目のない方を神前・客人に向ける
下：天皇用の四方の衝重（『弱竹物語』＊）

○懸盤

『小右記』

「万寿四年（一〇二七）四月五日乙亥（中略）今日若宮御着袴（中略）内大臣已下相従。居衝重、盃酒一両巡。次供御膳〈懸盤六本、浅香歟。御膳盛銀器。大夫頼宗奉仕〉。」

『御堂関白記』

「寛弘三年（一〇〇六）三月四日、丙午。（中略）上達部陣座、殿上人饗設儲殿上儲（中略）奉御膳、沈懸盤六・銀土器・香染打敷、殿上人従南面供之。（中略）次供脇御膳、是儲所如脇御膳、用銀器。次賜公卿衝重。（中略）中宮并宮之御方献御膳、中宮懸盤六、有打敷、銀土器。」

『栄花物語』（ゆふしで）

「四五日ありてぞ御露顕ありける。（中略）殿上人の座には、懸盤のものども、いみじうし据へたり。御随身所・召次所など机の物ども数知らずもて続き据へたり。」

○衝重

『小右記』

「永祚元（九八九）三月廿二日、癸卯。今日春日行幸（中略）山階寺別当僧真喜送前物〈高器六本〉、衝重廿前・屯食一具・麦草、〈毎上達部送件物云々。大臣前十二枚、納言九本、参議六本、衝重又有等差云々〉。」

『御堂関白記』

「寛弘三年（一〇〇六）三月四日（中略）給膳部。次供腋御膳、是所儲如脇御膳。用銀器。次賜公卿衝重。（中略）中宮并宮之御方献御膳、中宮懸盤六。」

『西宮記』

「天暦八年（九五四）正月四日、大后於昭陽舎薨。」「十一日早旦、遣右中将重光於葬所、奉云々間、従今日以黒衝重供御膳。」

折敷《おしき》

檜《ひのき》のへぎで作られた角盆で、多くが角切《すみきり》になっています。『源氏物語』（若菜下）住吉詣《すみよし》の場面では、光源氏たちが懸盤《かけばん》を用いているのに明石尼君《あかしのあまきみ》は「浅香《あさこう》の折敷」です。尼君は源氏の縁者ですが無位無官で尼ですから折敷が相応なのです。

当時は膳の高さが身分に比例し、出世すると脚のない「平《ひら》折敷」から脚のある「高《たか》折敷」（足打《あしうち》折敷）、やがて「衝重《ついがさね》」と食膳の高さを増したようです。

ただし場合によりさまざまだったようで、『九暦《きゅうれき》』天慶八年（九四五）十二月の「荷前《のさき》」（250ページ）では、「主人之前机一前〈先例用折敷六枚、而此度誤用机〉」とあって、高位高官もときとして折敷を用いたことがわかります。

上：脚がない場合は伏して食べることになる
下：小さな脚の付いた折敷（『酒飯論』*）

高坏《たかつき》

「高坏」は膳部分に高い足を付け、丸い「土居《つちい》」で安定させた食膳。膳が角形が式正《しきしょう》の膳、円形が略儀の膳とされました。膳上面を朱漆、外側面・脚を黒漆で塗りますが、特に盛《せい》儀《ぎ》の祝膳では白い胡粉塗《ごふんぬり》で絵を描き、膳の四隅に心葉《こころば》（造花）を立てることもありました（165ページ）。『小右記《しょうゆうき》』長和二年（一〇一三）正月、藤原実資《さねすけ》の養子である資高《すけたか》の元服では、加冠役《かかんやく》・藤原懐平《かねひら》と養父・実資は高坏、他の公卿は懸盤《かけばん》とあります。高坏は多くの場面で用いられましたが、懸盤よりは一段格の下がったものという認識があったようです。

夜間の読書などの際、高坏を逆さまにして「土居」の上に灯明皿を置くことがありました（171ページ）。『枕草子』には「高坏に参らせたる御殿油《おおとのあぶら》」とあります。

上：膳部分が四角形の高坏は式正
下：広く使われた高坏（『春日権現験記』*）

○折敷

『吏部王記』

「天慶二年（九三九）八月十四日。章明親王加元服（中略）加冠者饌用折敷九枚〈有打敷〉、王公各折敷四枚。」

『枕草子』

「大進生昌が家に（中略）姫宮の御前のものは、例のやうにては、にくげに候はむ。ちうせい折敷に、ちうせい高坏などこそよく侍らめ。」

「人の家につきづきしきもの（中略）折敷・懸盤・中の盤。」

『源氏物語』（宿木）

「宮の御方より、粉熟参らせたまへり。沈の折敷四つ、紫檀の高坏。藤の村濃の打敷に、折枝縫ひたり。」

『厨事類記』

「十月豕子。餅一折敷〈角〉。五種〈白赤黄栗胡麻〉。」

『類聚雑要抄』

「五節殿上饗目録（中略）雑物。絵折敷三百枚、白折敷百枚、長櫃十合、懸子卅枚、土器〈小春日二千廿・小盤二百・酒器百・様器三百内大百小二百〉。」

○高坏

『新儀式』

「内親王初笄之儀（中略）其饌後院弁備高坏。」

『小右記』

「長和二年（一〇一三）正月廿六日、戊午。（中略）今日前都督息令加首服〈十五〉。亦加冠・理髪前物懸盤、饗所令設也。亦彼母氏為見元服、偸閑来也。仍前物〈高坏九本〉、衝重十前等事、同所令儲也。都督設冠者前物、又予前物、女房衝重、侍所・随身所饗、所々大破子等也。（中略）杯酒三巡、金吾・予前高坏、自余懸盤。」

『執政所抄』

「臨時客〈早旦有御装束事〉上達部御料廿前〈栗栖野様器、同高坏〉。」

櫑子《らいし》

『源氏物語』（横笛《よこぶえ》）で、まだ赤子の薫《かおる》が筍《たけのこ》をいたずらする場面に「この筍の櫑子」とあります。櫑（罍）子は『和名《わみょう》類聚抄《るいじゅうしょう》』に「酒器也」とありますが、『紫明抄《しめいしょう》』では「高坏《たかつき》の上に縁を高くしたる物」とされ、背の低い高坏の一種だったようです。

「罍《らい》」は古代中国や大学での「釈奠《せきてん》」（孔子《こうし》を祀《まつ》る儀式）で使用された青銅製の大きな酒甕。その蓋を逆さまにした形が「罍子」です。『河《か》海抄《かいしょう》』には「高坏の姿で上は塗桶《ぬりおけ》の蓋を仰向けたようにして縁の高い物。内側は朱漆、外側は黒漆で菓子などを入れる」とあります。木製になったので漢字が「罍」から「櫑」になったのでしょう。

古代中国の酒甕の蓋の形状

銚子《ちょうし》・提子《ひさげ》

『和名類聚抄《わみょうるいじゅうしょう》』の「銚子」は和名「さしなべ」、上に鐶《かん》があり注口のある燗鍋《かんなべ》とします。『枕草子』の「人の家につきづきしき（相応《ふさわ》しい）もの」に「提子、銚子」とありますが、この二つはワンセットで用いられ、「さしなべ」は「提子」に当たります。酒壺から提子に酒を移して火に掛け燗をつけて銚子に注ぎ、その銚子で盃を満たしたのです。宴会では盃を出す役をホストが務め、補助者が銚子役を務めました。

やがて燗鍋から分離して提子（加え銚子）は柄《え》の長い銚子に注ぐ儀礼用酒器になります。建久九年（一一九八）の記録に「片口銚子」という単語が見られますので、長柄銚子は両口が一般的になっていたようです。

提子
（加え銚子）

両口の長柄銚子
酒宴で四方の客に酒を
注ぐのに適す

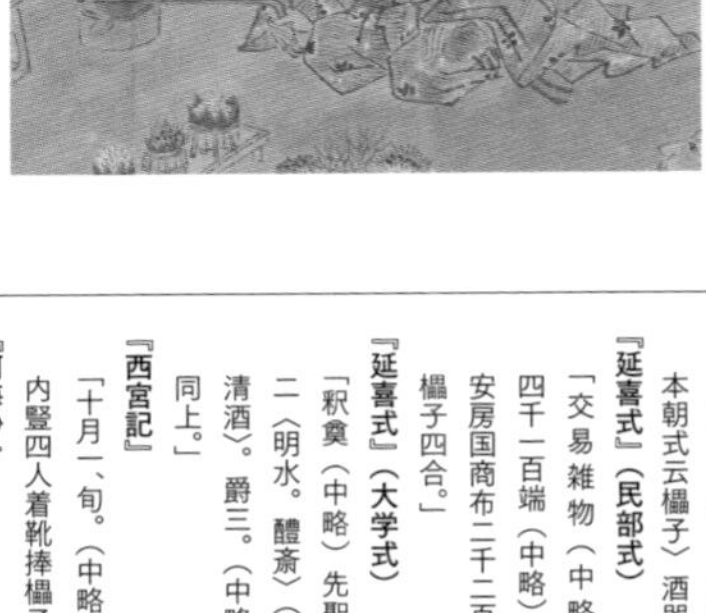

宴席で酒を注ぐ若郎党
（『酒飯論』＊）

○櫑子

『和名類聚抄』

「櫑子　唐韻云櫑〈音与雷、同字亦作罍。本朝式云櫑子〉酒器也。」

『延喜式』（民部式）

「交易雑物（中略）甲斐国〈商布四千一百端（中略）櫑子四合〉。（中略）安房国商布二千二百八十段。鹿革廿張。櫑子四合。」

『延喜式』（大学式）

「釈奠（中略）先聖酒樽罍三具。犠樽二〈明水。醴斎〉（中略）罍二〈玄酒・清酒〉。爵三。（中略）先師樽罍三具並同上。」

『西宮記』

「十月一、旬。（中略）厨家献物〈（中略）内豎四人着靴捧櫑子、入自日花門〉」

『河海抄』

「罍子　又櫑子〈和名〉（中略）韓詩云、天子以玉飾諸侯大夫皆以黄金士以梓。是等皆酒器也。然而我朝模彼形歟。詩二金罍とあるは酒罇也。もたいと訓せり。」

○銚子・提子

『和名類聚抄』

「四声字苑云銚〈徒弔反。弁色立成云銚子、佐之奈閉。俗云佐須奈倍〉。焼器似鎗鐺而上有鐶也。唐韻云鎗鐺〈鳥育二音漢語抄云和名同上〉。温器也。」

『西宮記』

「正月供御薬事（中略）次供御酒、侍医薬生等、温御酒和合御薬盛銚子〈謂盖擎子覆盖〉、授采女。」

『枕草子』

「人の家につきづきしきもの（中略）提子・銚子。」

『小右記』

「永延二年（九八八）三月廿五日。摂政六十賀也。左大臣起座献御盃、右大臣取御銚子、主上給御杯於摂政。」

『類聚雑要抄』

「宇治平等院御幸御膳〈元永元年（一一一八）九月廿四日〉（中略）御酒〈入銚子〉。」

土器《かわらけ》

酒盃のことで「かわらけ」と読みます。他の食器が銀や朱漆などを用いても酒盃だけは素朴な土器であったのは、それが「直接口を付ける食器」であるから。平安時代は「呪い」に使われる可能性を恐れ、使用後は粉砕して処分したのです。土器は「深草《ふかくさ》」とも通称されました。これは深草（京都市伏見区深草）の地が素焼き陶器の産地であったからです。『栄花物語《えいがものがたり》』（おむがく）には「やゝ御土器過ぎて、暫しこそあれ、皆酔い乱れ給ひて」とあり、「土器」が「酒」そのものを意味しています。

使用後は廃棄される土器

土器（『酒飯論』＊）

様器《ようき》

『小右記《しょうゆうき》』長和五年（一〇一六）三月の大臣大饗《だいきょう》に関する記事に「藤氏長者大臣の母屋《もやの》大饗（恒例大饗）には朱器《しゅき》を使うが、庇《ひさしの》大饗（新任大饗）には様器を使う」とあります。「様器」は各種の文献に数多く見られる単語ですが、楊《やなぎ》の白木で作られた器説、一定の様式で作られた器説、瓦の生産地である「栗栖野《くるすの》」の名を冠した様器があることからの白色土器説など、その実態は古来諸説あり一定しません。

ともあれ銀器・朱器よりも下、通常の土器よりも格上の器であったことだけは確かです。

「様器」とされることの多い白色土器

○**土器**

『**延喜式**』（**大膳式**）

「造器二人〈一人木器。一人土器〉。月別所造折櫃卅合。平片坏八百口。」

『**西宮記**』

「親王大臣補大学別当饗事（中略）献盃王卿賜御盃。還着本座、召土器瀉御酒。授御盃之後、飲巡行如常。」

『**枕草子**』

「きよしと見るもの。土器。あたらしきかなまり。」

『**御堂関白記**』

「寛弘三年（一〇〇六）三月四日、丙午。（中略）上達部陣座、殿上人饗設儲殿上儲（中略）奉御膳、沈懸盤六・銀土器・香染打敷、殿上人従南面供之。」

『**民経記**』

「天福元年（一二三三）四月十四日（中略）瓶子　蔵人右少弁経光〈提子入酒勧盃如常。予不酌端座第一人、退了〉。」

○**様器**

『**醍醐天皇御記**』

「延長元年（九二三）八月一日壬申。此日依中宮誕児七日。仰内膳司調御膳令供〈其調膳様、御筍、及馬頭盤酒盞、水鋺等用銀器。自余盛様器。」

『**吏部王記**』

「承平四年（九三四）四月十六日。云々。東対南放出南向坐。使近衛十二人。以机様器并肴。」

「天慶六年（九四三）一月十日。詣大相府饗所。皆用蔬菜無魚鳥。盛用様器云々。」

「天暦二年（九四八）十一月廿四日。夜更漸深。向右相府亭。（中略）以朱台六基及銀器弁饌。少台一双以様器弁饌。」

「天暦四年八月五日。東宮供進百日餅。以尋常供膳大盤供。唐菓子木菓子餅干物各八種盛様器花盤。」

『**西宮記**』

「御斎会（中略）上官出居、王卿入堂、官厨居饗〈様器〉。」

馬頭盤《ばとうばん》

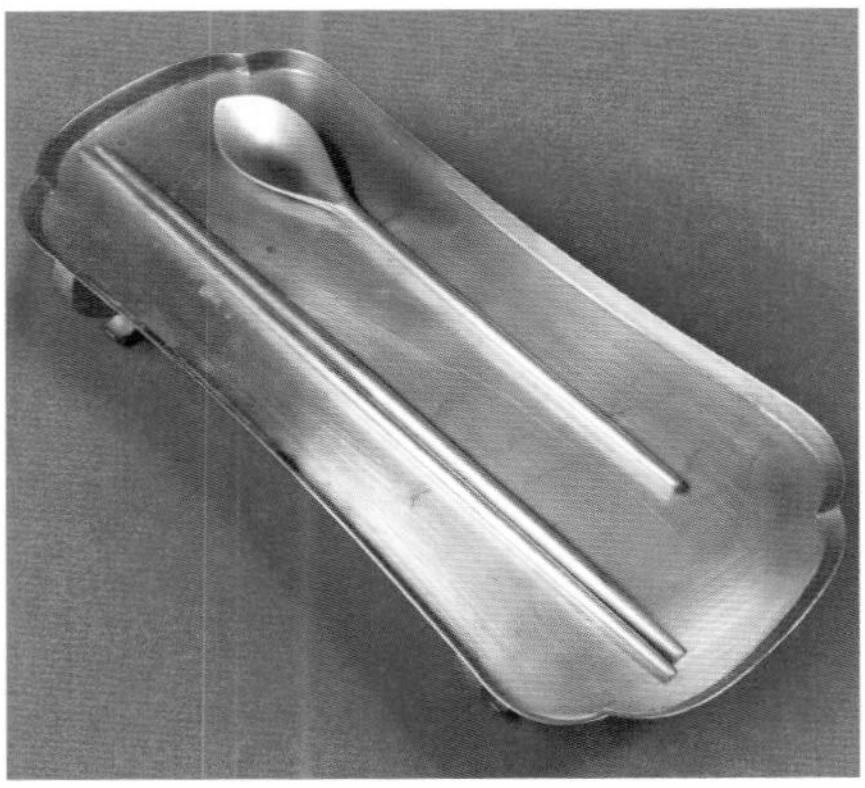

天皇の饗膳に供えられる（西陣魚新蔵）

天皇が正式な食膳で用いる食器。箸や匙《さじ》を載せる四脚の台で銀製です。『厨事類記《ちゅうじるいき》』の「内膳司《うちのかしわでのつかさ》昼《ひる》御膳《ごぜん》」の図に描かれ、馬面に似た形状からの命名。その上には銀箸と木箸、銀匙と木匙が置かれていました。箸は木製のほうを実用し、使用後は折って捨てます。『西宮記《さいきゅうき》』では内宴《ないえん》や神今食《じんこんじき》、『江家次第《ごうけしだい》』では正月御薬《みくすり》の項に登場しますが、記録の多いのは皇子の「産養《うぶやしない》」のときの形式的な利用です。

『厨事類記』によれば銀匙は汁をすくうため、木匙は飯を載せて汁に浸けて食べるのに用いました。『枕草子』「心にくきもの」に「御膳参るほどにや、箸、匙などとりまぜて鳴りたるをかし」とある匙ですが、なぜか鎌倉時代には宮中から姿を消してしまいます。

箸台《はしだい》

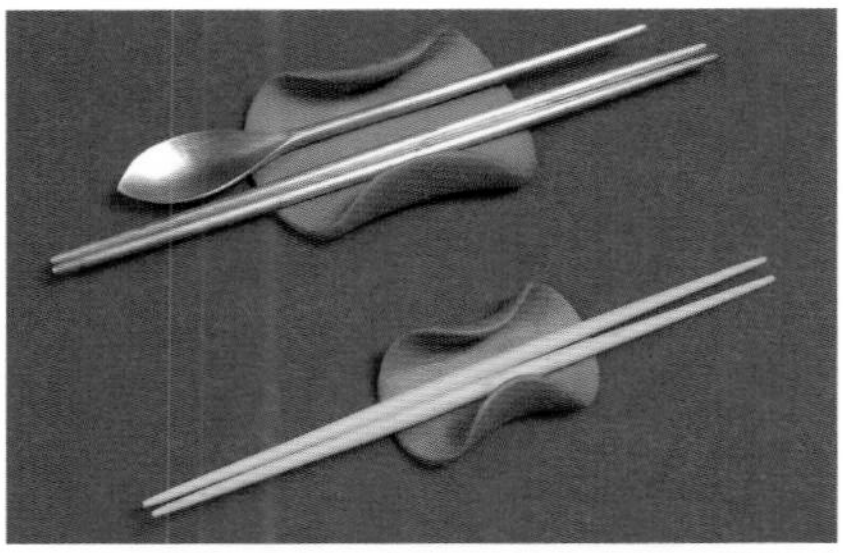

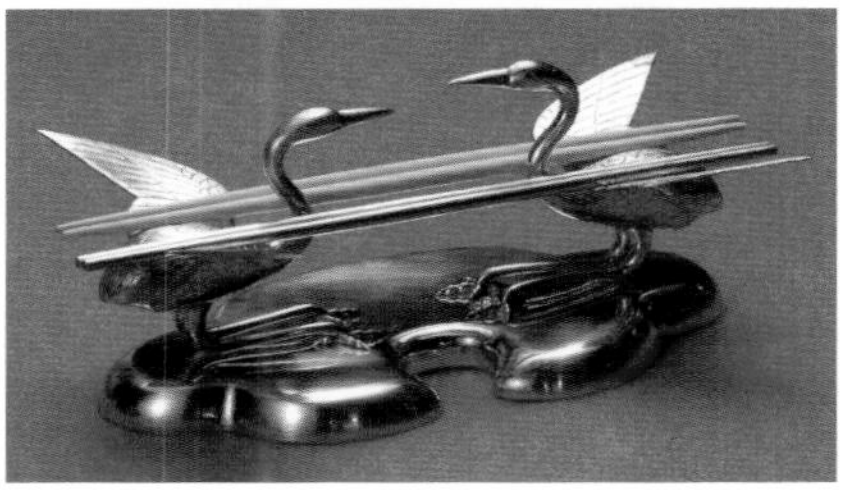

上：耳土器と呼ばれた古式の箸台

下：婚礼などの晴の儀で用いた箸台（西陣魚新蔵）

直接口を付ける箸は汚れないように、箸台に載せます。儀式の際や天皇用は銀製のものを用いましたが、一般的には酒盃と同じ使い捨ての「土器《かわらけ》」を用いました。酒盃の両端を内側にたわめて耳に似た形とするため「耳土器《みみかわらけ》」と呼び、食品を載せることもあったので「耳皿《みみざら》」とも称しました。『類聚雑要抄《るいじゅうぞうようしょう》』保延二年（一一三六）十二月の「内大臣大饗《だいきょう》」での箸台は口径五寸と大きい深草《ふかくさ》土器を用いる、とあります。

しかし『建武年中行事《けんむねんじゅうぎょうじ》』の正月御薬《みくすり》の項には、近ごろは箸台を用いないと女官が言うが、過去の日記を参考に置いてみた、とありますから、鎌倉前期には馬頭盤《ばとうばん》と同じように、箸台も廃れてしまったようです。なお現在の宮中儀式では銀製の耳皿が用いられています。

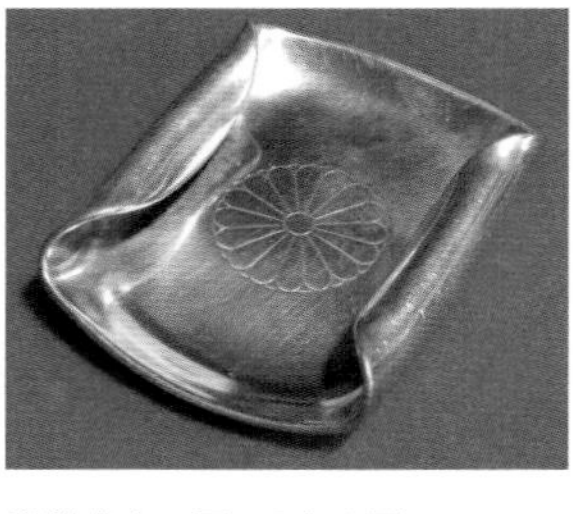

現代宮中で用いられる耳皿

○馬頭盤

『西宮記』

「二月内宴（中略）盛物汁物等〈盛物居馬頭盤右、汁物居右方最端〉。」「六月神今食（中略）次主水司供御粥、副和布羹、〈盛中埦。早旦主水司請御粥埦一口、馬頭盤并御箸匕等、自蔵人所給〉。」

『小右記』

「寛弘五年（一〇〇八）九月十五日（中略）今日御産後第五日也（中略）御台盤六脚〈浅香歟、有螺鈿〉、銀馬頭盤、御膳皆盛銀器。御飯銀笥、御台盤。」

『江家次第』

「供御薬（中略）供御銀匙〈本方五分七云々〉居馬頭盤。」

『猪隈関白記』

「建仁二年（一二〇二）閏十一月一日（中略）第一御台盤立火爐前〈東西為妻、御帳中也。馬頭盤横置之。銅御箸并匕等自本置之也〉。」

○箸台

『御堂関白記』

「長和二年（一〇一三）八月廿七日、丙戌、御五十日（中略）戌時供餅。御台六本、用銀器。一本有盖粥器、盛餅器。一本箸台、置箸・匕・摩粉木等。」

『類聚雑要抄』

「聟娶御前物（中略）第一進台一本。居酢塩二口。箸台〈匙、例箸二隻〉。」「保延二年（一一三六）十二月日。内大臣殿廂大饗（中略）箸台〈口径五寸。二方折立端〉。已上深草土器用之。」

銀器《ぎんき》

『延喜式《えんぎしき》』（内匠式）には「銀器」の項があり、御飯笥《おいいけ》・酒壺・杓《しゃく》・酒台・盞《さかずき》・水鋺《すいえん》・盤《ばん》を製作するとあります。これは天皇の食器です。その他に親王の産養《うぶやしない》や元服式などの際に銀器が用いられたことが多くの文献に見られます。ただし皇室専用というわけではなく、『吏部王記《りほうおうき》』には天暦二年（九四八）、右大臣家の饗応で「朱台六基に銀器を並べ」とあり、『小右記《しょうゆうき》』永観三年（九八五）の記事には、物忌《ものいみ》閉門の間、銀鍛冶《しろがねかじ》・延世を召して銀器を打たせた、とあります。上級貴族の家中では晴の儀式で銀器を用いたのです。

ただし『小右記』は寛仁二年（一〇一八）十一月、藤原教通《のりみち》の娘の着袴《ちゃっこ》で、藤原道長の妻・倫子《りんし》が銀器を用いたことを特記していますので、やはり特別なことだったのでしょう。

最高の格を持つ食器

朱器《しゅき》

『延喜式《えんぎしき》』（大膳式）には新嘗会《しんじょうえ》饗宴における親王・公卿の食器は朱漆器、四位五位は黒漆器とあります。『延喜式』（内匠式）にはそれぞれの詳細が記されますが、朱器は漆に「朱砂《しゅしゃ》」（硫化水銀《りゅうかすいぎん》）を混ぜて塗ったものですから、当然ながら貴重品です。

藤原氏の「氏長者《うじのちょうじゃ》」が継承した象徴的宝物の一つが「朱器台盤《しゅきだいばん》」。『御堂関白記《みどうかんぱくき》』長徳元年（九九五）六月十九日に「任大臣、又持参朱器台盤等」とあります。右大臣になった藤原道長が氏長者となって朱器台盤を継承したという記事です。

正月に大臣が開催する「母屋大饗《もやのだいきょう》」は権勢を誇示する機会でしたが、氏長者だけが朱器を用い、他の大臣は様器《ようき》（125ページ）を用いました。朱器は別格の食器だったのです。

銀器に準ずる格の食器

○銀器

『九暦』

「天暦四年（九五〇）八月五日、庚子、晴。此日儲宮降誕之後当百日。依世俗例供餅御膳〈朱小御台六基、一基御匕筋乾荷葉四種、以上銀器、二基唐菓子八種、二基餅八種、一基等菓子四種。以上盛銀平盤〉。」

『小右記』

「永祚元年（九八九）四月廿八日（中略）今日競馬事（中略）摂政着直衣・下襲、御前物左大将所儲也〈銀器、剋鏤飾折櫃四合、淬青打敷等〉。」

「寛弘五年（一〇〇八）九月十五日（中略）今日御産後五日也（中略）御台盤六脚〈浅香歟、有螺鈿〉、銀馬頭盤、御膳皆盛銀器、御飯銀笥。」

○朱器

『延喜式』（大膳式）

「右新嘗会宴食料依前件。其雑器親王已下三位已上朱漆。四位已下五位已上烏漆。并土器。」

『九暦』

「天暦四年（九五〇）七月廿四日（中略）今日本家調食（中略）又給朱漆器於両所〈垸廿口・大盤卅枚・小盤十枚給男方、垸十口・大盤廿枚・小盤十枚給女房〉。」

『小右記』

「永延元年（九八七）正月十九日（中略）参摂政殿、今日大饗、〈用朱器・大盤〉。（中略）被羞飲食於公卿及殿上人〈公卿懸盤、侍臣用机〉。」

「長和五年（一〇一六）三月三日（中略）摂政来月九日可被行大饗（中略）但用庇饗者不可用朱器、故殿未度朱器之間被行庇饗、被用様器歟。以朱器用大饗之人、用様器如何。（中略）庇饗用様器《庇饗不用朱器》。」

瓶子《へいし》・胡瓶《こへい》

右：後世の徳利となる瓶子
左：竜首水瓶（胡瓶）＊＊＊

酒宴で酒を入れる容器。『延喜式《えんぎしき》』（造酒式）を見ますと、節会《せちえ》における天皇用の酒器は、銀の盃に、金銅製で鳥や竜の頭が付き湾曲した取っ手のある「胡瓶《こへい》」。臣下用は朱塗の盃に白銅製の「瓶子」と平文《ひょうもん》（金属の薄片を用いた螺鈿《らでん》風の装飾）の「胡瓶《こへい》」です。

瓶子は土器《かわらけ》（素焼陶器）が普通でしたが、宮中では銀製、白銅製などの金属器が用いられ、『御堂関白記《みどうかんぱくき》』には「瑠璃《るり》酒盞《しゅさん》・同瓶子」と、ガラス製の酒器があったことが記されています。また盃を渡して酒を勧める「勧盃《かんぱい》」は上級者（例えば蔵人頭《くろうどのとう》）の仕事、瓶子を持って酒を注ぐのは下級者（例えば五位蔵人）の仕事と認識されていました。

青瓷《せいじ（あおじ）》

上：青磁蓮弁文碗（南宋～元時代）＊＊＊
下：緑釉四足壺＊＊＊

平安時代の文献に見られる「あをじ」は、宋《そう》から輸入される「青磁」（鉄分を含む釉薬《ゆうやく》の還元炎《かんげんえん》焼成で青色を呈した磁器）を指し、『源氏物語』（末摘花《すえつむはな》）の「御台《みだい》、秘色《ひそく》やうの唐土のものなれど」や『吏部王記《りほうおうき》』天暦五年（九五一）六月の記事にある「瓶用秘色」は「秘色」とも呼ばれた唐物《からもの》青磁のことでしょう。

これとは別に平安時代、都近郊の幡枝《はたえだ》や大原野《おおはらの》などで盛んに製作された緑釉陶器（銅を呈色剤《ていしょくざい》にした鉛釉《なまりゆう》で緑色に焼成した陶器）も「青瓷」と呼ばれ、貴族たちに愛用されました。『宇津保物語《うつほものがたり》』（楼《ろう》のうへ上）にある「あをじの濃き薄き」は瓦の表現ですので、これは緑色陶器のことでしょう。

○瓶子・胡瓶

『延喜式』（造酒）（抜粋）

「諸節供御酒器〈中宮准此〉。銀盞一合。金銅酒海一合。金銅杓一柄〈加盤〉。金銅胡瓶一口。（中略）朱漆大盤一枚。朱漆中盤一枚。朱漆韓櫃一合。炭取桶一口。右供奉御器。依前件。」

「諸節雑給酒器。四尺台盤三面。朱漆酒海三口。朱漆椀四口。盞卅枚。八寸盤卅口。金銀杓三柄。白銅提壺三口。白銅瓶子六合。平文胡瓶六口〈竝居著帽甲短榻三脚。余節准此〉。」

『御堂関白記』

「寛弘五年（一〇〇八）十二月廿日。若宮御百日。（中略）銀懸盤・折敷張羅。置銀州浜、亀形盛御飯、種々具。水鳥石等盛御釆、御台鷺足机、瑠璃酒盞・同瓶子。供御膳後数献。」

○青瓷

『九暦』

「天暦五年（九五一）十月廿六日（中略）初聞食魚類（中略）飯一垸〈青瓷大垸〉。」

『吏部王記』

「天暦五年六月九日。御膳沈香折敷四枚。瓶用秘色。」

『九暦』

「天暦五年十月廿六日、甲寅。申剋初聞食魚類。（中略）飯一垸〈青瓷大垸〉。」

『類聚雑要抄』

「供御　御歯固、従内膳司貢之。御盤七枚〈各有盖〉、青瓷佐良七口。」

『厨事類記』

「青瓷瓶子二口〈以薄様裹口〉。」

重色目「秘色」
表瑠璃色・裏薄色
（『山科家秘説』）

『駒競行幸絵巻』（模本）＊＊＊

「住」の部

平安時代の貴族の邸宅「寝殿造《しんでんづくり》」は不明な点が多く、
現在でも研究が進められています。
また建物の建具《たてぐ》や室礼《しつらい》、調度品などについても
古文書や絵巻物から、
その実相を探る試みが続けられています。

大内裏《だいだいり》

平安京の中央北側に設けられたのが官庁街である「大内裏」。周囲はぐるりと大垣で囲まれ、門から出入りしました。中にはさまざまな役所が建ち並び、中でも中央政庁である「朝堂院《ちょうどういん》」は緑釉瓦《りょくゆうがわら》に朱塗りの柱といった、唐風《からぶり》の建物でした。

大内裏平面図

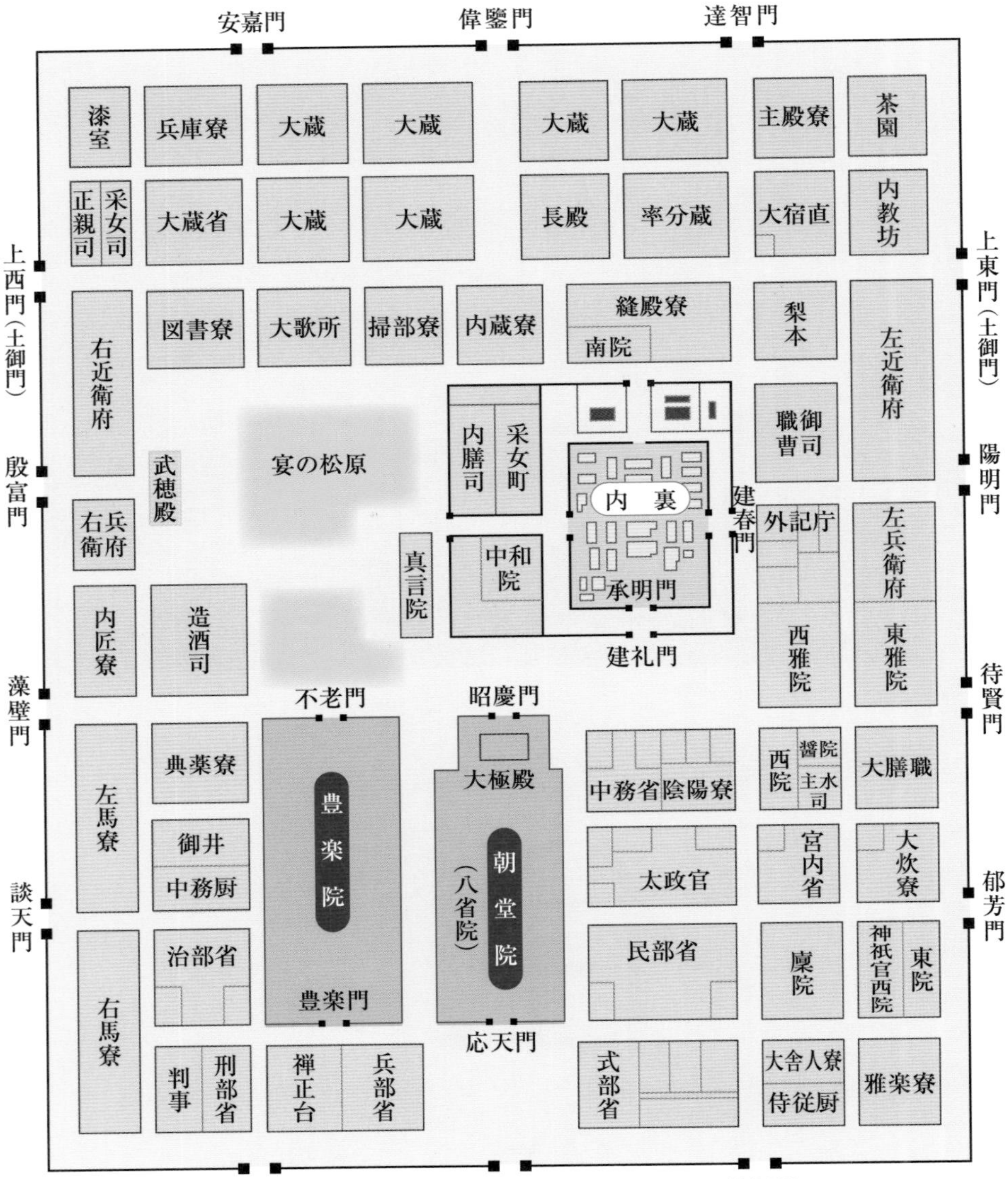

朝堂院大極殿を模した平安神宮外拝殿

朝堂院応天門を模した平安神宮神門

内裏《だいり》

天皇の居住空間が「内裏」です。朝堂院《ちょうどういん》の北方に位置し、清和《せいわ》天皇が元服して内裏に入った貞観七年（八六五）頃から、重要な儀式が内裏で行われるようになり、朝堂院の政庁「大極殿《だいこくでん》」は、仁王会《にんのうえ》など仏教行事を行うことがメインになりました。

内裏平面図　後宮は紫色の部分

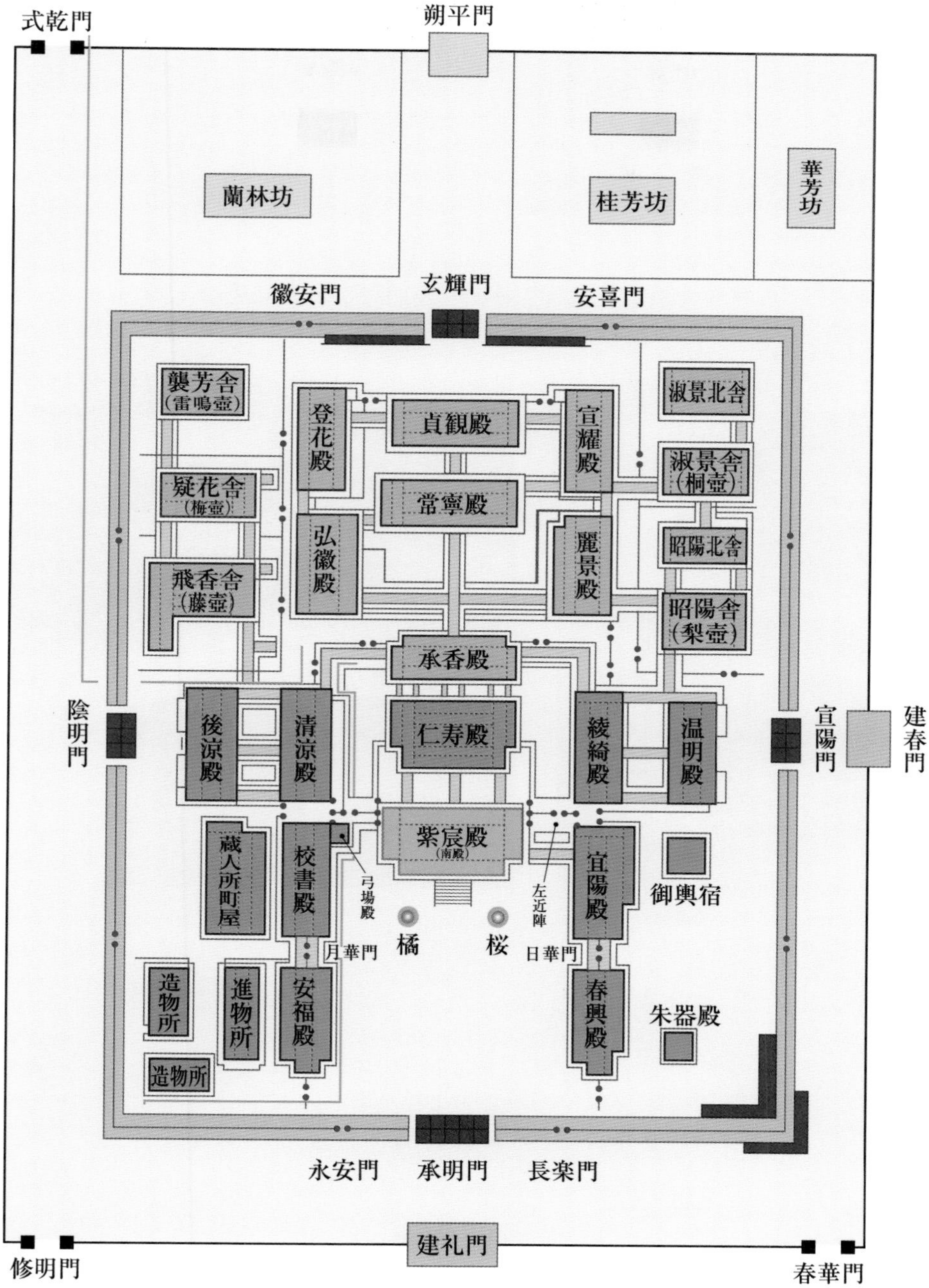

京都御所・紫宸殿東北廊左近陣座

京都御所・清涼殿昼御座

清涼殿《せいりょうでん》

平安中期の摂関期頃から天皇が日常生活を送る場所は、仁《じ》寿殿《じゅうでん》から清涼殿（中殿《ちゅうでん》とも）に移りました。建物中央東庇《ひがしびさし》の「昼御座《ひのおまし》」が天皇の御座所で、その奥の母屋《もや》に休憩場所「昼御《ひのみ》帳《ちょう》」、その北に塗り壁に囲まれた「塗籠《ぬりごめ》」構造の就寝所「夜御《よるのお》殿《とど》」があります。その西は「朝《あさ》餉間《がれいのま》」、その北は「御手水間《おちょうずのま》」、后妃の控所「上御局《うえのみつぼね》」が並ぶなど、天皇の私的領域です。

昼御座の南には、天皇が伊勢神宮を遙拝《ようはい》する場所「石灰壇《いしばいのだん》」が、さらに南には近臣たちが詰める「殿上間《てんじょうのま》」があります。天皇との親疎関係により、昇殿できる三十人は「殿上人」の格付けがなされ、「位階《いかい》」よりも重視されるようになりました。殿上間の東には「年中行事《ねんじゅうぎょうじの》障子《しょうじ》」が立てられ、年間の諸行事が列挙されています。

右：左近の桜
左：右近の橘

京都御所・清涼殿

京都御所・紫宸殿

右：呉竹
左：河竹

紫宸殿《ししんでん》

儀式が内裏《だいり》で行われるようになると、内裏の中央に位置する正殿《せいでん》・紫宸殿（南殿《なでん》とも）がその主な舞台になります。政治上の重要会議は、紫宸殿から宜陽《ぎよう》殿《でん》に続く東北廊にある「左近陣《さこんのじん》座《ざ》」で行われ、会議は「陣議《じんぎ》」「仗議《じょうぎ》」などと呼ばれました。清涼殿《せいりょうでん》は靴を脱いで殿上に上がる形式ですが、紫宸殿は大極《だいこく》殿《でん》以来の伝統で、即位礼などの儀式では靴を履いたまま昇殿しました。清涼殿とは「長橋《ながはし》」でつながっていましたが、清涼殿東庭での儀式で馬が通れるように、一部の渡り板が取り外しできる構造になっています。

紫宸殿南庭には、東に桜、西に橘《たちばな》が植栽され、それぞれ「左《さ》近桜《こんのさくら》」「右近橘《うこんのたちばな》」と呼ばれます。左近は当初は梅で、九世紀前半に桜に改植されたと『古事談《こじだん》』にあります。

○清涼殿

『貞信公記』

「延喜十年（九一〇）正月四日（中略）今上一親王〈将順親王、後改克明親王〉、清涼殿東庭拝舞。」

『西宮記』

「殿上人事（中略）夫殿上侍臣、除親王公卿、一世源氏及外国受領吏等、付御簡之数卅人〈童子十人〉。此外或有一両人之余剰。件三十人之中、蔵人頭二人・五位蔵人二人・六位蔵人六人也。（中略）殿上男等、一月之内、日不足廿日、夜不足十夜、殊加勘籍、随状進止、習常不悔、頻被勘籍者、商量行迹、及可除籍。」

『小右記』

「正暦四年（九九三）四月八日、丙寅。参内。有御灌仏事。(中略)藤宰相相談云。故小野宮御日記云、臨時清涼殿御読経時、非殿上公卿参入云々。」

○紫宸殿

『醍醐天皇御記』

「延喜四年（九〇四）二月十日。召左大臣仰立太子宣命旨。午一剋御紫宸殿諸司懸御簾例即大床子。」

「延長四年（九二六）二月十七日。此日殿前桜花盛開。仰召文人聊開花宴」

『貞信公記』

「延喜十四年（九一四）七月廿二日、丙辰。御読経始、紫宸殿・大極殿相分修。」

『西宮記』

「皇太子元服（中略）所司装束紫宸殿。其儀、御帳中、鋪毯代立平文倚子。」

『小右記』

「寛和元年（九八五）四月十七日、辛卯。時々少雨。参内、於清涼殿御前覧左右馬寮・二坊御馬。」

「寛仁弐年（一〇一八）閏四月廿七日（中略）先著仗座、昇紫宸殿廻見、不似度々造殿極以不便。殿并廊等煩倚殊甚。就中紫宸殿不足言。」

「長元元年（一〇二八）八月十四日、丙子。今日改元後有政。（中略）以経通令書僧名定文、大極殿一所留高座、紫宸殿・清涼殿・院宮・神社如例書了進。」

鴨川（賀茂川と高野川の合流地点）

桂川（大堰川）

天神川（紙屋川）

相国寺境内の今出川遺構

京の河川《きょうのかせん》

京の東西には大きな川があり、東の大河・鴨川《かもがわ》が氾濫《はんらん》すると、都は大きな水害被害を受けました。このため早くも平安初期、鴨川堤防《ていぼう》の補修を担当する「防鴨河使《ぼうかし》」が置かれ、また西の大河・桂川《かつらがわ》（葛野川《かどのがわ》、大堰川《おおいがわ》とも）にも「防葛野河使《ぼうかどのがわし》」が置かれました。時に災害をもたらす川でしたが、淀川《よどがわ》につながる水運に活用され、そこに住む川魚は鮮魚となって、海に面しない平安京の人々の食膳を賑わせました。

高野川《たかのがわ》と賀茂川《かもがわ》が東西から合一するところに下鴨《しもがも》神社があります。そのためもあって鴨川は神聖な川とされ、朝廷の禊《みそぎ》が行われるのは鴨川の河原でしたし、鴨川の青石《あおいし》は子どもの成長を祝う「深曽木《ふかそぎ》」の儀式で重要な役割を果たしました。

現在「天神川《てんじんがわ》」と呼ばれる「紙屋川《かみやがわ》」は、平安時代に図書《ずしょ》寮《りょう》の製紙場「紙屋院《かみやのいん》」がそのほとりにあったことによります。なお『西宮記《さいきゅうき》』には「紙屋院〈図書別所、在野宮東〉」とあります。

『源氏物語』にも登場する「中川《なかがわ》」は古くは「京極川《きょうごくがわ》」と呼ばれ、現在の上御霊《かみごりょう》神社から相国寺《しょうこくじ》の境内《けいだい》を通って「今《いま》出川《でがわ》」となり、東に向かって流れて寺町通《てらまちどおり》を南下し、「中川」と呼ばれました。『うたゝねの記』に「門に近い細い川」とあるように、細く浅い川でしたが近隣の貴族の邸宅に引き込まれ、庭園を潤しました。この川は現在存在しません。

『新儀式』
「防鴨河事。若可行防河事、臨時定補其使〈長官一人、多是以左右衛門権佐帯検非違使者任之。判官二人、主典二人〉令行其事。又諸卿相率令巡検損所、奏聞畢。」

『九暦』
「天暦三年（九四九）四月十八日。左大臣以下実検鴨川堤損所事。」

『小右記』
「寛仁四年（一〇二〇）九月四日。（中略）今日入道殿可被巡検鴨川堤。行事上大納言公任卿相共可被実検。卿相馳参云々。」
「長和四年（一〇一五）七月十五日（中略）今日京中殊不雨、而紙屋河・堀河・東院大路河等水大盈溢。人輒不渡云々。疑是河上大雨歟。」

『河海抄』
「紙屋川とは北野平野の中を南へながれたる河也。仁和寺川とも号云々。此所にて紙をすきはしめけり。」
「栄花物語云、中川辺に御堂をたてらる〈法性寺東北院也〉。旧記曰京極川二条云々。東川〈賀茂川〉・西川〈桂川〉・中川〈京極川〉。」

『拾芥抄』
「中末京程（中略）又京極東有朱雀、已上東京〈京極川号中川〉。」

『うたゝねの記』
「かどちかくほそき川の流れたる水のまさるにや、常よりもおとする心地するにも、いつのとしにかあらん、此川の水の出たりしに、（中略）『思ひ出る程にも波はさはぎけり　うきよをわけて中川の水』。」

冷泉院《れいぜいいん》

冷泉院跡（京都市中京区二条城町）

天皇が譲位して太上天皇《だいじょう》（上皇）となった後に住む御所を「後院《ごいん》」（仙洞《せんとう》）と呼びます。嵯峨《さが》天皇の時代に始まり、京都にはいくつかの後院が設けられましたが、『源氏物語』でも有名なのが「冷泉院」です。大内裏《だいだいり》の東隣、現在の二条城辺りに設けられ、嵯峨天皇が創建した当時は「冷然院」と呼ばれていました。清冽《せいれつ》な泉が湧く冷然院でしたが、幾度も火災に遭い、「然」の文字が「燃」と同じ意味とされたことから、天暦八年（九五四）に再建された際に「冷泉院」と改められました。冷泉院は天喜三年（一〇五五）に殿舎《でんしゃ》が取り壊され、一条院に移築されたことが『扶桑略記《ふそうりゃくき》』に記録された後、その状況は不明となりますが、「冷泉院小路《こうじ》」という道路名が後年まで残りました。現在の夷川通《えびすがわどおり》です。

朱雀院《すざくいん》

朱雀院跡（京都市中京区壬生花井町）

嵯峨《さが》天皇の創建と伝えられ、寛平七年（八九五）に宇多《うだ》天皇が整備しました。醍醐《だいご》天皇の時代、父・宇多上皇の住む朱雀院にたびたび行幸がありました。『扶桑略記《ふそうりゃくき》』には延喜十六年（九一六）九月の朱雀院行幸で「学生試《がくしょうのためし》」があったことが記され、村上《むらかみ》天皇の時代の『新儀式《しんぎしき》』に詳述されています。『源氏物語』（乙女《おとめ》）で光源氏の息子・夕霧《ゆうぎり》が朱雀院で文章生《もんじょうしょう》試験を受けますが、この故事に倣ったのでしょう。

『源氏物語』には個人名的に「冷泉院」「朱雀院」が登場しますが、これは「冷泉院と呼ばれる後院《ごいん》にお住まいの上皇」を意味するだけの一般名詞。実在の冷泉・朱雀両天皇は、上皇としてそれぞれの院に長く住んだため、特に院名が諡号《しごう》されたのです。

○冷泉院

『日本紀略』

「延喜十七年（九一七）十二月十九日甲子、従去九月、雨沢不降、井泉枯竭。其最甚者、二条以上也。（中略）陽成院上皇開冷泉院東北門、令人斎汲其池水。」

『河海抄』

「大炊御門南二条北堀川西大宮東四町。累代後院也。嵯峨上皇御宇。此院〈帝王系図〉弘仁十四年（八二三）四月十一日、天皇遷冷然院。（中略）天暦三年（九四九）九月廿八日、陽成院以冷然院被奉朱雀院。八年三月十一日改冷然院為冷泉院。」

『栄花物語』（月の宴）

「安和二年（九六九）八月十三日なり。みかどおりさせ給ぬれば、東宮位につかせ給ぬ。（中略）おりゐのみかどは冷泉院にぞおはします。されば冷泉院と聞えさす。」

○朱雀院

『日本紀略』

「寛平七年（八九五）閏正月廿五日、丁未。天皇（宇多）幸朱雀院、覧諸工造作。」

「昌泰元年（八九八）二月十七日、丁巳。太上天皇（宇多）移御於朱雀院。」

「延喜十六年（九一六）三月七日、辛酉。辰時天皇（醍醐）幸朱雀院。奉賀太上法皇五十算。」

「天慶九年（九四六）七月十日、戊戌。戌刻太上天皇（朱雀）・太皇太后遷御朱雀院。」

「天暦三年（九四九）五月廿日、癸亥。太上天皇（朱雀）於朱雀院馬埒亭、観競馬。」

『扶桑略記』

「延喜十六年九月廿八日、行幸朱雀院。有学生試。」

寝殿造《しんでんづくり》

「寝殿造」は江戸末期の『家屋雑考《かおくざっこう》』に登場する言葉で、同書に描かれた寝殿造の図や説明は、後世に大きな影響を与えました。実際にはさまざまな形式があったことでしょうが、上級貴族の邸の場合、寝殿といくつかの「対《たい》」、それをつなぐ「渡殿《わたどの》」で構成されたことは間違いないでしょう。

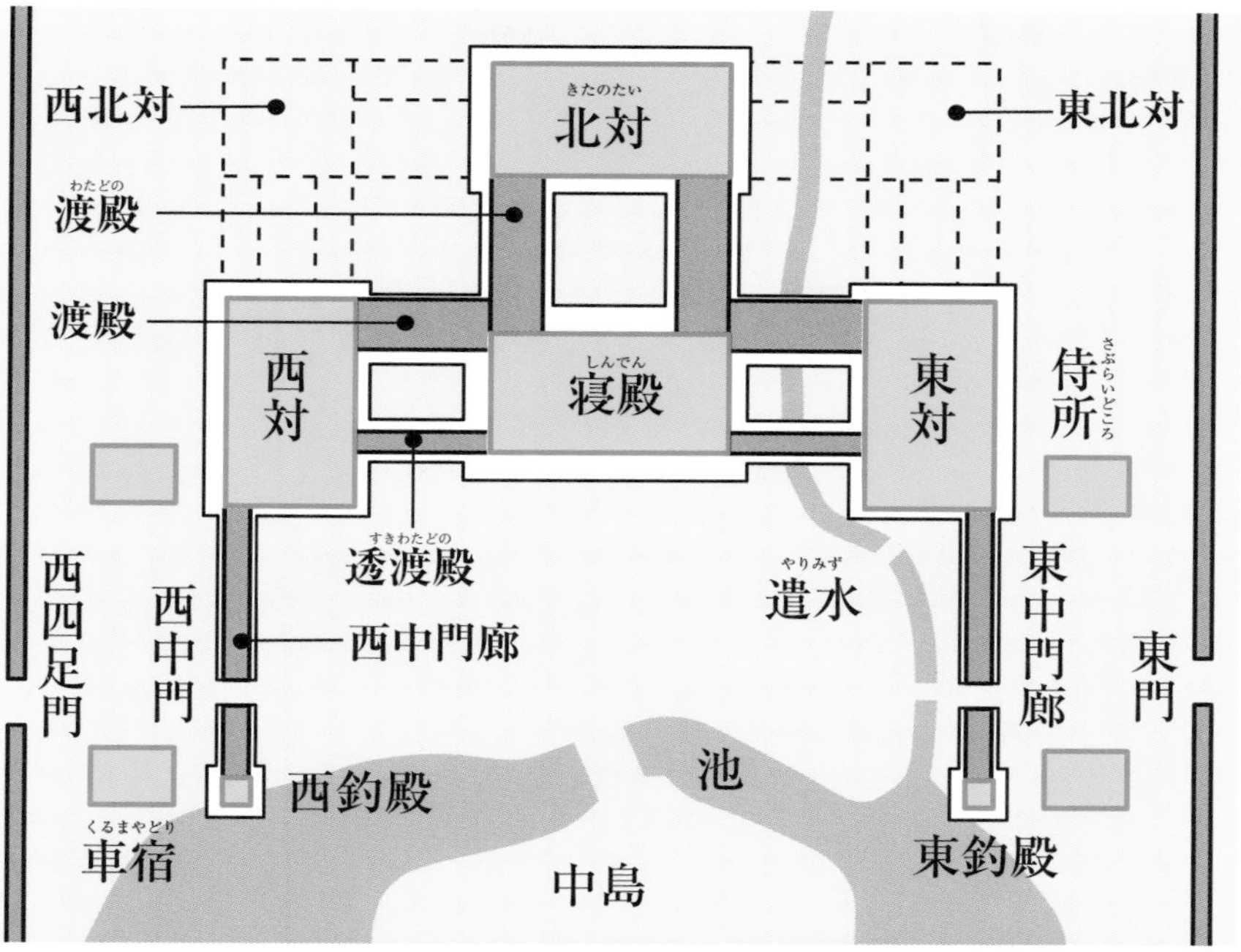

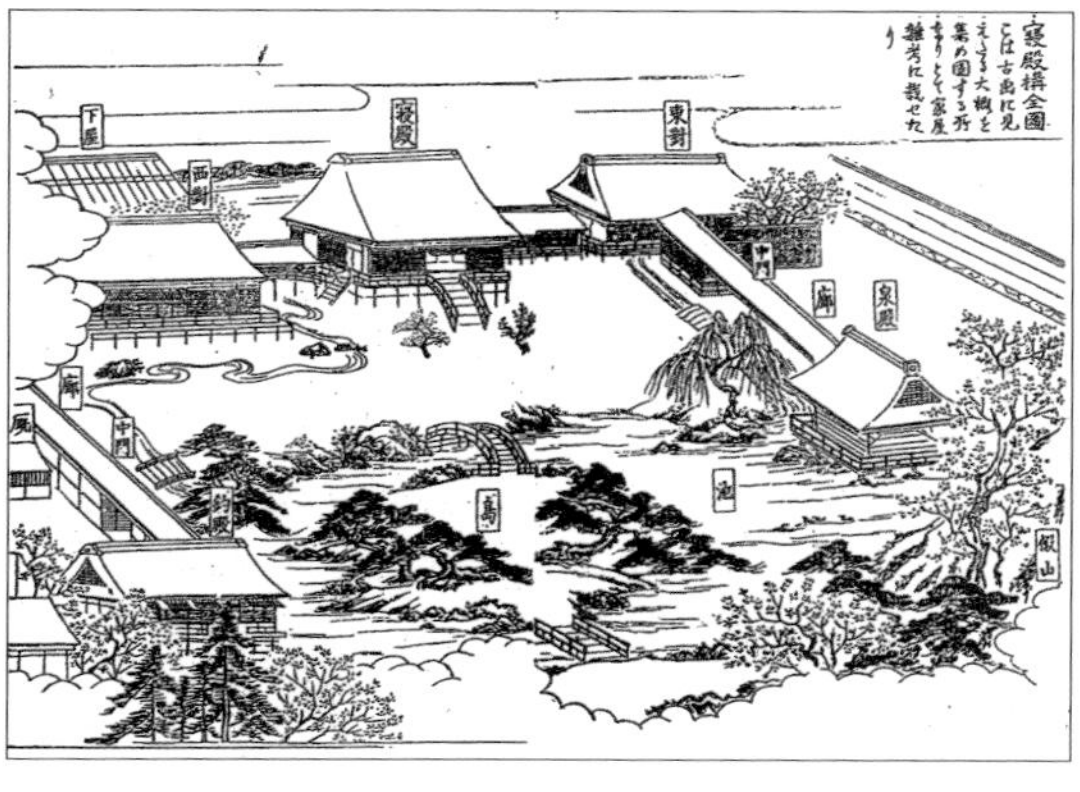

上：東中門廊から東対、透渡殿、寝殿（『春日権現験記』*）
下：『家屋雑考』寝殿造の図（『宮殿調度図解』*）

寝殿《しんでん》

主人の住居とされる「寝殿」は最も大きな建物です。儀式を行うことを主目的にした構造と見られ、柱の間には塗壁がほとんどなく、外面は昼間は開ける「蔀《しとみ》」、屋内は必要に応じて「壁《かべ》代《しろ》」などの布で仕切るだけの、非常に開放的な建造物でした。

入母屋《いりもや》の屋根が高い、建物の中心部分にあたる場所を「母《も》屋《や》」と呼び、その外側に延長させた庇《ひさし》屋根の場所を「庇《ひさし》」（廂《ひさし》）と呼びます。どちらも立派な部屋で、「庇」は現在の「軒先《のきさき》」のイメージの場所ではありません。庇の外側にさらに延長して「孫庇《まごびさし》」を設けることもありました。ここは通常は庇の延長の屋内ですが、屋根はあっても蔀の外側、吹きさらしの「広庇《ひろびさし》」とすることもあります。孫庇までは丸柱ですが広庇は角柱になります。さらに外側には縁側「簀子縁《すのこえん》」が設けられました。

寝殿（『春日権現験記』*）

柱芯と柱芯の間は一丈（約三m）が多く、母屋《もや》の妻側《つまがわ》は二間と決まっていましたので、建物全体の大きさは平側《ひらがわ》の柱間数で表しました。また庇屋根をいくつ延長するかが「面数《めんすう》」で、たとえば「五間三面」と言えば、母屋の平側の柱間は五間、三方向に一間の庇がある構造です。

上：母屋・庇・広庇（『年中行事絵巻』*）
下：吹きさらしの広庇（『石山寺縁起』***）

『九暦』

「天暦四年（九五〇）七月廿四日（中略）〈皇子降誕之後、其儀式如此〉。其処在寝殿南庇第一間。」


『小右記』

「天元五年（九八二）三月二日、甲午。早朝参殿、御読経始也。於新造寝殿被修之。」

「長保元年（九九九）二月九日（中略）早旦装束寝殿、母屋廂調度立之。」


『御堂関白記』

「寛仁二年（一〇一八）二月九日（中略）使来間雪降、仍於中門左大将拝之。其儀寝殿南廂四間巻簾、廻立四尺屏風、敷長莚、敷土敷、立倚子。」


『後二条師通記』

「寛治六年（一〇九二）四月十八日（中略）斎内親王御禊。（中略）客殿者当南門立、三間四面有庇、西庇方有壁二間。」


『中右記』

「康和四年（一一〇二）正月廿日（中略）内大臣有大饗事〈土御門亭新造寝殿、初有此大饗也〉（中略）此亭本西対許也。而去年作五間四面寝殿、有大饗也〈寝殿西四間為公卿座、西座一間為弁座。西二間打出〈紅梅衣〉〉。西対東面庇三間上官座、寝殿與西対北廊殿上人座。」

渡殿《わたどの》

内裏《だいり》を始めとして平安時代の邸宅は、いくつかの殿舎《でんしゃ》を渡り廊下でつなぐ構造になっていました。この渡り廊下が「渡殿」です。しかし現在想像するような渡り廊下ではありません。壁も格子《こうし》も妻戸《つまど》もあり畳を置く、きちんとした建物です。

『村上天皇御記《むらかみてんのうぎょき》』には、天徳三年（九五九）十月に中殿《ちゅうでん》（清《せい》涼殿《りょうでん》）の渡殿に畳六枚を置き、内教坊《ないきょうぼう》の妓女《ぎじょ》十人に管絃《かんげん》の演奏をさせたとあり、また翌年三月の「天徳内裏歌合《てんとくだいりうたあわせ》」は、清涼殿と後涼殿《こうりょうでん》をつなぐ渡殿を会場としました。このとき公卿の座は渡殿の中、左方・右方の人々は後涼殿の東の縁側、天皇は清涼殿西庇《にしびさし》の御簾《みす》の中に倚子《いし》を置いて御座としました。渡殿は決して単なる通路ではなかったのです。

一般的な「渡り廊下」の印象のある壁のない渡殿は、「透渡殿《すきわたどの》」と呼ばれました。殿舎をつなぐ渡殿が二本ある場合、南側の渡殿を透渡殿にします。しかし『満佐須計装束抄《まさすけしょうぞくしょう》』では、女御《にょうご》御参に際して透渡殿に高麗《こうらい》縁《べり》の畳を敷き、東京錦茵《とうぎょうきのしとね》を置いて御座とするなど、ここも単なる渡り廊下ではない使用法が示されています。

上：渡殿（『春日権現験記』*）
下：透渡殿（『年中行事絵巻』*）

上：渡殿・透渡殿（『年中行事絵巻』*）
下：反り橋状の東透渡殿（『春日権現験記』***）

『村上天皇御記』
「（天徳四年（九六〇）三月）卅日己巳。此日有女房歌合事者。（中略）其儀暫撤却清涼後涼両殿中渡殿北蔀。設公卿座於同渡殿之内。鋪左右方人座於後涼殿縁東〈左在南、右在北〉。女房又相分候清涼殿西庇簾中第五間立倚子。」

『紫式部日記』
「この渡殿の東のつまなる宮の内侍の局に立ち寄りて、『ここにや』と案内したまふ。」
「渡殿に寝たる夜、戸をたたく人ありと聞けど」

『栄花物語』（たまのうてな）
「この御堂の東の方に、五間ばかりの檜皮葺の寝殿に、廊・渡殿などして、廻に立蔀しこめて、それぞとの〻御方なりける。」

『満佐須計装束抄』
「女御参りには。内の蔵人は麗しく透渡殿に高麗の畳一帖敷きて。東京の茵敷きなどしてあるなり。」

『類聚雑要抄』
「保延二年（一一三六）十二月日。内大臣殿廂大饗差図（中略）透渡殿三ケ間敷筵。上官并殿上人座等此透渡殿北也。」

釣殿《つりどの》

釣殿（『春日権現験記』*）

庭の池にせり出した建物が「釣殿」。ここでは文字どおり釣りを楽しむこともありました。『村上天皇御記《むらかみてんのうぎょき》』天徳四年（九六〇）五月の記事に、釣殿に漁者《ぎょしゃ》を召して網を下ろし魚を捕らえさせたとあります。

『宇津保物語《うつほものがたり》』では（楼《ろう》のうへ上）に「東の対の南の端は広き池流れ入りたり。その上に釣殿建てられたり」とあります。また『源氏物語』（常夏《とこなつ》）には「いと暑き日、東の釣殿に出でたまひて涼みたまふ。（中略）氷水召して、水飯などとりどりにさうどきつつ食ふ」とあり、平安貴族にとって釣殿は、夏に欠かせない避暑施設だったのです。

氷室《ひむろ》

下鴨神社に再現された「鴨の氷室」

暑いときに冷たい物を食べたくなるのは今も昔も変わりません。『枕草子』には銀鋺《ぎんわん》に盛った「削氷《けずりひ》」の描写や「暑い昼間、氷水に手を浸す」光景などが描かれますが、これらは冬に作られた氷が夏まで「氷室」で保存されていたものです。

『延喜式《えんぎしき》』（主水式）によれば、葛野郡《かどののぐん》徳岡《とくのおか》氷室など山城国《やましろのくに》に六か所あるほか、都周辺に合計十か所の氷室があり、朝廷の需要をまかないました。天皇には四月一日から九月末まで氷室の氷が毎日大量に献上され、太政官の官人には六月一日、関白・大臣から史生《ししょう》に至るまで、太政官厨家《ちゅうけ》から氷が配給されている永久四年（一一一六）の記録があります。

○釣殿

『扶桑略記』

「天徳五年（九六一）閏三月十一日、於釣殿有藤花宴。龍頭鷁首舟各一艘」

『村上天皇御記』

「天徳四年五月十二日庚戌。今夜白雨。申刻之釣殿召漁者丹波春助下網捕魚。捕得二喉鮒即放入。入夜還。」

「応和元年（九六一）六月十四日丙午。晩頭之釣殿納涼。合侍乗舟乱声試。為興雲雨也。晴明无陰気。」

『宇津保物語』（楼のうへ上）

「東の対の南のはしには、広き池流れ入りたり。その上に釣殿建てられたり。その水ノ様洲浜のやうにて、御前の南には中島有り。」

『蜻蛉日記』

「みれば釣殿とおぼしき勾欄におしかゝりて中島のまつをまもりたる女あり。そこもとに　かみのはしにかきてかくおしつく。

『いかにせんいけの水なみさわぎては　心のうちのまつにかゝらば』」

『とりかへばや物語』

「六月十余日に、内侍の督の御方に、泉などいとおもしろく、池に造りかけたる釣殿などいみじう涼しげなるに、女君、中の君具し聞えて渡り給て」

○氷室

『延喜式』（主水式）

「凡供御氷者。起四月一日尽九月卅日。其四九月日別一駄〈以八顆為駄。准一石二斗〉。五月八月二駄四顆。六七月三駄。進物所冷料。五八月二顆。六七月四顆。御醴酒并盛所冷料。六七月一顆。」

「凡運氷駄者。以徭丁充之。山城国葛野郡徳岡氷室一所〈二丁輸一駄〉。愛宕郡小野一所。栗栖野一所。土坂一所。賢木原一所〈並二丁輸一駄〉。同郡石前一所〈一丁半輸一駄〉。大和国山辺郡都介一所〈六丁輸一駄〉。河内国讃良郡讃良一所〈四丁輸一駄〉。近江国志賀郡部花一所〈三丁輸一駄〉。丹波国桑田郡池辺一所〈五丁輸一駄〉。」

塀《へい》

敷地を囲う塀は、板垣《いたがき》・檜垣《ひがき》などさまざまでしたが、貴族の邸宅では「築地《ついじ》」が一般的でした。『和名類聚抄《わみょうるいじゅうしょう》』では「ついがき」「築墻」の読みとして「ついがき」「ついひぢ」の両説を紹介します。『和泉式部日記《いずみしきぶにっき》』や『栄花物語《えいがものがたり》』に登場するのは「ついひぢ」で、これは「築泥」の読みとされます。その文字のとおり須柱《すばしら》（支柱）を立てて型枠板を張り、その中に練った土を強く突き固めて構築します。こうした工法を「版築《はんちく》」とよびます。

こうした構造から崩れやすく、『伊勢物語』には「童の踏み開けたるついひぢの崩れより通ひけり」とあり、絵巻物でも崩れた築地をよく見かけます。ただし『枕草子』では、築地の崩れを「人にあなづらるる（侮られる）もの」とされています。

築地塀と棟門（『弱竹物語』*）

上：築地塀と唐門（『弱竹物語』*）
下：上中門（『春日権現験記』*）

門《もん》

外から邸の中に入る外郭門《がいかくもん》の最高格は「四足門《しそくもん》」ですが、これは上皇の院や大臣邸のもので、一般貴族の邸では築地《ついじ》の切れ目に控柱《ひかえばしら》を建てて切妻《きりづま》屋根のある「棟門《むねもん》」が用いられました。妻部分を唐破風《からはふ》にした「唐門《からもん》」は、平安時代は棟門よりも格が下がるとされます。

外郭の門から邸内に入り、さらに内郭《ないかく》に入る門が「中門《ちゅうもん》」です。対屋《たいのや》から釣殿《つりどの》などに向かう渡殿《わたどの》のような「中門廊《ちゅうもんろう》」に設けられる門で、門部分の屋根が中門廊の屋根よりも高く造られるのが「上中門《あげちゅうもん》」。これはただの中門よりも格上とされました。外郭門が「四足門」の邸だけが「上中門」の定めですが、近ごろは棟門の邸でも上中門にしていると、鎌倉時代の『門室有職抄《もんしつゆうそくしょう》』には記されています。

崩れた築地塀（『春日権現験記』*）

○塀

『蜻蛉日記』

「わがいへもついひぢ許をへだてたればさわがしうわかき人をもまどはしやしつらん」

『枕草子』

「官得はじめたる六位の笏に、職の御曹司の辰巳の隅の築土の板はせしぞ。」

『和泉式部日記』

「ついひぢのうへの草あをやかなるも、人はことにめもとゞめぬを」

『大鏡』

「この花山院は風流者にさへ御座しましけるこそ（中略）撫子の種を築地の上にまかせ給へりければ、思ひがけぬ四方に、色々の唐錦をひきかけたるやうに咲きたりし」

○門

『小右記』

「万寿四年（一〇二七）八月十日（中略）又大納言能信移閑院。主人太相度息右衛門督実成家、件家無四足門屋、仍相府忽造之云々。」

『門室有職抄』

「上中門事。本式ニハ立四足之家ニ皆上中門有之。但近来ハ棟門ニモ又有上中門歟。」

透垣《すいがい》

通風を図りつつ人目を避ける垣根が「透垣」。割竹や細板を少しずつ隙間を空けながら並べたものです。垣根は人目を避けるのが目的のはずですが、人間の心理の綾《あや》なのか、古典での透垣は、覗き見る「垣間見《かいまみ》」の記述が多くあります。『和泉式部《いずみしきぶ》日記《にっき》』の「近き透垣のもとに人の気配のすれば」、『源氏物語』（末摘花《すえつむはな》）での「透垣のただすこし折れ残りたる隠れの方に立ち寄りたまふに、もとより立てる男ありけり」などです。

清涼殿《せいりょうでん》の滝口《たきぐち》（蔵人《くろうど》の管理下にある警固武者）の陣（詰《つめ》所《しょ》）には透垣が設けられていました。これは内側の武者からは周囲の状況が確認でき、殿上人からはむさ苦しい武者の姿が見えないようにするための配慮なのでしょう。

透垣（『源氏物語絵巻』*）

小柴垣（『春日権現験記』*）

柴垣《しばがき》・小柴垣《こしばがき》

『古事記』や『日本書紀』に登場する柴垣は、柴（雑木）の小枝を編んで作った日本古来の垣根で、神社や大嘗宮《だいじょうきゅう》関係の記述に多く見られます。巨大なものもあり、『皇太神宮儀式帳《こうたいじんぐうぎしきちょう》』に載る宇治山田《うじやまだ》神社の柴垣は高さ一丈（約三m）、『宇槐雑抄《うかいざっしょう》』に載る藤原頼長《よりなが》の文倉《ふみくら》の柴垣は高さ一丈三尺もあります。柴の種類に規定はありませんが、伊勢斎宮《さいぐう》が潔斎《けっさい》する「野宮《ののみや》」の柴垣には古来、香りの良いクロモジの小枝が用いられています。

文献や絵巻物でより多く見かけるのが丈の低い「小柴垣」。『源氏物語』（若紫《わかむらさき》）で光源氏が幼い若紫を垣間見る場面で有名です。侵入を防ぐ効果を主目的にしたもので、絵巻物では三角形のバリケード状。丈が低く比較的内部を覗きやすい構造だったようです。

クロモジの柴垣

○透垣

『禁秘鈔』

「凡清涼殿及滝口透垣等。皆木工寮役。他殿舎修理職役也。」

『年中行事歌合』

「大内には前に透垣の様なる物の有にやと覚侍る。」

『讃岐典侍日記』

「滝口の本所の前の透垣などに降りおきたる、見所ある心地して」

『堤中納言物語』（花桜折る少将）

「男ども少しやりて、透垣のつらなる群薄の繁き下に隠れて見れば」

○柴垣・小柴垣

『貞観儀式』

「践祚大嘗祭（中略）其院方十六丈、以柴為垣〈高四尺、以□結之四節〉。」

『延喜式』（神祇式）

「凡在京斎場者。（中略）其斎場者、分為内外両院。以柴為籬、編木為門。」

『宇槐雑抄』

「久安元年（一一四五）四月二日、丁丑。自正月造之文倉造了。去倉六尺芝垣、広七尺、高一丈三尺、坤角有出入之道。」

檜皮葺《ひわだぶき》

古来より伝わる日本特有の屋《や》根《ね》葺《ぶき》手法です。檜《ひのき》の樹皮を甘皮を残してはぎ、五枚重ねては竹釘《たけくぎ》で押さえることを繰り返し、三寸（約九㎝）以上重ねて葺きます。場合によっては厚み一尺（約三〇㎝）にも及びます。大内裏《だいだいり》内の建物は内裏の殿《でん》舎《しゃ》を含めて、多くが檜皮葺でした。『延喜式《えんぎしき》』（木工式）には七丈の屋根を厚さ六寸で葺くには、三尺の檜皮九百圍《い》（一圍は三尺三寸の縄で束ねた量）が必要とあり大変な量です。そうしたこともあってか、長元三年（一〇三〇）四月に六位以下の家を檜皮葺にすることが禁じられたと『日本紀略《にほんきりゃく》』にあります。ただし室町中期の『海人藻芥《あまのもくず》』には、武士の家は板葺《いたぶき》が原則だが、近年は「将軍家がおいでになるから」と公家のように檜皮葺にしているとあります。

上：平安神宮の鬼瓦
下：大極殿を模した平安神宮・外拝殿の緑釉瓦

上：檜皮葺（『春日権現験記』＊）
下：厚みのある檜皮葺

瓦葺《かわらぶき》

『日本書紀』崇峻天皇元年（五八八）に、百済国《くだらのくに》から「瓦博士」が渡来したとあります。これは蘇我馬子《そがのうまこ》の法興寺《ほうこうじ》建立のためのもので、瓦葺は当初から寺院での利用がメインでした。『延喜式《えんぎしき》』（神祇式）に斎宮《さいぐう》の忌み言葉として、寺を「瓦葺」と言い換えるとあるのは、瓦葺が寺院の象徴だったからです。

大内裏《だいだいり》の建物の中で、大極殿《だいこくでん》など唐風《からぶり》の建造物は瓦屋根でした。また太政官の文殿《ふどの》（文庫）は火災予防のためか瓦葺でしたが、嘉禄二年（一二二六）二月に焼亡したと『百錬抄《ひゃくれんしょう》』にあります。これらの瓦需要に応えるため、小野《おの》・栗栖野《くるすの》（京都市左京区岩倉幡枝町《いわくらはたえだちょう》）に「瓦屋」が設けられていたことが、『延喜式』（木工式）に記されています。

○檜皮葺

『栄花物語』（たまのうてな）
「この御堂の東の方に、五間ばかりの檜皮葺の寝殿に、廊・渡殿などして、廻に立蔀しこめて、それぞとの丶御方なりける。」

『海人藻芥』
「武士ノ家ニハ不造檜皮屋。皆板屋作ナリ。然近年称将軍家渡御ノ在所、各構檜皮屋畢。中門廊以下、月卿ノ家ニ同ジ。但不立棟門、皆モロオリ戸也。」
「清涼殿ノ孫子庇ト申ハ、檜皮葺之庇ノ外ニ又板ビサシヲ指ル也。檜皮葺ニハ、時雨ノ音聞エ子バ、板ビサシヲ指テ時雨ノ音ヲ聞召サントノ為也。」

○瓦葺

『延喜式』（弾正式）
「凡宮城衛廬。東面五宇・南北面各二宇・東北東南隅各曲舎一宇・西面五宇・南北面各二宇・西北西南隅各曲舎一宇、並檜皮葺。但直南一面廬四宇・東西両隅曲舎二宇、特瓦葺。」

『延喜式』（木工式）
「葺瓦工一人。夫三人、葺長十二丈。以藁一囲充長三丈。提瓦以撃瓦二枚為一重。其数随屋大小。」
「凡自小野栗栖野両瓦屋至宮中。車一両賃四十文。」

『延喜式』（神祇・斎宮式）
「塔称阿良良岐、寺称瓦葺。僧称髪長、尼称女髪長。」

『宇津保物語』（楼のうへ上）
「楼の上に檜皮をば葺かで、青瓷の濃き薄きを、皆瓦の形に焼かせて葺かせ給へり。」

『百錬抄』
「嘉禄二年（一二二六）二月廿七日。去夜。官文殿五間瓦葺焼亡。累代文書皆為灰燼。経数百歳未焼之所也。御斎会本尊者、自百済国奉渡、已焼失了。末代之極歟。」

番匠《ばんじょう》

建築技術者が「番匠」です。『宇治拾遺物語《うじしゅういものがたり》』（寛朝僧正《かんちょうそうじょう》勇力《ゆうりき》の事）に、仁和寺《にんなじ》の修理に「番匠どもあまたつどひて作けり」とあります。朝廷には今に伝わる「大工《おおいのたくみ》」という役職があり、木工寮《もくりょう》・修理職《しゅりしき》・大宰府《だざいふ》に置かれました。『養老令《ようろうりょう》』（職員令）では「大工」の任務を「城隍《じょうこう》・舟楫《しゅうしゅう》・戎器《じゅうき》・諸営作事」と規程され、建築作業だけではない総合的な土木建築技術者であることがわかります。身分は低くなく、治安二年（一〇二二）七月の法成寺《ほうじょうじ》金堂落慶《らっけい》法要の日、木工寮の大工・常道茂安が従五位上に叙せられています。

大工の下には少工《すないたくみ》もいて職人たちを統率しました。『延喜式《えんぎしき》』（中務式）には、「長上十三人・将領十人・工部五十人・飛騨工卅七人」といった工人たちが列記されています。

建築現場で間竿《けんざお》と曲尺を手に指揮する大工
（『松崎天神縁起絵巻』＊＊＊）

工具《こうぐ》

『春日権現験記《かすがごんげんげんき》』を見ますと、現在も使われているような大工道具が見られます。まず寸法を測る「曲尺《かねじゃく》」と「水平器《すいへいき》」です。曲尺は現在のものと同様ですが、水平器は文字どおり水を入れた容器で、地面に張った糸を水平に定めています。材木に直線を引く「墨壺《すみつぼ》」は現在とは形状は異なりますが、原理はまったく同じです。

墨壺の上方では鑿《のみ》を使って木を縦に割っています。この時代には木材を縦方向に切る大鋸《おが》は存在していませんでしたから、鑿で割るのです。

そして現代ではまず見かけない工具が「釿《ちょうな》」。原木をはつって表面を荒削りする道具です。このあとさらに表面を美しく仕上げるのが「槍鉋《やりがんな》」。槍のような形状ですが、横に向けて構え、手前に引いて薄く削ります。

（上、右から）水平器、墨壺、釿
右下・左下：槍鉋
（すべて『春日権現験記』＊）

○番匠

『延喜式』（中務式）

「時服（中略）木工寮一百卅四人〈頭一人・助一人・大允一人・少允二人・大属一人・少属二人・史生十人・算師四人・大工一人・少工二人・長上十三人・将領十人・工部五十人・飛騨工卅七人〉。」

『小右記』

「治安二年（一〇二二）七月十四日、壬午。今日供養法成寺金堂之日也。（中略）因幡守為時可叙従四位下、大工茂安可叙従五位上、修理属伊香豊高可加任少進者。」

『平記』

「康平四年（一〇六一）閏八月廿一日（中略）先御阿弥陀堂、次以輦車御金堂前、其後召大工等賜禄有差〈五位大工一疋、少工四疋、長上三疋、脇長一疋〉。」

妻戸《つまど》

寝殿造《しんでんづくり》の建物には様々な形状の建具《たてぐ》がありましたが、通常、人が出入りする部分には観音開《かんのんびら》きの扉が多く用いられ、「妻戸」と呼ばれました。「妻」は建物の端（横から見て屋根が三角になっている部分）を意味し、それ以外の場所にあるのを「唐《から》戸《と》」と呼んだともされますが、のちに設置場所に関わらず、この形式の戸全般が妻戸と呼ばれたようです。扉は左右に開く二枚戸のほか、中折れ式の四枚戸「大妻戸《おおつまど》」もありました。

扉の内側には「猿《さる》つなぎ」と呼ばれる掛け金が付けられ、外からは容易に開かないようになっています。扉部分の開閉は蝶番《ちょうつがい》ではなく、扉の心棒《しんぼう》の上下の突起「とまら」を上下の「框《かまち》」（横材《よこざい》）の窪み「とぼそ」に入れて回転させます。この機巧を「くるる」と呼びました。

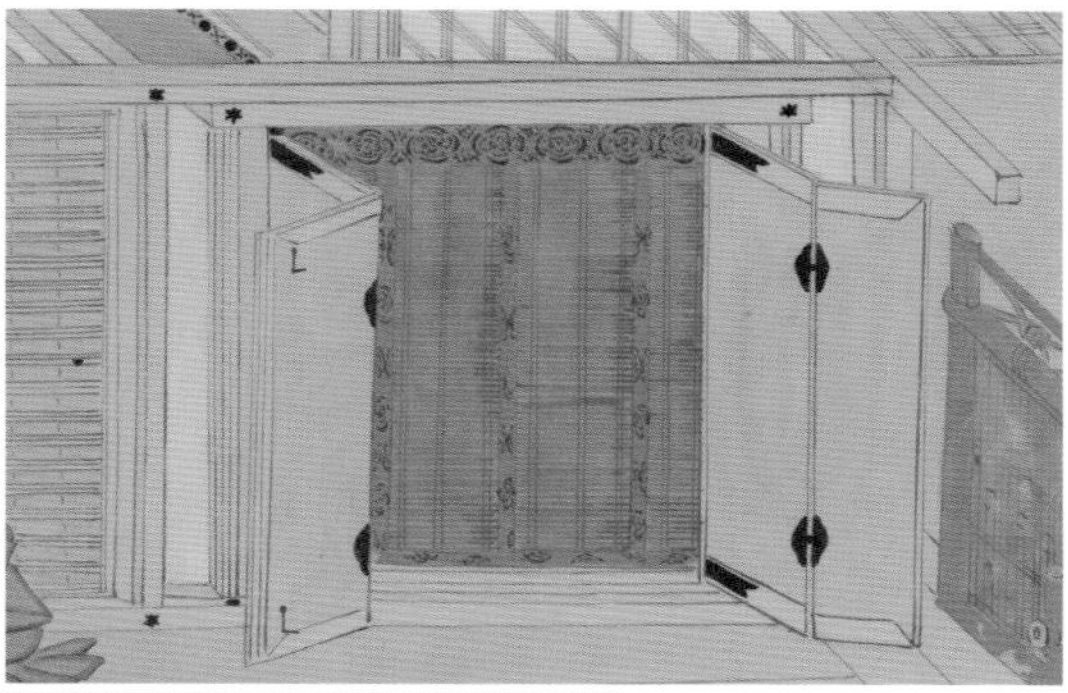

上：大妻戸
（『慕帰絵』＊）
下：くるる

半蔀（『紫式部日記絵巻』（模本）＊＊＊）

半蔀《はじとみ》

遣戸《やりど》（引き違いの戸）がない時代の建物は、開口部の多くが「蔀《しとみ》」になっていました。これは風雨・日光を避けるための屏障具《へいしょうぐ》で、雨戸のようなもの。下半分の板戸ははめ込み式、上半分の板戸は釣り上げ式の二分割なので「半蔀」と呼ばれます。鍵を掛けることもありました。

『栄花物語《えいがものがたり》』（ゆふしで）に「御《み》格子《こうし》押し上げ」とあるなど例外はあるものの、文献上多く見られる「格子」は蔀の下半分を指すことが多かったようで、『栄花物語』（わかばえ）に「所々の御格子上げ、妻戸《つまど》押しあけ、半蔀上げ開きて」とある「御格子」は下半分のこと。これを取り外し、上半分の「半蔀」を上げて、開口部を全開するという意味です。なお「御格子」は、就寝することを意味する言葉でもありました。

素朴な半蔀（『春日権現験記』＊）

○妻戸

『**禁秘抄**』

「夜御殿。四方有妻戸。南大妻戸一間也。」

『**三内口決**』

「殿并家作法等事。主殿八七間四面〈南面通法候〉。面七間之中。妻戸二有之〈一八公卿座ノ中也。是八主人ノ妻戸。仍平生八不開之。為貴人等出入之路也。中門車寄此所二相兼テ作之。家々有之。輿等自此戸可寄候也。其次之妻戸。平生之客人之通路也。其道出広縁。透連子也。白壁之中也。其次落縁有開戸。是八奏者之仁。又雑人等之通路也〉。」

○半蔀

『**和名類聚抄**』

「蔀　周礼注云蔀〈音部字亦作蔀和名之度美〉。覆暖障光者也。」

『**栄花物語**』**（わかばえ）**

「明けぬれば、所々の御格子上げ、妻戸押しあけ、半蔀上げ開きて、あるは髪をつくろひ、顔を磨きなど騒ぎたり。」

『**花鳥余情**』

「はじとみ　下はかうし、はた板などをうちて、うへに志とみをつりて、外へあぐるやうに志たるをいふ。」

上：遣水（『春日権現験記』*）
下：泉の上に立てられた簀子での納涼
（『扇面法華経』***）

遣水《やりみず》・泉《いずみ》

貴族の邸宅はじめ、庭園を設ける人々は、庭に水景を求めました。平安中期の『作庭記《さくていき》』には当時の作庭思想・技術が詳細に綴られていますが、その冒頭に「地形により池のすがたにしたがひ」とあるように、池の存在は不可欠とされました。また流れのある小川を「遣水」と呼び、『作庭記』には「東より南へ迎え西へ流すを順流とす」とあり、これは京都の地《ち》勢《せい》からして妥当なことです。また納涼のため「人家に泉は必ずあらまほしき事」ともあります。京都は地下が礫層《れきそう》で容易に泉（自噴井戸《じふんいど》）を掘ることが可能だったのです。また「泉は冷水を得て屋を造り、大井筒《おおいづつ》をたて簀子《すのこ》を敷くこと常事也」「水の面へ差し出でて釣殿《つりどの》の簀子のごとく敷く説もあり」とも記され、『扇面古写経《せんめんこしゃきょう》』などにその光景が描かれています。

上：龍頭の船　　下：鷁首の船
（ともに『駒競行幸絵巻』（模本）***）

龍頭鷁首《りゅうとうげきしゅ》の船《ふね》

上級貴族の庭園に設けられた池は広大で、『源氏物語』では魚を釣ったり鵜飼《うかい》をさせたりと、天然の湖沼なみに楽しむ光景が描かれます。京都の夏の暑さは今も昔も変わりないですから、納涼には池での水遊びが最適だったのでしょう。

華やかな宴が催されるとき、池には中国風の「龍頭鷁首」の船が浮かべられ、楽人《がくじん》を乗せて演奏させました。これは唐《とう》の『芸文類聚《げいもんるいじゅう》』にも登場する、舳先《へさき》に想像上の動物である龍と、鷁《げき》という鳥の飾りを付けた船で、盛宴には欠かせない演出だったようです。『醍醐天皇御記《だいごてんのうぎょき》』延喜十七年（九一七）三月の記録を始め、寛弘五年（一〇〇八）十月の、一条天皇土御門殿《つちみかどどの》（藤原道長邸）行幸など、その記録は数多くあります。

○遣水・泉

『紫式部日記』
「土御門殿のありさま、いはむかたなくをかし。池のわたりの梢ども、遣水のほとりの草むら、おのがじし色づきわたりつつ」

『御堂関白記』
「長和二年（一〇一三）二月廿三日（中略）有如触穢。事故説孝朝臣家付遣水童流入、而家者見之、付水払出。」

『小右記』
「長和四年七月十一日、戊午。寅時許、従四条宮令汲泉水給。是曼陀羅供料、尋清浄水殊令汲之由。」

○龍頭鷁首の船

『源氏物語』（藤裏葉）
「東の池に舟ども浮けて、御厨子所の鵜飼の長、院の鵜飼を召し並べて、鵜をおろさせたまへり。小さき鮒ども食ひたり。」

『醍醐天皇御記』
「延喜十七年（九一七）三月十六日。（中略）幸六条院法皇御在所左大臣融宅。龍頭鷁首楽人唱歌者舞之。」

『扶桑略記』
「天徳五年（九六一）閏三月十一日、於釣殿有藤花宴。龍頭鷁首舟各一艘、有童舞等。」

『御堂関白記』
「寛仁二年（一〇一八）十月廿二日、辛亥。此日土御門幸行。（中略）入御間、龍頭鷁首舟於池上奏楽。」

『栄花物語』（はつはな）
「神無月のつごもりの事となん。かくてこたみの料とて造らせ給へる船ども寄せて御覧ず。龍頭鷁首の生ける形思ひ遣られて、あざやかにうるはし。」

『栄花物語』（おむがく）
「左右の船楽龍頭・鷁首舞ひ出でたり。曲を合せて響無量なり。管を吹き絃を弾き、鼓を打ち、功を歌ひ、徳を舞ふ。」

植栽《しょくさい》

庭には多くの植物を植えます。『作庭記《さくていき》』には「人の居所の四方に木を植えて、四神具足《しじんぐそく》の地となすべき」とあり、東には柳、西は楸《きささげ》、南に桂《かつら》、北には梒《うつぎ》を植えよとします。

その他は好みに従って好きな木を好きなところに植えるが良いとしつつ、東には花の木、西には紅葉の木を植えるのが良く、池の島には松・柳、釣殿《つりどの》のそばには楓《かえで》など涼しげな夏木立《なつこだち》を植えるべきと記します。

建物の近くには「籬《まがき》」(竹・柴の小垣根)で囲み、草花を植える「前栽《せんざい》」を設けました。『作庭記』に「桔梗《ききょう》・女郎《おみなえし》・われもこう・ぎぼうし」などが良いとあるように、建物に近い前栽は、大きくなる木よりも可愛らしい草花を植える場所だったのです。

岩躑躅や薔薇を植栽した庭(『春日権現験記』*)
岩躑躅はサツキ(学名:*Rhododendron indicum*)、
薔薇はコウシンバラ(学名:*Rosa chinensis*)と推測される

幄舎(大臣大饗の酒部所)(『年中行事絵巻』*)

幄《あげはり》

儀式に際して、一時的に建てられるテントが「幄」(幄舎《あくしゃ》)。朝廷では大蔵省が幄の管理を担当し、『延喜式《えんぎしき》』(大蔵式)には諸行事での幄の規則が記されています。たとえば元日朝賀では大臣用の「軽幄《けいあく》」(棟のない平張の幄)、七日の白馬節会《あおうまのせちえ》では大膳職《おおかしわでのつかさ》の臨時調理所のために間口五丈(約十五m)の「紺幄《こんあく》」一宇、四月の賀茂祭日《かものさいじつ》は七丈幄四宇・五丈幄八宇などです。幄の奥行は間口の巾《はば》にかかわらず二丈四尺(約七m二〇㎝)でした。

大臣大饗《だいきょう》(母屋《もやの》大饗)の際には、南庭に三間の「立作《たちつくり》の幄」を建て、鯉《こい》を捌くのを客たちが見物すると『満佐須計《まさすけ》装束《しょうぞく》抄《しょう》』にあります。魚鳥を調理する「立作所《たちつくりどころ》」の幄は庭の東側で、西側の「酒部所《さかべどころ》」の幄では火炉《かろ》で酒を燗《かん》づけしました。

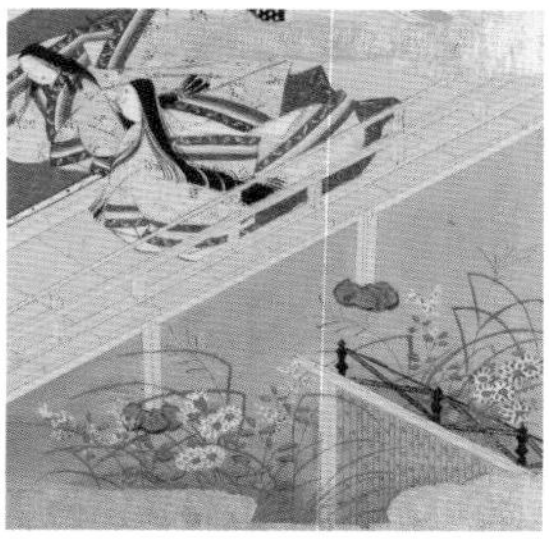

前栽(『源氏物語画帖』
メトロポリタン美術館蔵)

○植栽

『宇津保物語』(国譲上)
「池のほとりに大きなる松に藤のかゝりて数多有り。すべて春の花、秋の紅葉面白く、時々の前栽草木もいとをかし。」

『源氏物語』(明石)
「木立、立石、前栽などのありさま、えも言はぬ入江の水など、絵に描かば、心のいたり少なからむ絵師は描き及ぶまじと見ゆ。」

『たまきはる』
「八月十日ごろに、御壺の前栽、御随身も持てまいりて植ゑしが、ことさらに小さき萩、女郎花、薄、刈萱など、花ども咲きたる」

○幄

『延喜式』(内匠式)
「幄一具〈柱十八株六株各長一丈四尺、周一尺二寸。十二株各長一丈、周一尺。」

『新儀式』
「殿上侍臣賭弓事(中略)所司供奉装束、大略同正月十八日之儀〈但南庭立平張二宇為前後射手等座、前方北幄・後方南幄、是為避暖日。臨時奏聞、以左右近衛府平張立之、而近代必立件幄、漸為流例也〉。」

『栄花物語』(御賀)
「庭は遙々として、橋立の砂子などのやうにきらめき見えたり。所々の幄舎・屏幔などの色のけざやかに(中略)け高うめでたし。」

御簾《みす》

御簾は細い竹ひごを編んで作ったロールスクリーンで、青竹が美しいので「翠簾《すいれん》」とも呼ばれます。内裏《だいり》の諸殿を始めとして、母屋《もや》と庇《ひさし》、庇と孫庇《まごびさし》の境には必ず懸けられました。部屋の内側に垂らす御簾を「内《うち》御簾」、鴨居の外側に取り付けて垂らす御簾を「覆《おおい》御簾」と呼びますが、双方とも内側に巻き上げるのが本儀です。

巻き上げて止めるのは「鉤《こ》」と呼ばれる半円形の金具で、これに「鉤丸緒《こまるお》」と呼ばれる房飾《ふさかざ》りを垂らします。御簾の上部には横幅の布を付けて長押《なげし》に止めます。この横幅布を「帽額《もこう》」と呼び、胡蝶《こちょう》と「窠《か》」の文様を摺り出すのが平安時代からの定式《しき》でした。このためこうした式正《しょう》の御簾を「帽額の御簾」と呼ぶこともありました。

上：御簾（『春日権現験記』*）
下：御簾の帽額と鉤

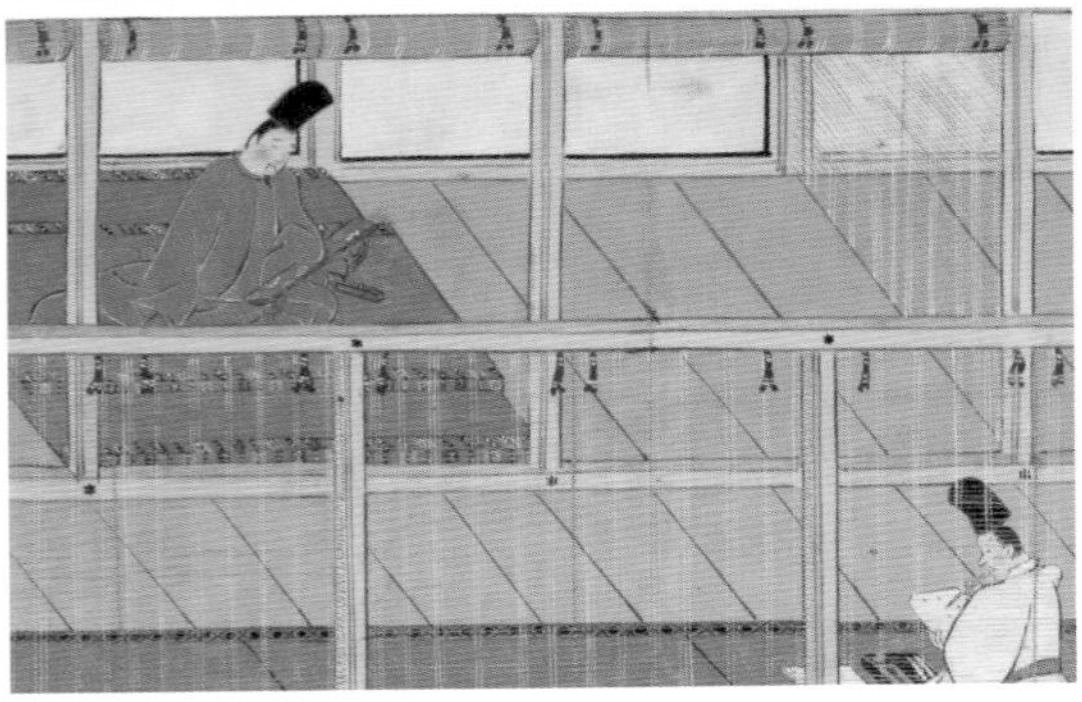

上：帽額　　下：伊予簾（『春日権現験記』*）

伊予簾《いよす》

より軽快な簾が「伊予簾」です。『河海抄《かかいしょう》』に「伊予簾〈蘆簾也〉」とあるためヨシの簾と思われがちですが、スダレヨシ（学名：*Pleioblastus chino var. viridis*）というタケ・ササ類で作られます。通常の「翠簾《すいれん》」と比べて色が白く軽くサラサラと音を出すのが特徴。二級品の御簾という位置付けだったようで、『宇津保物語《うつほものがたり》』（藤原《ふじわら》の君）では、吝嗇家《りんしょくか》の三春高基《みはるたかもと》が牛車《ぎっしゃ》に伊予簾を使っていますし、『枕草子』では六位から成り上がった者が「伊予簾かけ渡し」た家に住むとされます。

ただし別荘・山荘ではその軽快さが好まれました。永久三年（一一一五）九月に白河《しらかわ》法皇が藤原忠実《ただざね》の別荘に御幸したとき、別荘の御簾は部屋によって翠簾と伊予簾が懸け分けられていたことが『殿暦《でんりゃく》』に記されます。

○御簾

『枕草子』
「心にくきもの（中略）御簾の帽額、総角などにあげたる鉤のきはやかなるも、けざやかに見ゆ。」

『紫式部日記』
「君達は、ただ五節所のをかしきことを語る。『簾の端、帽額さへ心々にかはりて、出でゐたる頭つき』」

『満佐須計装束抄』
「母屋庇の調度たつる事。（中略）次に母屋の御簾を懸く。母屋は寝殿に拠りて四間もしは五間にてもあるなり。七間四面の寝殿ならば、母屋五間に御簾を懸けて、内に壁代を引廻すべし。（中略）御簾の鉤の付き様は常の如し。（中略）庇の御簾に鉤を付けて姫君の昇る時便宜の所を上ぐべし。」

○伊予簾

『扶桑略記』
「寛治二年（一〇八八）二月廿六日、癸卯。辰剋、御厨子所供御膳、即就路。戌剋、御中院。先立二間四面檜皮葺屋一宇。西面懸翠簾、南面懸伊予簾。」

『小右記』
「寛仁三年（一〇一九）正月九日、丁卯。（中略）帰給次堀河院、寄御車西対。相府在此対、御息所又在同所云々。件対懸伊予簾、又其外事甚見苦。致行朝臣外又無人、極多恥辱云々。」

『殿暦』
「永久三年（一一一五）九月廿一日、丁亥。（中略）御装束、寝殿東西南三面・母屋庇西廊南西両面懸廻翠簾（中略）寝殿西第一二三四間母屋南面巻之、南西面庇垂之。北庇并自余所懸伊予簾。」

『枕草子』
「にくきもの（中略）伊予簾など掛けたるにうちかづきて、さらさらと鳴らしたるも、いとにくし。帽額の簾は、まして、こはじのうちおかるる音、いとしるし。」

壁代《かべしろ》

寝殿造《しんでんづくり》の御殿は大きく屋根も高く、室内には柱しかないような開放的空間。母屋《もや》と庇《ひさし》などを仕切るためには、構造材である横材《よこざい》「内法長押《うちのりなげし》」に壁代《かべしろ》や御簾《みす》といった屏障具《へいしょうぐ》を取り付けて垂らしていました。壁代の主目的は防寒で、厳寒時はさらに内側に四尺几帳《きちょう》を並べてすきま風を防ぎます。延喜二十一年（九二一）の『皇大神宮儀式帳《こうたいじんぐうぎしきちょう》』に「壁代生絁御帳二条」とあることから、遅くともその時代にはその名称で呼ばれていました。

壁代の詳細については『類聚《るいじゅう》雑要抄《ぞうようしょう》』に詳しく記されています。そこでは壁代の巾《はば》は反物《たんもの》七幅、長さは九尺八寸とあります。また御簾のように巻き上げるときは、四尺几帳の上三寸（約九cm）ほどまで上げるとも記されています。

上：桜花文の壁代（『源氏物語絵巻』*）

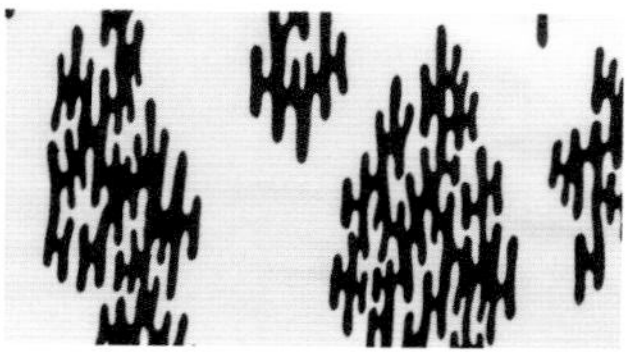

下：壁代の帷に多く見られる朽木形（京都御所・紫宸殿）

内宴・唐絵の軟障（『年中行事絵巻』*）

軟障《ぜじょう》

絵を描いた絹地の大型幕のようなもので、鎌倉後期の『大《だい》饗《きょう》雑《ぞう》事《じ》』によれば縦三尺七寸（約一一二cm）、横六幅（約二一六cm）の大きな生絹《すずし》の生地に唐絵《からえ》を描いたもの。人目を遮るほか防風の意味もあり、吹きさらしのオープンスペースで行われる「二宮大饗《にぐうのだいきょう》」で張られますし、『源氏物語』（須磨《すま》）では浜辺の上巳《じょうし》の祓《はらえ》で軟障を引き回しています。また『西宮記《さいきゅうき》』によれば正月「内宴《ないえん》」で内匠《うちたくみの》寮《つかさ》が綾綺殿《りょうきでん》の母屋《もや》に「軟障台」を立てています。これは舞妓の楽屋です。

平安後期の『満佐須計装束《まさすけしょうぞく》抄《しょう》』では「高松《たかまつ》の軟障」として「高い松を中心に四季の木を描く」とありますが、『年中行事《ねんじゅうぎょうじ》絵巻《えまき》』（内宴《ないえん》）で軟障に描かれるのは唐絵《からえ》ですから、明確な定めはなかったのでしょう。

○壁代

『栄花物語』（けぶりの後）

「畳二枚ばかり敷く程にて、御簾廻りてかけて、唐綾の小文の壁代、絵など書きて懸け廻らかさせ給へり。」

『満佐須計装束抄』

「母屋庇の調度たつる事。（中略）次に母屋の御簾を懸く。母屋は寝殿に拠りて四間もしは五間にてもあるなり。七間四面の寝殿ならば、母屋五間に御簾を懸けて、内に壁代を引廻すべし。（中略）壁代の表は、例の几帳の様にて。裏は白く瑩して。紐は表は蘇芳裏半。濃打半を合はせてあり。」

『類聚雑要抄』

「永久三年（一一一五）七月廿一日戊子。関白右大臣殿移御東三条。母屋庇御簾并壁代・屏風・几帳凡鋪設帳雑事等如以前古指図也。」

「小野宮差図。母屋四面壁代巻上、高四尺几帳上三寸許上之。」

○軟障

『源氏物語』（須磨）

「いとおろそかに、軟障ばかりを引きめぐらして、この国に通ひける陰陽師召して、祓へせさせたまふ。」

『満佐須計装束抄』

「高松の軟障を懸く。（中略）母屋三方に御簾を懸けておろしたる上に、軟障とて幔の様なる絹に、高き松を本体にて、四季の木どもを画きたり。是等四季の絵を画きたれば、春を東に始めて引くべし。」

『大饗雑事』

「軟障事。面ハ生絹ニ唐絵ヲカク。縦様ハ三尺七寸〈鉄定〉。横ヘハ六幅ナリ。上下左右ニ綾ヲ紫ニ染テ縁ニ付ク。其広ハ六尺八分〈金定〉。白練ノ絹ヲ裏ニ付ク。縁ノ裏ハ紫ノ練絹也。紫ノ綾〈縁ト同ジ〉ヲ一寸バカリニタヽミテ乳ニ付ク。其数十也。綱ヲトホスベキ量ナリ。（中略）今注付タルハ一帖文也。」

几帳《きちょう》

広い部屋を仕切るために多用された屏障具《へいしょうぐ》のひとつ。「土居《つちい》」（土台）から縦に二本の「足」を立て、「手」（横木《よこぎ》）を丁字形《ていじけい》に組み合わせたものが几帳の架《か》で、「帷《かたびら》」と称する布帛《ふはく》を垂らしました。帷の縫い目に「綻《ほころ》び」（縫わない部分）があり、ここから外側をのぞき見ます。

各種のサイズがありましたが高さ四尺幅八尺の四尺几帳と、高さ三尺幅六尺の三尺几帳が多用されました。帷は冬は木が腐ったデザインの「朽木形《くちきがた》」文様（147ページ）が青摺《あおずり》で描かれ、夏は白地に白胡粉《ごふん》で花鳥を描くことが一般的でした。

しかし『栄花物語《えいがものがたり》』の（こまくらべの行幸）には「几帳は朽葉の末濃《すそご》に秋の絵を描いて櫨緂《はぜのだん》の紐を垂らす」とあります。こうした華やかな几帳は特に「美麗几帳」などと呼ばれました。

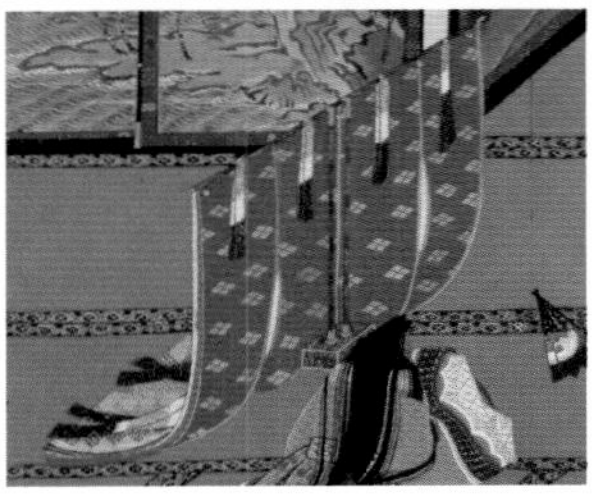

上：美麗几帳　下：几帳の裏
（ともに『春日権現験記』*）

几帳に装束を着せかけた打出
（『小野雪見御幸絵巻』（模本）***）

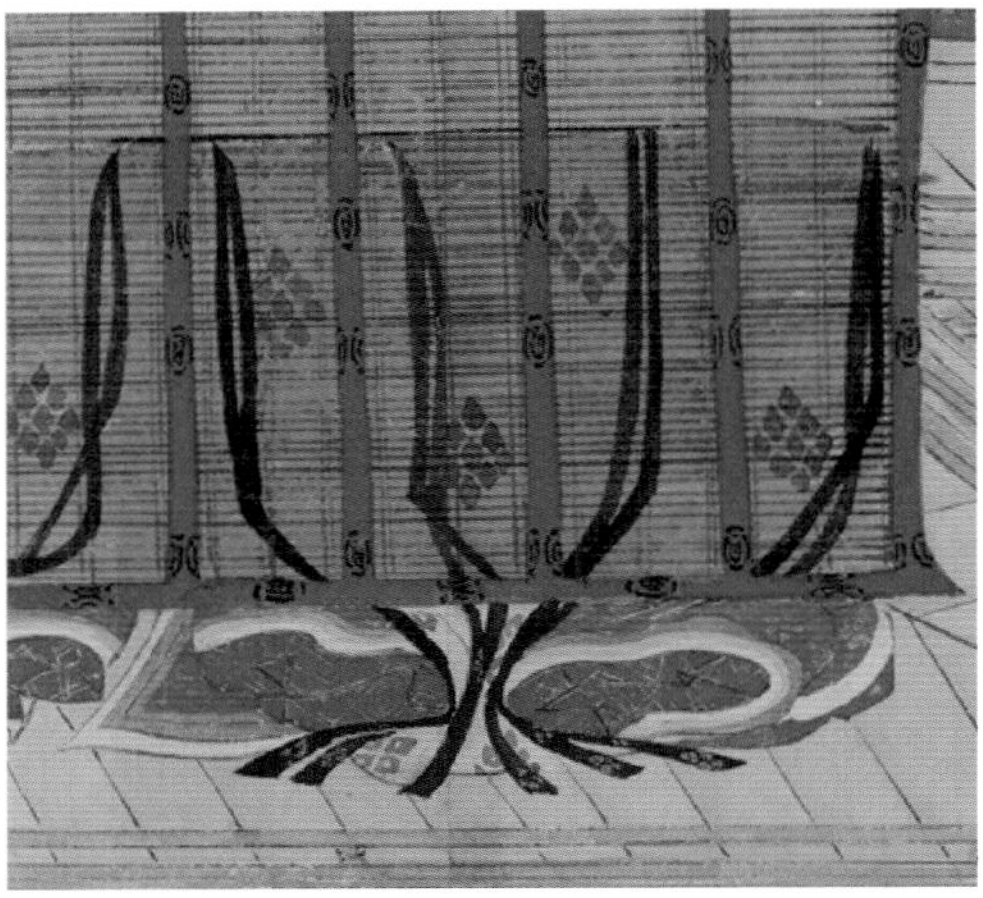

打出《うちいで》

儀式行事の際に女房装束《にょうぼうしょうぞく》の美しい袖を御簾《みす》の外に引き出して見せ、華麗さを演出しました。これを「打出」と呼びます。『栄花物語《えいがものがたり》』には打出の場面が多く華やかに描かれていて、治安三年（一〇二三）、禎子《ていし》内親王の裳着《もぎ》では寝殿の南から西まで、藤十人、卯《う》の花《はな》十人、躑躅《つつじ》十人、山吹《やまぶき》十人の打出をしたとあります。また同じ治安三年の源《みなもとの》倫子《りんし》「六十賀《むそじのが》」の場面でも華やかな打出の様子が描かれます。

この時代は実際に女房たちが着ている装束の袖口ですが、平安後期になると衣類を几帳《きちょう》に着せかけたものを並べて袖口の美しさを見せようとする、インテリアの打出に発展します。『満《ま》佐《さ》須《す》計《け》装束抄《しょうぞくしょう》』には「打出をすること」の項があり、その方法が詳しく記されています。

○几帳

『延喜式』（内匠式）

「年料几帳八基〈四尺四基・三尺四基〉料。」

『栄花物語』（こまくらべの行幸）

「御几帳朽葉の末濃に秋の絵を書きて、櫨緂の紐をせさせ給へり。」

『紫式部日記』

「九日の夜は、春宮権大夫仕うまつりたまふ。（中略）今宵は、おもて朽木形の几帳、例のさまにて、人びとは濃きうち物を上に着たり。」

『禁秘鈔』

「四面有几帳。帷、夏生、以胡粉画花鳥鶴歟。冬朽木形。」

○打出

『満佐須計装束抄』

「打出をすること。一間に二具を出す。色折りに依るべし。先ず片袴をよき程に引き出して、其上に衣の前を単を具して、下二つばかりをよく引き出して、長押の際によく押し出したるが良きなり。（中略）衣の裾を柱寄につけて、片身をいたすに取りて、背縫などは柱の通りに当たる程に引き出すべし。」

『胡曹抄』

「打出事。康和二年(一一〇〇)七月十七日、今日於東三条被行大饗知足院一任大臣ノ日。寝殿南庇、自東第二三井西ノ庇北ノ戸簾ノ内、無間立几帳。女房出袖、紅綾ノ単重、二藍ノ織物、表着朽葉ノ織物唐衣等也。嘉禎三年（一二三七）四月七日、此日大臣召シ也。寝殿ノ南庇西第三ノ間、并同東ノ廂南四間有打出。瞿麦紅打引倍木、青朽葉ノ表着、二藍唐衣、永久ノ例也。以衣六具出之六間。」

「打出袴ハ不可然事也云々。」

『類聚雑要抄』

「永久四年（一一一六）正月廿三日。内大臣殿母屋大饗寝殿指図。東三条殿。自是東二ケ間有打出南向。又東向妻戸有各打出。（中略）寝殿北庇有打出（衣ノスソヲ出スヲ云）。」

屏風《びょうぶ》

大きな部屋を自由に仕切るものとして「屏風」があり、『日本書紀』朱鳥元年（六八六）四月に新羅《しらぎ》が屏風を貢進したとあるのが最古の記録です。屏風は絵を自由に描くことができるので、華やかな演出に多用されました。屏風には高さが三尺（約九〇cm）・四尺（約一二〇cm）・五尺（約一五〇cm）と種類があり、多く使われたのが六曲の五尺屏風です。

貴族社会では輸入の唐絵《からえ》屏風もありましたが、大和絵《やまとえ》の屏風が好まれ、『満佐須計装束抄《まさすけしょうぞくしょう》』の「母屋庇《もやのひさし》の調度《ちょうど》たつる事」には、大和絵の四尺屏風を母屋の柱の際から端まで立てるとあります。また『禁秘鈔《きんぴしょう》』には清涼殿《せいりょうでん》の「五間」と「石灰《いしばいの》壇《だん》」に「四季御屏風《しきのみびょうぶ》」があると記されています。

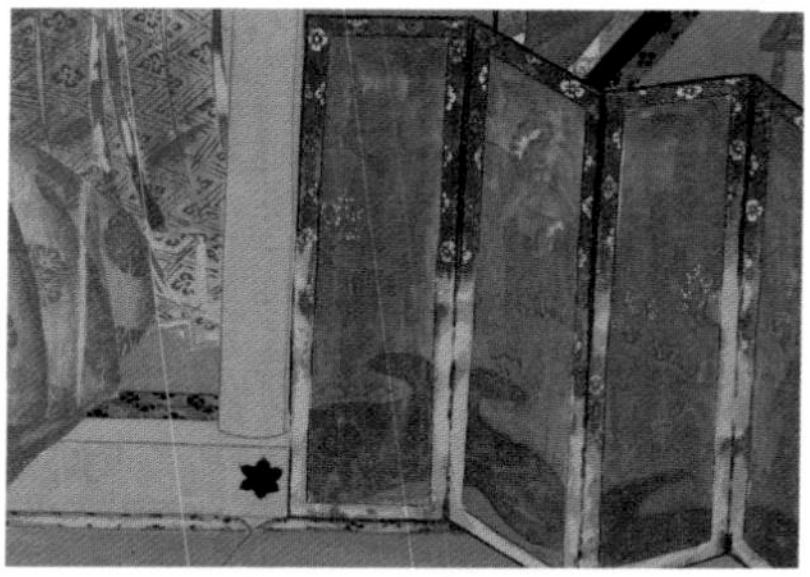

上：大和絵の屏風　下：屏風の裏の雲立涌文
（ともに『源氏物語絵巻』＊）

軟錦《ぜんきん》

平安時代の屏風や障子は、「扇《せん》」（画面）ごとに「軟錦」と呼ばれる帯状の絹裂地《きれじ》を縁取りに回し張りました。『和名類聚抄《わみょうるいじゅうしょう》』の「錦」には、暈繝錦・高麗錦・軟錦・両面錦が挙げられています。また『延喜式《えんぎしき》』（織部式）には「黒緑地軟錦一疋。料糸八斤十二両。織手一人・共作一人。長功二尺七寸・中功二尺四寸・短功二尺一寸」とあります。この軟錦がどのような用途に用いられたのかは興味深いところです。

鎌倉中期頃になると屏風の内周に軟錦を張ることがなくなります。これによって隣合う「扇」同士の連続性が生まれ、屏風全体で一つの絵画を表現することが可能になりました。

上：障子の軟錦（『弱竹物語』＊）　下：軟錦

大正即位礼において高御座で用いられた軟錦

○屏風

『栄花物語』（調合）
「御屏風の絵、こゝの、唐の、絵所に召して、いみじくせさせ給。」

『禁秘鈔』
「清涼殿。五間〈北第一間母屋為御路次。御帳間第三間。大床子第四間奥有御厨子。第五間四季御屏風。母屋有日記御厨子。」

「毎日恒例（中略）内侍兼敷大床子円座於石灰壇南間中央。立廻四季御屏風。垂御簾或不垂。」

『門室有職抄』
「屏風八至極ノ長五尺也。又四尺也。三尺也。普通六枚也。車寄屏風八四枚也。」

○軟錦

『和名類聚抄』
「錦　釈名云錦〈居飲反、和名迩之岐。本朝式有暈繝錦・高麗錦・軟錦・両面錦等之名。繝字所出未詳〉金也作之。用功重其価如金故製其字帛与金也。」

『新猿楽記』
「八郎真人者商人主領也。（中略）繧繝、高麗軟錦、東京錦、浮線綾。」

『類聚雑要抄』
「帖雑事。面弘一尺八寸二分内〈縁二筋各弘一寸四分。但当時可有随絹弘事〉。（中略）縁軟錦三丈三尺五寸〈十二破定〉。」

大宋屏風***
上：左双　騎馬打毬の図
下：右双　徒歩打毬の図

大宋屏風《たいそうのびょうぶ》

宮中で多用された屏風が「大宋（宗）屏風」で、打《だ》毬《きゅう》（211ページ）を楽しむ中国の人物たちが描かれています。

『小右記《しょうゆうき》』によれば、天皇がさまざまな儀式を行なう際、御座の廻りに立てて用いられました。また元日早朝の「四方拝《しほうはい》」では、天皇は大宋屏風に周囲を囲まれた所で祈願をします。

この儀式は現代まで受け継がれ、京都御所内には複数の大宋屏風が存在しています。

四方拝（『近代年中行事絵』***）

『小右記』

「永祚元年（九八九）正月十六日、戊戌。参内。摂政依御物忌不被参内、依主上無出御。南殿懸御簾如常〈又其西六間母屋同懸大宗御屏風〉。」

「寛弘八年（一〇一一）八月廿七日、戊辰。（中略）今日臨幸建礼門、奉幣伊勢（中略）天慶九年（九四六）例〈建礼門前立五丈幄二宇（中略軽幄内立大床子、其辺廻立大宗御屏風二帖、大床子巽方隔以屏風、其内置半畳一枚〉。」

「寛仁二年（一〇一八）六月八日、乙亥。今日大極殿御読経結願。（中略）了摂政退座大極殿中戸北壇上座〈件壇上敷繧繝縁畳、立廻大宗御屏風〉。」

『禁秘鈔』

「御修法（中略）立廻大宋屏風。供御座。御劒役人候屏風際。」

「南殿儀。刻限主上御南殿。御直衣〈如任大臣節会〉。御御帳西間廂大床子。大宋屏風在後。頭等候其辺。」

幔《まん》

布製の遮蔽具《しゃへいぐ》で、「幕《まく》」が布を横に縫い合わせるのに対して「幔」は縦に縫い合わせたもの。前者は武家が陣幕として用い、公家は後者「幔」を用いるのが定式でした。『類聚符宣抄《るいじゅうふせんしょう》』には承和三年（八三六）九月、部外者が乱入して公務の妨害をするので、諸節会《せちえ》・宴会では座に幔を引くことを永く恒例とせよという命令が記録されています。

『和名類聚抄《わみょうるいじゅうしょう》』の「幔」の説明に「本朝式斑幔《まだらまん》」を「まだらまく」とするのは、朝廷の公事で用いられる幔は、もっぱらさまざまな色の布を並べた「斑幔」だったからです。『延喜式《えんぎしき》』（内匠式）によれば幔の支柱は高さ一丈（約三m）、直径約七㎝、『延喜式』（大蔵式）では「絁幔《あしぎぬの》」は長さ六丈で縦四幅。表裏の帛《はく》が各四疋。その色は「時に臨《のぞ》みて」とあります。

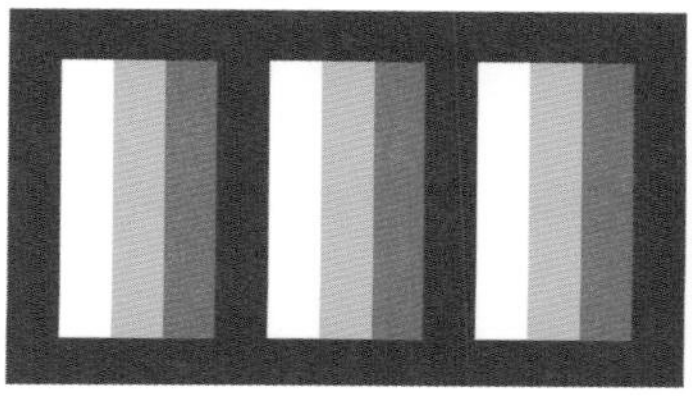

絵巻物で見られる
斑幔の色

楽所の幔（『春日権現験記』＊）

清涼殿・朝餉間の副障子
（『源氏物語絵巻』＊）

大臣大饗の斑幔
（『年中行事絵巻』＊）

障子《しょうじ》

紙を張って左右に動かす現代の障子とは異なり、平安時代の「障子」は板や木枠に布を張り絵を描くなどしたパネルのことでした。

これに「土居《つちい》」（台）を付けて現代の「衝立《ついたて》」のようにしたり、柱間にはめ込み壁画のようにする「押障子《おし》」としました。

「副障子《そえ》」は腰高の丈の低い押障子で、その家の主人の居間、くつろぎの空間で用いられるのが特徴です。『禁秘鈔《きんぴしょう》』には清《せい》涼殿《りょうでん》の朝餉間《あさがれいのま》に副障子があると記され、『源氏物語絵巻』（宿木《やどりぎ》）でもその情景が描かれています。

現代の障子のように紙を張った「明障子《あかり》」は『江談抄《ごうだんしょう》』（音人卿為別当時長岡獄移洛陽事）に「先考ハ以明障子立四面」とあるなど、平安後期に登場したようです。

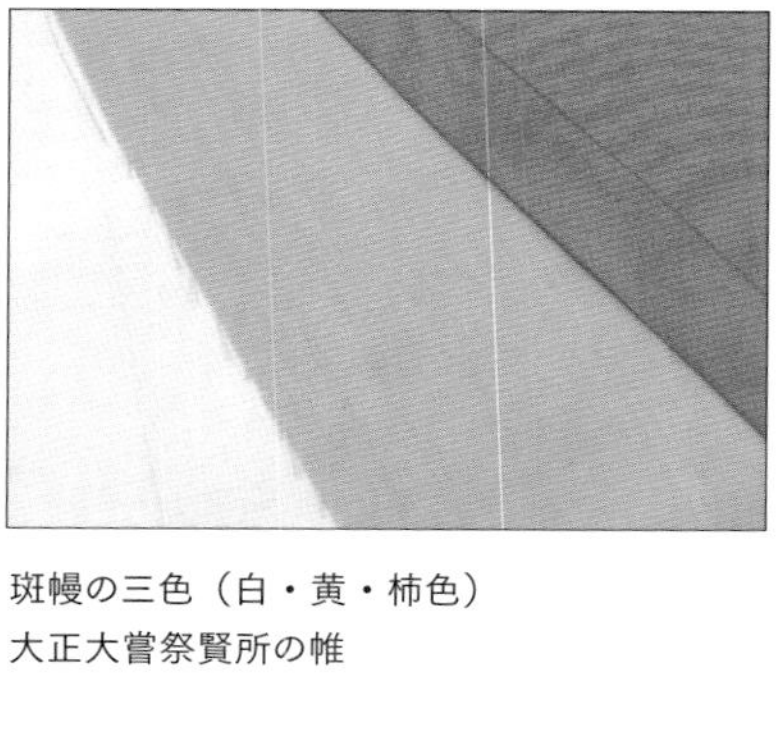

斑幔の三色（白・黄・柿色）
大正大嘗祭賢所の帷

○幔

『和名類聚抄』

「幕　唐式云、衛尉等六幅幕八幅幕〈音莫和名万玖〉。」

「幔　唐韻云幔〈莫半反〉帷幔也〈俗名如字〉。但本朝式斑幔〈読万多良万久〉。」

『新儀式』

「行幸神泉苑観競馬事（中略）度殿左右懸斑幔敷縁道、後殿四方懸御簾立御屏風。」「殿上侍臣賭弓事（中略）執簡者趁斑幔西辺北上。」

『延喜式』（式部式）

「六月・十二月晦日大祓（中略）女官亦就同壇上西方。隔以斑幔。」

○障子

『新儀式』

「天皇加元服事（中略）唯母屋四間副北御障子、立淳和御手跡御屏風三帖、御帳東立同御屏風一帖、障子北又立二帖、西壁下北障子又立四帖。」

『禁秘鈔』

「朝餉。二間〈南平敷二枚。北上。東北立屏風。絹屏風〉。夜御殿方有副障子。」

『愚昧記』

「承安二年（一一七二）二月三日、天晴、（中略）母屋・廂之間以明障子隔之。北面傍障子立四尺屏風、為公卿座。」

清涼殿の障子《せいりょうでんのしょうじ》

清涼殿には数多くの「障子」がありました。多くが鳥居《とりい》障子（153ページ）で、その他は衝立《ついたて》形式の障子です。衝立障子で有名なのが、殿上間《てんじょうのま》の横の広庇《ひろびさし》に置かれた「年中行事障子《ねんじゅうぎょうじのしょうじ》」（84ページ）。仁和元年（八八五）に藤原基経《もとつね》が献上して以来、連綿と受け継がれました。片面には正月から六月までの年中行事一四九項目が、その反対の面には七月から十二月までの年中行事一三三項目などが記されています。

同じく広庇に置かれた二枚の衝立障子。北にあるのが「荒《あら》海《うみの》障子」（現在は遣戸《やりど》障子）で、その南面には「手長足長《てながあしなが》」が描かれます。古代中国の『山海経《せんがいきょう》』に登場する長股《ちょうこ》・長臂《ちょうひ》という異国人が発祥とされ、その後に妖怪扱いされましたが、清涼殿の北東に位置するので鬼門《きもん》封じが目的なのでしょうか。清少納言は『枕草子』で手長足長を恐ろしがっています。その裏面には、打って変わって涼やかな宇治《うじ》の網代漁《あじろりょう》（89ページ）の光景が描かれています。両面とも墨絵です。

「荒海障子」の南に置かれたのが「昆明池《こんめいちの》障子」。南面は長《ちょう》安《あん》の昆明池（漢《かん》の武帝《ぶてい》が造営した人工の池）、北面は嵯峨野《さがの》の小鷹狩《こたかがり》（216ページ）の絵が描かれています。

この他に、渡殿《わたどの》と台盤所《だいばんどころ》には「馬形《うまがたの》障子」がありました。これは表に馬の絵、裏に騎馬打毬《きばだきゅう》の絵を描いた障子で、渡殿《わたどの》のものは「波弥馬《はやうま》」と号されました。朝餉間《あさがれいのま》には馬形障子に加えて大和絵《やまとえ》の障子と、猫を描いた障子があると『禁秘《きんぴ》鈔《しょう》』に記されます。猫の絵はネズミ除けなのでしょう。

「昆明池障子」（手前）と「荒海障子」（奥）

年中行事障子

『西宮記』

「官奏（中略）昇廊経年中行事障子南東辺、跪候障子北妻。出自廊柱与障子東面之中障子北妻。」

『枕草子』

「清涼殿の丑寅の隅の、北の隔てなる御障子には、荒海の絵、生きたるものどものおそろしげなる、手長足長をぞかきたる。上の御局の戸おしあけたれば、つねに目に見ゆるを、にくみなどして笑ふ。」

『小右記』

「寛仁三年（一〇一九）正月一日（中略）供御薬、訖撤昼御座立御倚子、前府出馬形障子下、被問下官云、可着御々靴歟。」

『禁秘鈔』

「弘廂〈板九枚。北有荒海障子。南方手長足長。北面宇治網代布障子墨絵也。二間与上御局之際立昆明池障子。閑院無上御局。仍荒海障子副二尺許為路立之。南昆明池。北嵯峨野小鷹狩。南切妻有鳴板。号見参板。不打付也〉。年中行事障子〈向上戸立之。春東方也。人一人路程置立之〉。」

賢聖障子《けんじょうのしょうじ》

平安中期には儀式の場となった紫宸殿《ししんでん》の、母屋《もや》と北庇《きたびさし》を仕切る「押《おし》障子」（はめ込み式パネル）です。中央の一面には負文《ふぶん》亀《き》（易《えき》の八卦《はっけ》の原点「洛書《らくしょ》」を甲羅に持つ霊亀《れいき》）、その下に獅《し》子《し》狛犬《こまいぬ》が描かれ、残る八面には唐《とう》の政治家・馬周《ばしゅう》や有名な軍師・諸葛亮《しょかつりょう》、太公望《たいこうぼう》・呂尚《りょしょう》など、儒《じゅ》・釈《しゃく》・道《どう》三教の聖人賢者、功臣たち三十二人が描かれます。これは漢《かん》の武帝《ぶてい》が宮殿に十一人の功臣を描き、唐の太宗《たいそう》も二十四人の功臣像を描いて、聖帝と功臣の良好な関係を大切にする儒教思想を表現したことに倣ったものと考えられています。

紫宸殿《ししんでん》の賢聖障子は、『帝王《ていおう》編年記《へんねんき》』には弘仁年間、『皇年《こうねん》代記《だいき》』には陽成《ようぜい》天皇の御代からと諸説ありますが、いずれにせよ九世紀、平安前期には始まっていたようです。

賢聖障子（『賢聖障子画帖』＊＊＊）

遣戸障子《やりどしょうじ》

左右に開閉する、現代の襖《ふすま》のような障子です。『落窪物語《おちくぼものがたり》』に「遣戸を引きあけ」、『枕草子』に「遣戸など荒くあくる」、『紫式部日記《むらさきしきぶにっき》』にも「殿もしのびて遣戸より」などとあることなどから、平安中期には存在していたと考えられます。その時代の実相は不明ですが、後世の絵巻物からは屏風のように面の周囲に軟錦《ぜんきん》を張り巡らせ、その中に絵を描いたと推測されます。

天井板がなかった当時、内法《うちのり》長押《なげし》の位置が床から八尺（約二m四〇㎝）と高かったため、それに合わせて遣戸を造ると重くて動かせません。そこで長押の下に押《おし》障子をはめ、その下に鴨居を入れて、その鴨居と下長押《したなげし》の間に遣戸障子をはめたのです。垂直の両柱に二本の長押・鴨居が横方向に並ぶことから「鳥居《とりい》障子」と呼ばれました。

遣戸障子（鳥居障子）
（『春日権現験記』＊）

○賢聖障子

『禁秘鈔』

「南殿〈紫宸殿〉（中略）北障子号賢聖障子〈賢聖画之。上色紙形近代不書本文。彼等芸能也。此障子裏方画唐花。御帳間戸画師子狛犬。障子上画負書之亀本文心。障子戸三也〉。」

○遣戸障子

『御堂関白記』

「寛弘三年（一〇〇六）十一月十四日、癸丑。五節。参一条院、以東対為舞殿。東西対為五節所。舞殿隔依別様行事式部丞定佐勘当。忽依蔀・遣戸別様、以御簾懸舞殿三面。」

『類聚雑要抄』

「四尺屏風。二帖内（中略）一帖泥大和絵、鳥居障子前料。」

『愚昧記』

「承安三年（一一七三）六月十二日（中略）其儀、西鳥居障子以東二个間、垂母屋簾。簾外副西鳥居障子敷大文高麗畳一枚。（中略）大丞入同戸、候鳥居障子外」

御帳《みちょう》

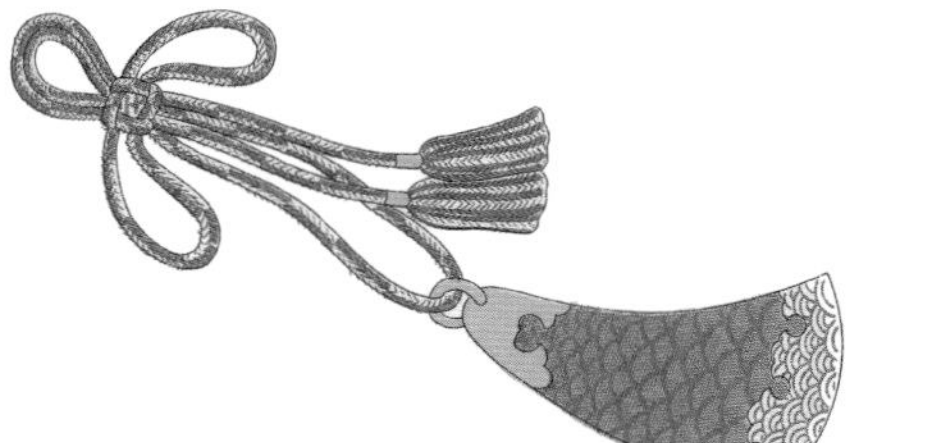

上：御帳（『春日権現験記』*）
下：犀角（『丹鶴図譜』）

「帳」は「とばり」と読み、外部との区切りとする布帛《ふはく》のことですが、多くは寝台を囲む「御帳」のこと、さらに寝台全体を指す単語として用いられました。皇后の帳は「浜床《はまゆか》」と呼ばれる台の上に設けられるので特に「御帳台《みちょうだい》」と呼ばれます。「土敷《つちしき》」（畳）を二帖敷き、その四隅に土居《つちい》（台）を置いて柱を立て上部に鴨居をまわします。天井には薄い絹を張った「明障子《あかり》」を載せ、四周に「帳」を垂らしました。

昼間は前面を開けます。中には魔除けの「犀角《さいかく》」と八稜《はちりょう》鏡《きょう》を掛けました。清涼殿《せいりょうでん》の「昼御帳《ひのみちょう》」や紫宸殿《ししんでん》に置かれる御帳は、寝台というより控室で、儀式の際にここから天皇が登場したり、元服式の時に冠をかぶる場所として用いたことが『西宮記《さいきゅうき》』に記されています。

獅子狛犬《ししこまいぬ》

獅子・狛犬
上：『公事十二ケ月絵巻』*　　下：『丹鶴図譜』

御帳《みちょう》の前の左右には、獅子《しし》（中から見て左）と狛犬《こまいぬ》（中から見て右）を置きます。これは帳《とばり》を押さえる「鎮子《ちんす》」としての実用性と、魔除けの意味合いがありました。『枕草子』に「御しつらひ、獅子狛犬」とあり、『平記《へいき》』長元九年（一〇三六）四月の記事に「獅子形、蔵人《くろうど》等伝取之、居昼御帳前《ひのみちょう》」とあることなどから、平安中期には存在したと考えられる風習です。『西宮記《さいきゅうき》』の新嘗会《しんじょうえ》・辰日節会《たつのひのせちえ》では帳の前ではありませんが、采女《うねめ》が屏風の前に「草墩《そうとん》」と「師子形《ししがた》」を立てるとあり、最初期の置き方がわかります。平安後期の置き方や像の詳細については、『類聚雑要抄《るいじゅうぞうようしょう》』の「帳の前の帷《かたびら》の左右に相向けて立てる。左は獅子（黄色で口を開く）、右は胡摩犬《こまいぬ》（白色で口を閉じ角がある）」という記述で知られます。

○御帳

『西宮記』
「正月。朝拝（中略）天皇御南殿（中略）天皇立御帳正南〈内侍候左右〉。」「八月。内論議（中略）天皇御南殿〈近代懸御簾、或有余熱時懸之。御帳南立大床子為御座〉。」「九月。九日宴（中略）御帳左右付茱萸嚢、御前立菊瓶有台。」「天皇及太子元服之時着之、御帳中之後、改替例御冠。」

『満佐須計装束抄』
「同じき間の母屋に御帳あり。后の宮などのには浜床あり。高さ二尺ばかり、四つにして差し合はせて置く。黒塗り金物を打ちたり。その上にさしあてたる繧繝二帖を北南に敷く。南を枕とするなり。この畳を土敷と云ふ。その上に四の隅々に土居を据えて。柱を立て廻して鴨居置きて後。漆子の明障子を間ごとに覆ふ。」

『禁秘鈔』
「帳、四面有几帳。帷、夏生、以胡粉画花鳥鶴鷴。冬朽木形。畳三帖、繧繝御座敷東上。西柱、角・鏡東面。浜床如恒。」

○獅子狛犬

『西宮記』
「辰日（中略）各立御帳、懸角・鏡。有御倚子置物机〈左右〉、釆女草墩・師子形、傍立御屏風。」

『栄花物語』（かゞやく藤壺）
「此度は藤壺の御しつらひ、大床子立て、御帳の前の狛犬なども、常の事ながら目とまりたり。」

『満佐須計装束抄』
「御帳の前に獅子・狛犬。御倚子を立つる料なり。」

『類聚雑要抄』
「犀角鏡事（中略）其上立御帳。懸帷東西北面垂之。南面巻之。御帳左右置師子形。」

『禁秘鈔』
「帳。（中略）師子・狛犬。在帳前南北。左獅子。」

畳《たたみ》

畳は日本独特の座臥具《ざがぐ》です。正倉院宝物に「御床《ごしょうの》 畳《たたみ》残欠《ざんけつ》」がありますから、奈良時代にはすでに存在したことがわかります。これは寝台での利用ですが、平安時代になると寝殿造《しんでんづくり》の板張り床のところどころに厚く作った畳が置かれ、人の座所とされるようになりました。朝廷の畳は掃部寮《かんもりのつかさ》が担当していましたので『延喜式《えんぎしき》』（掃部式）に数多くの畳関連品の製造規則が記されています。

室町時代の『海人藻芥《あまのもくず》』に「畳之事」の項があり、そこに「天皇・上皇、神仏の前は『繧繝端《うんげんべり》』、『大文高麗端《だいもんこうらいべり》』は親王・大臣、公卿は『小文《こもん》高麗端』、四・五位は『紫端《むらさきべり》』、六位の侍は『黄端《きべり》』の縁の畳を用いる」とあるため、それが絶対の規則のように考えられがちですが、平安時代はさまざまだったようです。「繧繝端」が天皇・皇后・上皇などの専用であったことは間違いありませんが、「高麗端」は平安中期では大文・小文の区別がなかったようです。

鎌倉初期の『たまきはる』に、厚畳は「御所にしたがひたる文《もん》の高麗の御畳」とあり、鎌倉中期の『門室有職抄《もんしつゆうそくしょう》』には「大文高麗は寝殿の母屋《もや》だけに敷き、何人の家にも敷く」と、身分でなく場所による敷き分けとします。『紫式部日記絵巻《むらさきしきぶにっきえまき》』の敦成《あつひら》親王五十日《いか》の場面では敷き詰めた畳が、母屋と庇《ひさし》で大文・小文の区別がなされていることが明確に描き分けられています。

右上：繧繝端
右下：高麗端（大文）
左：高麗端（小文）

上：清涼殿・朝餉間の天皇の繧繝端畳（『源氏物語絵巻』*）
下：場所による高麗端大文と小文の敷分け（『紫式部日記絵巻』***）

左下の『紫式部日記絵巻』に示される母屋と庇の畳の敷分け

『新儀式』

「御読書事(中略)第二間鋪畳為王卿座、南廊小板敷鋪畳為出居座、其東鋪畳為侍臣座。(中略) 孫廂南第五間北辺、鋪両面端畳為博士座。」

『西宮記』

「所々座体（中略）宜陽殿〈在殿乾角、座三間〉。(中略)以上用半畳。大臣両面・大納言紫・中納言深緑・参議南上東西対浅緑長畳。」

『類聚雑要抄』

「永久四年（一一一六）正月廿三日。内大臣殿母屋大饗寝殿指図（中略）赤縁畳三帖、東北軟障四帖、東北二方引之。殿上人座、紫端四帖、敷机前。二行立之、南北行也。諸大夫座、紫端畳八帖ヲ南北二行敷。」

『たまきはる』

「大方の御所のしつらひは(中略)厚畳の、御所にしたがひたる文の高麗の御畳、北南、西東、上下違へて敷きて」「畳なども、南面あなたざまは敷きたるが、敷かぬ方に、はかばかしく沙汰もなけれども、常の御所ばかりは、縁などうち破るゝほどなる事なく、さぶらふ人も、晴れ褻と言ふ事も知らでぞやみにし。」

唐錦の茵

東京錦の茵

褥《しとね》・茵《しとね》

どちらも「しとね」と読みます。例外もありますが、「褥」と書くと長方形の寝具、「茵」と書けば正方形の座具を意味することが多いようです。いずれも中に藺草《いぐさ》の筵《むしろ》を重ね、真綿を入れて布帛《ふはく》でくるみ、錦の縁をつけたものです。褥は「土敷《つちしき》」（畳）の上に敷いて敷布団のように使うほか、床子《しょうじ》（158ページ）の上に敷いて座ることにも用いられました。

座布団のような茵は、『満佐須計《まさすけ》装束抄《しょうぞくしょう》』に「三尺四方で四・五寸の赤地錦の縁を付ける」とあり、また『類聚雑要《るいじゅうぞうよう》抄《しょう》』には唐錦茵《からにしきのしとね》・東京錦茵《とうぎょうきのしとね》ともに約三尺五寸四方、「鏡」（中側）は白綾《しらあや》、縁の錦は巾《はば》五寸、裏は濃打《こきうち》とあります。『源氏物語』（初音《はつね》）には「唐の東京錦のことごとしき端さしたる茵」が登場します（錦は82ページ参照）。

上：衾　下：枕（ともに『春日権現験記』＊）

衾《ふすま》・枕《まくら》

「褥《しとね》」を敷布団とすれば、掛布団は「衾」。『源氏物語』（柏《かしわ》木《ぎ》）に「衾引き掛けて臥し給へり」とあります。『満佐須計《まさすけ》装束抄《しょうぞくしょう》』では長さ八尺（約二四〇cm）、巾《はば》は反物《たんもの》八幅か五幅で、表は小葵《こあおい》の綾《あや》、裏は単文。「被」とも書かれ、『延喜式《えんぎしき》』（神祇式）には「褥」の製作に綿二十四屯《たむろ》を使うのに対して「被」は綿八十四屯とあり、より多くの綿が入っていたことがわかります。また衾は「禄《ろく》」としてもよく用いられました。

枕は単純な箱形で沈香木《じんこうぼく》で作ると『満佐須計装束抄』にあり、『禁秘鈔《きんぴしょう》』には御帳《みちょう》の中の二階棚《にかいだな》の上段に、赤色打物《うちもの》の生地で包んで置くと記されます。寝るときは紫宸殿《ししんでん》は南枕、清涼殿《せいりょうでん》は東枕でしたが、所によって定めはなく、北枕でなければ良いとされます。

沈枕・菊紋螺鈿枕箱＊＊＊

○褥・茵

『吏部王記』

「延長八年（九三〇）九月廿八日。（中略）令弁備法皇御座。用大床子二脚。鋪物上加褥〈褥奉詔設〉。」

『西宮記』

「四月。賀茂祭事（中略）天皇御南殿〈御座在南庇中間、立馬形御屏風二帖、広筵二枚、毯代上立大床子、敷褥、天皇位袍〉。」

『栄花物語』（御賀）

「御前達のおはします所と寝殿との中に、各土敷よそひて御褥まいりつゝ」

『小右記』

「永祚元年（九八九）四月廿日（中略）着客殿座〈東向、以北為上、座後旋斑幔、上卿座高麗端畳上敷茵、参議座同端畳敷円座。」

○衾・枕

『満佐須計装束抄』

「御衾は紅の打ちたるにて首なし。長さ八尺。又八幅か五幅の物なり。首の方には紅の練糸を太らかに縒りて二筋並べて横様に三針差を縫ふなり。それを首と知るべし。表小葵の綾。裏単文なり。」

『栄花物語』（暮まつほし）

「御参りの程三日は、殿おはしまいて、夜は御沓を抱き、御衾参らせ給など」

『徒然草』

「夜の御殿は、東御枕なり。大方、東を枕として陽気を受くべき故に、孔子も東首し給へり。寝殿のしつらひ、或は南枕、常の事なり。」

円座《えんざ（わろうだ）》

一人用の座布団が円座。『和《わ》名《みょう》類《るい》聚《じゅう》抄《しょう》』では「わらふだ」、丸い草製の「褥《しとね》」とします。これに相当するのが『延喜式《えんぎしき》』（掃部式）にある素朴な「藺《い》円座」（径三尺）・「菅《すげ》円座」（径三尺・厚一寸）・「蒋《まこも》円座」（径二尺五寸・厚五分）です。平安後期には表に白綾《しらあや》を張った丸い茵《しとね》を円座として大臣大饗《だいきょう》で用い、大納言は紫色の高麗端《こうらいべり》、中納言は高麗端、参議は黄色の高麗端を用いると『満《ま》佐《さ》須《す》計《け》装束抄《しょうぞくしょう》』にあります。

菅円座（『春日権現験記』*）

兀子《ごっし》

四脚の軽便な一人用腰掛けで、まさに「兀」の形をしています。元日節会《せちえ》や東宮元服、任大臣など、さまざまな儀式で用いられましたが、「御斎会《ごさいえ》」や「大庭儀《だいていぎ》」では納言以上が用い、参議は「長床子《ながしょうじ》」と呼ばれる長ベンチに座ると『西宮記《さいきゅうき》』にあり、『吏部王記《りほうおうき》』延長三年（九二五）正月の中宮大《だい》饗《きょう》では参議が兀子、四・五位は長床子とあります。兀子は、高位者が用いるものであったことがわかります。

兀子（『春日権現験記』*）

草墪《そうとん》（草墩）

小型の樽のような形状の腰掛け。蒋《まこも》（168ページ）を苧麻《ちょま》で編んで作りました。『延喜式《えんぎしき》』（掃部式）では高さは一尺三寸、直径一尺六寸。清涼《せいりょう》・後涼殿《こうりょうでん》では高麗錦《こうらいにしき》で包んだ草墪を用いるとあり、さらに親王・大臣は葡萄《えび》滅紫色《けしむらさきいろ》の両面錦、大納言は藍染の両面錦、中納言は黄色の両面錦で草墪を包むとあります。両面錦（78ページ）はいわゆる「七宝柄《しっぽうがら》」の錦です。

草墪（『年中行事絵巻』*）

〇円座

『延喜式』（掃部式）

「藺円座一枚〈径三尺〉料。藺以一囲作八枚。長功一人・中功一人半・短功二人。菅円座一枚〈径三尺・厚一寸〉。長功一枚半・中功一枚四分之一・短功一枚。蒋円座一枚〈径二尺五寸・厚五分〉。長功十五枚・中功十二枚半・短功十枚。」

『類聚雑要抄』

「永久四年（一一一六）正月廿三日。内大臣殿母屋大饗寝殿指図（中略）円座十八枚〈一方紫縁二枚、青縁三枚、高麗四枚〉。」

〇兀子

『村上天皇御記』

「天徳四年（九六〇）八月廿二日。以大納言顕忠卿任右大臣。（中略）昇東階著南廂第二間兀子云々」

「応和三年（九六三）二月廿八日（東宮元服）。御帳東南一許丈立皇太子御座倚子。平文有鋪物毯代。南廂東第二柱北辺立加冠人座。其東五尺立理髪人座〈並兀子〉。」

『西宮記』

「正月。御斎会（中略）南庇南長押上立王卿座〈納言已上兀子、参議長床子〉。」

〇草墪（草墩）

『延喜式』（掃部式）

「凡御座者。清涼・後涼等殿設錦草墪〈高麗錦表・薫地錦縁〉。」

「草墪一枚〈高一尺三寸・径一尺六寸〉料。蒋二囲・苧八両。」

『西宮記』

「正月節会。（中略）分着左右草墩。」「四月廿八日、駒牽（中略）太子以下着草墩座。」

『吏部王記』

「延長三年（九二五）正月十四日。御斎会畢。（中略）其東立論議問答法師兀子二脚。座前置草墪。答者坐前草墪上置如意。」

床子《しょうじ》

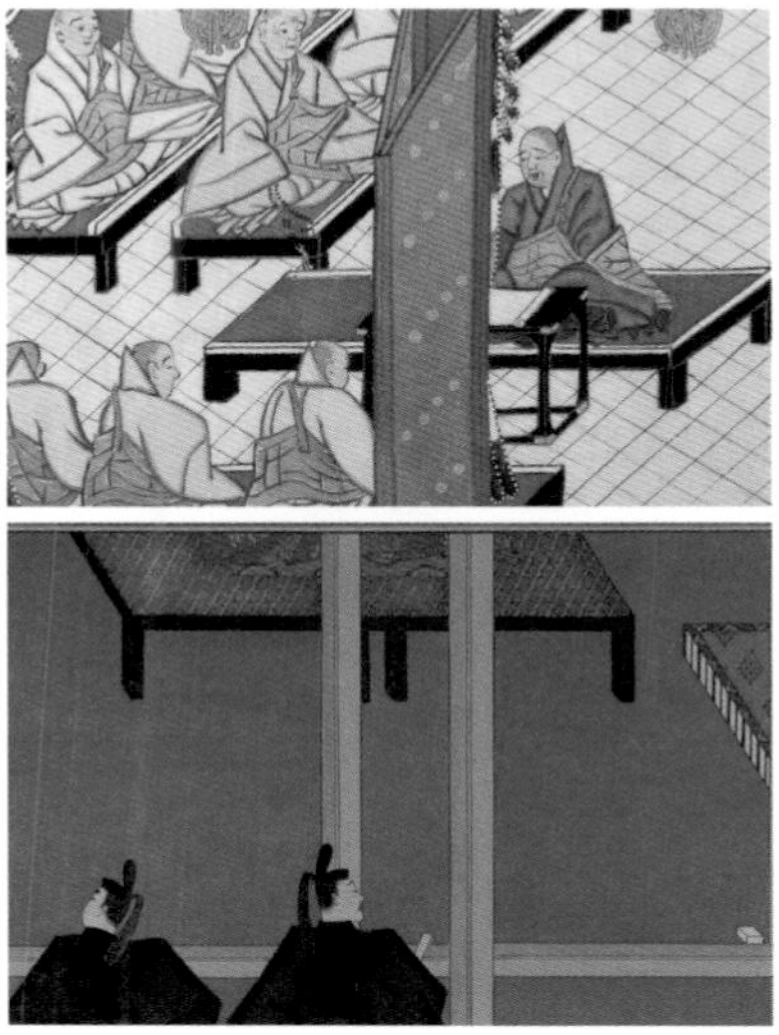

上：床子（『春日権現験記』*）
下：天皇御座の大床子（上方の台）
（『一日晴装束着用図』（駒競行幸絵巻）***）

非常に多くの場面、儀式で用いられた、長方形の板に四脚の脚を付けたベンチのような腰掛けです。大《だい》床子（四尺五寸×二尺四寸）・小《こ》床子（二尺×一尺五寸）・檜《ひのき》床子（四尺×一尺四寸）と数種類あり、高さはすべて一尺三寸と『延喜式《えんぎしき》』（木工式）にあります。大・小は黒漆《くろうるし》塗《ぬ》りで檜は白木。太政官庁で用いる際は、親王及び中納言以上は「倚子《いし》」、五位以上が漆塗床子、六位以下は白木床子と『延喜式』（弾正式）で定められていました。

天皇用の「大床子」は床子を二つ並べて上に褥《しとね》を敷き菅円《すげえん》座《ざ》を置くもの。重要な儀式の際はその前に台盤《だいばん》を置き、食事をしました。これを「大床子のおもの」と呼びます。清涼《せいりょう》殿《でん》・朝餉間《あさがれいのま》にも設置されて天皇の朝食に用いられ、『源氏物語絵巻』でも確認できます。

胡床《こしょう》

上：騎射での胡床　下：虎皮を掛けた近衛次将の胡床
（ともに『年中行事絵巻』*）

横から見るとX形の折りたたみ式の腰掛けで、衛府《えふ》の武官が用いました。『貞観儀式《じょうがんぎしき》』の「諸衛府儀仗・列陣等事」では、近衛《このえ》の将監《しょうげん》が将曹《しょうそう》以下を率い胡床に居並ぶ、少将以上は胡床に虎皮もしくは豹皮を掛けるとあります。

『内裏式《だいりしき》』や『西宮記《さいきゅうき》』には元日朝賀から五月五日の騎《うま》射《ゆみ》、七月の相撲節会《すまいのせちえ》などで衛府官が胡床を用いると記されます。『延喜式《えんぎしき》』（衛門式）には「中儀《ちゅうぎ》」（元日宴会《せちえ》・正月七日・十七日大射・十一月新嘗会《しんじょうえ》および饗賜蕃客《ばんかく》）に督《かみ》・佐《すけ》が用いるとありますし、同式（近衛式）では大儀・節会に中将以下が座るとされます。胡床は前後が緒綱《おづな》でつながれただけでしたが、少将以上はその上に虎皮を掛けました。

○床子

『貞観儀式』

「正月七日儀。勅使及客徒就承歓堂〈勅使対大使、客徒東面北上、其勅使大使者、熊羆皮上施床子幷台盤。毯上施酒器〉。」

『延喜式』（木工式）

「大床子一脚〈長四尺五寸・広二尺四寸・高一尺三寸〉料。」

「小床子一脚〈高一尺三寸・長二尺・広一尺五寸〉料。」

「檜床子一脚〈長四尺・広一尺四寸・高一尺三寸〉料。」

『延喜式』（弾正式）

「凡庁座者。親王及中納言已上倚子。五位以上漆塗床子。自余素木床子。」

『御堂関白記』

「寛弘二年（一〇〇五）正月十四日（中略）召諸司、床子立軒廊内方為座。」

「長和元年（一〇一三）二月十四日（中略）此間掃部供御倚子。撤昼御座・敷毯代。立御椅子。又従蔵人所被渡大床子・師子形・御草鞋等。」

『江家次第』

「元日宴会。御帳内御座南立朱御台盤一脚（中略）其上双立朱御台盤二脚（中略）設侍従諸大夫床子幷黒漆台盤各立二行、弁備饗饌。」

○胡床

『内裏式』

「元正受群臣朝賀式（中略）諸衛服大儀。各勒所部。立大儀仗於殿庭左右及諸門。門部四人居於章徳・興礼両門東西也〈各用胡床〉。」

『西宮記』

「皇太子元服（中略）次左右近衛立胡床於南階東西。」

『延喜式』（近衛式）

「凡節会御紫宸殿。中将已下率近衛等入自日華門。将曹一人前行〈有入自月華門。居胡床。少将已上胡床各敷虎皮〉。」

「凡胡床三百基緒料緋糸。基別八両。塗料漆。基別一合。随損申官請。」

倚子《いし》

鳥居形の背もたれ、両袖には高欄《こうらん》が付いた四脚の椅子です。天皇・皇后が用いるほか、太政官庁では親王及び中納言以上が用いると『延喜式《えんぎしき》』(弾正式)にあり、最高級の座具でした。『小右記《しょうゆうき》』治安元年(一〇二一)八月の記事には太政官庁での会議に大臣たちが倚子を用いているとあります。

『西宮記《さいきゅうき》』には太政官・外記庁《げきちょう》には東壁西面に大臣倚子、北柱南面に大中納言の倚子を設け、それらの前に机を置くとします。天皇は正月小朝拝《こちょうはい》、踏歌節会《とうかのせちえ》、五月五日、十月五日の射場始《いばはじめ》などで「平文《ひょうもん》(金属板での螺鈿《らでん》加工)」の倚子に毯《たん》代《だい》を敷いて用いるとあります。また清涼殿《せいりょうでん》は殿上間《てんじょうのま》に、紫《し》宸殿《しんでん》は御帳《みちょう》の中に天皇用の倚子が設置されていました。

御倚子(京都国立博物館蔵)

脇息《きょうそく》

座った時に横に置いて肘掛けとしたり、前に置いてもたれたり机代わりにする座具。『類聚雑要抄《るいじゅうぞうようしょう》』には脇息が図示されていて、足(大床)の長さ九寸(約二七㎝)、几(上面板)は長さ三尺五寸五分(一〇七㎝)、巾《はば》四寸五分(約一四㎝)とあり、現代よりも大型ですので多用途で使用可能です。

天皇の御座や親王の元服の場に置かれた記録も多く、非常に一般的な調度品でしたが、法皇や高僧が「脇息に押しかゝり」という表現も多く見られますから、高齢者には必須だったのでしょう。『栄花物語《えいがものがたり》』(楚王《そおう》のゆめ)には、冷泉《れいぜい》天皇の女御《にょうご》・藤原超子《ちょうし》が天元五年(九八二)正月、庚申《こうしん》の夜が空ける頃に脇息にもたれたまま突然死したことが記されます。

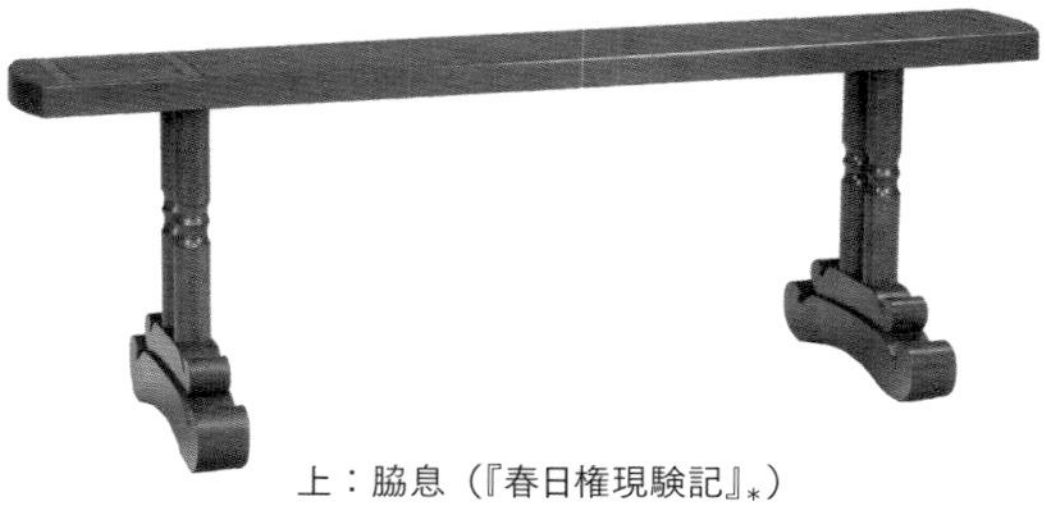

上:脇息(『春日権現験記』＊)
下:飛香舎の調度・脇息＊＊＊

○倚子

『吏部王記』
「延長三年(九二五)正月二日。中宮饗設玄輝門西、東宮設職御曹司、親王南面、公卿北面、設倚子、唯参議用兀子、南北面〈設長押上王公座、後屛風上張軟障〉、四位五位用長床子〈四位南長押下、五位西長押下、二重〉。」

『西宮記』
「正月小朝拝(中略)主上御出〈着靴撤御帳内御座、立御倚子、太子不参時立東廂、太子参上於孫庇拝着靴〉。」

『小右記』
「治安元年(一〇二一)八月廿二日(中略)昨日官・外記庁座事(中略)昨日未剋立関白倚子、同時令立余倚子、罷向所令立也。太政大臣・左大臣〈関白〉横座、余倚子連座〈南向、立納言座上〉。」

『扶桑略記』
「仁和五年(八八九)十月朔己未、未四剋。御南殿、就帳内倚子。公卿等列座如例。」

『延喜式』(木工式)
「大倚子一脚〈高一尺三寸・長二尺・広一尺五寸〉料。」
「小倚子一脚〈高一尺三寸・長一尺五寸・広一尺三寸〉料。」

○脇息

『新儀式』
「天皇奉賀上皇御算事。(中略)其儀母屋東第三間立太上皇大床子三脚〈南面。延喜六年(九〇六)。供平敷御座。天皇御座亦同〉。其上立御脇息。又置唾壺打乱御匣等。」

『御堂関白記』
「長和四年(一〇一五)四月七日、丙辰。天晴。此日姫宮御着袴。(中略)硯筥・火取等也。皆蒔絵螺鈿。脇息・御座等小、三尺五寸屛風二双・三尺・二尺五寸御几帳等也。」

『小右記』
「寛仁二年(一〇一八)六月廿日。(中略)伊予守頼光家中雑具皆悉献之。(中略)火取一具〈銀篭薫炉・箸〉、唾壷并筥、御脇息一本。」

唐櫃《からびつ》

鳳凰円文螺鈿唐櫃＊＊＊

「辛櫃」「韓櫃」などとも表記されます。通常「からびつ」と読みますが、『名目鈔《めいもくしょう》』では「カラウト」と読みが示されています。唐櫃は特に重要な品々を納める現代の「金庫」のように用いられました。『西宮記《さいきゅうき》』を見ますと、天皇の薬や日記、人事に関わる書類、「大刀契《だいとけい》」と呼ばれる宮中の重宝、そして何よりも内侍所《ないしどころ》の神鏡も唐櫃に納められています。

唐櫃が金庫扱いされたのは鍵を掛けることができたからです。唐櫃には棹通《さおどお》しの金具がありませんので、「枛帯《ろくたい》」を掛けて棹を通して運搬します。それも盗難防止に役立ったのか、『御堂関白記《みどうかんぱくき》』の長和二年（一〇一三）二月の記事には、故《なき》帥《そち》家《け》に盗賊が入り財物を全て持ち去られたが、太刀等の入った唐櫃一合だけが残ったとあります。

唐匣《からくしげ》

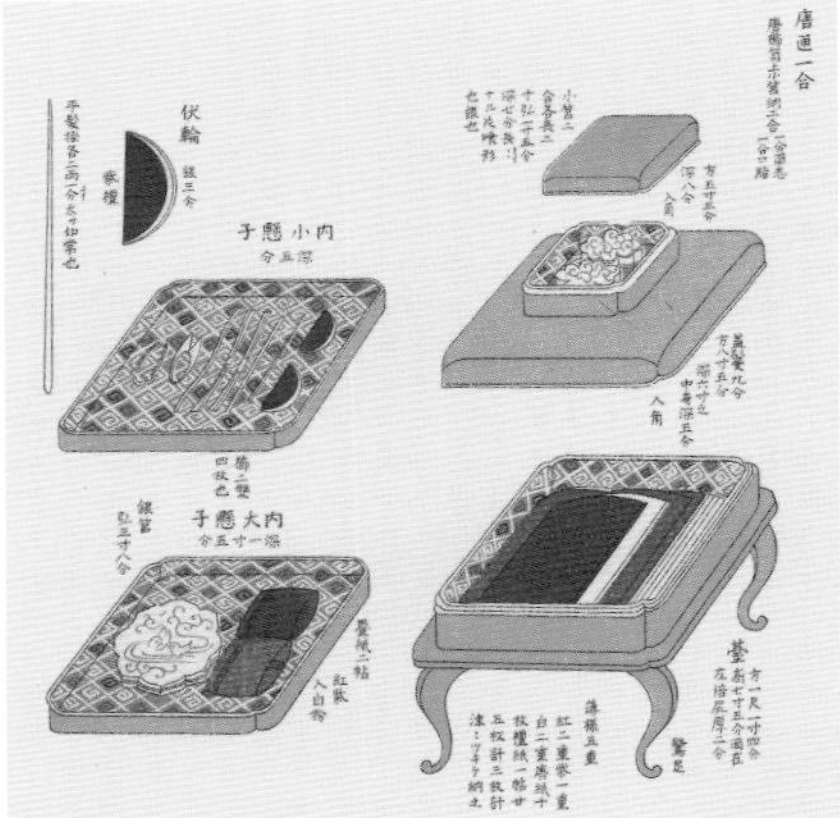

唐匣の内容
（『丹鶴図譜』）

「匣《はこ》」は本来は蓋付きの箱のことですが、ここでは「櫛筥《くしげ》」で、櫛などの化粧用具を入れる箱のこと。『和名類聚抄《わみょうるいじゅしょう》』では「厳器《げんき》」の説明に「俗に唐櫛匣の三字を用い『賀良玖師《からくし》介《げ》』と読む」とします。『新儀式《しんぎしき》』では「内親王初笄」、『江《ごう》談抄《だんしょう》』では「東宮御元服」の際の調度として記載されるのは、まさに理髪の櫛を入れる本来の用途からです。『満佐須計《まさすけ》装《しょう》束抄《ぞくしょう》』での「唐匣」は「四角い蓋の上に小さい鏡筥《かがみばこ》のような物があり、四脚台に据える」とされます。

『類聚雑要抄《るいじゅうぞうようしょう》』では本体は八寸五分四方で深さ六寸、二つの懸子《かけご》があって、櫛・髪掻《かみかき》・鋏《はさみ》・小鏡筥・白粉《おしろい》などを入れ、底には色々な薄様《うすよう》（紙）を収容。蓋上の小箱（五寸三分四方で深さ八分）には、口紅筥《くちべに》と頬紅筥《ほおべに》を入れるとあります。

黒漆唐櫛筥及び台（模造）
（斎宮歴史博物館蔵）

○唐櫃

『**延喜式**』（**内匠式**）
「韓櫃一合〈長二尺六寸・広一尺七寸・深一尺一寸〉料。漆六升六合。石見庸綿二斤。荏油一升八合。炭一斛。絞漆并塗料。（中略）小辛櫃一合〈長一尺五寸・広一尺一寸・深八寸〉。」

『**西宮記**』
「清涼殿御前座（中略）南第一間壁下立御倚子〈南面〉、同第三間立王卿大盤〈八尺二脚〉、其大盤西方戸北掖置日記韓櫃、其頭立日給簡。」

『**宇津保物語**』（**国譲中**）
「脚付きたる唐櫃五具に、綾錦よりはじめて万の物入れさせ給へり。」

○唐匣

『**新儀式**』
「内親王初笄之儀（中略）東辺置理髪調度、唐匣等西辺鋪茵為結鬟座。」

『**御堂関白記**』
「寛弘三年（一〇〇六）三月三日、乙巳。参内。南殿奉仕御装束。（中略）其東為御座、西辺立螺鈿二階。其上御冠筥・御火取・硯筥、紙入筥・薫入筥等居。其南立御唐匣。」

『**類聚雑要抄**』
「仰有唐匣蓋上之小筥納面脂口脂筥等云々。」
「唐匣納。薄様五重〈紅二重・紫一重・白二重〉・檀紙一帖・唐紙十枚〈廿五枚許三枚斗ツキテ納之〉。」

二階厨子《にかいずし》

母屋《もや》の調度としては最上格で、御座の近くに甲乙一双（二基）で置かれました。上部は二層、下部は両開き扉、多くは錠《じょう》を付けます。棚板の上には「覆敷《おおいじき》」と呼ばれる錦を敷き、その全周に組緒《くみお》を指して四隅は総角《あげまき》に結んで垂らします。

収容する物品は固定化されてゆき、『類聚雑要抄《るいじゅうぞうようしょう》』（小野宮差図）によれば、東《ひがし》の甲《こう》厨子の上層には「香筥一双」、中層には「櫛筥一双」。西《にし》の乙《おつ》厨子は上層に「菓子筥一双」、中層は「薬筥一双」を置きます。同書の（母屋調度目録）によれば、扉の中には甲厨子は「櫛紙《くしがみ》一帖・枕筥《まくらばこ》一合・薄様《うすよう》五帖〈紅・紫・蘇芳《すおう》・縹《はなだ》・白〉・唐紙《からかみ》二帖・檀紙《だんし》五帖」を、乙厨子は「熨斗筥《のしばこ》一合・薄様五合〈柳・卯花重《うのはながさね》・瞿麦《なでしこ》・紅葉重《もみじがさね》〉・上紙五帖」を入れるとありますが、異同も多いようです。

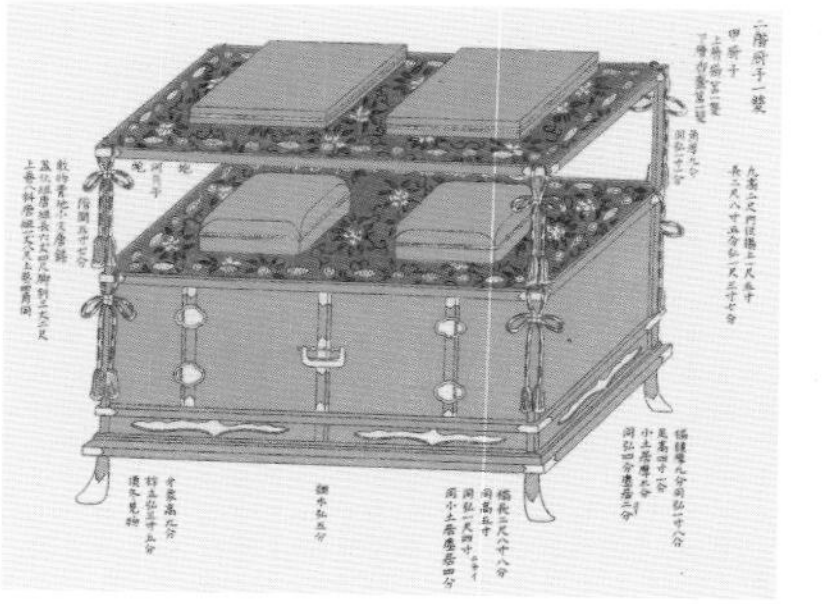

上：松喰鶴蒔絵螺鈿二階厨子＊＊＊
下：二階厨子の配置（『丹鶴図譜』）

二階棚《にかいだな》

文献上はただ「二階」と表記されることも多い調度で、「厨子《ずし》」と並び高級調度品として尊重されました。『源氏物語』（東屋《あずまや》）では、都に不慣れな常陸介《ひたちのすけ》が、娘の結婚準備に生半可な知識で豪華にしようと、「厨子・二階など、あやしきまでし加へて」北の方に冷笑される場面があります。

やがて二階厨子と同じように、原則的にそれぞれ置くべきものが定まりました。『満佐須計装束抄《まさすけしょうぞくしょう》』では上層には「火取《ひとり》」と「泔坏《ゆるすつき》」、下層には「唾壺《だこ》」と「打乱筥《うちみだりのはこ》」を置くとあります。しかし『類聚雑要抄《るいじゅうぞうようしょう》』には「唾壺は火取と並べて二階の上に置く説」なども紹介されていますから、絶対的な定めではなかったのでしょう。

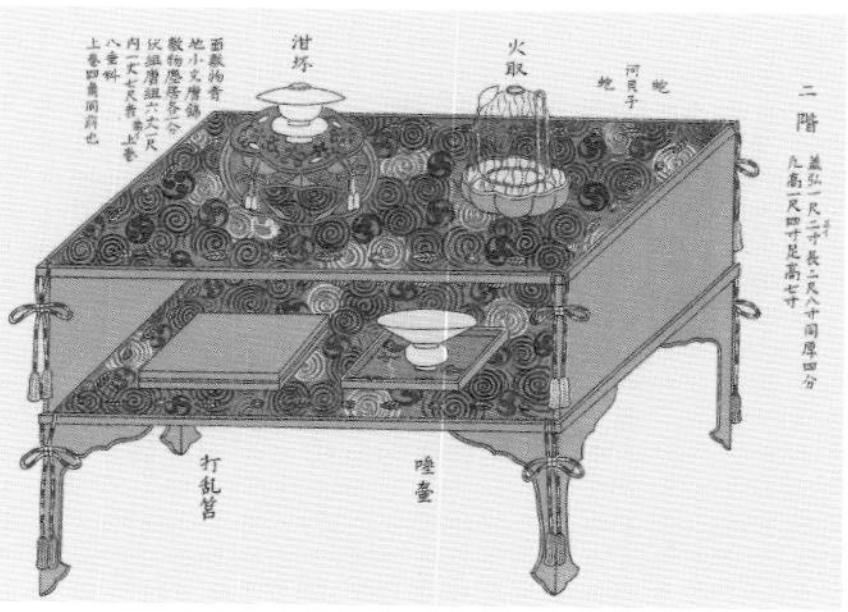

上：松喰鶴蒔絵螺鈿二階棚＊＊＊
下：二階棚の配置（『丹鶴図譜』）

○二階厨子

『**御堂関白記**』

「寛弘三年（一〇〇六）三月三日、乙巳。（中略）東辺立六尺両面御屏風、為中宮御在所。西二間北障子辺立五尺二階厨子、入色々絹百五十疋・綾二十。」

『**小右記**』

「長徳三年（九九七）十月十八日、己酉。（中略）御装束二襲・念珠筥、依裹不見其形。螺鈿二階厨子二脚・同御櫛筥一双〈納雑具云々〉。」

『**類聚雑要抄**』

「母屋立二階厨子二双〈東西行南面〉。東厨子上層香筥一双。次層櫛筥一双。西厨子上層菓子筥一双。次層薬筥一双。」

○二階棚

『**醍醐天皇御記**』

「延喜十六年（九一六）十一月廿七日戊寅。此日克明親王加元服。又慶子親王著裳。皆年十四歳。其儀。今朝蔵人装束清涼殿。（中略）仰蔵人等持櫛調度。唐櫃二階泔坏等也。筥蓋置二階上、並蒔絵。」

『**小右記**』

「寛弘八年（一〇一一）八月廿三日（中略）今日故花山院宮達御元服（中略）各座坤方立二階置冠巾櫛具、各座巽方立唐匣・泔坏等。」

『**満佐須計装束抄**』

「母屋庇の調度たつる事（中略）その畳の西の頭に二階を立つ。表に錦を押したり。裏に廻はして組をしたり。」

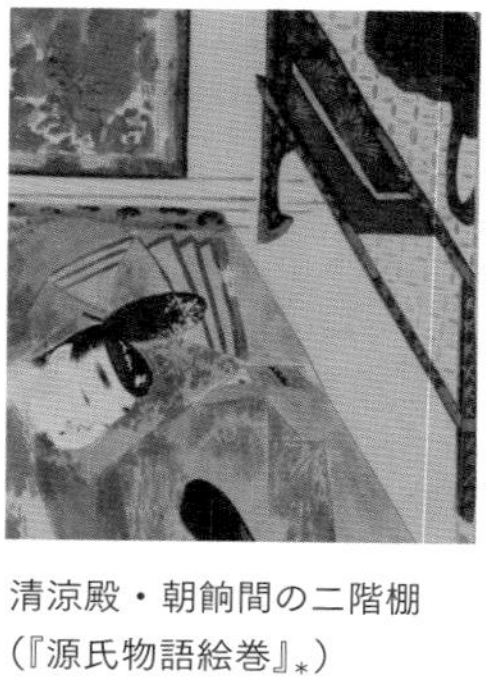

清涼殿・朝餉間の二階棚
（『源氏物語絵巻』＊）

手筥《てばこ》

手元の筥ということで特に決まった形式があるものでもなく、用途もさまざま。『栄花物語《えいがものがたり》』（はつはな）では、寛弘五年（一〇〇八）十一月十七日、彰子《しょうし》と皇子の参内《さんだい》に際して、藤原道長が贈った手筥には『古今集《こきんしゅう》』『後撰集《ごせんしゅう》』などを入れ、「懸子《かけご》」の下には私歌集を入れたとあります。「懸子」は「身」（外箱）の縁に掛けて嵌《は》めこむ浅い内箱のことです。

『類聚雑要抄《るいじゅうぞうようしょう》』での手筥は三つ懸子で、第一懸子には櫛《くし》・軽粉盤《けいふんばん》・歯黒女盤《はぐろめばん》・鏡筥《かがみばこ》といった化粧具を、第二懸子には紙・小刀・硯筥《すずり》といった文房具と訶梨勒丸《かりろくがん》や檳榔子《びんろうし》といった薬剤・香料を、第三懸子には薄様《うすよう》（紅・紫・縹《はなだ》・瞿麦《なでしこ》・白）や檀紙《だんし》といった紙類を、そして「身」の底には熨斗《のし》・火取具《ひとりぐ》・銚子《ちょうし》・提《ひさげ》類などの雑器を納めるとしています。

手筥とその懸子

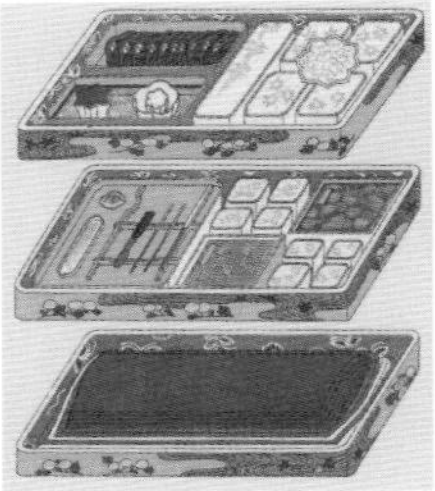

右：手筥（身）の内容
左：手筥（懸子）の内容
（ともに『丹鶴図譜』）

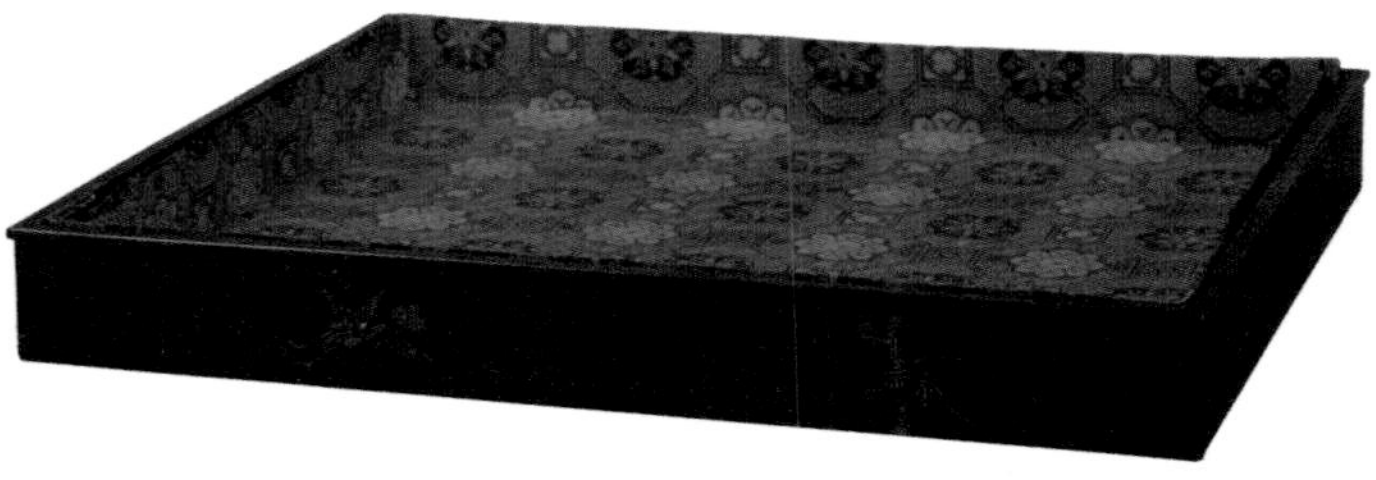
打乱箱***

折立部分の拡大***

打乱筥《うちみだりのはこ》

『満佐須計装束抄《まさすけしょうぞくしょう》』では二階《にかい》棚《だな》の下層に置くものとされます。さまざまな物品を入れる蓋付きの箱です。『後深草天皇御記《ごふかくさてんのうぎょき》』建治二年（一二七六）六月の「皇太子読書始儀《どくしょはじめのぎ》」では二階棚に打乱筥を置き、その中に「本結《もっとい》・夾形《はさがた》・櫛《くし》・小刀」といった理髪用品を入れています。

しかし打乱筥は容器というよりも、蓋も身もトレイとして使用することが多く、女子の就寝時に枕元に置き、髢《かもじ》を納めることにも使われました。『類聚雑《るいじゅうぞう》要抄《ようしょう》』の打乱筥は「長一尺一寸五分×弘九寸五分、深一寸」とありますが、これは二階棚に納める打乱筥で、大小さまざまのものがあったようです。

内側には錦を敷きますが、底だけでなく側面にまで錦を折り上げて張ります。こうした技法を「折立《おりたて》」と呼びました。

反物を入れた打乱筥（『源氏物語絵巻』*）

○手筥

『御堂関白記』

「寛弘五年（一〇〇八）十一月十七日（中略）参中宮大内給（中略）奉御櫛筥一双・手筥一双、各入物。」

「長和五年（一〇一六）十一月九日（中略）帥所送手筥為親持来、二双、入香薬。」

『小右記』

「治安三年（一〇二三）八月七日、戊戌。今日内論義事取案内（中略）伯耆守志造小女雑物等。黒漆手筥二合〈納画扇二枚・小刀五十・露草移花二帖紙〉。」

○打乱筥

『新儀式』

「天皇奉賀上皇御算事（中略）母屋東第三間立太上皇大床子三脚（中略）其上立御脇息、又置唾壺・打乱御匣等。」

『満佐須計装束抄』

「母屋庇の調度たつる事（中略）並べて端の方に打乱の筥を置く。蓋覆ひながら置くべし。錦の折立あり。物入らず。開けて蓋を身に重ねて置く人もあるべし。」

『後深草天皇御記』

「建治二年（一二七六）六月廿五日。戊子。霽。今日皇太子可有読書始儀（中略）下階置硯〈東〉、打乱筥〈西、納本結、夾形、櫛、小刀等〉。」

泔坏《ゆるすつき》

泔坏は銀製の蓋付きの小碗で、専用の五脚の台に載せられます。「泔」は髪を洗うこと。「泔坏」は整髪で用いる「白水《しろみず》」(米のとぎ汁)の容器で、白水は整髪料というよりも、血気を下げて「のぼせ」を防ぐと信じられたものです。

元服式の必需品であったことが『醍醐天皇御記《だいごてんのうぎょき》』延喜十六年(九一六)の克明《よしあきら》親王元服の記事でわかります。使用法は『満佐須計装束抄《まさすけしょうぞくしょう》』に、元結《もっとい》を結ぶときに「髪搔《かみかき》」の先を白水に浸け結び目を濡らすとあります。元結に使うことは、『類聚雑要抄《るいじゅうぞうようしょう》』に「鬢搔水入料」とあることからもわかります。ただし二階棚《にかいだな》に並べる泔坏は多分に「置物」的な要素が強かったと思われます。

泔坏＊＊＊

唾壺《だこ》

いわゆる「たん壺」ですが、実用品ではありません。ペルシアなど西域ではポピュラーな日用品で数多く発掘されます。これがシルクロードを経て伝わった古代中国では、大切な調度品に昇格。八世紀・唐《とう》の『通典《つてん》』には「以其儒者、特聴掌御唾壺」とあり、その風習が日本にもたらされたのでしょう。

二階棚《にかいだな》の下層に置かれる置物としての「唾壺」は銀製で、上部の「唾壺羽」(受け皿)と下部の壺部分は分離します。『類聚雑要抄《るいじゅうぞうようしょう》』では「唾壺羽」は深さ一寸五分、口径九寸三分。「唾壺」は直径三寸、深さ二寸。錦の折立《おりたて》のある内筥《うちばこ》に置きます。なお正倉院宝物の紺瑠璃の唾壺は、平安時代の治安元年(一〇二一)、平致経《たいらのむねつね》によって納められた品です。

唾壺＊＊＊

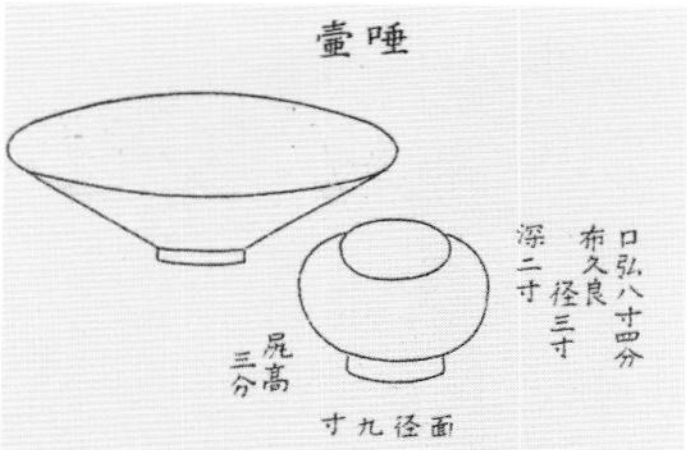

上：二つに分離する古式の唾壺
(『丹鶴図譜』)
下：正倉院宝物・瑠璃壺

○泔坏

『満佐須計装束抄』
「みづらを結ふこと(中略)まづ下結びをして、髪搔の先をゆする坏の水に濡らして、結び目を濡らして真結びにすべし。糸を延べじ料なり。」

『侍中群要』
「先置台取坏出、到御厨子所、入水了供之。其儀左手取水右手取蓋供之。居時取蓋置台下云々。或取台供之。」

『蓬莱抄』
「十一日神今食行幸事〈御湯殿事〉。(中略)。次縫殿寮献浸布。次内蔵寮献天羽衣。次献御泔坏・搔上筥等。」

○唾壺

『新儀式』
「天皇奉賀上皇御算事(中略)立太上皇大床子三脚(中略)其上立御脇息、又置唾壺打乱御匣等。」

『西宮記』
「侍中事(中略)御調度賜内蔵寮令候。其物、御唐匣・鏡・鏡台・泔坏・唾壺・打乱筥・脇息也。」

『延喜式』(内匠式)
「銀唾壺一口〈口径八寸五分〉料。銀小七十八両、炭二斗、和炭一石五斗、油一合五勺、半廷。長功五人・中功六人・短功七人。」

鏡台《きょうだい》

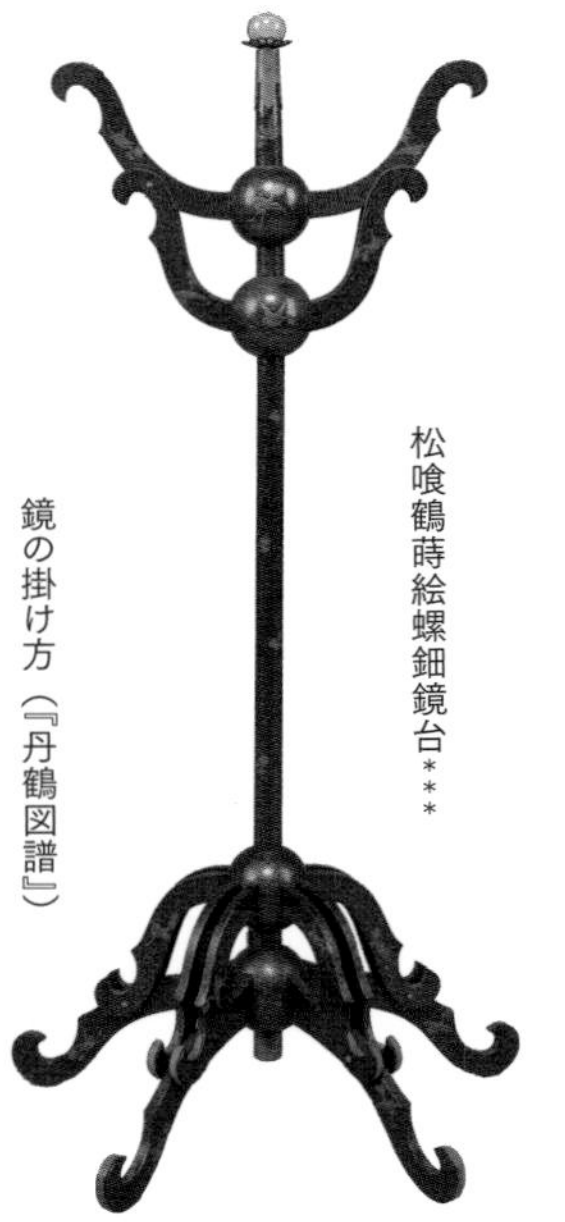

松喰鶴蒔絵螺鈿鏡台＊＊＊

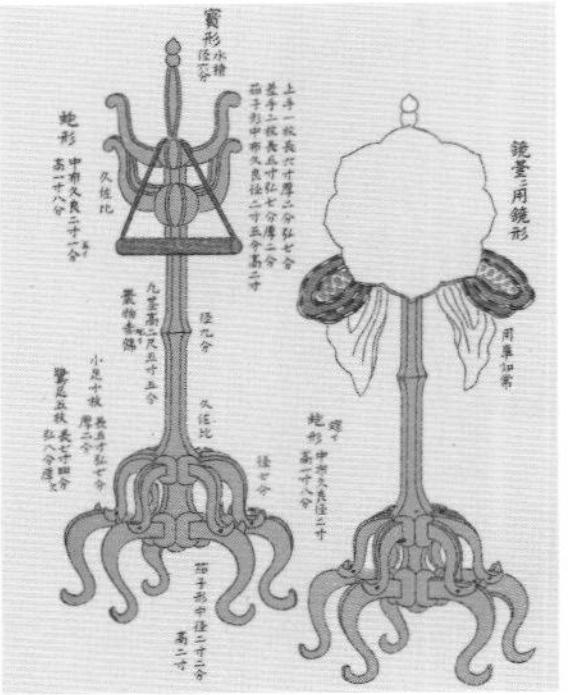

鏡の掛け方（『丹鶴図譜』）

『古事記』天岩戸《あまのいわと》場面には、布刀玉命《ふとだまのみこと》が天香山《あまのかぐやま》の真賢木《まさかき》を「根許士爾許士而《ねこじにこじて》」（根こそぎ掘って）中枝に八咫鏡《やたのかがみ》を懸け、下枝に楮布《こうぞぬの》と麻布を懸けたとあります。鏡の霊性を重んじた平安時代の鏡台はこの場面を再現したもので、底部の小足十枚・鷺足《さぎあし》五枚の構造は木の根、「上手《うわて》・差手《さして》」（腕部分）は枝を意味し、「ねこじ形鏡台」とも呼ばれます。

『満佐須計装束抄《まさすけしょうぞくしょう》』には具体的に鏡の懸け方が記され、まず腕に冠の燕尾《えんび》（纓《えい》）のような「領布《ひれ》」を、次に「汗手拭《あせたなごい》」を懸けます。次に懸守《かけまもり》のような「鏡枕《かがみまくら》」を懸け、これは鏡の角度を調整するためのもの。その上に鏡を懸けます。『類聚《るいじゅう》雑要抄《ぞうようしょう》』によれば頂上には直径六分の宝珠形水晶が付き、これも霊性を感じさせる存在でした。

鏡《かがみ》・鏡筥《かがみばこ》

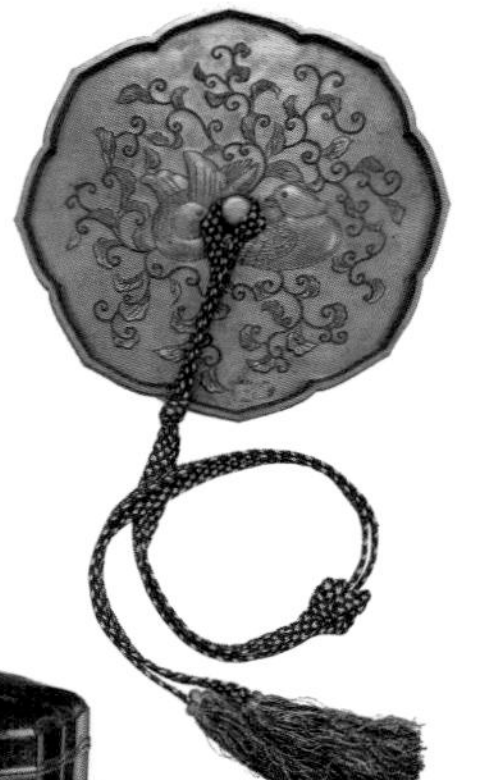

鴛鴦唐草八稜鏡＊＊＊

松喰鶴蒔絵螺鈿鏡箱＊＊＊

神話に由来する三種の神器の一つ「八咫鏡《やたのかがみ》」をはじめ、日本では神聖な気持ちで鏡を扱いました。御帳《みちょう》（154ページ）の中に鏡を懸けるのも、魔除けの力を信じたからです。『類聚雑《るいじゅうぞう》要抄《ようしょう》』に記される鏡は直径一尺の八稜鏡《はちりょうきょう》。裏には鴛鴦唐草《おしどりからくさ》の文様があり、五尺五寸の緒《お》を付けるとあります。

鏡餅が丸く、また遺跡発掘品の鏡がほとんど円形であるように、鏡の基本形は円形です。『春日権現験記《かすがごんげんげんき》』に描かれる鏡台の鏡もまた円形です。

八稜鏡は唐で流行した形式で日本にも伝わりました。『大《おお》鏡《かがみ》』（後一条院《ごいちじょういん》）には「今様《いまよう》の葵八花形《あおいやつはながた》の鏡は美しいが曇りやすい。古体の鏡は、銀白で手を掛けなくても明るい」とあり、八稜鏡が「今様」であったことがわかります。

○鏡台

『満佐須計装束抄』（抜粋）

「その南に鏡台を張りて立つ。立てて後まづ領布を懸く。冠の燕尾の様なるが二つあるを中を番ひたる細き所の錦なる所を懸く。その上に汗手拭を懸く。その上に守りを懸く。この守りの心は、鏡を仰け張らせん料なり。鏡もと平組の緒を付けたり。この領布。手拭を懸けて前に下がりたる所を左を右に違へて。その上に守りを懸くることあるべし。この鏡台の鏡をこの定に懸けて。」

『類聚雑要抄』

「鏡台。宝形〈水精径六分〉。上手一枚厚二分・差手二枚。凡茎高二尺五寸五分、径九分。小足十枚、長五寸弘七分厚二分。鷺足五枚、長七寸四分弘八分厚。鏡枕〈長五寸二分、口径一寸二分、以赤地錦裏之〉緒長一尺七寸六分。」

○鏡・鏡筥

『小右記』

「永祚元年（九八九）正月十二日（中略）奏聞昨日御祈事、被仰云。来廿一日欲参石清水、一尺鏡三面可奉之。」

「長徳三年（九九七）十月十八日（中略）螺鈿二階厨子二脚・同御櫛筥一双〈納雑具云々〉・同香壺筥一合〈在壺〉・同鏡筥・同御硯筥・薫炉〈銀籠〉。」

『民経記』

「寛喜三年（一二三一）九月廿六日（中略）調進物。太神宮御料。（中略）尺御鏡壱面〈花崎、在緒、帷此礼〉、納薄蒔平文筥〈白鑞置口、唐錦折立〉。」

『後二条師通記』

「寛治五年（一〇九一）正月一日（中略）三条殿寝殿無御帷云々。廂敷土敷、上有茵云々。鏡台被立、鏡筥内納之云々、不懸台云々。」

櫛《くし》

櫛にはさまざまな種類があり、塵垢《じんこう》を取るための「梳櫛《すきぐし》」や理髪用の「解櫛《ときぐし》」、そして髪を上げて留める「挿櫛《さしぐし》」がありました。『枕草子』では日常的に挿櫛を用いたと読めますが、『紫式部日記《むらさきしきぶにっき》』では髪上《かみあげ》・挿櫛は特別な髪型になっています。この時代に女子の髪型が変容したのでしょう。

『延喜式《えんぎしき》』（内蔵式）では天皇・皇后・東宮の櫛は「由志木《いすのき》」で作るとされます。これは神話の時代からの伝統で宮中では今も継承されていますが、斎王《さいおう》が伊勢斎宮《さいぐう》に赴くに際して天皇から賜る「別れの櫛」はツゲ製です。なお、櫛に付いた抜け毛は、他者に渡って呪術の具に使われないようにすべて保存され、年末の「髪上《くしあげ》」の儀で焚き上げられました。

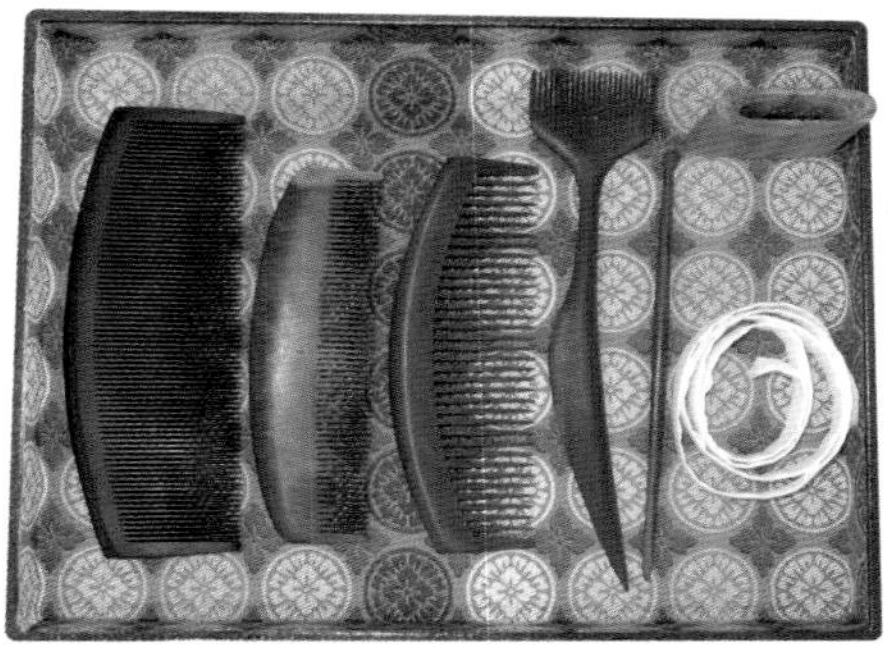

上：宮中内掌典のイスノキの櫛（現代）
下：飛香舎の調度・打乱箱（櫛）***

心葉《こころば》

『類聚雑要抄《るいじゅうぞうようしょう》』に「凡事櫛筥心葉定也」とあるように、さまざまな筥《はこ》類には「心葉」がつきものでした。「心葉」は新《しん》嘗会《じょうえ》で冠に付ける金属製の造花を意味することもあり、また饗膳の四隅に立てる造花を指すこともありましたが、筥に付随する「心葉」はこれらとは異なる一種の埃除け、袱紗《ふくさ》のような掛け布です。『平記《へいき》』天延元年（九七三）六月の記事によれば蘇芳村濃《すおうむらご》の薄物《うすもの》二重で作られ、銀や銅で作った梅花や松などをつけて、組紐を通し総角《あげまき》に結びます。

『源氏物語』（梅枝《うめがえ》）で薫物《たきもの》を入れた紺瑠璃・白瑠璃の杯《つき》に付属する「心葉、紺瑠璃には五葉の枝、白きには梅を彫《え》りて、おなじく引き結びたる糸のさまもなよびやかに」は古来、造花説が主流ですが、掛け布の意味とも考えられます。

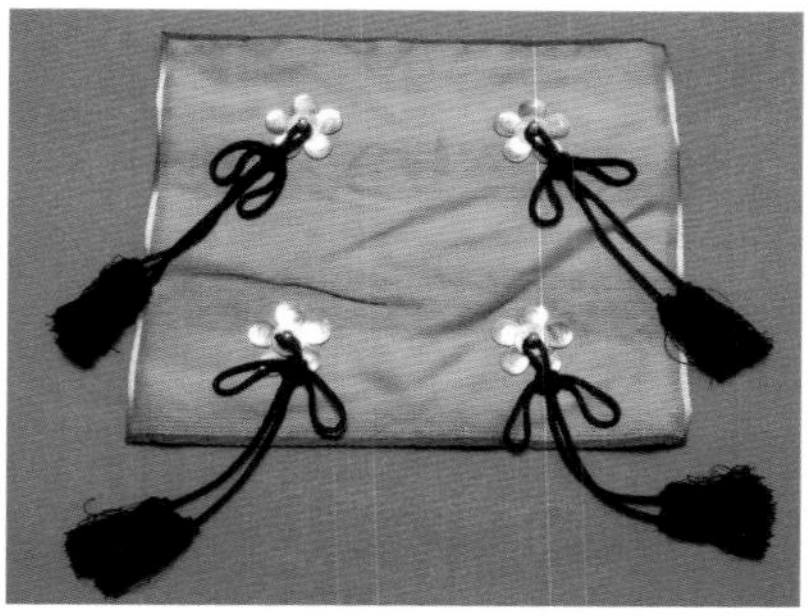

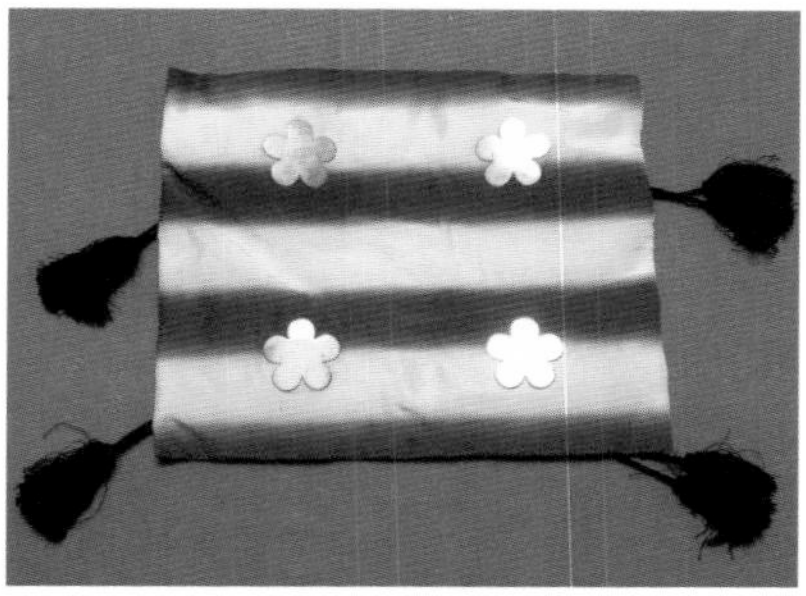

上：三日夜餅の心葉　　中：同裏
下：造花の心葉
（すべて西陣魚新蔵）

○櫛

『**延喜式**』（**内蔵式**）
「年中所造御梳三百六十六枚〈二百枚御料、百枚中宮料、六十枚春宮料、並六月十二月、各半分進之、六枚神今食新嘗祭等料各二枚、皆用由志木〉。」

『**江家次第**』
「斎王群行（中略）蔵人持候御笏式并斎王額櫛筥等〈此櫛先仰作物所、以黄楊木令作、長二寸許、入金銀蒔絵筥〉〈方四寸〉〈松折枝并鶴等蒔之〉。」

『**中右記**』
「嘉保二（一〇九五）十二月廿日（中略）歳末御修法・御仏供養・種々御祈等者、御髪上云々。」

○心葉

『**小右記**』
「天元元年（九七八）四月十日、左大臣一女入内。十二日始参上。殿下同参、餅四種盛銀盤、同盤置同銀箸、餅上置心葉〈有組〉、納蒔絵筥〈置一口〉。」

『**紫式部日記**』
「五節は二十日に参る。（中略）遣はすついでに、筥一双に薫物入れて、心葉、梅の枝をして、いどみきこえたり。」

『**類聚雑要抄**』
「香壺筥一双（中略）象眼青村濃二倍〈方九寸〉銀銅薄梅花之上三上巻付之。上巻手長二寸、末垂五寸、壺共之上置之。梅花二倍。」

角盥《つのだらい》

「たらい」は古文献で「手洗」と表記されます。清浄を重んじる日本では毎朝必ず手を洗い、神事を中心とした儀式の際もたびたび手を洗いました。そのため女房の曹司《ぞうし》（部屋）の調度品に「手洗」などの手洗用品は不可欠でした。

こうした手洗の形状については、『延喜式《えんぎしき》』（内匠式）の「手洗槽」に「口周七尺一寸、高九寸」とあるだけで、「手」（角）があるようには書かれていません。四つの手のある角盥がいつどのように生まれたのかは不明なのです。

ただし『枕草子』（正月に寺にこもりたるは）に「楾《はそう》に手《ちょ》水《うず》入れて、手もなき盥などあり」とありますので、逆に言えば「手のある」盥が当時一般的であったことが推測されます。出家剃髪《ていはつ》するときの髪受けにも角盥が用いられました。

角盥

楾《はそう》

盥とセットになる注水器が「楾」です。「半挿」とも書かれ、壺の腹に穴を開けて注水用の筒を半分挿したからと『和《わ》名類聚抄《みょうるいじゅうしょう》』にあります。注水容器は他にもありますが、手を洗うときには必ず楾を用いたのは興味深いところ。供するときは空《から》の角盥《つのだらい》の中に、湯や水を満たした楾を入れて持参されました。そのため絵巻物類を見ると、角盥と楾は同じ文様とするのが本儀であったようです。

用いる際は盥の上に手を出し、楾の水を掛けて手を洗い顔を洗いました。角盥の手（角）は、このとき袖を懸けて腕を出すためとも言われます。なお移徙《いと》（転居）の際に旧邸から新邸に持参する旧邸の水は、楾に入れて運ぶことになっていました。

楾

○角盥

『新儀式』

「天皇加元服事（中略）又設洗器於殿東西壇上〈盛匜盥、案上各加手巾、主水官人分立案下、但内蔵官人立手巾、主水官人候洗手〉。」

『西宮記』

「侍中事。一、当番入可早参事、右日給時前参入、供奉御盥御膳。（中略）辰四剋、主水司供御盥并御粥事。」

『栄花物語』（あさみどり）

「女房の曹司々々の物の具ども、御簾・畳・半挿・盥、何くれの物の具、すべて侍・蔵人所・随身所などの」

『類聚雑要抄』

「五節雑事（中略）盥具。手洗二口〈大小〉、貫簀〈打敷〉、楾二口、手巾筥一合。」

○楾

『延喜式』（内匠式）

「楾一合〈高一尺・周二尺四寸〉料。漆七合。」

『落窪物語』

「御手水参らむと求め歩きて、御方には、いづくの楾、盥かあらむ。」

『満佐須計装束抄』

「出居の具（中略）北面に黒漆の大きなる二階の台あり。棚を立つ。入れ物なり。下層にはんざう・盥・貫箕、同じき層に並べて。」

『小右記』

「長和五年（一〇一六）六月二日、甲戌。今日遷幸一条院（中略）牽立黄牛二頭（中略）門内有執水火之童女各一人〈一人持脂燭、一持楾、入水〉。」

角盥と楾（『慕帰絵』*）

耳盥《みみだらい》

耳盥（光格上皇御料）

角盥《つのだらい》の簡略版として、角の部分を耳の形状にしたのが耳盥で、主な用途は歯黒《はぐろ》め道具。歯を鉄漿水《かねみず》で黒く染めたあと、うがい茶碗で口をゆすぐときに用いるのです。

平安時代、歯黒めは女子が成人した証しでした。『源氏物語』（末摘花《すえつむはな》）では、十歳ほどの若紫《わかむらさき》を引き取った光源氏が若紫に歯黒めをさせる描写が見られます。また『堤中納言物語《つつみちゅうなごんものがたり》』（虫めづる姫君）では歯黒めを嫌う姫が批判的に描かれるように、白い歯は野性的でもありますので、歯を見せないことが雅であるという認識だったのでしょう。当時は美容が主目的でしたが虫歯予防にもなりました。なお室町時代頃から名称が混乱し、盥のことを「はんぞう」と呼んでいます。

五倍子《ふし》

五倍子

ヌルデ（学名：*Rhus javanica*）

平安時代の女子の美粧《びしょう》のひとつ歯黒《はぐろ》め。これは鉄媒染《てつばいせん》によるタンニン染めで、鉄釘《てつくぎ》などを酢に浸けて作る「鉄漿水《かねみず》」（酢酸第二鉄《さくさんだいにてつ》）と、「五倍子」のタンニンを結びつけてタンニン酸第二鉄をつくり、黒く発色させるのです。タンニン酸がエナメル質に浸透して歯を守ると言われていますので、虫歯予防にも効果がありました。

「五倍子」はヌルデの虫コブのことで、タンニンを非常に多く含んでいます。これを粉末にしたものと鉄漿水を交互に塗ることで黒く発色させたのです。これは袍《ほう》を黒く染める際にも用いられました。なお女子のみが行っていた歯黒めは、平安後期の鳥羽《とば》上皇の時代、殿上童《てんじょうわらわ》にもさせるようになり、やがて成人男子も行うようになってゆきます。

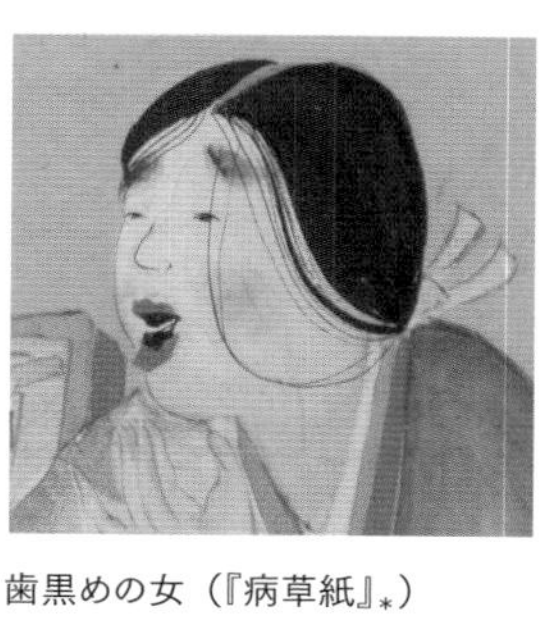

歯黒めの女（『病草紙』＊）

〇耳盥

『和名類聚抄』

「黒歯　文選注云、黒歯国在東海中。其土俗以草染歯、故日黒歯〈俗云、波久路女〉。今婦人有黒歯具、故取之。」

『源氏物語』（末摘花）

「古代の祖母君の御なごりにて、歯黒めもまだしかりけるを、ひきつくろはせたまへれば」

『筆の霊』

「手水の事　又今常につかふ耳だらひと云具も、角だらひと同じ意にて、其耳を持つを便としたる物なり。角だらひのやや転りたる物と云べし。黒ぬりの耳盥にて、嗽茶碗に湯水を入たるを内に置て持出。」

〇五倍子

『紫式部日記』

「つごもりの夜、追儺はいと疾く果てぬれば、歯黒めつけなどはかなきつくろひどもすとて」

『栄花物語』（わかばえ）

「又し果てたるは、歯黒めつけなど、心のどかに我身の厳粧をし磨くもあり。」

『女官飾抄』

「こきうちぎとは紫の打たるを云也。今の地に五倍子鉄醤にて染るはまねび物也。」

『桃花蘂葉』

「下襲（中略）裏は遠菱の文の綾。家の例たて菱也。諸家は横びしを用也。ふしかねにてそむ。うへのきぬにおなじ。」

沐槽《もくそう》・浴槽《よくそう》

清涼殿《せいりょうでん》と後涼殿《こうりょうでん》をつなぐ渡殿《わたどの》の北・朝餉壺《あさがれいのつぼ》に天皇用の「御湯殿《おゆどの》」がありました。『延喜式《えんぎしき》』（主殿式）には新嘗《にいなめの》祭《まつり》の前に天皇が「沐槽・浴槽」で身を清めるとあり、『延喜式』（木工式）での「沐槽」は長三尺×広二尺一寸×深八寸。「浴槽」は長五尺二寸×広二尺五寸×深一尺七寸。湯に浸かるのではなく、槽から湯を汲んで体にかけて洗ったようです。

澡豆《そうず》・蔣《まこも》

『延喜式《えんぎしき》』（主殿式）「新嘗会供奉料《しんじょうえぐぶりょう》」の沐浴《もくよく》の項に「小豆三升〈澡豆料《そうずりょう》〉」とあります。小豆（109ページ）の粉は、含まれるサポニンの作用で湯に混ぜると大量の泡が出ますので、洗剤として天皇の沐浴に用いました。

また「供奉年料《ぐぶねんりょう》」の項には掃部寮《かんもりのつかさ》から「御沐料《みそぎりょう》」として蔣《まこも》を受け取るとありますが、具体的な使用法は不明です。

御沐料とされたマコモ（学名：*Zizania latifolia*）

沐浴《もくよく》

後漢の『論衡《ろんこう》』によれば「沐」は洗髪、「浴」は身体を洗うこと。『九条殿遺誡《くじょうどのゆいかい》』には、沐浴は五日に一度行うとあります。そして毎月一日の沐浴は短命、八日は長命、十八日は盗賊に遭い、亥日《いのひ》は恥を見るなどと、沐浴には吉日・凶日がありました。

貴族たちが日常行動の参考とした『具中《ぐちゅう》暦《れき》』には「沐浴日」が記載され、陰陽師《おんみょうじ》や暦博士《こよみのはかせ》の意見で沐浴日を決めたのです。

これ以外にも神事前の禊《みそぎ》などがあり、たまには有馬《ありま》などの温泉にも出かけましたので、平安貴族が身体を洗う機会は案外と多かったようです。

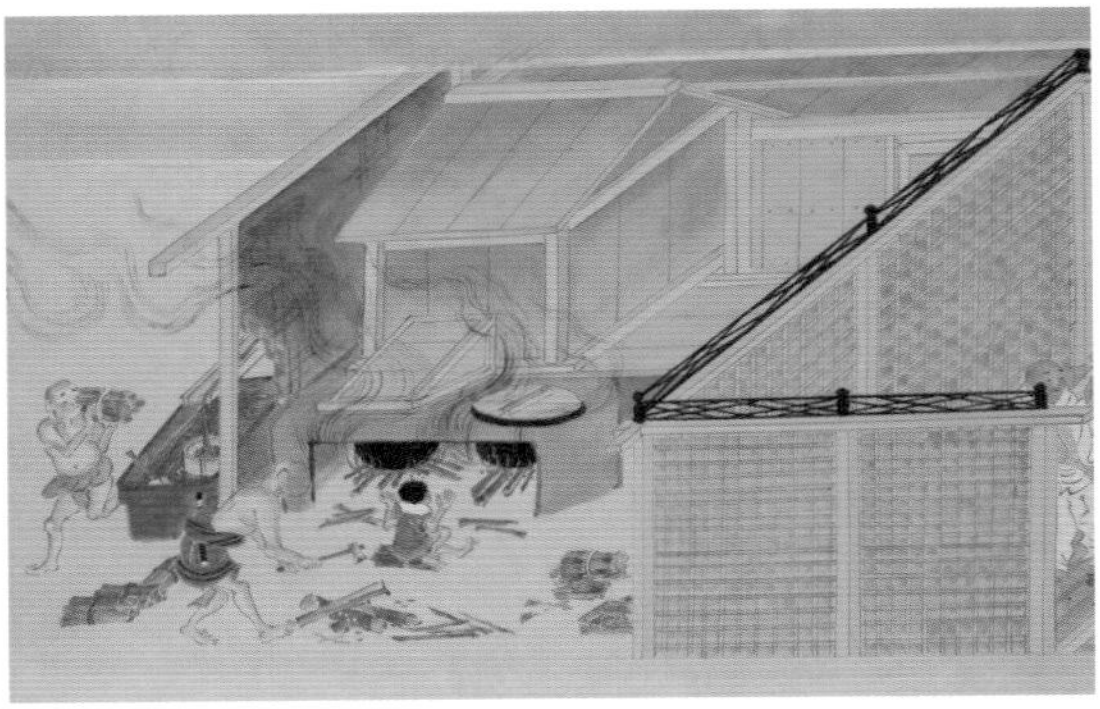

湯屋（『慕帰絵』＊）

湯屋（『一遍聖絵』＊）

『九条殿遺誡』

「次択日沐浴〈五箇日一度〉。沐浴吉凶〈黄帝伝曰。凡毎月一日沐浴短命、八日沐浴命長、十一日目明、十八日逢盗賊、午日失愛敬、亥日見恥、悪日不可浴。其悪日、寅辰午戌下食ノ日等也〉。」

『御堂関白記』

「長和二年（一〇一三）七月七日、丁酉。明日人明日御沐浴也。而女方等申云、明日人忌沐浴云々。召召光栄問之処、申云、極無便、文書無所見者、退出献勘文。明日沐浴吉由也。」

『延喜式』（主殿式）

「新嘗会供奉料〈中宮准此〉。沐槽一隻〈加案〉。覆儲一条〈長五尺・広三幅〉。浴槽二隻〈加案〉。（中略）小豆三升〈澡豆料〉。」

『延喜式』（木工式）

「沐槽〈長三尺・広二尺一寸・深八寸。長功六人・中功七人・短功八人〉。浴槽〈長五尺二寸・広二尺五寸・深一尺七寸・厚二寸。長功八人・中功十人・短功十二人〉。」

『延喜式』（主殿式）

「供奉年料（中略）御沐料蔣七十二圍〈月別六圍。受掃部寮〉。」

火取《ひとり》

「火取」は大きな香炉《こうろ》で、二階棚《にかいだな》（161ページ）の上段に置かれました。『類聚雑要抄《るいじゅうぞうようしょう》』によれば、八葉入角、口径七寸三分の「火取母《ひとりも》」と呼ばれる漆器の中に、口径五寸三分、銀製の「薫炉《くんろ》」を入れてここで練香《ねりこう》を焚《た》き、その上に高さ九寸五分の「火取籠《ひとりかご》」をかぶせます。さらに大きな竹籠をかぶせて、衣に香を焚きしめることもありました。『満佐須計装束抄《まさすけしょうぞくしょう》』には「二階棚の上の火取は泔坏《ゆるすつき》と置き替えるのも良い。夜ごとに使うものなので利便性を優先する」とありますから、毎晩火取で香を炷いていたのです。

『源氏物語』（真木柱《まきばしら》）では、心を病んだ髭黒《ひげくろ》大将の正妻が、夫のために香を炷いていたところ、発作的に火取を振りかざして大将に灰をかぶせる場面が印象的です。

松喰鶴蒔絵螺鈿火取＊＊＊

香嚢《こうのう》

金属製の吊香炉《つりこうろ》です。寝殿《しんでん》の「帳《とばり》」の中に吊り下げましたが、『大鏡《おおかがみ》』には牛車《ぎっしゃ》の眉部分に懸けて香を焚《た》いたので、二条大路に薫香が満ちて例のない見ものであったと記されます。『類聚雑要抄《るいじゅうぞうようしょう》』での香嚢は雲立涌《くもたてわく》の文様が透かし彫りされた直径五寸の球体。上部の蓋は深さ二寸四分で二つに割れ、その蝶番《ちょうつがい》は蝶形金具、反対側の留具が鳥形金具とあります。別名が「皆廻香炉《けまわり》」というのは、中に三輪の同心円金具が組み合わされたジャイロ機巧《きこう》があるからで、「辛久利《からくり》」と記されています。本体の上部には懸緒《かけお》が付き、下部には総角《あげまき》に結んだ組紐を下げました。

『類聚雑要抄』に準拠した香嚢

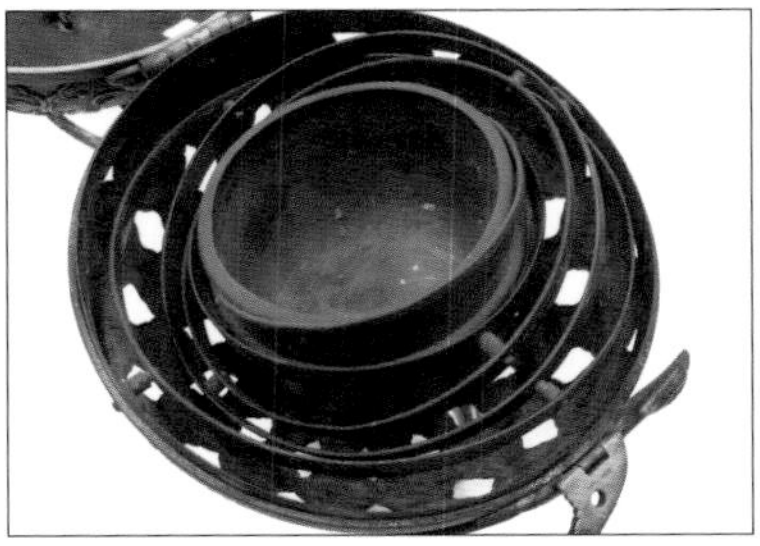

香嚢の「辛久利」

○火取

『御堂関白記』

「寛弘三年（一〇〇六）三月三日、乙巳。参内。南殿奉仕御装束。（中略）其東為御座、西辺立螺鈿二階。其上御冠筥・御火取・硯筥、紙入筥・薫入筥等居。其南立御唐匣。」

「長和二年（一〇一三）四月十三日、甲戌。（中略）従内有御使、螺鈿御火取・薫衣香被奉、御使禄給。」

『宇津保物語』（蔵開上）

「廂のわたりには大いなる火取によき程に埋みて、よき沈、合せ薫物多くくべて籠覆ひつゝ数多据ゑわたしたり。」

『紫式部日記』

「御火取りに、ひと日の薫物取う出て、試みさせたまふ。」

○香嚢

『御堂関白記』

「長和元年(一〇一二)閏十月廿七日(中略)金造五車、口居螺鈿薫鑪。自余十五車、簷懸香嚢。是等皆家儲也。件両宮車女方装束唐錦・綾織物等也。」

『大鏡』（太政大臣道長雑々物語）

「大宮の一の車の口の眉に香嚢かけられて、空薫物たかれたりしかば、二条の大路のつぶと煙満ちたりしさまこそめでたく、今にさばかりの見物またなし。」

『栄花物語』（ころものたま）

「かくて枇杷殿ゝ御八講は（中略）その御次に関白殿、香嚢持たせ給へり。」

『類聚雑要抄』（抜粋）

「香嚢形　或皆廻香炉。蓋深二寸四分、身深二寸六分。建涌雲透堀物、香嚢高五寸、径五寸内定。如加目呂久呂加良久利テ廻之。」

『後二条師通記』

「寛治五年（一〇九一）十月廿五日（中略）西方立御障子。土敷端錦〈赤地〉。唐綾懸枕上。左伊乃角左右〈一角也〉、下方懸鏡二面、香嚢筥〈不懸〉。」

「（裏書）入内御帳内事。香嚢事。御帳中懸御枕上方。或説懸御下方云々。今日不被懸者。先例多懸、近代不懸云々。」

香木《こうぼく》

平安貴族たちは「薫物《たきもの》」と呼ばれた練香《ねりこう》作りにいそしみましたが、その原料となる香木類はすべて舶来品《はくらいひん》です。たとえば「沈香《じんこう》」はインドネシアやベトナム、「白檀《びゃくだん》」はインド、「丁字《ちょうじ》」はインドネシア、「薫陸《くんろく》」はインドなどが原産地。当時は宋《そう》の商人が多くの舶来品を大宰府《だざいふ》にもたらし、貴族たちに「唐物《からもの》」と呼ばれ、珍重されたのです。

『古事談《こじだん》』に後冷泉《ごれいぜい》天皇の皇后・寛子《かんし》の女房たちが、香木の産地で論争する話が載ります。結果は「栴檀《せんだん》(白檀のこと)は唐《とう》にも天竺《てんじく》にもある」となりますが、説明が「赤《しゃく》梅檀が本体で、紫檀《したん》は梅檀の黒、白檀は梅檀の白。沈香は梅檀の沈で、薫陸は梅檀の汁なり」という、聖徳太子説話以来の誤認識のままであったことがわかる、興味深い逸話です。

沈香

白檀

練香《ねりこう》

薫物
(練香)

室町時代に香道《こうどう》が確立するまで、「薫物《たきもの》」として楽しまれたのは練香でした。各種の香木《こうぼく》を粉末にして秘伝の調合で混ぜ合わせ、煤《すす》と蜂蜜を混ぜて臼《うす》で搗《つ》いて練り上げ、丸薬《がんやく》状にしたものです。調合により「六種薫物《むくさのたきもの》」と呼ばれる代表的な練香は「梅花《ばいか》・荷葉《かよう》・菊花《きっか》・落葉《らくよう》・侍従《じじゅう》・黒方《くろぼう》」の六種。『後伏見院宸翰薫物方《ごふしみいんしんかんたきものほう》』によれば春は梅花、夏は荷葉、秋は落葉・侍従、冬は菊花、黒方は四季を通して用いるとし、「黒方」とは香りが玄妙《げんみょう》であることからとしています。

貴族たちは家伝の秘法を大切にして、その香りの良さを競う「薫物合《たきものあわせ》」をよく開催しました。『源氏物語』(梅枝《うめがえ》)では、光源氏が女性たちに香木を配り、練香を作らせて競おうという薫物合の趣向が興味深く描かれます。

『源氏物語』(梅枝)の薫物合
(『源氏物語画帖』メトロポリタン美術館蔵)

○香木

『扶桑略記』

「推古天皇三年(五九五)夏四月、著淡路嶋南岸。其大一囲、長八尺余、其香異薫。貢献朝庭。(中略)太子奏曰「是為沈水香。此木名栴檀香木。生南天竺南海之岸。(中略)其実鶏舌、其花丁子、其脂薫陸。沈水久者、為沈水香。不久者、為浅香。」

『西宮記』

「正月八日、大元所遣御衣事〈見式也〉。(中略)真言院御修法所請雑香事。龍脳香十両・丁子香十両・沈香十両・白檀香十両・薫陸香十両・蘇二壺・蜜二升〈巳上半減定給之、従納殿下之〉。」

○練香

『紫式部日記』

「二十六日、御薫物合せ果てて、人びとにも配らせたまふ。まろがしゐたる人びと、あまた集ひゐたり。」

『栄花物語』(はつはな)

「この頃薫物合せさせ給へる、人々に配らせ給。御前にて御火取ども取り出でゝ、さまざまのを心みさせ給。」

『満佐須計装束抄』

「香壺の筥には銀にて美濃壺の大きなる壺を二合に四つづつ入れて薫物を入るる料なり。この薫物。梅花・荷葉・侍従・黒方を入るべきなり。」

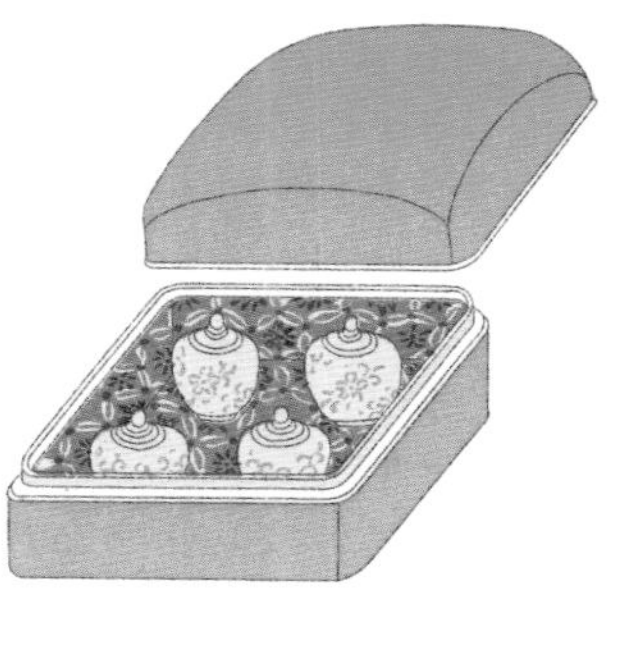
『類聚雑要抄』に載る「香壺」
(『丹鶴図譜』)

灯台《とうだい》

平安時代、室内の主な灯火器は「灯台」。油皿に灯油を入れ、藺草《いぐさ》の灯心に火を点けます。「土居《つちい》」（土台）はいくつかの形式がありましたが、円盤を三つ重ねたような「牛糞《ぎゅうふん》灯台」がよく用いられました。『類聚雑要抄《るいじゅうぞうようしょう》』には高さ三尺二寸とあります。灯台の下には油こぼれに備えて「油単《ゆたん》」（乾性油でコーティングした絹）の打敷《うちしき》を敷きました。

『延喜式《えんぎしき》』（主殿式）によれば灯油は胡麻《ごま》油が多く用いられ、天皇用も胡麻油でした。このほか「雑油《ぞうゆ》」と呼ばれる荏《えごま》油・海柘榴《つばき》油・榠椒（イヌザンショウ、学名：*Zanthoxylum schinifolium*）油なども用いられ、十二月晦《みそか》夜の追儺《ついな》では、榠椒油七斗六升六合と胡麻油四斗で八十基の灯台をともしました。こうした宮中の灯油を「大殿油《おおたなぶら》」と呼び、いつしか灯火全般を意味するようになります。

灯台（右）と切灯台（左）＊＊＊

切灯台《きりとうだい》

江戸前期の『世間胸算用《せけんむねさんよう》』（神《かみ》さへ御目違《おめちが》ひ）に「灯台下《もと》くらし」という言葉が登場するように、灯台の真下は暗く、手紙を読むといった場合には不便でした。そこで柱を半分ほどに短くしたのが「切灯台」です。『源氏物語』（梅枝《うめがえ》）で、兵部卿宮《ひょうぶきょうのみや》が所蔵の古蹟《こせき》を披露する場面で、「大殿油《おおたなぶら》短く参りて御覧ずる」とあるのは、「切灯台」に火を移して、夜間でも書を観賞したことを意味します。

さらに手元を明るくする際は、高坏《たかつき》を逆さまにして「土《つち》居《い》」（土台）の上に灯明皿を置きます。これは夜間の読書などの際によく行われた方法で、『枕草子』には「高坏に参らせたる御殿油」とあります。

高坏を逆さまにした灯台（『病草紙』＊）

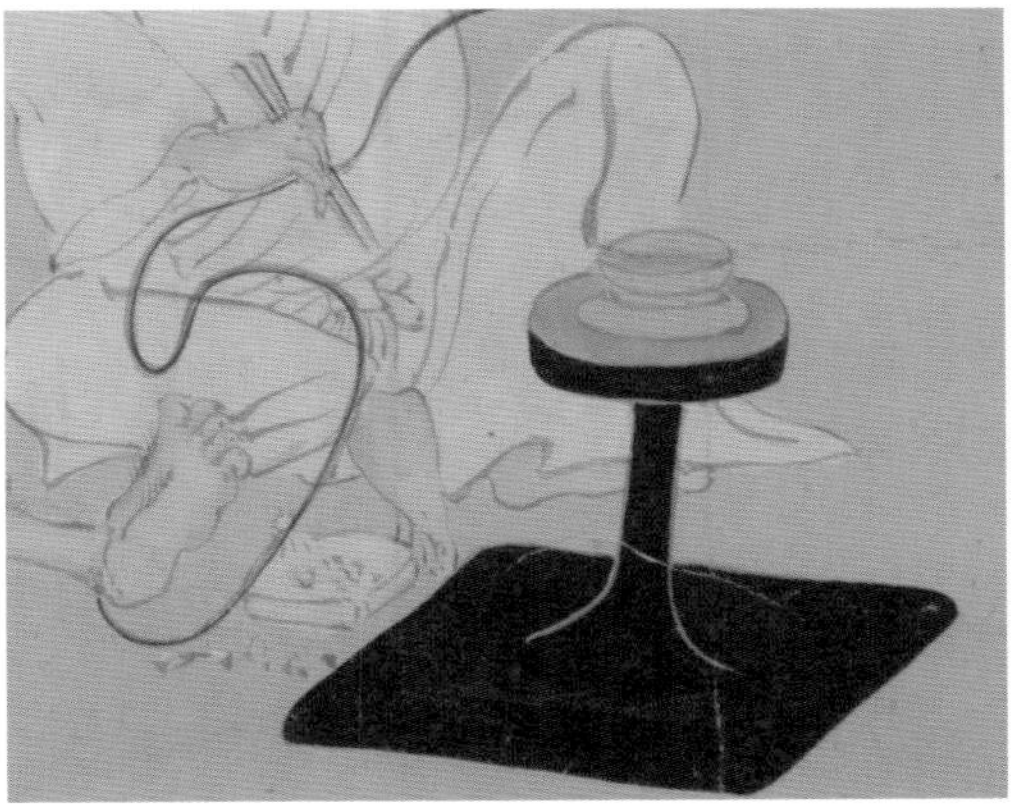

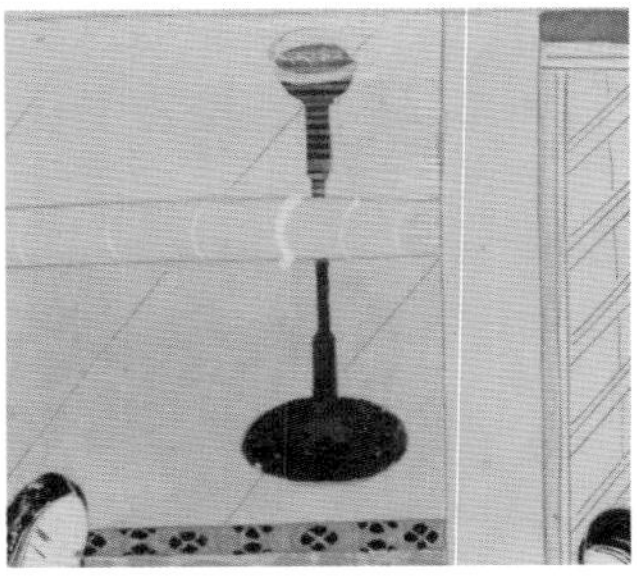

切灯台（『源氏物語絵巻』＊）

○灯台

『延喜式』（主殿式）

「凡供御料用胡麻油。自余充雑油」

「灯油随夜長短〈従二月至七月夜別三升三合、従八月至正月夜別三升八合。」

「凡量収諸国進中男作物雑油。中男一人胡麻油七合、荏油五合、海柘榴油三合、麻子油三合、呉桃子油三合、榠椒油五合、猪膏五合。」

『満佐須計装束抄』

「火を灯す事は三人の役なり。灯台に油杯据へて持つことさらにすべからず。まづ打敷次に燈台油とよるべし。指油によらんには、灯して持ちて元燈台にあるに据へ替へて、元のを取りて替へれ。入れ加えなどすることなかれ。」

○切灯台

『枕草子』

「きよげなる男の双六を日一日うちて、なほあかぬにや、みじかき灯台に火をともして、いとあかうかかげて」

『参議要抄』

「功過事（中略）硯弁取之置參議座。仰蔵人令立切灯台於参議座前。」

『無名抄』（俊成女宮内卿両人歌のよみやうのかはる事）

「宮内卿は、始めより終りまで、草子・巻物取り込みて、切灯台に火近々と灯しつつ、かつがつ書付け書付け、夜も昼も怠らずなむ案じける。」

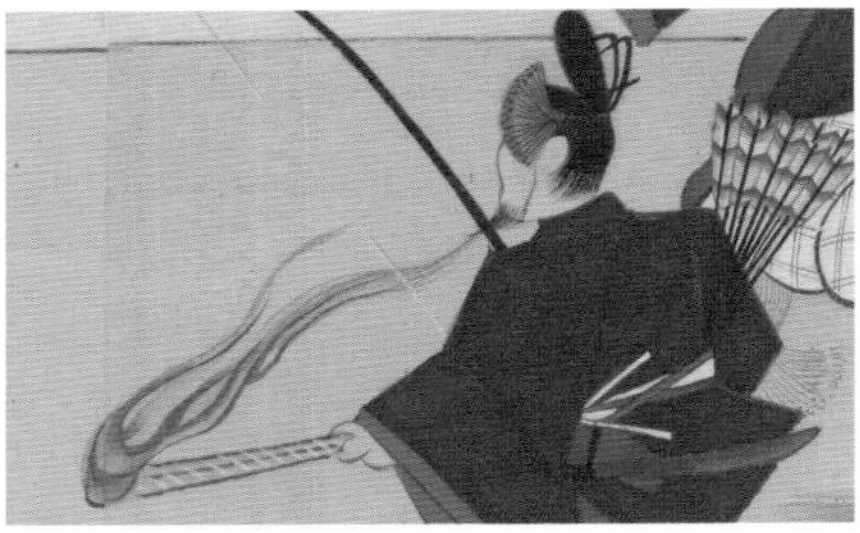

上：脂燭（『弱竹物語』*）
下：紙燭（『年中行事絵巻』*）

脂燭《しそく》・紙燭《しそく》

小型の松明《たいまつ》。『和《わ》名類聚抄《みょうるいじゅうしょう》』では「紙燭」の字で登場します。いっぽう中国では後漢《ごかん》の『論衡《ろんこう》』に「倶之火也。或燦脂燭、或燔枯草」とあるように動物の脂《あぶら》を用いた「脂燭」表記を多く見ます。一般的には松の木を長さ一尺五寸、直径三分ほどの棒状に削って先を焦がし、油を塗って火を灯すものです。「移徙《いと》」（転居）の際には旧邸の火と水を新邸に持参しますが、火はこの脂燭で運びました。いっぽう『延喜式《えんぎしき》』（主殿式）に「灯炷脂燭布一端一丈四尺八寸」とあるように、細い松の棒に布や紙を細くひねって巻き付け、蠟《ろう》を塗ったり油を染み込ませたものもあります。『村上天皇御記《むらかみてんのうぎょき》』天徳四年（九六〇）三月の内裏歌合《だいりうたあわせ》で、天皇の左右から近衛《このえ》少将が差し出す「脂燭」は、このタイプのものと推測されます。

上：松明　　下：炬火
（ともに『年中行事絵巻』*）

松明《たいまつ》

夜間の儀式において、主殿寮《とのもりづかさ》官人が庭で太い松明を掲げることを「炬火」と書いて「たてあかし」と読むことが『和《わ》名類聚抄《みょうるいじゅうしょう》』に載ります。『養老令《ようろうりょう》』（軍防令）では「葦《よし》を芯《しん》として干草を巻いて縛る」とあり、『貞観儀式《じょうがんぎしき》』では「細い松の棒を藺筵《いむしろ》で包み黒葛《つづら》で束ねる」とします。樹脂の多い松はよく燃えたので「松明」とされ「続松《ついまつ》」とも呼ばれると『和名類聚抄』にあります。『枕草子』（ありがたきもの）に「長き松を高く灯して」とありますが、『貞観儀式』での松明は四尺（約一m二〇cm）や八尺と記されます。

「秉燭《へいしょく》」とは松明を持つことですが、『九暦《きゅうれき》』に「已及秉燭」とあるように、「夜」を意味する単語になりました。

○脂燭・紙燭

『新儀式』

「天皇遷御事（中略）陰陽頭率僚下以五穀行供、童女二人各牽黄牛、左右近衛府生役之、次童女二人、一人持椋水、一人秉脂燭、皆悉前行。」


『村上天皇御記』

「天徳四年（九六〇）三月卅日己巳。此日有女房歌合事者（中略）。左近少将伊渉。右近少将助信等取脂燭照之。」


『西宮記』

「御仏名（中略）蔵人給校書殿、渡所雑物、火櫃油〈六升〉・脂燭布〈三段〉。」

「左右近衛将事（中略）読詩之時、殿上将二人、各執脂燭、候御前之左右。」

○松明

『貞観儀式』

「践祚大嘗祭（中略）次松明四荷〈長各四尺、以黒葛束両端、裹以細席〉（中略）於南門外、通夜設庭燎（中略）松明三百廿把〈長各八尺、夜別八十把〉。」


『和名類聚抄』

「炬火　唐韻云爝〈即略反与雀同〉炬火也。字書云炬〈其呂反上声之重訓与灯。同俗云太天阿加之〉束薪灼之。」

「松明　唐式云毎城油一斗松明十斤〈今案、松明者今之続松乎〉。」


『九暦』

「天徳元年（九五七）正月一日、参内（中略）即参東宮梅壺（中略）、奉抱兼其後小朝拝、已及秉燭、拝了儲君召還参給。」

灯籠《とうろう》

軒《のき》に吊り下げる照明具で、『延喜式《えんぎしき》』（主殿式）では「灯楼」と書かれます。『源氏物語』（帚木《ははきぎ》）には「灯籠掛け添へ、灯明くかかげなどして」とあり、同物語の若菜下の帖にも「灯籠こなたかなたに懸けて、火よきほどに灯させたまへり」とあります。『内侍所《ないしどころの》御神楽《みかぐら》部類《ぶるい》』天承元年（一一三一）の記事に「返灯楼綱如例」と載り、『満佐須計《まさすけ》装束抄《しょうぞくしょう》』では「灯籠は帳《とばり》の左右の間の軒に釣るべし。傍《はた》にも釣るべき所あらば幾つも釣るべきなり」と、屋根裏の「環《かん》」から綱を下ろして、数多く吊り下げたことがわかります。

なお『紫式部日記《むらさきしきぶにっき》』には「小さき灯籠を御帳《みちょう》の内に掛けたれば、隈《くま》もなきに」と、寝台である「帳」（154ページ）の中で灯す小型の「掻灯《かいともし》」もあったことが記されます。

上：灯籠＊＊＊
下：軒に吊り下げた灯籠（『弱竹物語』＊）

篝火《かがりび》

焚木《たきぎ》を鉄の籠や鋺《わん》に入れて火をともす屋外用照明具。火籠に鎖をつけて鉄の柄釣《えしゃく》の先から垂らす「吊篝《つりかがり》」が主流です。これは本来、『万葉集』にも登場する鵜飼《うかい》の「漁火《いさりび》」で、『執《しっ》政所抄《せいじょしょう》』には「篝・鵜飼等相具（中略）真木島《まきしま》・桂贄人《かつらにえひと》等也」とあり、『栄花物語《えいがものがたり》』（月の宴）にも「大井に逍遥《しょうよう》したるかたを描きて、鵜船《うぶね》に篝火ともしたる」とあります。

『源氏物語』には篝火が多く登場しますが、若紫《わかむらさき》の帖では「遣水《やりみず》に篝火ともし」、乙女《おとめ》の帖では「中島《なかしま》のわたりに、ここかしこ篝火どもして」など、水景《すいけい》に相応しい夏の照明とされました。常夏《とこなつ》の帖では「燈籠に御殿油《おんたなぶら》参れり。なほ気近くて暑かはしや。篝火こそよけれ」と、篝火は暑気払《しょきばら》いに好適な照明とされた様子がわかります。

上：京都・円山公園夜桜の篝火
下：宇治の鵜飼の篝火

篝火（『源氏物語帖』
メトロポリタン美術館蔵）

○灯籠

『和名類聚抄』

「灯籠　内典云灯炉〈見涅槃経〉。唐式云灯籠〈見開元式〉。本朝式云灯楼〈見主殿寮式。」

『禁秘鈔』

「清涼殿（中略）石灰壇（中略）又灯楼。毎間有灯楼、有事時返綱。」

「日没以後事。先掻灯自御湯殿方進之。内侍取之。供夜御殿四方。其後供所々掌灯〈女房役之〉。」

『夕拝備急至要抄』

「立后節会（中略）入夜者、主殿女官等撤御前灯台。懸灯楼、供灯燭。同寮官人已下列立南庭。挙庭燎。」

○篝火

『村上天皇御記』

「天徳四年（九六〇）三月卅日己巳。此日有女房歌合事者（中略）于時日已昏。供灯兼立篝火於南北小庭。」

『和名類聚抄』

「篝火　漢書陳勝伝云夜篝火〈師説云比乎加々利迩須。今案、漁者以鉄作篝盛火照水者名之、此類乎〉。」

「庭燎　四声字苑云燎〈力照反。和名迩波比。毛詩有庭燎篇〉庭火也。」

『紫式部日記』

「十五日の月曇りなくおもしろきに、池の汀近う、篝火どもを木の下に灯しつつ」

火桶《ひおけ》

部屋に置く暖房器具。いわゆる火鉢の外側を木製にしたものです。物語では「蒔絵《まきえ》」「沈《じん》」などの火桶が多く登場しますが、『枕草子』には「火桶は赤色・青色、白きに作り絵もよし」とあり、また「人のいへにつきづきしき(相応《ふさわ》しい)物」に「竹鶯《たけうぐいす》描きたる火桶」とありますので、彩色が施されたものが多かったのでしょう。さらに「大きにて良き物」に火桶があることから大きな火桶が好まれたようです。寒いときに女房たちが火桶の周りに集まって雑談する様子は『枕草子』のほか、『源氏物語』(幻《まぼろし》)に「埋《うず》みたる火起こし出でて御火桶参らす。中納言の君、中将の君など、御前近くて御物語聞こゆ」とあるなど、数多くの古典文学に見られます。

松喰鶴蒔絵螺鈿火桶＊＊＊

炭櫃《すびつ》・火炉《かろ》

『宇津保物語《うつほものがたり》』(蔵開《くらびらき》下)に「御火桶清《ひおけきよ》らにておはす。炭櫃に火などおこしたり」とあるように、火桶の炭は「炭櫃」で火を熾《おこ》しました。角形の大型火桶のようなものですが、囲《い》炉《ろ》裏《り》のような造り付けのものもあり、そこでは湯を沸かしたり調理をするようなこともあったようです。宮中では主殿《とのもり》寮《づかさ》が十月一日から三月末まで、暖房用の炭の配給をすることが『年中行事障子《ねんじゅうぎょうじのしょうじ》』に記されています。

「火炉」は主に庭に臨時に設けられるもので、大臣大饗《だいきょう》で庭に建てられる幄《あげはり》「酒部所《さかべどころ》」で酒を燗《かん》づけするための火炉などがあります。特に燗酒用の記録は多く、『西宮記《さいきゅうき》』には「侍従所《じじゅうしょ》」(大内裏《だいだいり》の外記庁《げきちょう》の南)には「地高《じだか》火炉」があり、酒宴の際にここで酒を温めると記されています。

上：炭櫃(『慕帰絵』＊)
下：大饗・酒部所の火炉(『年中行事絵巻』＊)

〇火桶

『宇津保物語』(蔵開中)
「宮つとめてより暮るゝまで御髪すます。(中略)宮の御前には御火桶据ゑて、火起して薫物どもくべて焼き匂はして御髪炙り、拭び集まりて仕うまつる。」

『小右記』
「長保元年(九九九)十一月廿六日、乙巳。五節几帳四基・火桶舗設等分奉宮御方、又送火桶等於処々。菓子・魚鳥等類同奉。」

『落窪物語』
「二条におはしたれば、雪の降るを見出だして、火桶に押しかかりて、灰まさぐりて居たまへる、居とをかしければ、向ひ居たまへるに『はかなくて消えなましかば思ふとも』と書くを、あはれに見たまふ」

『源氏物語』(初音)
「唐の東京錦のことことしき端さしたる茵に、をかしげなる琴うち置き、わざとめきよしある火桶に、侍従をくゆらかして、物ごとにしめたるに、衣被香の香のまがへる、いと艶なり。」

『枕草子』
「にくきもの(中略)火桶の火、炭櫃などに、手の裏うち返しうち返し、おしのべなどしてあぶりをる者。」

〇炭櫃・火炉

『枕草子』
「雪のいと高う降りたるを、例ならず御格子まゐりて、炭櫃に火おこして物語などして」

『内裏式』
「元正受群臣朝賀式(中略)又去中階南十丈、対設火炉。」

『西宮記』
「正月、供御薬事(中略)典薬薬生等参入、舁御薬高机并韓櫃火炉等。」
「所々座体(中略)侍従所(中略)巽角庇地高火炉〈有盃酌之時、於此温酒云々〉。」

『大饗雑事』
「酒部所(中略)火炉具。鉢一口〈金銅。雖夏可置火也〉。」

鳳輦《ほうれん》

貴族たちは徒歩で遠出することは少なく、平安時代は牛車《ぎっしゃ》、室町時代以降は腰の位置で持つ「輿《こし》」や騎馬《きば》で移動することが普通でした。天皇は決して地面の上を歩くことはなく牛車も用いません。「輦《れん》」と呼ばれる肩で担ぐ乗物を用いました。

鳳輦（『桜町殿行幸図』＊＊）

あらゆる文物について中国に範を取った平安前期でしたが、皇帝のシンボル「龍」は興味深いことに日本では好まれず、天皇のシンボルは「鳳凰《ほうおう》」でした。天皇だけが用いることができる乗物が「鳳輦」です。政治上の経緯から五十五歳で突如帝位に就いた光孝《こうこう》天皇は、藤原基経《もとつね》により次帝に選ばれた際、「鳳輦にこそのらめ」と言って「葱花《そうか》輦《れん》」（176ページ）には乗らなかったと『中外抄《ちゅうがいしょう》』にあります。葱花輦は、天皇以外の皇族が用いることもありましたが「鳳輦」だけは天皇専用だったのです。

ただし『日本三代実録《にほんさんだいじつろく》』貞観三年（八六一）二月の記事には「太后可御鳳輦、而今日用牛車」とあり、平安前期には皇太后が乗る例もあったようです。

『小野宮年中行事《おののみやのねんじゅうぎょうじ》』によれば、天皇は正月元日から三日までの行幸、五月五日に鳳輦を用い、他の機会は「葱花輦」を用いるとあります。ただし『小右《しょうゆう》記《き》』寛仁二年（一〇一八）十月の記事には「鳳輦は節会《せちえ》と元三《がんざん》行幸にだけ用いるが、最近は通常の行幸でも鳳輦を用いている」と記しますから、平安中期は天皇行幸の乗物＝鳳輦になっていたのでしょう。

『延喜式《えんぎしき》』（近衛式）に「凡供奉行幸駕輿丁《かよちょう》者、駕別廿二人〈十二人擎御輿。自余執前後綱〉」とあり、鳳輦は近衛府《このえふ》の駕輿丁が十二人で担ぎます。そして前三人、後二人ずつ左右から緋色の綱を引き、輦が揺れることを防ぎました。

江戸時代の鳳輦＊＊＊

『日本三代実録』

「貞観三年（八六一）二月十八日壬戌。皇太后臨御太政大臣東京染殿第。（中略）太后可御鳳輦、而今日用牛車。」

『扶桑略記』

「（宇多天皇）仁和三年（八八七）丁未八月廿六日丁卯、踐祚。十七日丙戌、即位。辰一剋、駕御鳳輦、出東宮。南行幸八省、御小安殿。二剋、関白太政大臣参上。四刻、出大極殿、即于帝位。」

『西宮記』

「正月。有上皇及母后者、三日朝覲。行幸如常〈御鳳輦〉、其宮外一町停警蹕。」

『小野宮年中行事』

「三日行幸事。天皇幸太上天皇宮。皇后若御京城之外、同准此。有拝賀礼。御鳳輦。非神事外着靴。」

「醍醐御日記曰。延喜三年（九〇三）正月三日。此日奉謁仁和寺例。三日供鳳輦。而用葱花輦。失例也。」

「長保元年(九九九)三月十六日幸一条院。供葱華輦。上達部曰。可供鳳輦。而後日問主殿寮。元三日内供鳳輦。其外供葱華輿。五月五日節会日供鳳輿。六日供葱花輿。節会及元三行幸供鳳輿。自余不供。尚供葱花。案醍醐御日記。如所司申。将後追記。」

葱花輦（『輿車図考　零本』*）

葱花輦《そうかれん》

「鳳輦《ほうれん》」の簡略版で、頂上に付く飾りは葱坊主《ねぎぼうず》の形の宝珠です。葱花は古来、吉祥として尊重されていました。天皇は節会《せちえ》と正月の元三《がんざん》（三が日）行幸では鳳輦、その他の行幸は葱花輦を用いるはずなのですが、近年は常に鳳輦を用いると藤原実資《さねすけ》は『小右記《しょうゆうき》』でたびたび嘆いています。

長和五年（一〇一六）六月の三条《さんじょう》天皇一条院遷幸《いちじょういんせんこう》に際し、「葱花輦のはずだが摂政（藤原道長）の指示で鳳輦を用いた」とあり、この時代の変化が見て取れます。

葱花輦は鳳輦と異なり天皇専用ではなく、東宮・皇后も用いることがありました。『駒競《こまくらべ》行幸《ぎょうこう》絵巻《えまき》』では太皇太后・彰《しょう》子《し》の行啓《ぎょうけい》に葱花輦が用いられた光景が描かれています。このとき本来は葱花輦を用いるべき後一条《ごいちじょう》天皇が鳳輦を用いたと、『小右記』はここでも注記します。

『長秋記《ちょうしゅうき》』大治四年（一一二九）四月の賀茂祭《かものまつり》の記事に、斎《さい》王《おう》の乗物が「御輿〈葱花、駕丁黄色〉」とあって、時代が下るにつれて神事・祭事での利用が多く見られるようになります。

室町後期の『代始《だいはじめ》和抄《わしょう》』には、天皇即位を神祇官において伊勢の神宮に告げる「由《よし》の行幸」についで弘安十一年（一二八八）の例を引き「御輿は葱花を用らる。葱花とは、『き』の花の形を金にて打て御輿のうへにすへらる。これは御神事の時の行幸に召るゝ御輿なり」と記されていて、平安中期の認識とは大きく異なっていることがわかります。なお「き」とは葱の古語です。

葱の花

『醍醐天皇御記』

「延喜三年（九〇三）正月三日。此日奉謁仁和寺。例三日供鳳輦、而葱花輦。失例也。」

『延喜式』（内匠式）

「御輿一具（中略）歩板二枚・杁料簀子二枚、柱桁并葱花等料。」

『吏部王記』

「天暦二年（九四八）正月八日。御斎会始。午刻先行幸八省云々。御葱花輿出建礼門御小安殿。其装束如延長八年（九三〇）例。」

『小右記』

「長保元年（九九九）三月十六日、幸一条院。供葱華輦。上達部曰、可供鳳輦、而後日問主殿寮、元三日内供鳳輦、其外供葱華輿。五月五日節会日供鳳輿、六日供葱花輿、節会及元三行幸供鳳輿、自余不供、尚供葱花。案醍醐御日記如所司申、将後追記。」

「長和三年（一〇一四）五月十日（中略）敦頼承諾云、可申案内於左相府。又云、鳳輦・葱花等間、前々不定、為之如何者。予云、節会行幸及元三日内行幸用鳳輿、而諸司不存前例、鎮供鳳輿。又無事啓、或相府仰可供鳳輿之由云々。」

「長和五年六月二日、甲戌。今日遷幸一条院。（中略）行事中納言俊賢仰可候葱花輦之由、即葱花輿候。然而摂政有命、用鳳用鳳輿云々。」

「万寿四年（一〇二七）十一月廿四日（中略）依禅閤重悩給云々。行幸日御輿可供葱花輿車。」

「万寿元年九月十九日（中略）鳳輿持立日華門〈可供葱花輦、而依仰所候〉。」

『伏見院御記』

「弘安十一年（一二八八）二月廿七日壬午。今日伊勢幣神祇官行幸也。（中略）先之奏宣命草并清書。承継権大納言藤原朝臣。行幸儀如常〈無闈司鎰奏。不仰御綱、葱、無警蹕〉。」

唐車《からぐるま》

唐車（『春日権現験記』＊）

牛車《ぎっしゃ》の中で最も大きく、最も格が高いのが「唐車」です。上皇の御幸《みゆき》、摂政関白の「春日詣《かすがもうで》」や「御禊《ごけい》行幸」など晴の儀式行事の際に用いられました。『中右記《ちゅうゆうき》』元永二年（一一一九）三月の記事には「皇后の行啓に唐車は異例である」と記されますが、皇后・東宮・准后《じゅごう》・親王の乗用記録も多く見かけます。『餝抄《かざりしょう》』には、太上《だいじょう》天皇・摂政・関白のほか、天皇即位後に乳母《めのと》が難波津《なにわのつ》で行う「八十島祭《やそしままつり》」に向かう「八十島典侍《やそしまのないしのすけ》」が乗車した記録が載ります。屋根は唐棟《からむね》、前後は唐破風《からはふ》。屋根と庇《ひさし》に「檳榔《びろう》」を葺《ふ》き、「唐庇《からびさし》の車」という別名もあります。立板《たていた》と袖表《そでおもて》には牡丹唐草《ぼたんからくさ》を描き、内部は唐絵《からえ》を描くなど全体として「唐風《からぶり》」にするのが例でした。

糸毛車《いとげのくるま》

『延喜式《えんぎしき》』（弾正式）に「内親王・三位已上内命婦《ないみょうぶ》、及更衣《こうい》已上、並聴乗糸葺有庇之車」とあり、最高格の女子が多く用いた車です。その名のとおり絹糸を染めて屋形《やかた》全体を覆い、屋形の腰や庇《ひさし》は糸を垂らしました。

平安中期の記録を見たとき、糸の色彩について明確な規定はありませんが、『愚昧記《ぐまいき》』天仁元年（一一〇八）十月の記事に大嘗祭《だいじょうさい》御禊《ごけい》女御代《にょうごだい》が「青糸毛《あおいとげ》」に乗ったとあります。室町前期の『物具装束抄《もののぐしょうぞくしょう》』に「青糸毛は東宮、赤糸毛は賀茂祭女使」、『蛙抄《あしょう》』には「中宮や東宮は青糸毛、更衣《こうい》や典侍《ないしのすけ》は紫糸毛」とあり、後世に色の区別が生まれたようです。

上：青糸毛車（『駒競行幸絵巻』（模本）＊＊＊）
中：赤糸毛車（『文永賀茂祭図』＊）
下：賀茂祭の飾車（『賀茂祭絵詞』＊）

〇唐車

『枕草子』

「まづ院の御迎へに、殿をはじめ奉りて、殿上人、地下などもみな参りぬ。（中略）御車ごめに十五、四つは尼の車、一の御車は唐車なり。」

『栄花物語』（殿上の花見）

「長元四年（一〇三一）九月廿五日、女院、住吉・石清水に詣でさせ給。（中略）殿、唐車に乗りて候はせ給。」

『御禊行幸服飾部類』

「康治元信範記云。摂政殿下乗唐車。（中略）同範家記云。殿下自閑路令参給。唐車。」「仁安三中山記云。摂政乗唐車列女御代車前。」

〇糸毛車

『栄花物語』（きるはわびしとなげく女房）

「糸毛にて、女御代は殿ゝ上一つ御車にて渡らせ給。又奉りたるを放ちて、糸毛・黄金造り・檳榔十、女房四十人・童八人、例の作法なり。」

『紫式部日記』

「御輿には宮の宣旨乗る。糸毛の御車に殿の上、少輔の乳母若宮抱きたてまつりて乗る。大納言、宰相の君、黄金造りに」

『夕拝備急至要抄』

「賀茂祭（中略）金作車〈典侍乗之。糸毛〉。銀作糸毛〈命婦乗之〉。」

ビロウ

唐車《からぐるま》の屋根材にも用いられた「檳榔」は、ビロウ（学名：*Livistona chinensis*）というヤシ科植物のことで、日本では四国・九州南部に自生します。ややこしいことに同じ「檳榔」と書くビンロウ（学名：*Areca catechu*）は別種です。

どういう理由からか日本では檳榔を尊重し、『延喜式《えんぎしき》』（斎宮式）の「年料供物《ねんりょうくもつ》」には扇として用いたと考えられる「檳榔葉二枚〈戸座所料〉」がありますし、『延喜式』（内膳式）には七月七日から十月、食べ物を冷ますために「檳榔葉十枚」を扇として用いたと読める記載があります。

『続日本紀《しょくにほんぎ》』の宝亀八年（七七七）五月の記録では、渤海《ぼっかい》国からの使者が帰国する際、日本土産として「檳榔扇十枚」を贈っています。

ビロウ（宮崎市青島）

枇榔毛車（『平治物語絵巻　信西巻』＊）

枇榔庇車（『輿車図考附図』（故実叢書））

檳榔毛車《びろうげのくるま》・檳榔庇車《びろうびさしのくるま》

ビロウの葉を細く裂いて編み、屋形《やかた》全体を覆ったのが「檳榔毛車」です。物見窓《ものみまど》もなく現代の目では地味な車ですが平安時代は高級車とされ、『西宮記《さいきゅうき》』には上皇以下公卿の乗用車であるとします。平安後期の『執政所《しっせいじょ》抄《しょう》』を見ますと公卿であっても、節会《せちえ》など特に重要な儀式で用いる車であったようです。

ただし『江談抄《ごうだんしょう》』には「檳榔毛車が公卿専用とはどの規則にあるか」と居直《いなお》る者がいた話が載りますし、『満佐須計《まさすけ》装束《しょうぞく》抄《しょう》』には五節舞姫《ごせちまいひめ》やお付きの童女が檳榔毛車に乗ったとあり、比較的自由に乗られた高級車であったようです。

「檳榔庇車」はそれよりも格上で物見窓があり、その上と屋形前後に庇があります。唐車《からぐるま》の簡略版として上皇・親王や摂政関白、大臣などが使用しました。

○ビロウ

『和名類聚抄』
「蒲葵扇　晉書云蒲葵扇今案蒲葵者或木別名也今称蒲扇者以蒲作之。」

『延喜式』（内膳式）
「盛餅甜物菓子柳筥各二合。各長一尺。広九寸。麁筥廿一合。円櫃廿四合。檳榔葉十枚。右起七月七日尽十月供料」

『続日本紀』
「宝亀八年（七七七）五月癸酉《廿三》。渤海使史都蒙等帰蕃。（中略）檳榔扇十枚。至宜領之。夏景炎熱。想平安和。」

○檳榔毛車・檳榔庇車

『西宮記』
「檳榔毛、太上天皇以下四位已上通用、非参議不立榻〈近代、無乗用之人〉。」

『江談抄』
「英明乗檳榔車事。（中略）朝成卿云、公卿車之外有檳榔車。誰人車哉。英明被答云、下官車也。若被咎仰者、不可乗檳榔車之由、有所見者欲承云々。件法式無所見云々。」

『餝抄』
「檳榔庇。保延二三四大殿（忠実）春日詣。直衣冠。檳榔〈有半蔀庇〉。」

『満佐須計装束抄』
「五節所のこと（中略）参りには姫君の車女房の童、檳榔なり。下仕の車網代なり。」

『宇槐雑抄』
「保延二年（一一三六）十二月十三日（中略）大殿北政所於置洞院面西門南辺御見物〈北政所檳榔庇御車。大殿・予古車也〉。」

『野槐服飾抄』
「中宮行啓。貞応三年（一二二四）八月廿二日。御車檳榔庇。寄御在所。」

半蔀車《はじとみのくるま》

網代車《あじろぐるま》（180ページ）の屋形《やかた》の物《もの》見《み》窓《まど》を、引違戸《ひきちがいど》ではなく「半《はじ》蔀《とみ》」（143ページ）のように、はね上げ式にしたものです。摂政・関白・大臣・大将といった高位の人々が乗用しました。

『栄花物語《えいがものがたり》』（殿上《てんじょう》の花見《はなみ》）長元四年（一〇三一）九月、女《にょ》院《いん》の住吉《すみよし》・石清水《いわしみず》詣に際して「半蔀車の透きとほりたる」に乗り、『扶桑略記《ふそうりゃくき》』寛治二年（一〇八八）二月には白河《しらかわ》上皇の高野《こうや》参詣に摂政・藤原師実《もろざね》が半蔀車に乗ったとあります。

『明月記《めいげつき》』寛喜元年（一二二九）十一月の記事に藤原通家《みちいえ》が初の直衣参内《のうしさんだい》の際に半蔀車の屋根を唐棟《からむね》に改造して乗用したとあり、『三中口伝《さんちゅうくでん》』にも直衣着用時に乗るとありますから、唐棟でない半蔀車は、「晴」ではなく「褻《け》」の際に用いたようです。

半蔀車（『石山寺縁起』＊＊＊）

網代庇車（雨眉車）（『春日権現験記』＊）

網代庇車《あじろびさしのくるま》

網代車《あじろぐるま》の屋根を唐車《からぐるま》のような唐棟《からむね》にしたもので、「雨眉《あままゆの》車《くるま》」と呼ばれるものもこれと同じであると『蛙抄《あしょう》』にあります。『平記《へいき》』の天喜元年（一〇五三）六月の記事に「三位中将殿被扈《こ》従《しょう》、網代庇御車」という記録があることから平安中期には存在したことになりますが、多用されたのは鎌倉時代です。

『餝抄《かざりしょう》』には「網代有庇。或網代有連子物見。懸簾。摂政関白大臣大将乗之」とありますが、『桃花蘂葉《とうかずいよう》』ではそれらが冠《かんむり》直衣《のうし》姿の時に乗る、小直衣《このうし》の例もあるとしています。

通常の網代車は狩衣《かりぎぬ》のようにカジュアルな存在ですが、狩衣に対して小直衣が考案された（24ページ）ように、網代車を高位者用にグレードアップしたものが網代庇車であったのでしょう。

○半蔀車

『栄花物語』（殿上の花見）

「長元四年（一〇三一）九月廿五日、女院、住吉・石清水に詣でさせ給。（中略）思ひ思ひなる半蔀車の透きとほりたるなり。」

『扶桑略記』

「寛治二年（一〇八八）二月廿二日。太上皇為拝高野弘法大師廟堂、出於東洛、赴御南京（中略）摂政乗半蔀車。」

『中右記』

「長治元年（一一〇四）四月十八日、天晴。賀茂祭也。上皇為御見物（中略）人々皆以参集之後、申剋有御出〈半蔀車〉。」

『殿暦』

「嘉承二年（一一〇七）正月三日（中略）行幸女房見物〈半蔀車〉、北政所密々御見物。今日行幸土御門亭内府家。」

『餝抄』

「保延六（一一四〇）十二九或秘記曰。左大将中院殿。直衣始云々。左大将曰。半蔀車触申執柄依許所乗也。廿六日馬権頭顕定云。大将今日初乗半蔀車。申事之由於入道（忠實）殿乗之云々。」

○網代庇車

『蛙抄』

「網代廂車。親王、執政、大臣各用之〈又上皇内々時用之歟〉。」

『平記』

「天喜元年（一〇五三）六月廿八日（中略）三位中将殿被扈従、網代庇御車。」

『葉黄記』

「寛元四年（一二四六）十月廿四日己酉。大嘗会御禊也。（中略）巳刻出御、其儀如常〈網代廂御車、中菊八葉、袖立上之菊也。御下簾無繡〉。」

『後深草天皇御記』

「弘安元年（一二七八）七月十三日。甲午。霽。此日満仁親王入性助親王室。可令出家也（中略）次車、網代庇如常〈年預加修理〉。」

網代車《あじろぐるま》・文車《もんのくるま》

牛車《ぎっしゃ》の中で最も一般的に常用されたのが網代車です。『源氏物語』（須磨《すま》）には「夜に隠れて大殿《おおとの》に渡りたまへり。網代車のうちやつれたるにて」とあり、網代車失脚した光源氏の落魄《らくはく》ぶりを象徴する意味で網代車が使われているのがわかります。檜《ひのき》や竹などの薄板を編んだ「網代」で屋《や》形《かた》を造り、その上に生地を張った軽快な車です。

貴族たちが数多く用いましたので、平安末期頃から識別のために自分専用の趣味に合った文様を描くようになったため「文車」とも呼ばれ、今に伝わる「家紋《かもん》」はその車文から生まれたとされます。

『増鏡《ますかがみ》』には平安後期の楊梅《やまもも》大納言こと源《みなもとの》顕雅《あきまさ》の車が「大《おお》酢漿草《かたばみ》の古き絵に、弘高金岡《ひろたかかなおか》などかきたりける」とあり、これが車文の濫觴《らんしょう》という説も。『物《もの》具装束抄《のぐしょうぞくしょう》』には「網代車は文車の事なり。家々で諸説あり同じではない」とあります。

『門室有職抄《もんしつゆうそくしょう》』は当時の公家たちの車文を詳細に記します。たとえば花山院《かざんいん》家は「杜若《かきつばた》」、徳大寺《とくだいじ》家は「鞆絵《ともえ》」、西園寺《さいおんじ》家は「御簾《みす》の裳額《もこう》」とあり、これらは後にそれぞれの家の家紋になっています。『徒然草《つれづれぐさ》』には「多くて見苦しからぬは文車の文」とあって、かなり細かく絵を描いていたのでしょう。

網代車（『石山寺縁起』＊＊＊）

上：ひしめく牛車（『一遍聖絵』＊＊＊）
下：袖表を白く塗り牡丹を描いた車を「袖白の車」と呼び、大臣が乗用する（『春日権現験記』＊）

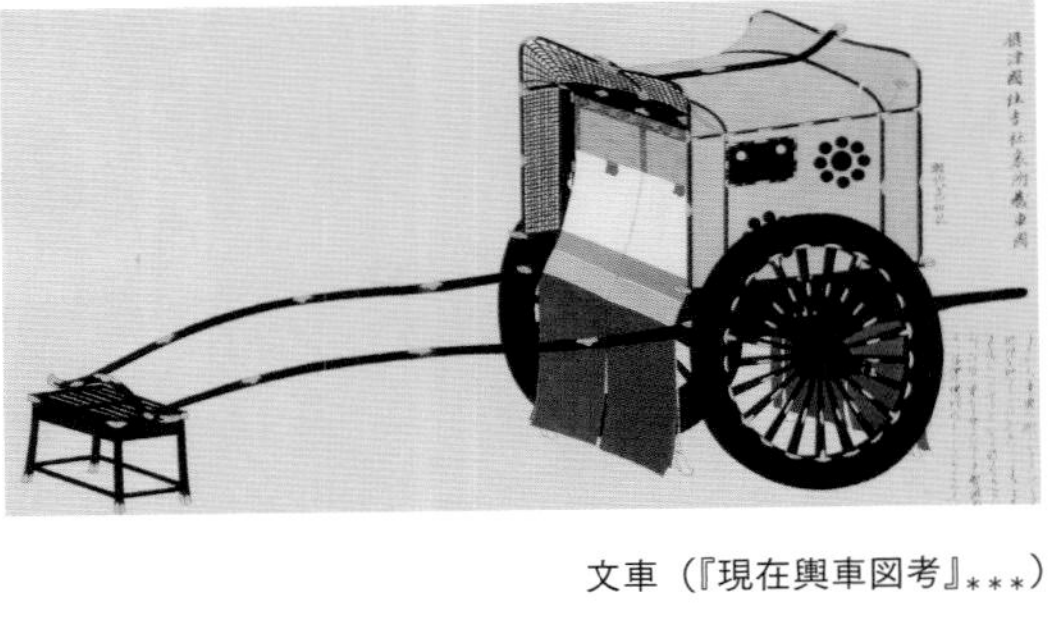
文車（『現在輿車図考』＊＊＊）

『政事要略』
「禁制六位以下乗車事 右同前奏状称。同前符称。寛平七年（八九五）八月十七日宣旨称。（中略）自今以後、六位已下乗車一切停止。（中略）不聴乗之輩若誤乗之日、其車必可破却。（中略）長保二年（一〇〇〇）六月五日以前状。」

『餝抄』
「云々。後日前内府被語曰。吾家両三代不調件網代車。只調半蔀車所乗也。若花山之家例歟。且又大臣着束帯乗網代事、無先例歟。可乗網代者、直衣若衣冠可宜歟。吾家可用網代之時、借用子息車常事也。」
「文車。久安五年(一一四九)四廿或秘記曰。中将兼長朝臣正下拝賀。中将車去年用檜網代。文同。是余例也。十月十六日同記曰。師長昇殿。網代車。其文巌小鳥。」

『蛙抄』
「殿上人網代車〈俗号之文車〉、四位五位中将少将、及侍従外衛督佐等用之。依年齢之老壮有差〈老者白絵也。壮者平文也〉。」

八葉車《はちようのくるま》

網代車《あじろぐるま》の一種で、屋形《やかた》全体は萌黄《もえぎ》色、その上に八葉《はちよう》（九曜《くよう》星《せい》）の文様を描いたものです。『園太暦《えんたいりゃく》』貞和四年（一三四八）十二月の記事に「今日新院八葉御車始也」とあります。『物《もの》具装束抄《のぐしょうぞくしょう》』には「長物見大八葉は大臣が乗る。切物《きりもの》見《み》大八《だいはち》葉《よう》は上下が常に乗る。小八葉は外記《げき》・史《ふひと》・弁官《べんかん》・医陰《いおん》の輩（医師《くすし》・陰陽師《おんみょうじ》）が用いる」と載り、また『二判問答《にはんもんどう》』には「小八葉は尊卑が用いる。ことに廷尉《ていい》（検非違使《けびいし》の佐《すけ》・尉《じょう》）の拝《はい》賀《が》の際は小八葉《こはちよう》を用いる」と記されます。上皇・大臣から陰陽師まで、八葉車は上下広く用いられたことがわかります。

絵巻物では非常によく描かれる八葉車ですが、文献上は『中右記《ちゅうゆうき》』嘉保二年（一〇九五）四月の賀茂祭《かものまつり》の記載あたりから多く見受けられるようになります。

八葉車（『春日権現験記』*）

牛車の名所《ぎっしゃのなどころ》

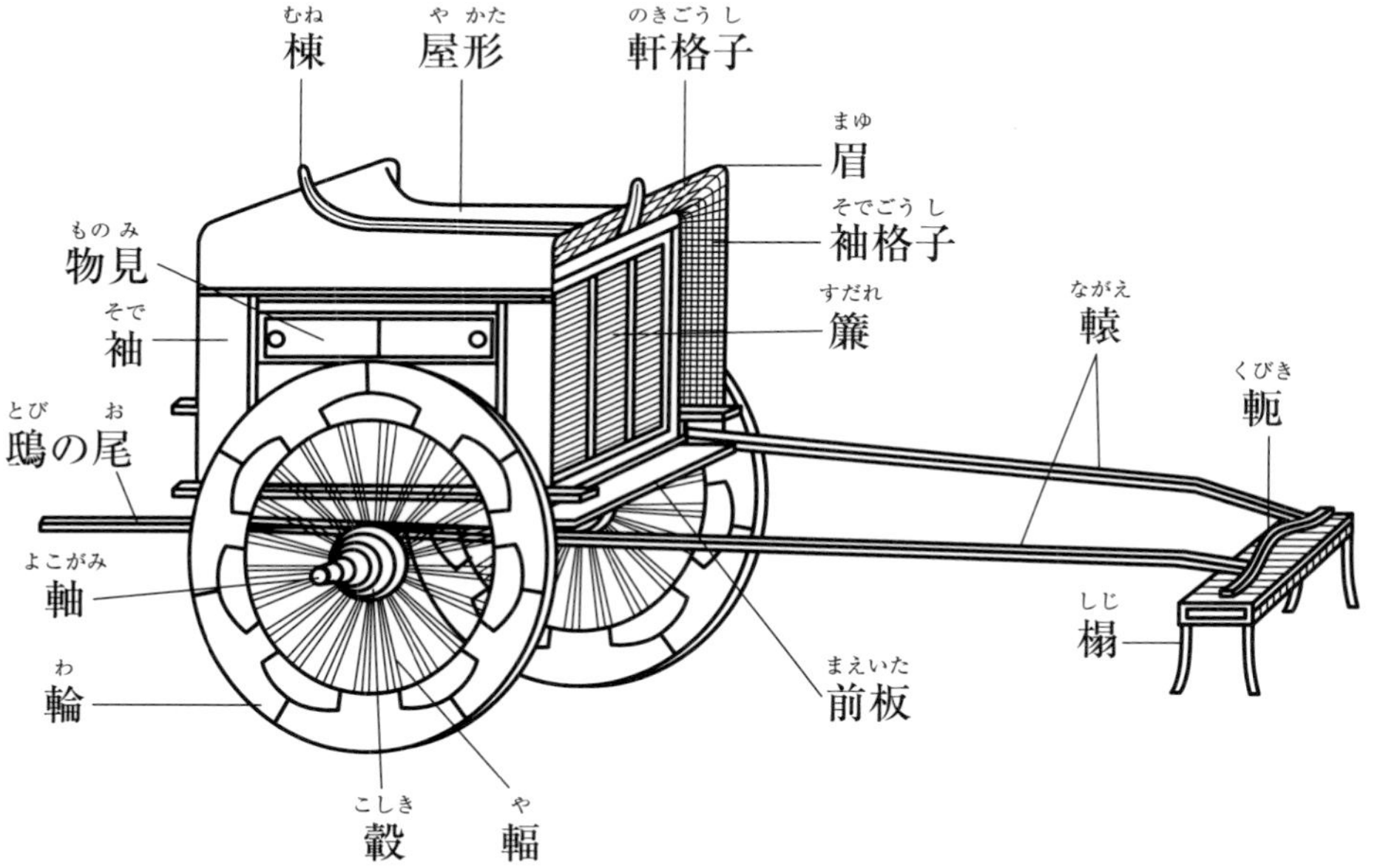

八葉とは九曜星形（『文永賀茂祭図』*）

〇八葉車

『中右記』

「嘉保二年（一〇九五）四月廿日（中略）使左中将顕実朝臣、物具優美之由人々被申、車〈八葉、鏡物見鏡〉。」

『後鳥羽院宸記』

「建保二年（一二一四）四月十日。（中略）信成改束帯着狩衣参。余同着狩衣出外。（中略）今日修明門女院。参賀茂吉田北野也。亥剋合下向。公卿殿上人少々候。八葉車也。」

『餝抄』

「嘉保二（一〇九五）四十二有信問答。江納言車、用八葉蘧篨、而文依有例頗大、八寸許如何。予曰、八葉文大小、更不可有異儀。時範為六位検非違使之時絵蘧篨。是経幸相議所為也。猶无便宜。於八葉大小者、殊可無其差別。又車物見不可開、是先例也。」

『海人藻芥』

「大八葉車八俗中大臣以下公卿。僧中八僧正以下僧綱用之。小八葉八四位五位雲客。僧中有職非職用之。」

牛の種類《うしのしゅるい》

牛車《ぎっしゃ》の牛はゆっくり歩くイメージですが、当時「駿牛《すんぎゅう》」という言葉があり、スピード競争をするほどの速力でした。絵巻物にも疾走する牛車が多く描かれています。鎌倉後期の延慶三年（一三一〇）に描かれたとされる『国牛十図《こくぎゅうじゅうず》』には「五畿《ごき》七道《しちどう》より京洛《きょうらく》にあつまる事蟻《あり》のごとし」とし、筑紫《つくし》・御厨《みくりや》（肥前《ひぜん》）・淡路《あわじ》・但馬《たじま》・丹波《たんば》・大和《やまと》・河内《かわち》・遠江《とおうみ》・越前《えちぜん》・越後《えちご》の各国産の牛を図説しています。

牛飼童《うしかいわらわ》

世界史的には稀《まれ》な例ですが、日本では牛馬の「去勢《きょせい》」を行わなかったので、制御が非常に難しいこともあったのでしょう。『駿牛絵詞《すんぎゅうえことば》』に「早き事風のごとくといへり」とあるほどの駿牛《すんぎゅう》を操る牛飼は「童《わらわ》」と言っても髭《ひげ》を生やした年配者・高齢者もいました。しかし「童」の建前であったため、何歳であっても烏帽子《えぼし》をかぶらず垂髪《すいはつ》の童形姿を保つことが約束ごとで、名前も童名で呼ばれます。牛を制御するという特殊な技能を持つ者ゆえの特例であったのでしょうか。

牛飼童は貴族の家に雇われていましたが、古文献を見ると暴力事件を起こす者も多く、なかなかの荒くれ者も多かったようです。

牛飼童（『平治物語絵巻　六波羅行幸ノ巻』*）

駿牛の牽く牛車（『平治物語絵巻　三条殿焼討巻』*）

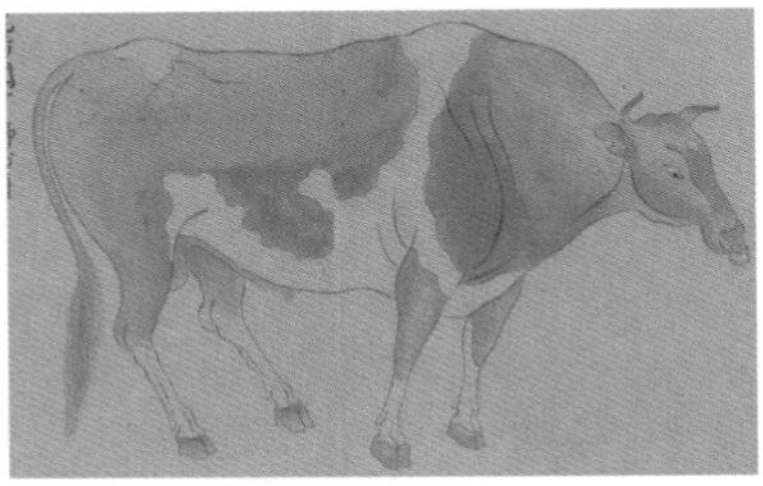

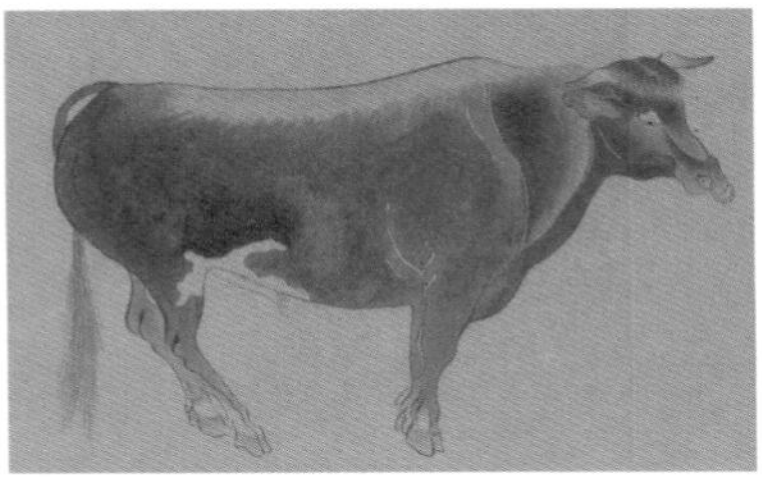
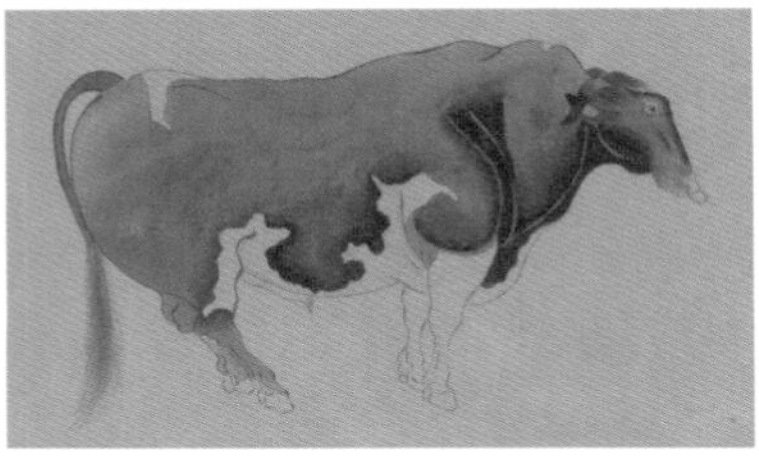

（上から）
筑紫牛、大和牛、丹波牛、河内牛、越前牛
（すべて『国牛十図』*）

『枕草子』
「檳榔毛はのどかにやりたる。いそぎたるはわろく見ゆ。網代ははしらせたる。（中略）ゆるゆると久しくゆくはいとわろし。」

『御堂関白記』
「長和五年（一〇一六）五月廿五日、戊辰。（中略）右府牛童打忠職牛飼者。」
「寛仁二年（一〇一八）閏四月十日、壬寅。（中略）今案内、維衡朝臣草刈与昌保牛飼成論云々。（中略）令成濫行後、以寮允行方、維衡許遣牛飼童。（裏書）十日、維衡示有義由、童帰送。」

輦車《れんしゃ》

輦車（『石山寺縁起絵巻』（模本）＊＊＊）

「輦車」は人が牽《ひ》く小型の車で、勅許《ちょっきょ》「輦車宣旨《てぐるまのせんじ》」により大内裏《だいだいり》の中で用いられましたが、原則として三位以上の高齢者・女子しか許可されません。『公卿補任《くぎょうぶにん》』には寛平元年（八八九）十月左大臣・源融《みなもとのとおる》（六十八歳）に、『御堂関白《みどうかんぱく》記《き》』長保元年（九九九）十一月には源倫子《みなもとのりんし》（藤原道長の正室）に輦車の聴《ゆる》しが出たことが記されます。ただし藤原実資《さねすけ》のように、聴しがあっても「歩けるから」と乗らなかった例もありました。

后妃でも身分によって輦車で参内《さんだい》可能な範囲が決まっていました。「妃」は自分の殿舎《でんしゃ》まで、「夫人」・内親王は温明殿《うんめいでん》・後涼殿《こうりょうでん》の裏まで、三位命婦《みょうぶ》・女御《にょうご》・女王および大臣の嫡妻《ちゃくさい》は兵衛陣《ひょうえのじん》（陰明門《おんめいもん》・宣陽門《せんようもん》）までが通行範囲でした。

車輿《くるまごし》

平安時代に普及した「牛車《ぎっしゃ》」ですが、公家が力を失うと共に衰退します。牛の飼育管理に手数がかかるからでしょう。室町時代には、人が腰の高さで持つ「輿《こし》」の利用が一般的になりました。その移行期らしい乗物が「車輿」です。牛車の人が乗る「屋形《やかた》」部分は牛を入れる「轅《ながえ》」とは別パーツでしたから、人力用の短い轅に交換し、輿の形にするのは難しくありませんでした。車台を残せば車輿になります。

車輿は上皇・高僧・摂関の姫などが用いました。『愚昧記《ぐまいき》』嘉応元年（一一六九）二月の記事には、牛に「漢気《おとこぎ》」（盛り）が付いたので後白河《ごしらかわ》上皇が車輿を用いたらしき記述が見られます。

車輿　寛徳二年（一〇四五）に
菅原孝標女が石山寺に参詣する場面
（『石山寺縁起』＊＊＊）

○輦車

『新儀式』
「親王公卿有別勅聴乗輦車出入宮中幷帯剣事。親王・太政大臣・大臣・若有国之元老・朝之重臣、別聴乗輦車出入宮中。」

『貞信公記』
「天慶二年（九三九）十一月七日（中略）参大内。奉問中宮御病、其次奏聞式部卿・左大臣輦車免別等事。即仰左衛門督。」

『小右記』
「万寿三年（一〇二六）七月九日（中略）仍遣輦車于待賢門（中略）〈曳輦車者着冠・褐・布帯・脛巾等〉。」

『延喜式』（雑式）
「凡乗輦車腰輿出入内裏者。妃限曹司。夫人及内親王限温明・後涼殿後。命婦三位限兵衛陣。但嬪女御及孫王大臣嫡妻乗輦限兵衛陣。」

『左経記』
「万寿三年八月廿一日（中略）今日右府自陽明門歩行参入。先日被示云。忝蒙輦車宣旨、已是不量朝恩也。可随歩行之時者敢不可乗之。極熱寒大風雨之時、不堪行歩可乗者。若依此事不乗給歟。」

○車輿

『台記別記』
「久安四年（一一四八）七月十一日（中略）。今日女子詣石清水・稲荷（中略）於宿院移乗車輿〈修理別当最清輿也〉。」

『台記』
「久安四年十二月七日（中略）尼上自辰刻煩悩。因之亥刻乗車輿〈法親王輿也。入臥其内〉。移御仁和寺木寺第。」

『後二条師通記』
「寛治五年（一〇九一）正月一日（中略）源大納言師忠・左衛門督家忠・左大弁等、予車輿中将同車之者、相引之参殿。」

『愚昧記』
「嘉応元年（一一六九）二月十四日（中略）上皇卿猶有御見物（中略）御輿用車輿云々。」

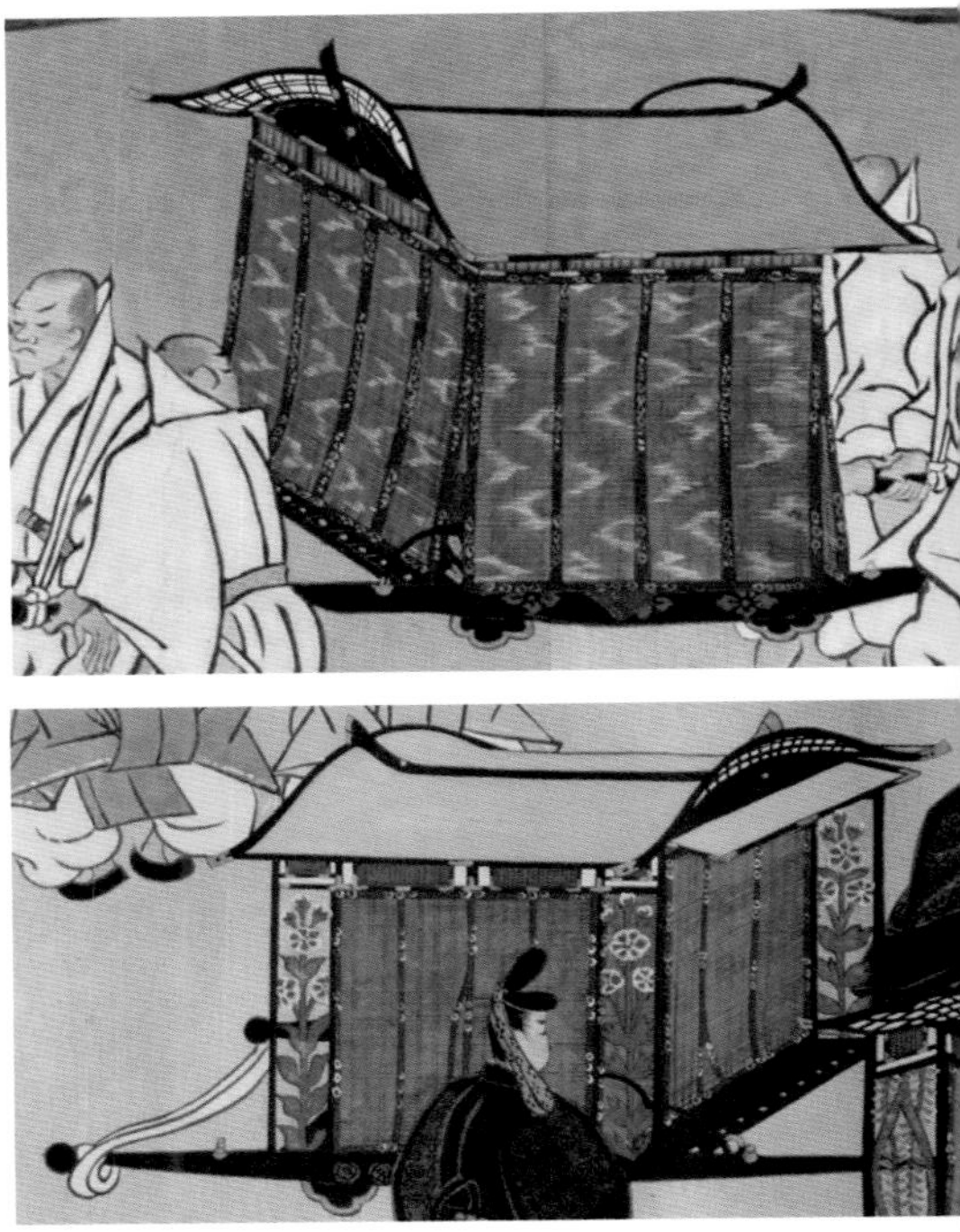

上：四方輿　　下：四方袖輿
（ともに『春日権現験記』*）

四方輿《しほうごし》・四方袖輿《しほうそでごし》

屋形《やかた》の四方が吹きさらしで御簾《みす》を垂らしただけの輿《こし》です。僧はそのまま上皇・摂関・大臣・公卿が物詣《ものもうで》に用いました。僧はそのままですが、俗人の乗用は「袖《そで》」が付いた「四方袖輿《しほうそでごし》」にした例が多く見られます。また屋根は僧は雨眉形《あままゆがた》、俗人は「庵《いおり》形《がた》」（棟のある切妻《きりづま》）と『蛙抄《あしょう》』にあり、『建内記《けんないき》』永享二年（一四三〇）三月の記事では足利義教《あしかがよしのり》の石清水《いわしみず》参詣で「四方輿也、棟立也」とあります。また『蛙抄』には、四方輿は便宜に従い左右あるいは前から降りる、御簾は前一面を上げて他の三面は人に遭遇する場面では下ろす、と記されます。

さらに山が険しいときなどは上部を撤去して手輿《たごし》として用いたと『康富記《やすとみき》』嘉吉三年（一四四三）五月の記事にあります。これは「坂輿《さかごし》」とも呼ばれました。

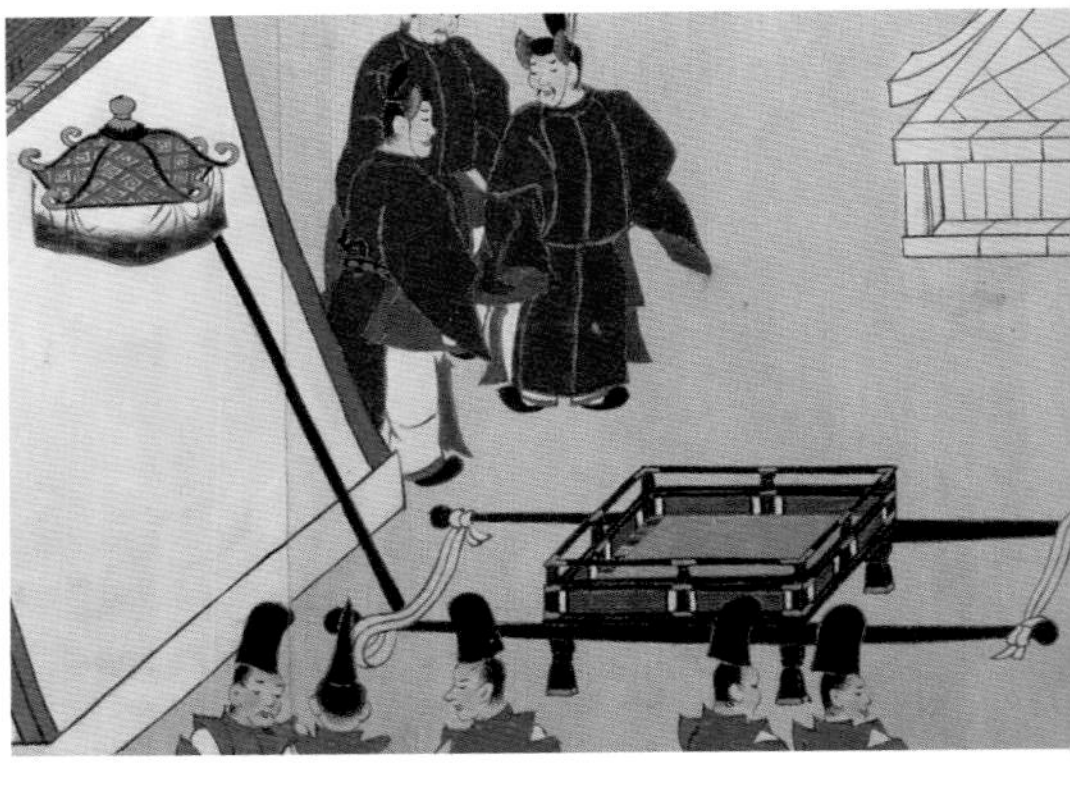

小輿（『春日権現験記』*）

小輿《こごし》

宗教者などが用いる特殊な手輿《たごし》。台の四辺に漆塗《うるしぬり》の高欄《こうらん》はあるものの屋形は一切なく、従者が頭上に「蓋《がい》」をかざします。正月の仏事「最勝講《さいしょうこう》」の「講師」などが乗りました。『貞観《じょうがん》儀式《ぎしき》』にはこの儀式について記し、また延久二年（一〇七〇）に建立《こんりゅう》された「円宗寺《えんしゅうじ》」でも最勝会《さいしょうえ》が行われ、小輿を用いたと『江家次第《ごうけしだい》』にあります。『春日権現験記《かすがごんげんげんき》』には興福《こうふく》寺《じ》・維摩会《ゆいまえ》での小輿が描かれています。

伊勢の斎王《さいおう》が任を終えて帰京するとき、天皇の譲位による吉事の退任の場合は近江《おうみ》から鈴鹿峠《すずかとうげ》を越える往路で帰りますが、父母の死など凶事による帰京の場合は、伊賀国《いがのくに》を経由します。伊勢国から伊賀国の国境で小輿に乗替え、禊《みそぎ》をするために難波《なにわ》に向かいました。

○四方輿・四方袖輿

『建内記』

「永享二年（一四三〇）三月九日（中略）室町殿御参詣石清水八幡宮也。御乗輿之事〈四方輿也、棟立也〉。」

『薩戒記』

「永享九年（一四三七）三月廿一日（中略）御乗輿〈四方輿、御前幷左右御簾巻上之〉。」

『蛙抄』

「四方輿間事。上皇摂関大臣以下公卿僧綱等、遠所之時乗用之〈直衣衣冠浄衣狩衣時、皆乗之〉。棟之体、真俗相替〈俗ハ庵形、僧ハ如雨眉〉。其外無差異。表張網代〈青地黄ノ文、小八葉也〉。下張〈白紙〉。四方ニ懸簾〈例青簾革緒也〉。（中略）或抄云、四方輿ニハ自傍下乗之〈左右依便宜〉。若自傍無便ニハ自前可下也。四方輿ヲ簾ヲバ前ヘ一面揚之。三面ハ人相遇之時下ス也。」

『門室有職抄』

「輿乗下事。四方輿ニハ自傍下乗。左右任意。若自傍無便ニハ自前可下之。四方輿ノ簾ヲバ前ヘ一面揚之。三面ハ人相遇之時下ス。有煩故也云々。」

○小輿

『貞観儀式』

「正月八日講最勝王経儀〈十四日儀准之〉。（中略）次講・読師前行者、左右相分引進〈各居小輿、其担丁著紺衣袴・白布帯、用駕輿丁〉。執蓋覆其上。（中略）、講説已畢、前行者率小輿幷執蓋等、進留如初入儀。」

『江家次第』

「（円宗寺最勝会事）講読師行左右相分引進下〈各居小輿。其担丁著紺衣袴白布帯、用駕輿丁〉執蓋諸司擎蓋覆其上。」

『西宮記』

「斎王入京事、依吉事入京、用初道。（中略）依凶事入京者、聞京告早退寮、同用伊賀道。（中略）於伊賀国堺棄輿、寮官置笏〈改用小輿、伊賀作〉、向難波禊。」

網代輿《あじろごし》

網代輿（『春日権現験記』*）

牛車《ぎっしゃ》の網代車《あじろぐるま》の屋形《やかた》の形状をそのまま輿《こし》の形式にしたものです。当初は牛車の屋形を流用したと思われるもので、鎌倉後期の『とはずがたり』には「網代輿二つばかりにて、ことさらやつれたる御さまなれども」とあって、網代輿は略式の扱いです。『後愚昧記《ごぐまいき》』永和三年（一三七七）八月の記事にも後円融《ごえんゆう》天皇の生母・広橋仲子《ひろはしちゅうし》のお迎えに牛車の用意ができず、網代輿を用いたとあります。

のちに牛車が廃れると最高格の乗物として親王・摂家・清《せい》華《が》家《け》という上級公家が常用し、他の諸家も晴儀用として用いました。室町時代の『建内記《けんないき》』永享三年（一四三一）三月の記事では、出家直前の後小松《ごこまつ》上皇が網代輿で梶井門跡《かじいもんぜき》へ移ったとあり、上皇も乗用するものになっていました。

張輿《はりごし》

屋根は切妻《きりづま》で物見窓《ものみまど》があり、屋形表面に布を張って絵を描いた輿です。一般に中級以下の貴族の料《りょう》ともされますが、『実躬卿記《さねみきょうき》』徳治二年（一三〇七）四月の記事に、禅閤《ぜんこう》・二条師忠《にじょうもろただ》が日吉社《ひよししゃ》参詣に張輿を用いたとあり、上級貴族も用いたことがわかります。室町時代になると『伊勢貞弥記《いせさだやき》』応永二十九年（一四二二）十二月の記事に将軍・足利義量《あしかがよしかず》が八幡宮《はちまんぐう》参詣に張輿を用いたとあり、『海人藻芥《あまのもくず》』に「張輿。僧俗一向内々ノ時用之」とあるように各界で乗用されました。

一方で罪人護送の乗物ともされ、『山槐記《さんかいき》』治承四年（一一八〇）五月では以仁王《もちひとのおう》が、『吉記《きっき》』元暦二年（一一八五）五月では平宗盛《たいらのむねもり》が藍摺《あいずり》の張輿に乗せられています。やがて罪人用は筵《むしろ》や畳表《たたみおもて》を張るようになりました。

張輿（『春日権現験記』*）

○網代輿

『とはずがたり』

「今日は八日とて、狩尾へ如法御参りと言ふ。網代輿二つばかりにて、ことさらやつれたる御さまなれども」

『増鏡』（むら時雨）

「十月三日、都へ入らせ給ふも、思ひしに変はりて、いとすさまじげなる武士共、衛府のすけの心地して、御輿近くうち囲みたり。鳳輦には有らぬ網代輿の怪しきにぞ奉れる。」

『後愚昧記』

「永和三年（一三七七）八月廿九日、霽。申刻許三品〈主上御母儀〉為御迎来臨、用網代輿〈力者六人舁之〉。懸下簾也、下部三人〈直垂、重大帷〉具之。可為車歟如何。不得意事也。毎事為二品尼沙汰之間、不可整其儀之由令存歟。」

『建内記』

「永享三年（一四三一）三月二日、丙寅。室町殿、今日渡御一条大宮素玉房庵室也。自彼庵御幸移網代御輿、渡御御梶井御門跡。」

○張輿

『とはずがたり』

「将軍都へ上り給ふべしと言ふ程こそあれ、ただ今御所を出で給ふと言ふと見れば、いとあやしげなる張輿を対屋のつまへ寄す。」

『実躬卿記』

「徳治二年（一三〇七）四月廿一日、乙卯、天晴。禅閤今日令参日吉社、張輿。」

『後愚昧記』

「康暦元年（一三七九）六月廿七日、天晴。今日小童〈十二歳、予末子〉入室威徳寺。行粧不及沙汰、只張絹水干〈不著単衣〉、用張輿。凡言語道断之体也。（中略）頻尚催役之間、無力遣之了、且雖如張輿之体、近日之儀。」

『建内記』

「嘉吉三年（一四四三）三月廿日（中略）五歳若君渡御京極宿所。（中略）予窃伺見之、御張輿、女房四人同張輿扈従之、御共侍十人乗馬後騎也。」

六人一組の力者たち（『春日権現験記』＊）

力者《りきしゃ》

輿《こし》を持つ者を「力者」と呼びます。『延喜式《えんぎしき》』（近衛式）では「凡行幸之時御輿長五人。択近衛膂力《りょりょく》者」と、鳳輦《ほうれん》を担ぐ者を規定しています。輿全盛の時代になると、それまで牛が牽《ひ》いていたものを人間が腰の高さまで持ち上げて運搬するのですから「膂力《りょりょく》」（腕力）の強い者が選ばれました。髪を剃《そ》った姿から「力者法師《りきしゃほうし》」とも呼ばれますが俗人《ぞくじん》です。

『蛙抄《あしょう》』で詳しく説明され、力者六人を「一手《いって》」と呼び、前後各三人で輿を舁《か》きます。その三人の内、長柄《ながえ》の中の一人は「懸綱《かけつな》」を肩に回して舁き、左右二人は長柄を持ちました。遠所に行く際は二手《にて》・三手《さんて》と準備し、交替しながら輿を舁いたとされます。

祇園御霊会の神輿（『年中行事絵巻』＊）

神輿《しんよ》

神様が乗るとされる輿《こし》が神輿です。天平勝宝元年（七四九）、東大寺《とうだいじ》大仏建立にあたって、宇佐八幡神《うさはちまんしん》が鳳輦《ほうれん》（175ページ）に乗って都へ渡御《とぎょ》したという伝説があり、『吏部王記《りほうおうき》』天慶八年（九四五）八月の記事に、檜皮葺《ひわだぶき》の「筑紫《つくし》神輿」三基（菅公霊《かんこうれい》・宇佐《うさ》神・住吉《すみよし》神）が摂津国河辺郡《せっつのくにかわのべぐん》に到着したという報告があるなど、神輿は宇佐八幡宮（大分県宇佐市）発祥のようです。その後に石清水八幡宮《いわしみずはちまんぐう》・今宮《いまみや》神社・祇園《ぎおん》社（八《や》坂《さか》神社）・日吉《ひよし》大社などでも神輿が造られ、神の依代《よりしろ》として、御神体《ごしんたい》のように尊重されました。十二世紀になると、延暦《えんりゃく》寺《じ》の僧兵が日吉大社の神輿を押し立てて都に押しかけ強訴《ごうそ》を行った記録が数多く見られるようになります。

○力者

『実躬卿記』

「徳治元年（一三〇六）九月廿一日（中略）寅刻沐浴解除、著浄衣参春日社〈乗輿、力者十人、公勝法印催渡之、量寿法師又召具之〉。」

『吾妻鏡』

「嘉禎四年（一二三八）二月十七日（中略）次御輿〈被上御簾。御装束御布衣。御力者三手〉。」

「仁治二年（一二四一）十一月四日。天晴。今朝。将軍家為武蔵野開発御方違。（中略）御布衣。御輿。御力者三手供奉人着水干。」

「建長四年（一二五二）三月十九日。天晴。今暁。三品親王関東御下向也。（中略）力者十二手〈上三手、女房中九手〉并小舎人所。」

○神輿

『吏部王記』

「天慶八年（九四五）八月二日。摂津守藤原朝臣文範詣大相府。進国解申。筑紫神輿至河辺郡云々。其輿葺桧皮三。其一、有鳥居額。題云自在天神。即故右大臣菅公霊也。其二輿、一云宇佐春王三子、一云住吉神云々。」

『百錬抄』

「長治二年（一一〇五）十月卅日。日吉祇園神人・延暦寺大衆、為先神輿、参陽朋門。訴申季仲卿。并検非違使範政。」

「保安三年（一一二二）六月十四日。祇園御霊会。神輿過上総介敦俊門前之間。神人与彼徒類闘諍。神人等舁入神輿於彼家中濫行。破損舎屋。滅亡資財。翌日召張本神人禁獄。（中略）七月十八日。天台衆徒為先神輿、欲乱入京中。公家遣武士。相禦于垣川辺之間。弃神輿退散。」

駒牽《こまひき》

東国《とうごく》にある三十二の牧《まき》から、八月に都に馬が送られます。平安時代は七日に甲斐国《かいのくに》から、十三日に武蔵国《むさしのくに》からなど、各牧から五十～八十疋《ひき》、総数三百疋が朝廷・貴族社会の需要に応えるために京に送られました。それらの馬を、都の東の入口「逢坂関《おうさかのせき》」で迎える「駒迎《こまむかえ》」は貴族たちの興味を引き、『拾遺和歌集《しゅういわかしゅう》』紀貫之《きのつらゆき》の「逢坂の関の清水《しみず》に影見えて　今や牽《ひ》くらむ望月《もちづき》の駒」など、数多くの歌に詠まれています。

宮中では「駒牽」の儀式が行われ、天皇が紫宸殿《ししんでん》で馬たちを謁見《えっけん》した後、親王・公卿以下に馬が下賜されました。頂戴した馬の差綱《さしづな》をとって天皇の御前に進み拝礼。残った馬は近《この》衛《え》次将が上皇や東宮に届け、さらに残りは左右の馬寮《めりょう》・近衛《このえ》府《ふ》に分配されました。

駒牽（『公事十二ケ月絵巻』*）

馬副《うまぞい》

騎乗の貴人に扈従《こしょう》する者が「馬副」で、摂政関白が騎乗する際は、滝口《たきぐち》の武士が同じく騎乗して馬副を勤めることもありました。『源氏物語』（行幸《みゆき》）には「皆心ことに御馬鞍《おんうまくら》をととのへ、随身《ずいじん》・馬副の容貌丈《ようぼうたけ》だち、装束を飾りたまうつつ」とあり、随身とともに容姿端麗の男子が選ばれたようです。

『御堂関白記《みどうかんぱくき》』寛弘七年（一〇一〇）四月の記事には、藤原教通《のりみち》が賀茂祭《かものまつり》の「近衛使《このえのつかい》」を務めたとき、馬副は全員新調した「青白橡《あおしろつるばみ》衣、袴紅衣」など煌《きら》びやかな装束を着用し、「非常にぜいたくだが神事なので」とします。馬副が見栄え重視であったことがわかります。『西宮記《さいきゅうき》』では、大嘗会《だいじょうえ》御禊《ごけい》行幸で飾馬《かざりうま》に乗る公卿の馬副は、大・中納言は六人、参議は四人。次官は四人、判官は二人と記されます。

騎馬による護衛（『石山寺縁起』***）

○駒牽

『延喜式』（馬式）

「凡年貢御馬者。甲斐国六十疋〈真衣野・柏前両牧卅疋・穂坂牧卅疋〉。武蔵国五十疋〈諸牧卅疋・立野牧廿疋〉。信濃国八十疋〈諸牧六十疋。望月牧廿疋〉。上野国五十疋。」

『九暦』

「承平七年（九三七）八月廿四日（中略）未時内裏御使師氏朝臣令掌牽馬四疋参来〈左二疋、秩父五鼠毛、望月一赤毛。右二疋、秩父十五鼠毛駮、小野一赤毛〉。御消息云、今年駒件四疋上馬也。仍奉送云々。（中略）但先例駒牽日参入時臨時有給馬、更令御使給里第事前例必无事也。」

「八月廿七日（中略）天皇御南殿、覧上野馬。」

『小野宮年中行事』

「十三日牽武蔵国秩父御馬事。十五日牽信濃国勅旨御馬事。天皇御覧解文之後。出御南殿。牽御馬周庭中三匝。（中略）親王以下給了。左右又進取残馬。或相加先取御馬。置鞍於前庭騎而馳之。従月華門下馳日華門外。」

○馬副

『西宮記』

「供奉王卿乗唐鞍、非参議乗倭鞍、結唐尾・着杏葉（中略）馬副、納言六人・参議四人。手振、納言十人・参議八人、次官、緋闕腋半臂飾馬、馬副四人・手振人、判官、青闕腋袍剣唐鞍唐尾〈無銀面雲珠〉、馬副二人・手振二人。」

『御堂関白記』

「寛弘元年（一〇〇四）十月廿二日（中略）頼親朝臣献馬四疋。年来召瀧口者十人為馬副。依両度奉仕召、各疋絹給、済政朝臣貢馬四疋。」

『小右記』

「長元五年（一〇三二）四月廿一日（中略）関白再三被傾奇、馬副装束、以絹染深蘇芳擣瑩、たもとあけたり。如狩襖、着赤。」

馬具《ばぐ》

『養老令《ようろうりょう》』に「厩牧令《くもくりょう》」が定められ、『延喜式《えんぎしき》』（馬式）に三十二もの「牧《まき》」の規定があるように、朝廷での需要に応えるために東国《とうごく》の牧で馬が生産・飼育されました。乗用のためには各種の馬具が装備されます。

水干鞍《すいかんぐら》

人が乗るための「鞍」、鞍が馬体を傷つけないように下に敷く「切付《きっつけ》」、足を乗せる「鐙《あぶみ》」、馬の口に嚙ませる「轡《くつわ》」、騎乗した人が馬を操作する「手綱《たづな》」、飾りの「胸繋《むながい》・鞦《しりがい》」の「厚総《あつぶさ》」など、数々の馬具が用いられます。

最も一般的な日常用の鞍が「水干鞍」です。装束の水干が軽快な日常着であるためその名があります。衣冠《いかん》や束帯《そくたい》を着用して威儀《いぎ》を正す場合などには用いられませんでした。『愚昧記《ぐまいき》』嘉応元年（一一六九）三月、後《ご》白河《しらかわ》上皇の高野山《こうやさん》参詣で随行の侍臣《じしん》が水干鞍を用いたと記されます。ただし宮中へも、内裏《だいり》焼亡に駆けつけるような緊急事態では水干鞍が用いられることが『禁秘鈔《きんぴしょう》』に載ります。

水干鞍（『古式餝馬図』＊＊＊）

唐鞍（『古式餝馬図』＊＊＊）

唐鞍《からくら》

大嘗祭《だいじょうさい》のために天皇が賀茂川《かもがわ》で行う「御禊《ごけい》」の行幸行列に供《ぐ》奉《ぶ》する公卿や、賀茂祭《かものまつり》・春日祭《かすがさい》の勅使《ちょくし》は、華やかな「飾馬《かざりうま》」に騎乗しました。

その飾馬は「唐鞍《からくら》」と呼ばれる豪華な装備で、馬の顔に「銀《ぎん》面《めん》」、胸と尻部分に「杏葉《ぎょうよう》」、腰の上に「雲珠《うず》」を飾り、尻尾には「尾袋《おぶくろ》」を掛けます。

しかし『台記《たいき》』康治元年（一一四二）の記事では、御禊《ごけい》行幸の「節下大臣《せちげのおとど》」という大役を与えられた藤原頼長《よりなが》の馬は「唐鞍・八子《はね》雲珠・鈴・頸総《くびふさ》」を付けていましたが、馬が「すこぶる厭気《いやき》あり」（いやがった）ので、これらや銀面を解いて「手振《てぶり》」（従者）に持たせた、とあります。

○水干鞍

『禁秘鈔』

「内裏焼亡（中略）馬無定様。有随身人、随身移馬。或前駈馬、無定様。如近衛将用水干鞍、用移并和鞍不可然。」

『愚昧記』

「嘉応元年（一一六九）三月十三日。（中略）已上各着布衣。華麗之至、不可勝記。又皆用水干鞍・畝鞦等。」

『参軍要略抄』

「建保二年（一二一四）十二月十六日。天晴。自新御所〈大炊御門殿〉御幸始也。予供奉。（中略）水干鞍〈蒔糸白散糸鐙、虎皮横切付、打交差縄、赤鞦〉。」

○唐鞍

『西宮記』

「大嘗会御禊。公卿乗唐鞍、四位五位乗倭鞍、着杏葉。尋常行幸、五位以上乗倭鞍、結唐尾、近衛次将乗私鞍、結唐尾、不纏紀。下鞍、豹〈公卿神事、五位以上通用〉、虎〈四位五位〉、葦鹿〈六位〉。」

『吏部王記』

「承平二年（九三二）十月廿五日。天子与皇太后同輿。臨幸鴨河修禊〈中略〉親王三人、公卿尽数。同服当色位袍。乗唐鞍飾馬〈親馬者如常〉。」

唐鞍を装備した賀茂祭勅使の馬（『飾馬図』＊＊＊）

移鞍《うつしくら》

武官が公務で使用する馬寮《めりょう》の馬につける鞍です。官人が公事で乗る時、所属の役所から馬寮に「移牒《うつしぶみ》」を出して給せられるので「移馬《うつしうま》」と呼ばれ、そこから鞍の名になった説のほか、舞《ぶ》楽《がく》「東遊《あずまあそび》」の舞人が舞終わると「乗尻《のりじり》」（騎手）に「移って」走るからなど、諸説あります。『小右記《しょうゆうき》』寛仁元年（一〇一七）八月には「東宮御料御馬伍疋・移鞍弐具」とあり、鞍の名前にもなっていたことがわかります。『餝抄《かざりしょう》』には「移」の項があり、近衛《このえ》次将は「平文移《ひょうもんのうつし》」に乗る。旧例では左右次将各一人が「寮移《りょうのうつし》」を用いるが、近代は全員が新調している。宿老《しゅくろう》の次将は「和鞍《わぐら》」に乗ることもあるがこれは良くない、としています。

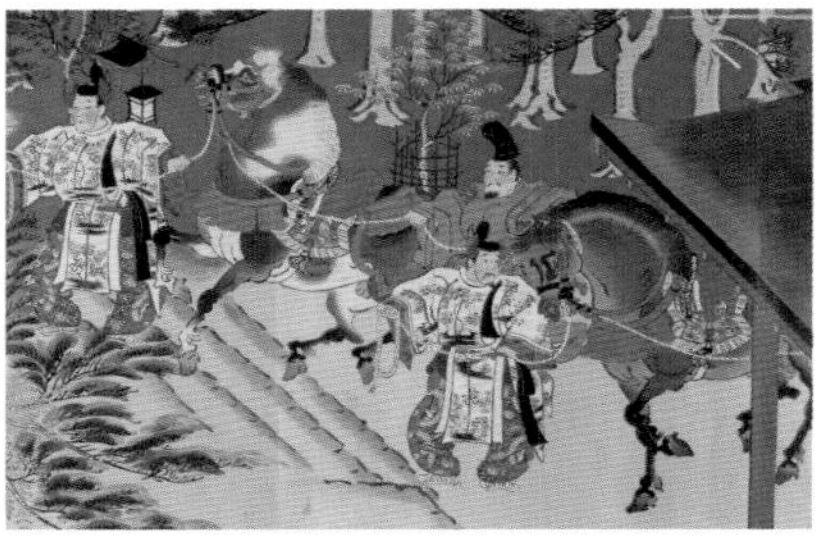

上：移鞍（『古式餝馬図』＊＊＊）
下：春日祭奉納の馬
（『春日権現験記』＊）

鏡鞍（『古式餝馬図』＊＊＊）

鏡鞍《かがみぐら》

鏡のように装飾した鞍。前輪と後輪に鍍金《めっき》や銀、「響銅《さはり》」の薄板を張り、山形の部分に覆輪《ふくりん》をかけた鞍です。表面を磨いて輝く鏡面仕上げにしました。足を乗せる「鐙《あぶみ》」も、同じような「鏡鐙《かがみあぶみ》」を用います。派手さを競う「風流《ふりゅう》」の美意識の中から生まれ、平安後期以降に用いられるようになりました。鎌倉中期の『餝抄《かざりしょう》』には行幸では縁螺《ふちら》鈿《でん》を用いるが、近代では鏡鞍や蒔絵《まきえ》を自由に用いているとあります。

見栄えの良さから「杏葉《ぎょうよう》」を加えて「唐鞍《からくら》」の代用にもされました。『平家物語』（倶利迦羅《くりから》落《おとし》）では、奥州《おうしゅう》・藤原秀衡《ひでひら》から馬二頭を贈られた木曾義仲《きそよしなか》が、鏡鞍を置いて白山《はくさん》神社に神馬として奉納したとあります。

○移鞍

『延喜式』（馬式）

「凡諸節及行幸応用国飼御馬者。斟量須数奏聞。乃下官符令進。唯牧放飼馬者、寮移当国。国即令牧子牽送。」

『小右記』

「長和三年（一〇一四）五月十六日（中略）今日幸蓮府（中略）次馬部・居飼渡〈左右乗尻打懸・袴・移鞍・鞦用左大臣家〉、次右御馬上、次馬部・居飼度。（中略）前例、或懸連着鞦〈大納言斉信〉或辻総、移鞍馬不飾事。」

「万寿元年（一〇二四）九月十九日（中略）大江文利、打懸・袴・摂腰新調、馬移鞍・総者従上代例。」

『明月記』

「建久五年（一一九四）十二月二日（中略）夜前殿下御馬見苦申之。即給鹿毛御馬、本馬被用移馬乗替。」

『御禊行幸服飾部類』

「寿永元年（一一八二）信範記云。（中略）随身〈騎移馬、在左右〉。内舎人二人。（中略）騎移馬。移鞍。縁螺鈿〈橋。堅食文〉。無表敷。豹文彩色下鞍〈文以紺青彩色。文廻押細金。懸金銅伏輪〉。（中略）府生二人。（中略）黒移鞍。」

○鏡鞍

『平記』

「天喜五年（一〇五七）二月一日（中略）次御馬二疋〈一疋鏡鞍、一疋水精地〉。」

『後二条師通記』

「永長元年（一〇九六）四月十二日。辛未。雨時々散。今朝帰二条、餝鉸平緒二具、鏡鞍等。」

『台記』

「久安二年（一一四六）九月廿七日。此日詣石山寺。（中略）寅刻出京、於粟田口騎馬〈鏡鞍〉。」

『野槐服飾抄』

「春宮行啓。建保六（一二一八）十二七。（中略）馬〈唐尾〉。鏡鞍。小豹切付。大鞴。鏡鞍者雖不可然。是又本儀歟。如黄伏輪も可用之事也。但可用舌短也。」

船《ふね》

平安中期以降、外洋航海向けの船はほぼ想定されませんでしたが、瀬戸内海では船便が多用されました。最短距離で航行でき、大量の物資を輸送できる船は大変重宝されたのです。また京と難波《なにわ》（大阪）間は淀川《よどがわ》の水運が活発でした。『台記《たいき》』久安四年（一一四八）五月の記事には、藤原忠実《ただざね》が宇治《うじ》から巨椋池《おぐらいけ》を横断し、淀川を下って天王寺《てんのうじ》へ参詣する場面があります。近場の場合は幾艘《いくそう》かの船を連結して牛車《ぎっしゃ》ごと運びました。

『源氏物語』（玉鬘《たまかずら》）では、追っ手から逃れる玉鬘一行が「早《はや》船《ふね》」で瀬戸内海を難波に向かう場面が登場。風力に加えて「艜《ふなばた》」に並んだ水夫たちが櫓《ろ》で漕いだのでしょう。また『枕草子』には、幼い頃に周防守《すおうのかみ》として赴任した父に同行して乗った船の具体的な描写があります。

古式の和船（『北野天神縁起』＊）

瀬田橋（『石山寺縁起』＊＊＊）

橋《はし》

陸路での移動で障害となったのが川の存在。そこで橋を架けることになりますが、難工事でした。京の周辺には「日本三古《さんこ》橋《きょう》」と呼ばれる山崎橋《やまさきばし》（山崎《やまさき》太《た》郎《ろう》）・瀬田橋《せたばし》（勢多二郎《せたじろう》）・宇治《うじ》橋《ばし》（宇治三郎《うじさぶろう》）がありました。このうち宇治橋は、『扶桑略《ふそうりゃく》記《き》』に大化二年（六四六）、僧・道登《どうとう》が架けたとあります。また淀川《よどがわ》にかかる山崎橋は架橋《かきょう》のたびに流損を繰り返し、豊臣秀吉の再架橋が流されて以来、修復されていません。

船を連結して造る「浮《う》き橋《ばし》」は比較的容易に築造できるため多用されました。『中右記《ちゅうゆうき》』承徳元年（一〇九七）二月の記事では春日祭《かすがさい》にあたり、淀川と桂《かつら》川《がわ》に浮き橋を架けるよう諸国に命令が出ていますが、翌月の大雨で淀川の浮橋はすべて流されたとあります。

〇船

『御堂関白記』

「長和二年（一〇一三）十一月廿八日、丙辰。石清水行幸（中略）御出午時〈山崎御船〉。」

『小右記』

「寛仁元年（一〇一七）九月廿四日（中略）自淀道向彼宮之間、載馬牛等船下人数多合乗、於河中漂没、人多溺死者。」

『枕草子』

「初瀬にまうでて淀のわたりといふものをせしかば、舟に車をかきすゑて」

「たのもしげなきもの（中略）風はやきに帆かけたる舟。」

「わが乗りたるは、きよげに造り、妻戸あけ、格子あげなどして、さ水とひとしう下りげになどあらねば、ただ家の小さきにてあり。」

『江家次第』

「八十島祭（中略）典侍車女房車四両、童女車一両、大略如賀茂祭使。於淀乗船車在別船。」

『台記』

「久安四年（一一四八）五月十日、丁卯、早旦、禅閤詣天王寺〈御舟〉。」

〇橋

『続日本紀』

「文武四年（七〇〇）三月己未《庚戌朔十》。道照和尚物化。（中略）於後周遊天下。路傍穿井。諸津済処。儲船造橋。乃山背国宇治橋。和尚之所創造者也。」

『世俗浅深秘抄』

「行幸時、淀河・桂河浮橋渡御時、公卿并近衛次将下馬、是定例也。」

『勘仲記』

「弘安九年（一二八六）三月廿七日、甲午。今日天皇可有行幸春日社。（中略）次乗輿渡御淀浮橋。」

関《せき》

逢坂の関趾（滋賀県大津市逢坂）

京に至る街道には治安維持のために関所が設けられましたが、平安中期には伊勢国《いせのくに》の鈴鹿関《すずかのせき》、美濃国《みののくに》の不破関《ふわのせき》、近江《おうみの》国《くに》の逢坂関《おうさかのせき》が「三関《さんげん》」と称される重要な関所とされました。そのため三関のある国の国司《こくし》は文官ながら帯劒《たいけん》が許されます。その中でも都に至近で、東山道《とうさんどう》など重要な道が通る関所が逢坂関。室町時代まで関所として機能していました。

天皇・上皇の崩御《ほうぎょ》や譲位、摂関の死去など国家的非常事態に際しては、壬申《じんしん》の乱の故事に倣《なら》って都から「固関使《こげんし》」が派遣されて三関が封鎖され、通行を禁止する「固関」が行われました。平安中期以降は実質的な意味はなくなりましたが、儀式としての「固関」は江戸中期まで行われました。

駅鈴《えきれい》

公務で地方に出張する際、街道沿い三十里（古代の「里」は約五三三ｍなので、現代の約一六km）ごとに設けられた「駅《えき》」で馬の支給を受けるための証明が「駅鈴」です。『日本書紀』では大化二年（六四六）正月、全国に国司《こくし》を置いて「駅馬《えきば》・伝馬《てんま》・造鈴契《すずしるし》」の管理が命じられています。

『養老令《ようろうりょう》』（公式令）によれば駅鈴には「剋《こく》」という刻みがあって、その数に応じて各駅で伝馬の貸し出しを受けることができたようです。天皇の行幸の先払いのためにも鈴が鳴らされ、出発時に鈴の下賜を願うとき、そして帰還後に返上するとき「鈴奏《すずのそう》」という儀式が行われました。

しかし治暦四年（一〇六八）十二月、皇居が炎上して累代の鈴の多くが焼失してしまったと『百錬抄《ひゃくれんしょう》』にあります。

駅鈴（模造）

○関

『養老律』（衛禁律）

「凡私度関者。徒一年。謂。三関者。摂津長門減一等。余関又減二等。越度者。各加一等。」

『西宮記』

「天暦八年（九五四）正月七日左大臣定奏任御葬司事、又仰諸衛警固三関固関如例。」

『名目抄』

「固関（コゲン）〈有天下吉凶之事時、固三関。会坂・不破・鈴鹿。此時又有警固。戴右。賀茂祭恒例義也。」

『十六夜日記』

「粟田口といふ所よりぞ車はかへしつる。ほどなく逢坂の關こゆる程も、『さだめなき命は知らぬ旅なれど又あふさかとたのめてぞゆく』。」

○駅鈴

『養老令』（公式令）

「凡給駅伝馬。皆依鈴伝符剋数。（中略）親王及一位。駅鈴十剋。伝符三十剋。三位以上。駅鈴八剋。伝符廿剋。（中略）其駅鈴伝符。還到二日之内。送納。」

『延喜式』（神祇式）

「凡駅使入太神宮堺者。到于飯高郡下樋小川止鈴声。」

『九暦』

「天慶九年（九四六）十月廿八日、乙酉、天晴。是日有大嘗会御禊（中略）少納言源朝臣泉、率主鈴大舎人等、受駅鈴進立。天皇御輿〈不称警蹕〉、出承明建礼両門。」

『小右記』

「長和元年（一〇一二）八月七日（中略）太政官符近江・伊賀・伊勢等国司（中略）国宜承知、依件行之、符到奉行、年月日、駅鈴一口〈三剋〉。」

『百錬抄』

「治暦四年（一〇六八）十二月十一日。皇居二条第炎上。主上遷幸閑院。累代御物・印鎰・鈴等多以焼失畢。」

綾藺笠《あやいがさ》

外出に際して雨や日光を避けるために笠が必須でした。カサスゲを編んだ「菅笠《すげがさ》」が多く用いられましたが、騎馬では軽くしなやかな藺草《いぐさ》製の「藺笠《いがさ》」も好まれました。『養老令《ようろうりょう》』（軍防令）に兵士の装備として「藺帽《いぼう》一枚」とあります。また『延喜式《えんぎしき》』（主殿式）には官人の料《りょう》として「藺笠廿五枚」が規定されていました。鷹狩りの際にも多用されましたが、上級貴族が用いるものではなかったようです。

藺を見栄え良く綾織《あやおり》にして作った笠が「綾藺笠」です。これは祇園御霊会《ぎおんごりょうえ》などの際に、田楽踊《でんがくおど》りの踊り手がかぶる風《ふ》流笠《りゅうがさ》で知られました。また御霊会で「馬長《うまおさ》」（勅命により殿上人が派遣する者）が用いる綾藺笠も有名で、『枕草子』の「心ちよげなるもの」に「御霊会の馬長」とあります。

むしの垂ぎぬの女性と随行の武士がかぶる綾藺笠
（『石山寺縁起』***）

壺装束《つぼしょうぞく》

平安時代の女性の旅装として代表的なのが「壺装束」。『枕草子』には「物詣《ものもうで》」（寺社参詣）の折の装束として登場します。これは歩行の便を図るために長い衣を「壺折《つぼおり》」（つぼめ折り）し、腰帯で締め留めて着る方法です。そして大きな市《いち》女笠《めがさ》をかぶります。市女笠はその名称の通り市女（市場で働く女性）がかぶるものでしたが、雨をよく除け顔も隠せることから、平安中期には女性の外出に多く用いられました。また物詣に際しては、潔斎《けっさい》を意味する赤い「懸帯《かけおび》」を衣の上から懸け、後ろで結ぶこともありました。

遠出をするときには笠の周囲に「むしの垂《たれ》ぎぬ」と呼ばれる、カラムシで織ったベールのようなものを下げて顔から上半身までを覆うこともありました。

壺装束
上：『石山寺縁起』***
下：『扇面古写経』（模本）***

イグサ
（学名：*Juncus decipiens*）

○綾藺笠

『延喜式』（主計式）
「和泉国〈行程二日〉調。藺笠四十六枚。藺笥十合〈大五合・小五合〉」

『延喜式』（主殿式）
「寮家年料（中略）藺笠廿五枚。」

『九暦』
「天慶九年（九四六）十月廿八日（中略）是日有大嘗会御禊（中略）各給当色、褐衣・布帯・手作裾濃袴。設藺笠十蓋、採童十人。」

『民経記』
「天福元年（一二三三）六月十四日（中略）今日祇園御霊会也。（中略）少輔信光騎進内御方馬長（中略）白打出綾井笠〈山鶏尾、裏押檀紙、以青花灑之〈文梅〉、夾形〈赤革〉、生絹緒〉。」

○壺装束

『枕草子』
「たまさかに壺装束などばかりしてなまめき化粧してこそありしか、それも物詣でをぞせし。」

『源氏物語』（葵）
「壺装束などいふ姿にて（中略）物見に出たるも」

『源氏物語』（玉鬘）
「女ばらあるかぎり三人、壺装束して」

『夫木和歌抄』藤原季能
「草ふかみむしのたれぎぬ結ひあげて通りわづらふ夏の旅人」

『今鏡』（敷島の打聞）
「今日政所の、京に出でたまふと言ひて（中略）むし垂れたる狭間よりや見えけん。」

被衣姿《かずきすがた》

女子が外出・物詣《ものもうで》の際に、顔を隠すために袿《うちぎ》の襟を額に当てて頭からかぶる姿です。やがてかぶりやすいように襟ぐりを大きくした、被衣《かずき》専用の衣になります。寛元四年（一二四六）十一月の新嘗会《しんじょうえ》で「きぬかづき」の女房が見物に立ちならんだ光景が『弁内侍《べんのないし》日記《にっき》』に見え、永和元年（一三七五）の『永和《えいわ》大嘗《だいじょう》会記《えき》』にも「見物のきぬかづきども所狭きまで」とあります。

鎌倉末期頃から小袖を表に着るようになると被衣も「小袖《こそで》被衣」となり華やかな文様を施すようになりました。

近世では、襟付けの繰越《くりこし》が前に来る被衣をかぶるようになります。公家の女子たちは「御所《ごしょ》被衣」と呼ばれる縞《しま》模様藍染《あいぞめ》の絽《ろ》の衣を用いるのが一般的でした。

上：被衣姿（『一遍上人絵伝』***）
下：江戸時代の公家の被衣
（『桜町殿行幸図』**）

傘（『春日権現験記』*）

傘《かさ》

雪や雨、日光を遮るために差し掛ける傘。『延喜式《えんぎしき》』（雑式）には「大簦《おおがさ》は妃以下三位以上と大臣の妻に許される」という規定があり、『延喜式』（神祇式）には「油絁《あぶらあしぎぬ》」（防水用に油を塗った絁）を「大笠」二蓋に用いたとあります。

『宇津保物語《うつほものがたり》』や『御堂関白《みどうかんぱく》記《き》』の寛弘七年（一〇一〇）の記事に「唐傘《からかさ》」が登場します。その語源には諸説あり、開閉機《かいへいき》巧《こう》による「からくり傘」の意味だとする説もあります。確かに『類聚雑要抄《るいじゅうぞうようしょう》』の「香嚢《こうのう》」（169ページ）の説明ではジャイロ機巧を「辛久利《からくり》」とします。

『御堂関白記』などを見ますと「傘《かさ》（笠）持《もち》」という役名の下部《しもべ》が登場、「笠袋《かさぶくろ》」という言葉もありますので、そうした傘は開閉機巧のある「唐傘」であったのでしょう。

傘持の下部（『小野雪見御幸絵巻』（模本）***）

○被衣姿

『弁内侍日記』

「（寛元四年（一二四六）十一月）卯の日。（中略）清涼殿のかたへ立ちいでたれば、職事ども立ち並びたり。又きぬかづきかさなりてさらに道なし。」

『享徳二年晴之御鞠記』

「九重のうちの物見などに出たち侍る女どちは、ことごとしからぬうすぎぬひきかづきなどしてこそ有しかど、此ごろは今やうのこととて小袖かづきのなれすがた」

『北山院御入内記』

「げにやこよひはたゞうちのきぬかづきなどは中々見ぐるしかるべしとて（中略）されば例のきぬかづきは。独も見え侍らぬぞかし。」

○傘

『和名類聚抄』

「簦　史記音義云、簦〈音登俗、云大笠。於保賀佐〉笠有柄也。」

『御堂関白記』

「寛弘七年（一〇一〇）五月廿八日、丙午。六月会講師定基許送捧物、縑表衣九領・同裳九腰・帷七十領・紙五百帖・唐笠六十。」

『小右記』

「長元五年（一〇三二）四月廿一日、辛酉。（中略）関白再三被傾奇。（中略）又笠持者等、男笠持者男、童笠持者童。」「長和四年（一〇一五）十一月十九日、乙丑。今日故天台座主周忌法事。（中略）余立西対階隠、蓋依雨儀〈此間雨脚不止〉。」

令制国一覧《りょうせいこくいちらん》

番号カラー凡例
赤　大国
青　上国
緑　中国
茶　下国

畿内

1	山城国	上国・畿内
2	大和国	大国・畿内
3	河内国	大国・畿内
4	和泉国	下国・畿内
5	摂津国	上国・畿内

東海道

6	伊賀国	下国・近国
7	伊勢国	大国・近国
8	志摩国	下国・近国
9	尾張国	上国・近国
10	三河国	上国・近国
11	遠江国	上国・中国
12	駿河国	上国・中国
13	伊豆国	下国・中国
14	甲斐国	上国・中国
15	相模国	上国・遠国
16	武蔵国	大国・遠国
17	安房国	中国・遠国
18	上総国	大国・遠国・親王任国
19	下総国	大国・遠国
20	常陸国	大国・遠国・親王任国

東山道

21	近江国	大国・近国
22	美濃国	上国・近国
23	飛騨国	下国・中国
24	信濃国	上国・中国
25	上野国	大国・遠国・親王任国
26	下野国	上国・遠国
27	陸奥国	大国・遠国
28	出羽国	上国・遠国

北陸道

29	若狭国	中国・近国
30	越前国	大国・中国
31	加賀国	上国・中国
32	能登国	中国・中国
33	越中国	上国・中国
34	越後国	上国・遠国
35	佐渡国	中国・遠国

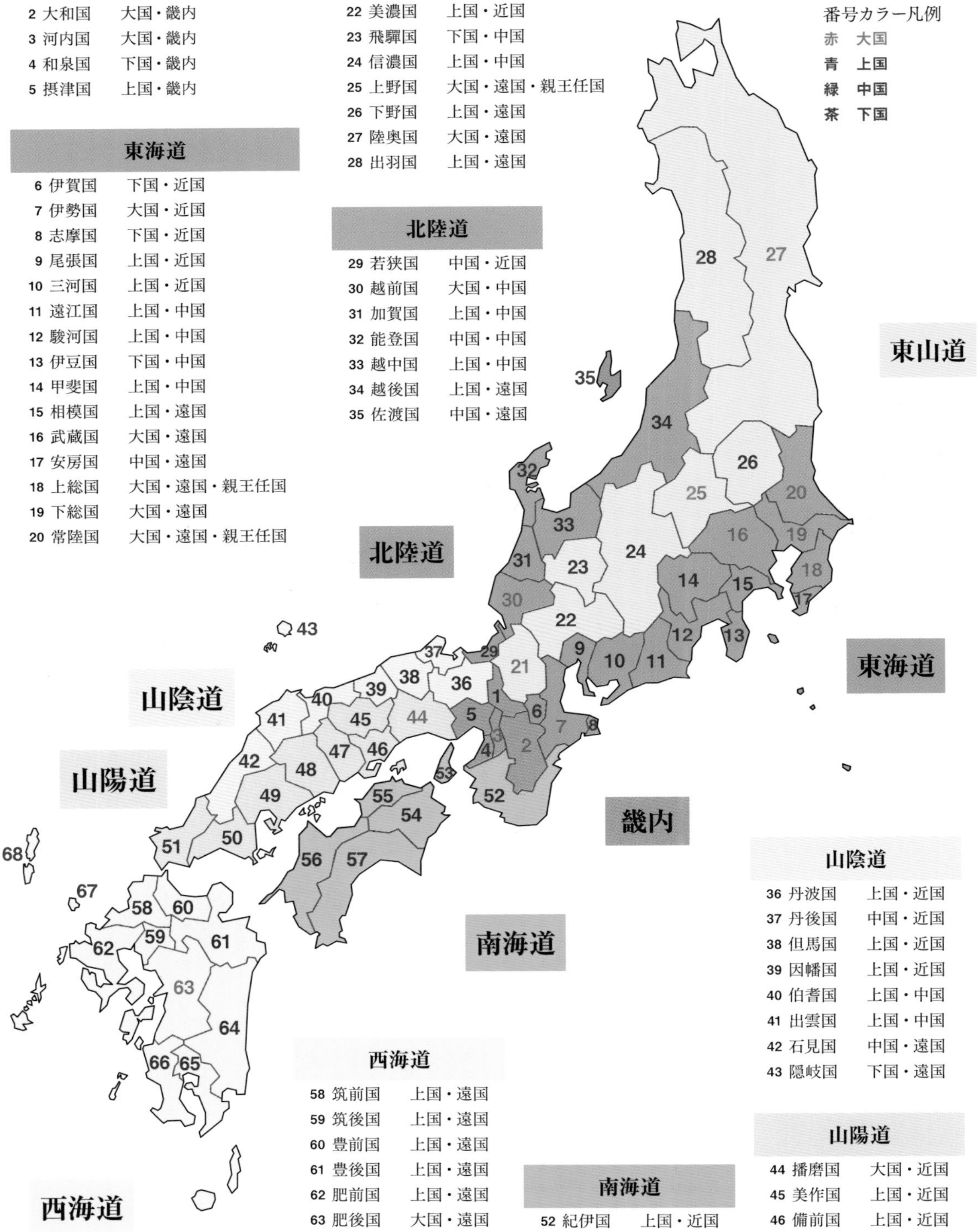

山陰道

36	丹波国	上国・近国
37	丹後国	中国・近国
38	但馬国	上国・近国
39	因幡国	上国・近国
40	伯耆国	上国・中国
41	出雲国	上国・中国
42	石見国	中国・遠国
43	隠岐国	下国・遠国

山陽道

44	播磨国	大国・近国
45	美作国	上国・近国
46	備前国	上国・近国
47	備中国	上国・中国
48	備後国	上国・中国
49	安芸国	上国・遠国
50	周防国	上国・遠国
51	長門国	中国・遠国

南海道

52	紀伊国	上国・近国
53	淡路国	下国・近国
54	阿波国	上国・中国
55	讃岐国	上国・中国
56	伊予国	上国・遠国
57	土佐国	中国・遠国

西海道

58	筑前国	上国・遠国
59	筑後国	上国・遠国
60	豊前国	上国・遠国
61	豊後国	上国・遠国
62	肥前国	上国・遠国
63	肥後国	大国・遠国
64	日向国	中国・遠国
65	大隅国	中国・遠国
66	薩摩国	中国・遠国
67	壱岐国	下国・遠国
68	対馬国	下国・遠国

楽屋（『舞楽楽器之図』＊＊＊）

「文化」の部

人が生きるために必要な衣食住。
しかし、人が人であるためには、
生存に直接関係なくとも大切なものがあります。
それが「文化」です。
平安貴族たちは文化の担い手として
常に教養を高める努力を
惜しみませんでした。

紙《かみ》

『源氏物語』（鈴虫《すずむし》）には光源氏が「唐《から》の紙は脆《もろ》くて」、官営製紙工場である「紙屋院《かみやのいん》」の職人たちを召し出して、非常に「清《きよ》ら」な紙を漉《す》かせる場面があります。日本は本家・中国を凌《しの》ぐ高品質の紙を製造していたのです。

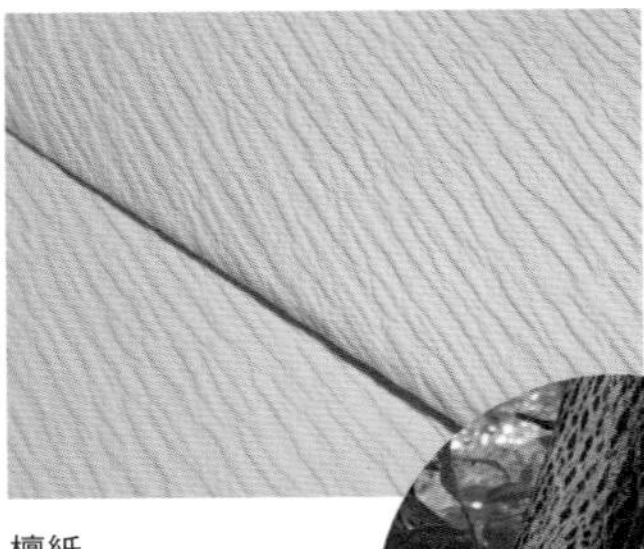

檀紙

マユミ

（学名：*Euonymus sieboldianus*）

檀紙《だんし》　マユミ

マユミの繊維で造る硬い紙です。東北地方が産地だったらしく、平安時代は「陸奥紙《みちのくにがみ》」と呼ばれました。公文書は紙屋院で反故紙《ほごがみ》を漉き返した「紙屋紙《かんやがみ》」や檀紙を用いると『小右記《しょうゆうき》』治安三年（一〇二三）十一月の記事にあります。また檀紙はマユミ繊維の性質上、厚い紙に漉き上がるため、懐中《かいちゅう》する「帖紙《たとうがみ》」などにも用いられました。

穀紙《こくし》　コウゾ

『延喜式《えんぎしき》』（図書式）に示される製紙原料は「麻《あさ》」「穀皮《こくひ》」「斐皮《ひひ》」。「穀」はコウゾのことで、紙屋院での製紙原料となります。平安時代、紙は貴重品でしたので使用後ほぼすべて回収され、紙屋院で漉き直されていました。

しかし墨で書いた紙を漉き直してゆくと、やがて灰色になります。そういう紙を「薄墨紙《うすずみがみ》」や「紙屋紙《かんやがみ》」、「宿紙《しゅくし》」と称して綸旨《りんじ》（蔵人《くろうど》が天皇の命令を奉じた文書）に用いました。

穀紙（楮紙）

コウゾ

（学名：*Broussonetia × kazinoki* ）

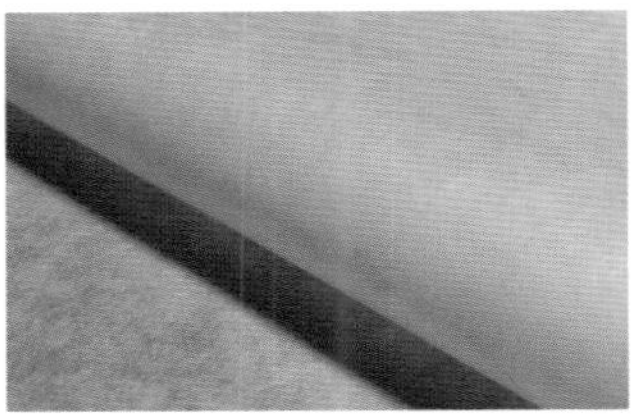

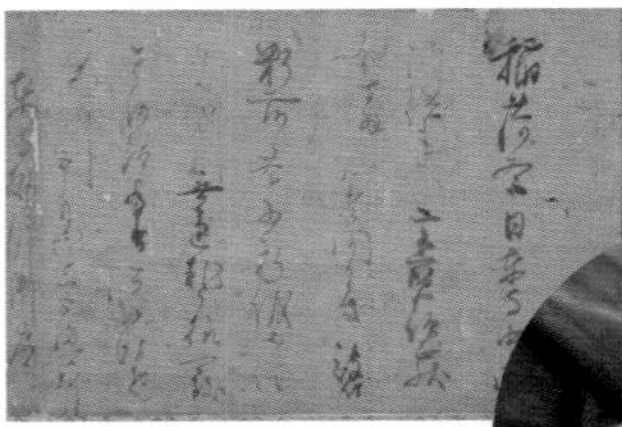

上：斐紙（雁皮紙）

下：漉き返して灰色になった「宿紙」（『伏見天皇綸旨』＊＊＊）

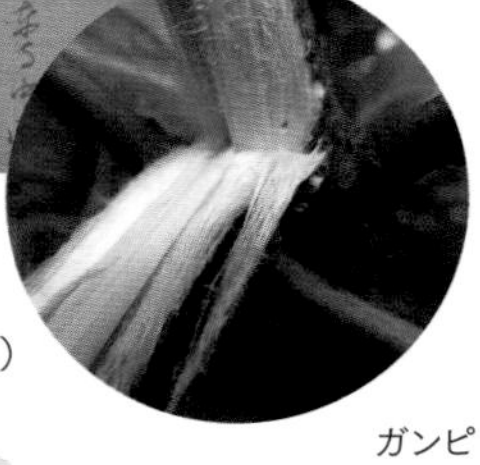

ガンピ

（学名：*Diplomorpha sikokiana*）

薄様

斐紙《ひし》　ガンピ

日本原産のガンピの繊維を材料にして「流し漉き」と呼ばれる技法で漉かれる斐紙は、透けるような薄い高品質の紙で、「薄様《うすよう》」と呼ばれました。延暦二十三年（八〇四）に唐《とう》に渡った最澄《さいちょう》が、地元の太守《たいしゅ》に「筑紫《つくし》斐紙二百張」を献上していることが『顕戒論縁起《けんかいろんえんぎ》』に記され、中国でも珍重される日本特産品であったことがわかります。

また「斐紙」は虫に食われることが少ないため保存用書類に用いられ、天皇系図や大臣列伝は斐紙を用いると定められていました。

『和名類聚抄』

「紙　兼名苑注云、紙古文作帋〈和名加美〉。紙有色紙・檀紙・穀紙・紙屋紙・松紙・河苔紙・斐紙・薄用紙等名。後漢和帝時、蔡倫所造也。」

『延喜式』（図書式）

「凡年料所造紙二万張。広二尺二寸・長一尺二寸。料紙麻小二千六百斤、一千五百六十斤穀皮、一千四十斤斐皮〈並諸国所進〉。」「凡造紙者。調布大一斤。斐皮五両。造色紙卌張。穀皮・斐皮各一斤。造上紙各卌張。」

『小右記』

「治安三年（一〇二三）十一月十九日、己酉。（中略）当時関白頼通寄文也。師尹・頼忠丞相寄文書檀紙、兼通書紙屋紙、太政大臣之時被入、依関白書件紙歟。」

『枕草子』

「白き清げなるみちのく紙に　いとほそうかくべくはあらね筆して文かきたる」

『顕戒論縁起』

「以貞元二十年（八〇四）九月廿六日、臻於海郡謁大守陸公。献、金十五両・筑紫斐紙二百張・筑紫筆二管。」

継紙《つぎがみ》・色紙《しきし》

『源氏物語』（須磨《すま》）に、暇をもてあます光源氏が「色々の紙を継ぎつつ手習ひをしたまひ」という場面があり、これは「継紙」の料紙《りょうし》で書の手習いをした情景と思われます。「継紙」は色々な紙を横につないだり、色や材質の異なる紙を重ね継ぎ・破り継ぎなどして一枚にした紙のこと。平安後期の国宝『西本願寺本三十六人家集《にしほんがんじぼんさんじゅうろくにんかしゅう》』が現存最古の継紙として知られています。アシンメトリーのコラージュ技法は、いかにも日本的な美意識によるものと言えるでしょう。

「色紙」は各種の色（白を含む）に染めた紙で、特にキハダで染めた黄紙《きがみ》は虫に食われにくい特性があるため、戸籍など国家の重要文書は黄紙を用いると『延喜式《えんぎしき》』（民部式）にあり、『禁秘鈔《きんぴしょう》』では「勅書《ちょくしょ》は黄紙に書く」とされます。

硯《すずり》

『村上天皇御記《むらかみてんのうぎょき》』康保三年（九六六）二月二十一日の「内《ない》宴《えん》」の記事に「座右置硯。以硯納黒漆草筥置黒柿机上云々」とありますが、当時の硯の実相は不明な点が多いものです。

中国では宋《そう》の時代に陶硯《とうけん》に代わって石製の硯が主流になり、日本でも平安中期に石硯《せきけん》が用いられるようになったと言われ、『和名類聚抄《わみょうるいじゅうしょう》』には「石を第一とし、瓦《かわら》を第二とす」とあります。

しかし平安後期から鎌倉時代でも「瓦硯《がけん》」など陶硯の使用も続けられていたようで、『中右記《ちゅうゆうき》』天承二年（一一三二）閏四月の記事に「新硯成万歳千秋（中略）瓦硯也」とあり、『禁秘鈔《きんぴしょう》』には「清涼殿《せいりょうでん》（中略）殿上、横敷前在硯〈木工寮《こだくみのつかさ》進之。白地檜置瓦硯〉」と記されます。

○継紙・色紙

『延喜式』（内蔵式）

「年料所造色紙四千六百張〈厚三千二百八十張、薄千二百廿張、長五十張、広五十張〉。」

『延喜式』（民部式）

「凡籍書者国家重案。其所須紙染黄蘗必須堅厚有不如法。」

『平親信記』

「天禄三年（九七二）五月七日（中略）又依内記所請、給色紙六十四枚、緑紙四枚、紅紙四枚、黄紙五十六枚。」

『禁秘鈔』

「勅書〈書黄紙。自唐大宗貞観始之〉。」

○硯

『延喜式』（太政式）

「太政官考選文者。（中略）。外記史生二人持丹硯筥。（中略）一史進執硯筥還立同処。召史生。称唯走至史後。置空筥於史前。受取硯筥而立。史執空筥進入短冊而還。」

『入木抄』

「本朝は毎事跡を追て国風を不失也。異朝は不然、先代の旧風を改て当世の風俗を流布せしむる也。仍筆体も皆改也。硯の作やうにも古今事異也。」

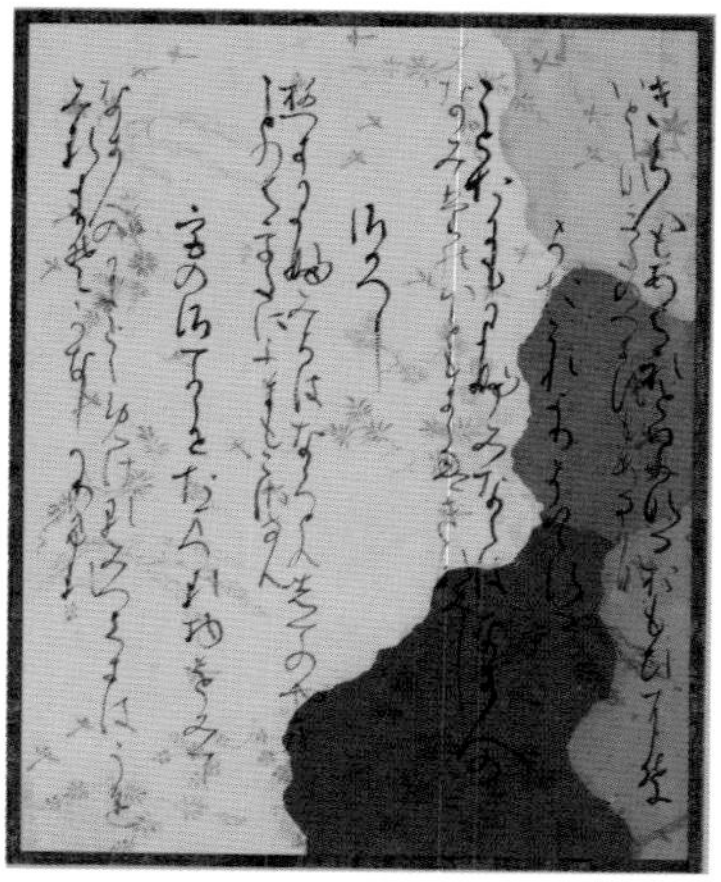

継紙・伊勢集断簡（石山切）＊＊＊

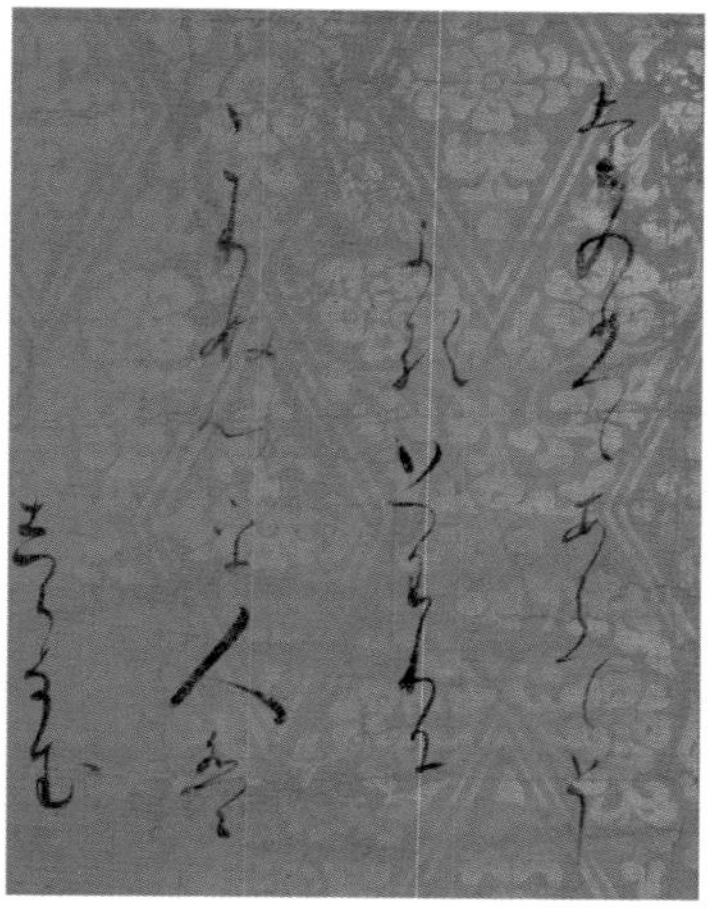

古色紙（伝藤原公任筆）＊＊＊

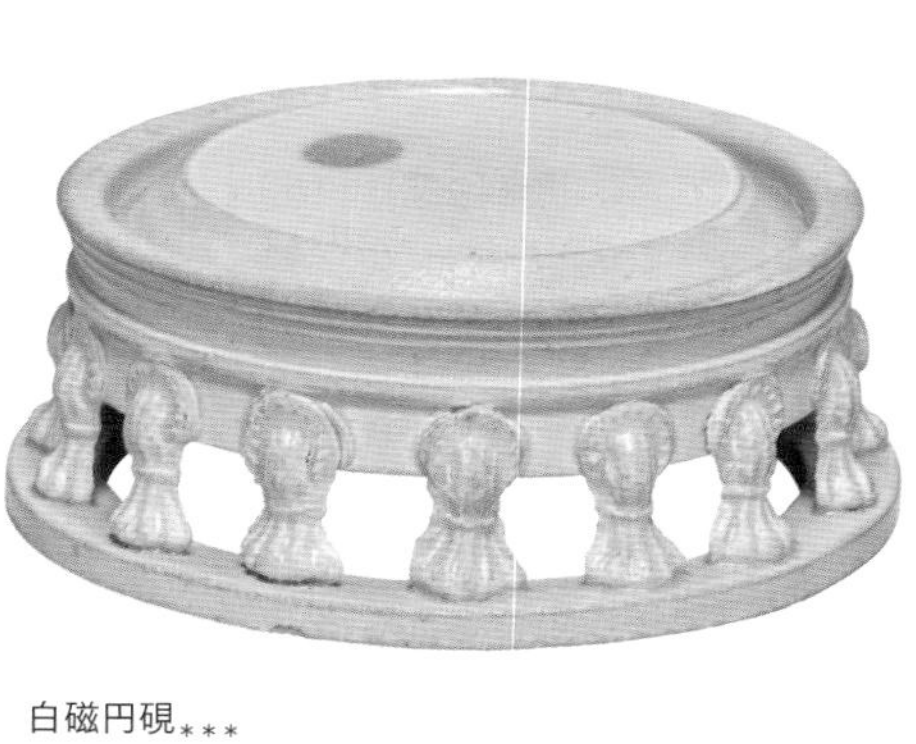

白磁円硯＊＊＊

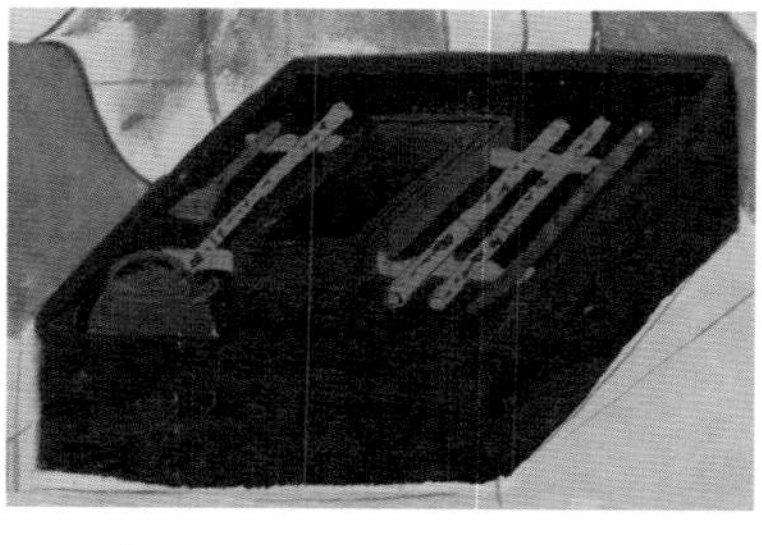

硯筥（『源氏物語絵巻』＊）

文台《ぶんだい》

紙や硯《すずり》など載せる小さな四脚机です。『源氏物語』（宿木《やどりぎ》）に「紙燭《しそく》さして歌どもたてまつる。文台のもとに寄りつつ置くほどのけしき」とあり、和歌を詠むとき、歌合《うたあわせ》（200ページ）などの際に欠かせないものとされました。平安中期までは漢詩を詠む際や「探韻《たんいん》」（与えられた一字を韻として漢詩を作る）に用いられる記録が多く見られます。

『貞観儀式《じょうがんぎしき》』の「釈奠講論《せきてんこうろん》」に大学寮《だいがくりょう》の官人が「文台」を運ぶという記述があり、『内裏式《だいりしき》』の「九月九日菊花宴《きっかえん》」では虎皮を敷いてその上に文台を置くとされ、中国風の演出をする際に用いられるものであったことがわかります。『年中行事絵巻《ねんじゅうぎょうじえまき》』の「内宴《ないえん》」場面にも虎皮の上の文台が描かれていますが立礼《りゅうれい》に適した脚の長いもので、後世のものとは異なります。

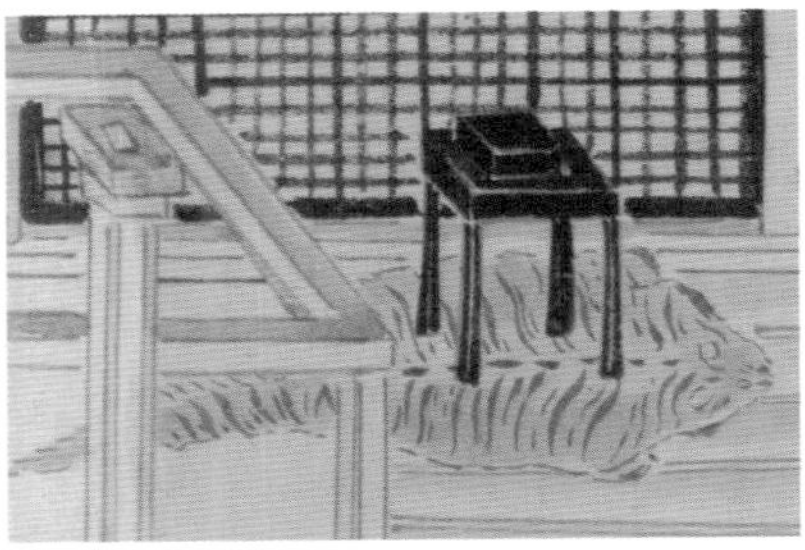

平安時代の文台（『年中行事絵巻』＊）

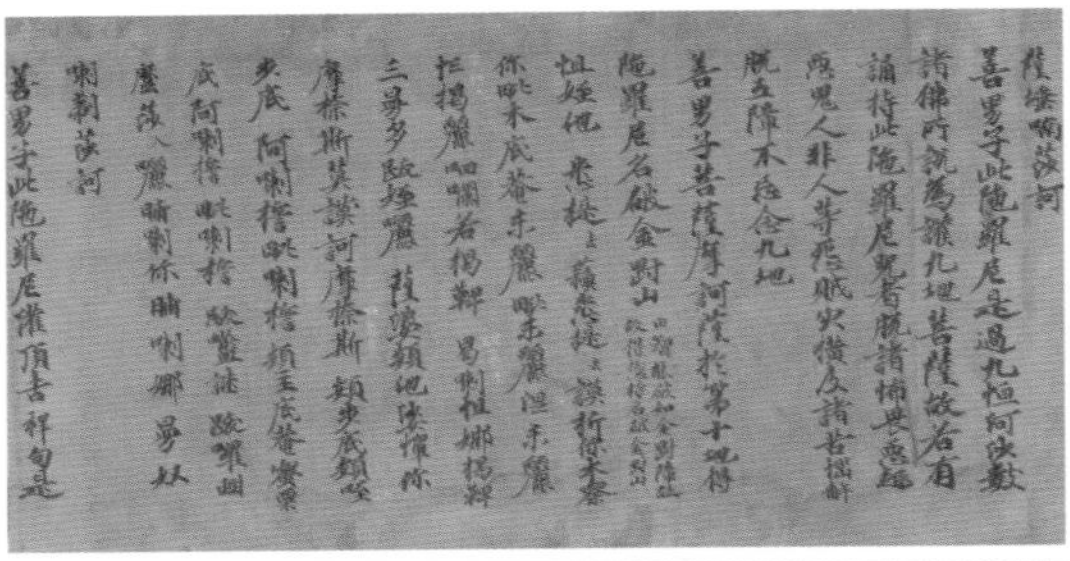

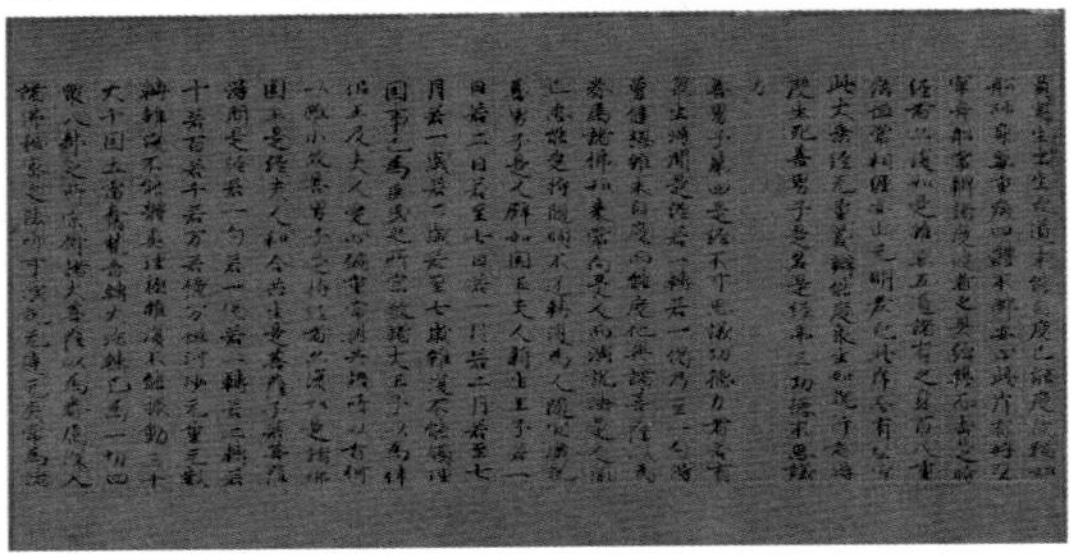

上：伝嵯峨天皇宸筆（『金光明最勝王経注釈断簡』（飯室切）＊＊＊）
下：伝藤原行成筆（『無量義経断簡』（愛知切）＊＊＊）

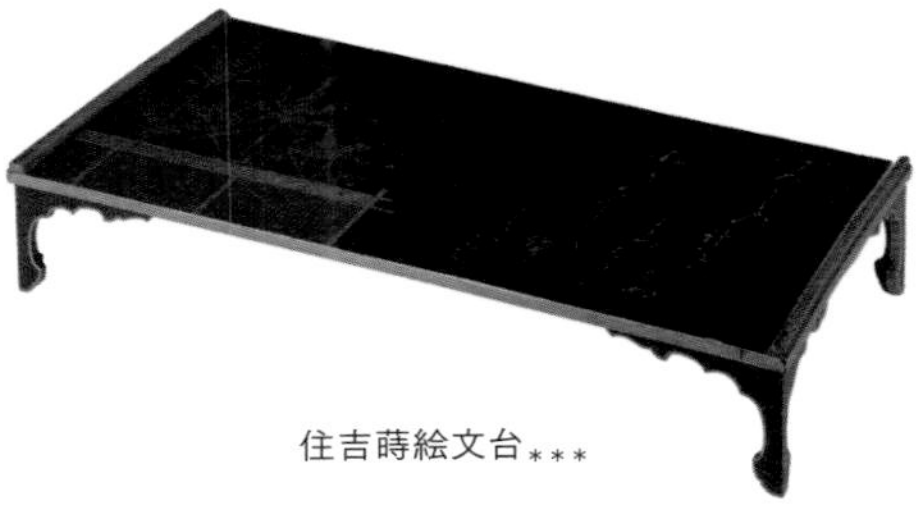

住吉蒔絵文台＊＊＊

書《しょ》

貴族は教養として、文字を美しく書くことが求められました。平安末期の『夜鶴庭訓抄《やかくていきんしょう》』は現存最古の書論書とされ、当時の知識・認識が詳しく記され、そこに「入木《じゅぼく》とは手《て》かく事を申す」とあるように、古代中国の書聖・王羲之《おうぎし》が板に書いた文字が木に三分染み込んでいたという故事に由来して、書は「入木道」と呼ばれました。

『夜鶴庭訓抄』には内裏《だいり》諸門の扁額《へんがく》を書いた人物が記され、美福《びふく》・朱雀《すざく》・皇嘉門《こうかもん》は弘法大師《こうぼうだいし》、談天《だんてん》・藻壁《そうへき》・殷富門《いんぷもん》は上野美材《うえののびざい》、安嘉《あんか》・偉鑒《いかん》・達智門《たっちもん》は橘逸勢《たちばなのはやなり》、陽明《ようめい》・待賢《たいけん》・郁芳門《いくほうもん》は嵯峨《さが》天皇の手蹟《しゅせき》とします。また内裏内の扁額は小野道風《おののとうふう》、藤原佐理《すけまさ》、藤原行成《ゆきなり》などが書いたともあり、後に「三筆《さんぴつ》」「三蹟《さんせき》」と尊ばれる能書家が内裏の扁額を書いていたことがわかります。

現在の京都御所・紫宸殿の扁額
（大師流の書博士・岡本保考筆）

○文台

『内裏式』

「九月九日菊花宴式（中略）中務置宣命位於尋常位北一許丈。内蔵寮立文台於舞台西北〈鋪虎皮立、台上居革筥〉。」

『新儀式』

「行幸朱雀院召文人并試擬文章生事（中略）近衛次将二人舁文台立其上、六位官人出自殿東、敷虎皮於中庭、掃部寮立文台。（中略）若有探韻、予以其器置文台上、依仰近衛次将進而探御料韻献上之。次親王已下文人以次就文台探韻。」

○書

『才葉抄』

「一文字不具なる事あるべからず。篇小にして作り大に。外圍大にして内をば小く書事也。あしき也。道風。佐理。行成の手跡。不具なる字画なきなり。」

「一長く引点は斜す。又麗はよはき也。少しゆるめて引也。」

「一頭の字は皆ひらみたる也。それがよき也。」

『入木抄』

「木道の一流本朝は異朝に超たる事。（中略）弘法大師。嵯峨天皇。橘逸勢。敏行。美材等まで大旨一体也。筆は次第にたをれたるやうに成なり。そのゝち聖廟抜群也。」

詩《し》（漢詩《かんし》）

平安時代、中国から伝わった文物を自らに取り込むことは、最高の教養の高さを示すものでした。朝廷の年中行事は「内《ない》宴《えん》」を始めとした漢詩会が非常に多く、大学《だいがく》の試験も漢詩重視でした。平安貴族にとって漢詩を詠む能力が知的水準の指標として最も重視されたのです。

漢詩は古代中国で孔子《こうし》が編纂したとされる『詩経《しきょう》』が最古典で、韻《いん》を踏み、「五言絶句《ごごんぜっく》」「七《しち》言律詩《ごんりっし》」といった定まった形式で風物情景を詠み上げました。

日本でも奈良時代には唐《とう》の影響を受けて、『懐風藻《かいふうそう》』が編纂され、『凌雲集《りょううんしゅう》』『文華《ぶんか》秀麗集《しゅうれいしゅう》』『経国集《けいこくしゅう》』という三大勅撰漢詩集も編まれるなど、平安前期までの日本文学界は漢詩が独占していました。基礎教養としての漢詩づくりは後世まで必須のこととされたのです。

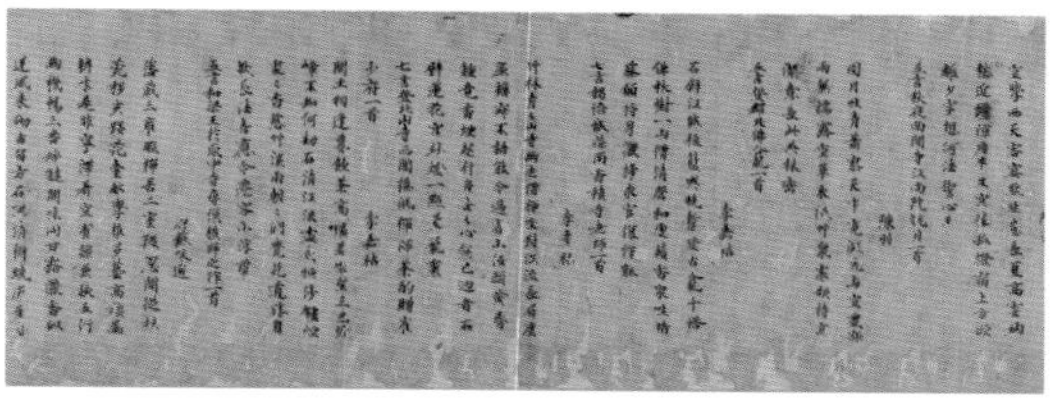
唐詩残篇***

和漢朗詠集（飛鳥井雅章筆）***

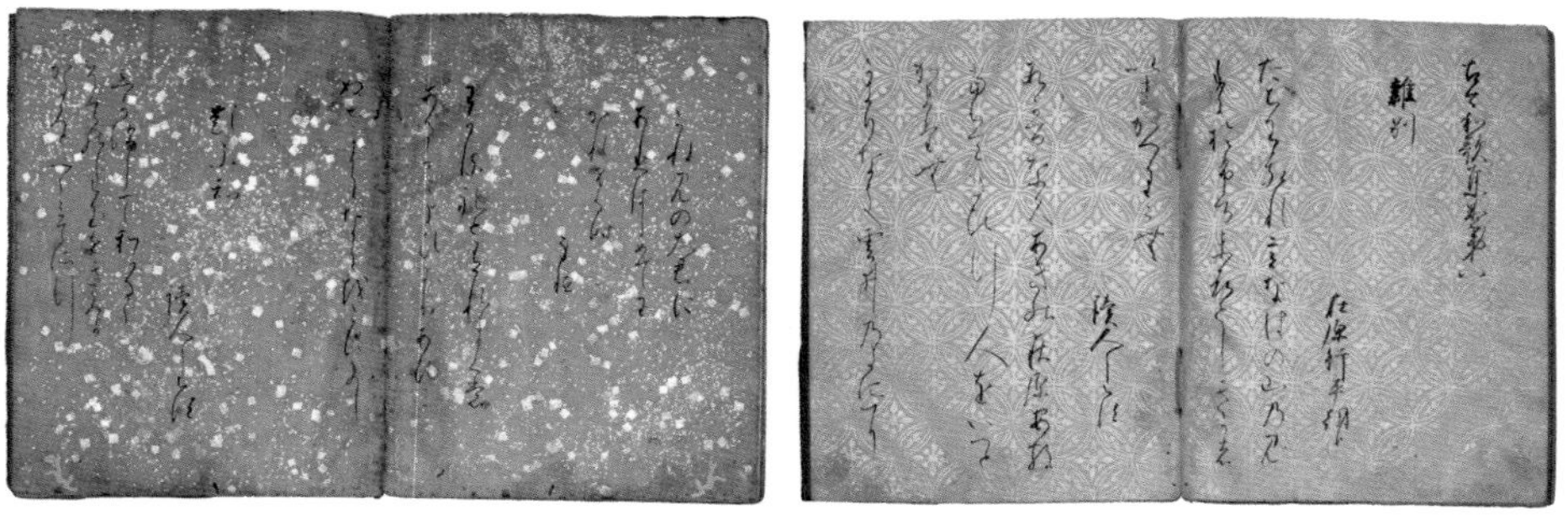
左・右：古今和歌集（元永本）上帖***

歌《うた》（和歌《わか》）

遣唐使《けんとうし》が廃止された十一年後、延喜五年（九〇五）に『古今和《こきんわ》歌集《かしゅう》』が編纂されます。この頃から和歌は文学界でのステータスが向上し、漢詩と並立するものになりました。『古今和歌集』の序文に、漢文の「真名序《まなじょ》」と大和《やまと》言葉の「仮名序《かなじょ》」が併置されていることが当時の空気を物語ります。

その後、たびたび勅撰和歌集が編纂され、数多くの私家集《しかしゅう》も作られました。『万葉集』は漢字の万葉仮名での表現でしたが、女子のものとされていた平仮名文字が普及し、自らの感情・感《かん》興《きょう》をそのまま文字で表現できるようになったことも、和歌の普及に大いに貢献しました。

このようにして、平安中期以降の日本の文化は、すべて和歌が通底するものになったと言って過言ではないでしょう。

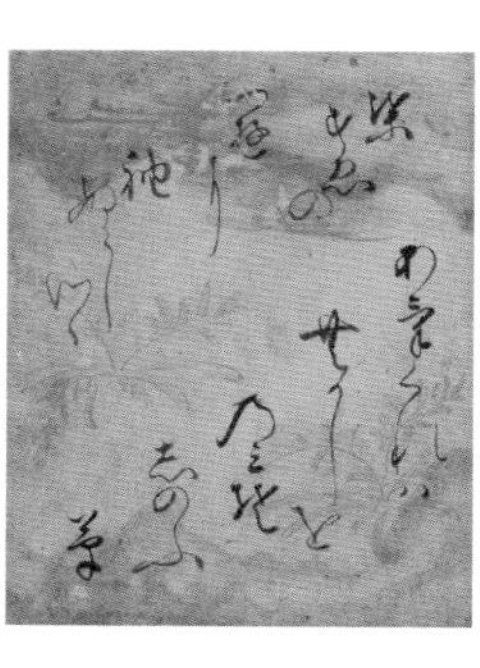
「あけくれは昔をのみぞしのぶぐさ葉末の露に袖ぬらしつつ」後花園天皇宸翰***

○詩（漢詩）

『新儀式』

「行幸朱雀院召文人并試擬文章生事（中略）晩景、文人等進以献詩〈延喜十六年（九一六）、此間伶人乗船奏管絃〉、擬文章生献詩。」

『村上天皇御記』

「天暦三年（九四九）三月卅旦癸酉。此日於蔵人所有尚書竟宴。（中略）数巡之後各献詩。仰蔵人所雑色文章生橘為政令献詩序。献詩畢後召御前。令式部大輔維時朝臣講。事了博士尚複等給禄。博士絹六疋、尚復二人各三疋。件竟宴雖非殿上所為。信希有事。此未甘記紀文実。」

○歌（和歌）

『古今和歌集』（仮名序）

「やまと歌は、人の心を種として、よろづの言の葉とぞなれりける。世の中にある人、事業、繁きものなれば、心に思ふことを、見るもの聞くものにつけて、言ひ出せるなり。」

『源氏物語』（桐壺）

「明け暮れ御覧ずる長恨歌の御絵、亭子院の描かせたまひて、伊勢、貫之に詠ませたまへる、大和言の葉をも、唐土の詩をも、ただその筋をぞ、枕言にせさせたまふ。」

『遊庭秘抄』

「和歌の道も風情興有て目にたつ所侍れど、言葉くだけて優美なる所なければ見所なし。」

歌合《うたあわせ》

左方・右方に分かれ、さまざまな文物の優劣を競う遊びが「物合《ものあわせ》」（214ページ）で、和歌を詠み合うのが「歌合」です。有名なのが天徳四年（九六〇）に宮中で行われた「天徳内裏《てんとくだいり》歌合」。延喜十三年（九一三）の「亭子院《ていじいんの》歌合」に範を置いたこの歌合の様子は『村上天皇御《むらかみてんのうぎょ》記《き》』に詳細に記されていて、それによれば清涼殿《せいりょうでん》と後涼殿《こうりょうでん》をつなぐ渡殿《わたどの》において、天皇の御前で秀歌を競ったとあります。

左方は赤系統の装束を身に纏い、右方は青（緑）系統の装束を着用。調度品もそれぞれ異なるものを用いました。

その優雅な方式は後世の模範ともされ、以後のさまざまな「物合」で参考にされました。『源氏物語』（絵合《えあわせ》）でも、このときの装束や調度品を踏襲した描写がなされています。

時代を超えた架空の歌合
左方・小野小町　　右方・従二位家隆
（『時代不同歌合繪』＊）

白氏詩巻（伝藤原基俊筆）＊＊＊

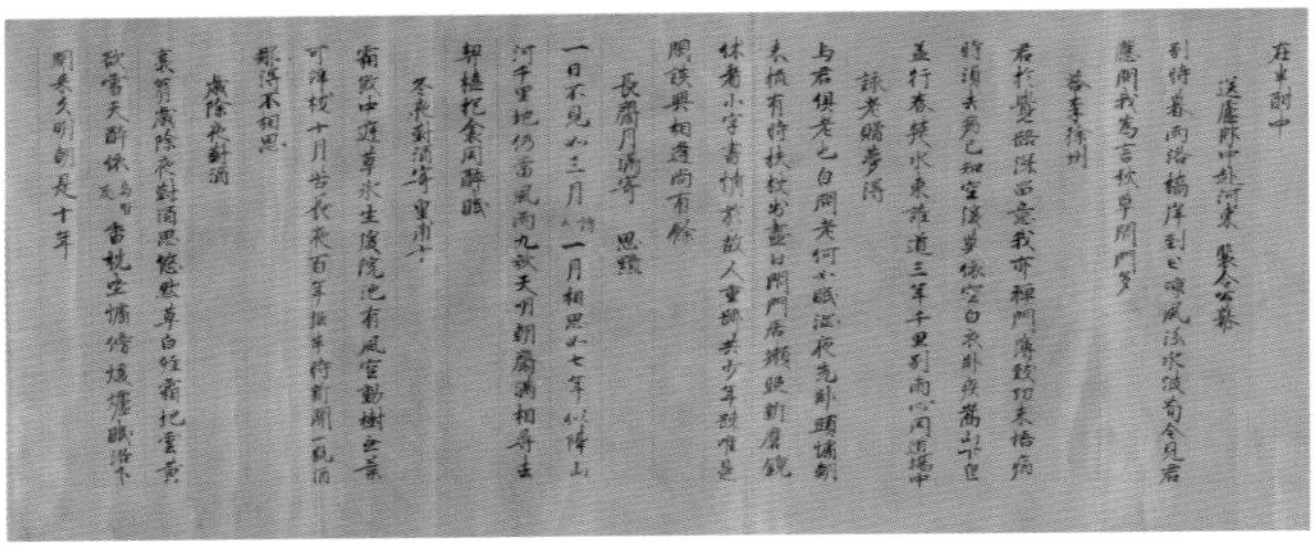

韻塞《いんふたぎ》・掩韻《えんいん》

「韻塞」は平安時代の知識階級の人々に好まれた遊びで、漢詩の韻字《いんじ》（韻を踏むために句末に置く字）を隠して当てさせるものです。たとえば杜《と》甫《ほ》の『春望《しゅんぼう》』は

国破山河在　城春草木**深**、
感時花濺涙　恨別鳥驚**心**、
烽火連三月　家書抵万**金**、
白頭掻更短　渾欲不勝**簪**、

と、句末が深《しん》・心《しん》・金《きん》・簪《しん》と韻を踏んでいます。これを隠して当てる遊戯が韻塞です。

『枕草子』の「したり顔なるもの」に「韻塞をすぐ正解する者」とありますが、深い漢詩の知識がなければできないものでした。けれども、あまりに当てすぎるのもまた、興ざめとされたようです。

歌合（『たけくらべ草紙』＊＊＊）

○歌合

『延喜十三年亭子院歌合』
「帝の御装束、檜皮色の御衣に承和色の御袴。男女、左は赤色に桜重ね、右は青色に柳重ね。左は歌詠み、数指しの童、例の赤色に薄蘇芳綾の表袴、右には青色に萌木の綾の表袴。方々の親王、青色・赤色みな奉れり。」

『村上天皇御記』
「天徳四年（九六〇）三月卅日己巳。此日有女房歌合事者。去年秋八月殿上侍臣闘詩合時、典侍命婦等相語云。男已闘文章、女宜合和歌。及今年二月定左右方人。（中略）其儀暫撤却清涼後涼両殿中渡殿北鄙。設公卿座於同渡殿之内。」

○韻塞・掩韻

『御堂関白記』
「長保元年（九九九）五月七日、戊子。早朝講文、題水樹多佳趣。斉名朝臣所出也。韻深字、以言朝臣、序匡衡朝臣、此後掩韻。」

『中右記』
「永長元年（一〇九六）四月十八日（中略）信濃守永清依病出家。件人掩韻上手也、世謂之掩韻君、年歯余六十歟。」

『猪隈関白記』
「正治元年（一一九九）七月廿七日、丁巳。天霽。依徒然有掩韻事。」

源氏供養《げんじくよう》

紫式部の著した『源氏物語』は執筆当時から賞賛され、後世永くわが国の文学史上の至宝として扱われました。有職故実の世界でも影響力は絶大で、「源氏物語に書かれているから」と物語世界に合わせて現実を改変するようにもなります。

こうして「作り話」が一人歩きすることは、仏教が禁じる「五戒《ごかい》」のひとつ「妄語戒《もうごかい》」を破ることとされ、紫式部が死後地獄に落ちて苦しんでいるので、これを救うために歌詠みが集まって読経し供養するという風習が生まれたことが、平安末期の『宝物集《ほうぶつしゅう》』に記されます。

『河海抄《かかいしょう》』に「式部墓所ハ在雲林院《うんりんいん》 白毫院《びゃくごういん》南小野《おのの》 篁《たかむら》 墓ノ西也」とあるのは、閻魔《えんま》大王の書記官をしていたという伝説のある小野篁の縁を頼った人々の思いによるのでしょう。

紫式部『月百姿　石山の月』
月岡芳年
（メトロポリタン美術館蔵）

紫式部墓（左奥）と小野篁墓（右奥）
（京都市北区紫野西御所田町）

人麻呂影供（『慕帰絵』*）

人麻呂影供《ひとまろえいぐ》

『古今和歌集《こきんわかしゅう》』仮名序《かなじょ》に「柿《かきの》本《もと》の人麻呂《ひとまろ》なむ歌の聖《ひじり》なりける」とあるように、人麻呂は「歌聖《かせい》」と尊崇《そんすう》されてきました。

歌道精進を祈念する歌会の席に柿本人麻呂の画像を飾り祀《まつ》り、歌を捧げる儀式が「人麻呂影供」。始まった事情が『十訓抄《じっきんしょう》』に詳しく載ります。

それによれば、夢に見た姿を描いた人麻呂像を毎日拝礼した藤原兼房《かねふさ》は歌上手となり、後にその人麻呂像は白河《しらかわ》上皇に献じられました。この絵を写して人麻呂影供を始めたのは藤原顕季《あきすえ》。元永元年（一一一八）六月十六日のことでした。

ここから歌道は宗教色を帯びるようになり、やがて人麻呂を含めた「三十六歌仙絵《さんじゅうろっかせんえ》」が生み出され、この道に執心する人々によって飾られ、あがめられるようになったのです。

『柿本人麻呂像』土佐光起
（メトロポリタン美術館蔵）

○源氏供養

『宝物集』

「五に不妄語と申すは、見たる事を見ずと云ひ、見ざる事を見たりと云ひ、聞きたる事を聞かずと云ひ、聞かざる事を聞きたりと云ふ事なく、都て虚言をせぬを申したる也。（中略）まぢかくは、紫式部が虚言を以て『源氏物語』を造りたる罪によりて地獄に墜ちて苦患忍びがたき故に、早く『源氏物語』を破り捨てゝ一日『経』を書て訔ふべしと、人の夢に見えたりけるとて、歌読みども寄り合ひて、一日『経』書きて供養しけるは、覚へ給ふらん物を。」

○人麻呂影供

『柿本人麻呂影供記』

「今日柿本大夫人麻呂供也。件人麻呂影新所被図絵也。〈一幅長三尺許。著烏帽子直衣。〉左手操紙、右手握筆、年齢六旬余之人也。」

『古今著聞集』

「修理大夫顕季人丸影供を行ふ事。元永元年（一一一八）六月十六日、修理大夫藤原顕季卿、六條東洞院亭にて、柿下大夫人丸供をおこなひけり。件の人丸の影兼房朝臣夢本あたらしく図絵する也。左の手に紙をとり、右の手に筆を握て、とし六旬ばかりの人なり。其上にうへに讃を書。」

唐絵《からえ》・大和絵《やまとえ》

『源氏物語』（絵合《えあわせ》）で、光源氏の描いた絵を含めてさまざまな絵画を競う場面が描かれます。平安貴族にとっては絵を描くこと、鑑賞することも大切な教養とされました。

唐絵

本来は中国から輸入された絵画作品を指す言葉でしたが、日本で絵画制作技術が向上すると、技法上の違いがなくなり、国内制作であっても画題が中国風であれば「唐絵」と呼ぶようになります。

内裏《だいり》の紫宸殿《ししんでん》や清涼殿《せいりょうでん》には、古式に従って「賢聖障子《けんじょうのしょうじ》」（153ページ）や「大宋屛風《たいそうのびょうぶ》」（150ページ）、「荒海《あらうみの》障子」「馬形《うまがたの》障子」など、唐絵作品が多く存在しました。

唐絵は、正倉院宝物の「鳥毛《とりげ》立女図《りゅうじょず》屛風」のように人物画が多く、『紫式部日記《むらさきしきぶにっき》』や『栄《えい》花物語《がものがたり》』（はつはな）では、髪《かみ》上《あげ》姿の女房を「唐絵に描かれる女性のようだ」と表現しています。

唐絵
（『楼閣山水図屛風』（池大雅筆）＊＊＊）

大和絵（『山水屛風』（模本）
（山名義海模・原本鎌倉時代）＊＊＊）

大和絵

平安中期頃に日本人が好む、穏やかな自然、山川草木《さんせんそうもく》を雅やかに描く「大和絵」が登場し、寝殿《しんでん》に置く日常の調度品などに用いられるようになります。

平安後期に描かれた『伴大納《ばんだいな》言《ごん》絵巻《えまき》』や『源氏物語絵巻』などの絵巻物が現存しますが、『源氏物語』（絵合）に「竹取物語」や「宇津保物語《うつほものがたり》」などの「物語絵」が登場していますから、平安中期も盛んに物語絵が描かれたことがわかります。

このほか年中行事などを描いた「月次絵《つきなみえ》」も宇多《うだ》天皇から村《むら》上《かみ》天皇の御代《みよ》（九世紀後半から十世紀前半）にかけて特に流行しました。『枕草子』にも「月次の御屛風《みびょうぶ》もをかし」とあります。

『月次公事屛風』（部分）
（井筒グループ蔵）

○唐絵

『栄花物語』（はつはな）
「少し引き上げて内侍二人出づ。髪あげ、うるはしき姿ども、たゞ唐絵か、もしは天人の天降りたるかと見えたり。」

『禁秘鈔』
「清涼殿（中略）石灰壇〈四季御屛風。三尺南第一間母屋御簾下。以東為面。此屛風之中在陪膳円座。障子皆唐絵本文也〉。」

『中務内侍日記』
「還御の御儀式、具せらるゝほど、大床子の東平敷にては供御まゐる。御配膳は、女房もとの如し。また大床子の西に唐絵の御屛風を立てられたり。」

○大和絵

『満佐須計装束抄』
「母屋庇の調度たつる事（中略）その二階の後ろに大和絵の四尺の屛風を母屋の柱の際より端様に鏡台などの後ろまで立つべし。（中略）唐絵のも立つることあれども。常は大和絵なり。」

『類聚雑要抄』
「四尺屛風　二帖内。一帖泥唐絵、調度後料。絵十二月之内枚別当二月書之。一帖泥大和絵、鳥居障子前料。絵如前〈但是不用普通。一説不有泥絵事在〉。」

和琴《わごん》・琴《きん》

『源氏物語』（絵合《えあわせ》）では、「筆《ふで》取る道と碁《ご》打つこと」から始まり、「文才《もんざい》をばさるものにて言はず、さらぬことの中には、琴《きん》弾かせたまふことなむ一の才にて、次には横笛《よこぶえ》、琵琶《びわ》、箏《そう》の琴《こと》をなむ、次々に習ひたまへる」と教養教育について語られています。

和琴

日本古来の楽器で、それゆえに各種の楽器の中で、もっとも尊重されました。通称が「東《あずま》」でしたので『源氏物語』（常夏《とこなつ》）では「東国《とうごく》ということで格下《かくした》のようであるが」と前置きをしながら「帝の前での演奏会でも和琴が第一とされる」としています。『河海抄《かかいしょう》』に「楽器の最上にをかるゝ」、『花鳥余情《かちょうよせい》』に「いづれの楽器よりも上におかるる」とあるとおりです。

『江談抄《ごうだんしょう》』には宮中の和琴として「井上《いのうえ》・鈴鹿《すずか》・朽目《くちめ》・河霧《かわきり》・斉院《さいいん》・宇多法師《うだほうし》」が挙げられ、「鈴鹿」は累代《るいだい》の天皇が伝えた品、「宇多法師」は宇多法皇の愛用品だったとします。これらの和琴は後宮の「書司《ふみつかさ》」の女官たちが管理しました。

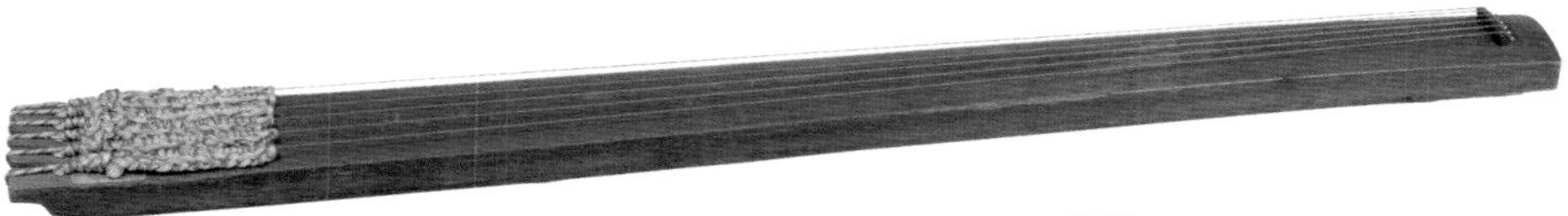

和琴***

模造 金銀平文琴***

琴

『源氏物語』（末摘花《すえつむはな》）では、亡き常陸宮《ひたちのみや》の末の姫が「琴」だけを友としてひっそりと暮らしていると聞いて光源氏が興味を持ちます。この「琴」は現在の「お琴《こと》」、つまり十三絃《げん》の「箏《そう》」ではなく七絃の楽器で、琴柱《ことじ》を用いず右手の指で絃を弾きます。

中国で重要な楽器とされた琴は白居易《はっきょい》の漢詩にも多く登場します。『源氏物語』の「若菜下《わかな》」の帖では琴について「琴は天地を動かし鬼神《きしん》の心を和らげ、琴の音を聞けば悲しみが喜びに変わる」とまで語られますが、現実には紫式部の時代の演奏記録は少なく、末摘花《すえつむはな》のように古式・唐風《からぶり》を強調した物語世界だけで生き延びたのでしょう。

○和琴

『枕草子』

「御前に候ふものは、御琴も御笛も、みなめづらしき名つきてぞある。（中略）和琴なども、朽目、塩竈、二貫などぞきこゆる。水龍、小水龍、宇陀の法師、釘打、葉二つ、なにくれなど、おほく聞きしかどわすれにけり。」

『河海抄』

「やまとこと和琴の名勿論也。（中略）和琴は伊弉諾伊弉冊尊御代に令作出給云々。仍諸楽器の最上にをかるゝ也。」

○琴

『体源抄』

「承平三年（九三三）三月廿七日、御遊記云。長明親王弾琴、左大臣撫和琴、右大臣鼓箏。天暦元年（九四七）正月廿三日、内宴記云。重明親王弾琴、実頼鼓箏、兼明撫和琴云々。」

『村上天皇御記』

「応和三年（九六三）八月二十日己亥。今朝陰雨。此日広平親王加元服。于時左右近各奏舞三曲。訖退出。仰令侍臣奏絃歌。有兵部卿親王弾琴。朝成朝臣吹笙。」

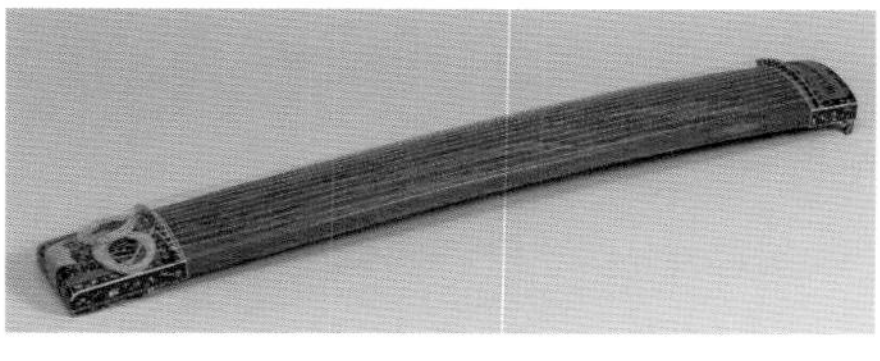

現在「こと」とされる十三絃の「箏」

銘暁鶯鳴***

琵琶《びわ》

琵琶 銘 大虎***

雅楽器には「管《かん》」として笙《しょう》・篳篥《ひちりき》・龍笛《りゅうてき》、「絃《げん》」として琵琶・箏《そう》などがあります。公家たちはそれぞれが得意とする楽器を選び、技を披露しました。琵琶は格の高いものとして天皇が演奏することも多く、宮中では「玄象《げんじょう》・牧馬《ぼくば》・渭橋《いきょう》・無名《むみょう》」といった琵琶が珍重されました。『枕草子』にも「御前に候ふものは（中略）玄象・牧馬・井手《いで》・渭橋・無名など」とあり、特に「玄象」（玄上）は尊重されました。

『古事談《こじだん》』には「延喜の頃、玄上宰相《けんじょうさいしょう》と云ひける琵琶ひきの琵琶やらむ」という大江匡房《おおえのまさふさ》の言葉が記録されます。つまり琵琶の名手として知られた藤原玄上《はるうら》の持ち物であったというのです。元は中国で音楽を学び、多くの琵琶の秘曲を日本に伝えた藤原貞敏《さだとし》が持ち帰った舶来品です。

笙《しょう》

薄鈴虫蒔絵笙　銘　鈴虫***

管絃《かんげん》を「糸竹《いとたけ》」とも呼ぶのは、管楽器が竹製であったから。笙は細い竹管十七本で構成される楽器で、江戸前期の『楽家《がっか》録《ろく》』には、竹管を横に並べたものを「簫《しょう》」と呼び鳳凰《ほうおう》が飛ぶ姿、竹管を束ねたものを「笙」と呼び鳳凰が止まった姿を象《かたど》るとあります。ここから笙は「鳳笙《ほうしょう》」とも呼ばれます。

『扶桑略記《ふそうりゃくき》』天徳五年（九六一）閏三月の「藤花宴《とうかのえん》」の記述には、左大臣実頼《さねより》が箏《そう》を弾き、大納言　源《みなもとの》高明《たかあきら》は琵琶《びわ》、源雅信《まさのぶ》は笙を吹いたとあります。上級貴族たちが好む楽器のひとつが笙だったのです。

『枕草子』には「笙の笛は月の明《あ》かきに車などにて聞き得たる、いとをかし」とあります。遠くから響く笙の音を清少納言は好んだのでしょうか。

〇琵琶

『禁秘鈔』

「諸芸能事。第一御学問也。（中略）第二管絃。延喜・天暦以後。大略不絶事也。必可通一曲。円融・一条吉例ニテ今笛代々御能也。和琴又延喜・天暦吉例也。箏同之。琵琶雖無殊例可然事也。笙篳篥未聞。笙、後三条院学給。篳篥不相応事也。（中略）笛。堀川・鳥羽・高倉法皇代々不絶事也。但箏琵琶何劣哉。」

『徒然草』

「おほかた、ものの音には、笛・篳篥。常に聞きたきは、琵琶・和琴。」

『糸竹口伝』

「琵琶宝物。玄象・牧馬・渭橋・無名也」

〇笙

『小右記』

「寛和元年（九八五）正月二日（中略）即給衝重、盃酒数巡、左大将供御酒云々。有絃管事、左大臣笙、大納言為光笛、右大将箏、時中朝臣和琴。」

『御堂関白記』

「寛弘四年（一〇〇七）四月廿六日（中略）此間奏楽二曲了、罷出音声如入儀。召人等留候。御竹下、余献御笛、中務親王琵琶弾、宰相中将吹笙。」

中君に琵琶を聞かせる匂宮（『源氏物語絵巻』*）

篳篥《ひちりき》

雅楽「三管《さんかん》」のうち「笙《しょう》」は天の光、「龍笛《りゅうてき》」は天地の間の龍の声、そして「篳篥」は地に在《あ》る人の声を表しているといわれます。篳篥は小さい笛ですが音が大変大きく、『枕草子』には「篳篥はいとかしがましく（中略）け近く聞かま欲しからず」とあります。その音量と頬を膨らませて吹く姿を嫌ってか、『禁秘鈔《きんぴしょう》』では「篳篥不相応事也」として、天皇が用いる楽器ではないとしています。記録でも公卿よりも、衛府《えふ》の将佐《しょうさ》や中務《なかつかさの》少輔《しょうゆう》などが演奏することが多かったようです。『宇津保物語《うつほものがたり》』（蔵開《くらびらき》上）に「権中納言《ごんのちゅうなごん》大篳篥と合せて遊ばす」とあるように公卿も吹いた記録もある「大篳篥」は早い時代に廃れてしまったようで、鎌倉時代の『教訓抄《きょうくんしょう》』には「源《みなもとの》博雅《ひろまさ》が吹いたがその後絶えた」とあります。

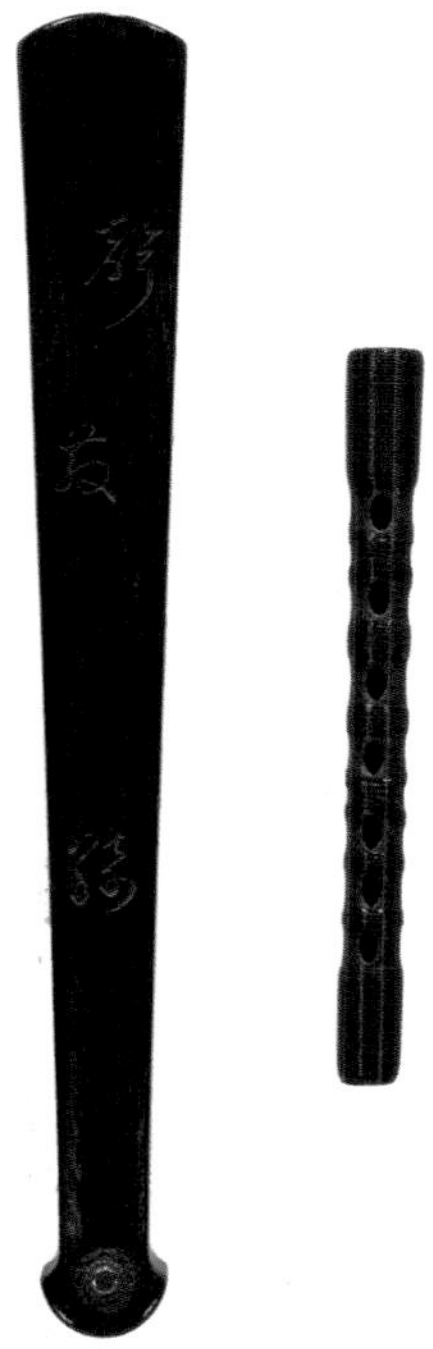

右：篳篥　銘蜩***
左：同容器***

打物《うちもの》

雅楽会、舞楽《ぶがく》の場では、巨大な太鼓「鼉太鼓《だだいこ》」、「楽太鼓《がくだいこ》」などの「打物《うちもの》」も演奏されます。貴族たちの宴席では、そうした大がかりな打物はあまりなく、「催馬楽《さいばら》」や「東遊《あずまあそび》」など「国風歌舞《くにぶりのうたまい》」のときなどに、手軽な打物として用いられたのが「拍子《ひょうし》」です。これは束帯《そくたい》で持つ「笏《しゃく》」を打ち合わせるもので、管絃《かんげん》の指揮者の役割を果たしました。

『古事談《こじだん》』には、後一条院《ごいちじょういん》の御代《みよ》、清暑堂御神楽《せいしょどうみかぐら》（大嘗《だいじょう》祭《さい》後の神楽）で拍子を取るべき藤原公任《きんとう》が、下座《しもざ》にいた藤原斉信《ただのぶ》に「笏をさし遣《や》りて」役目を譲る仕草をしたところ、斉信は見事に拍子を取ったとあります。この時代は専用楽器ではなく普通の笏を用いていたことが推測されます。

鼉太鼓（『舞楽楽器之図』***）

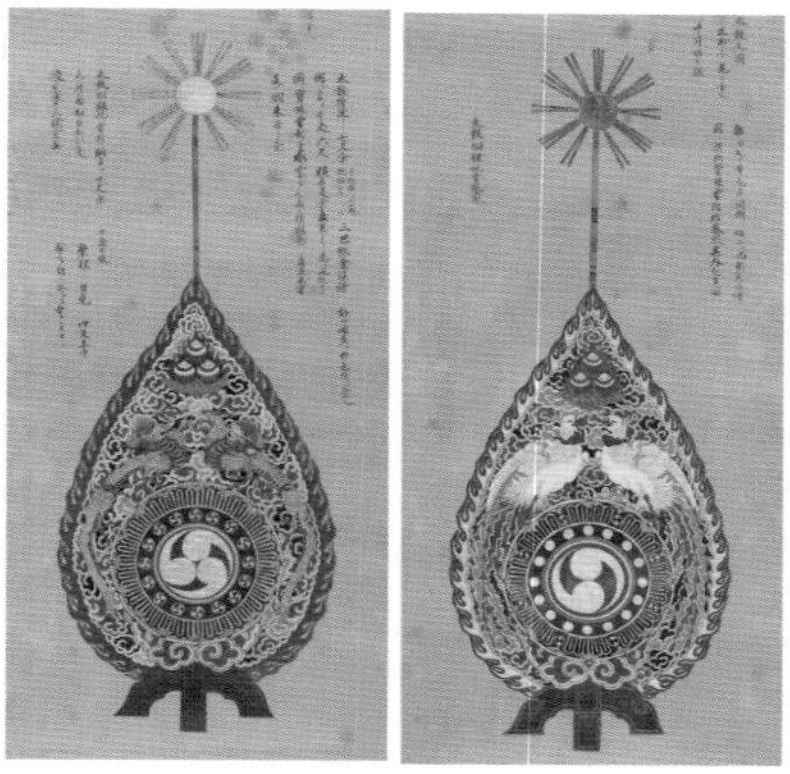

左　右

笏

○篳篥

『宇槐雑抄』

「保延二年（一一三六）三月廿五日（中略）今和歌会。（中略）篳篥〈左衛門佐季兼〉。」


『教訓抄』

「康保三年（九六六）之比、良岑行正吹大篳篥。博雅卿伝之吹。其後絶畢。」


『徒然草』

「おほかた、ものの音には、笛・篳篥。常に聞きたきは、琵琶・和琴。」


『十訓抄』

「平等院僧正行尊は、出世の貴きのみにあらず（中略）大臣共人、中務少輔忠宗を庭に召して篳篥つかまつる。」

○打物

『小右記』

「長和二年（一〇一三）九月十六日（中略）召雲上伶人、令奏竹肉。大納言公任取拍子、月棹舟奏音楽、其声遥聞、数曲之後漸近池頭。」

「長元二年（一〇二九）四月十四日（中略）、地下伶人不候、殿上人奏糸竹間依無座席参議給座于地上、上達部唱歌、大納言能信執拍子。関白戯云、可有和歌哉、権中納言定頼勧盃之間也。」


『御堂関白記』

「寛仁二年（一〇一八）四月廿二日（中略）賀茂祭（中略）雑色廿七人、長二人有中、舞間和琴不持来、仍只拍子。」

御遊《ぎょゆう》

上手な楽器演奏は貴族が教養の高さを示すものとされ、宴席で合奏を楽しむことを「御遊」と呼びました。『枕草子』には「御仏名《みぶつみょう》のまたの日（中略）雨いたう降りてつれづれなりとて、殿上人上《うえ》の御局《みつぼね》に召して御遊《おあそ》びあり。道方《みちかた》の少納言、琵琶《びわ》いとめでたし。済政筝《なりまさのそう》の琴《こと》、行儀《ゆきよしの》笛《ふえ》、経房《つねふさ》の少将、笙《しょう》の笛などおもしろし」と、室内楽を楽しんださまが描かれます。また『源氏物語』には「御遊び」の記述が多く、たとえば「明石《あかし》」には「わが御心《おこころ》にも折々の御遊び、その人かの人の琴笛《きんふえ》もしは声の出でしさまに」、「椎本《しいがもと》」には「宮中などにて、かやうなる秋の月に御前の御遊びの折にさぶらひあひたる中に、ものの上手とおぼしき限り、とりどりにうち合はせたる拍子など」とあります。

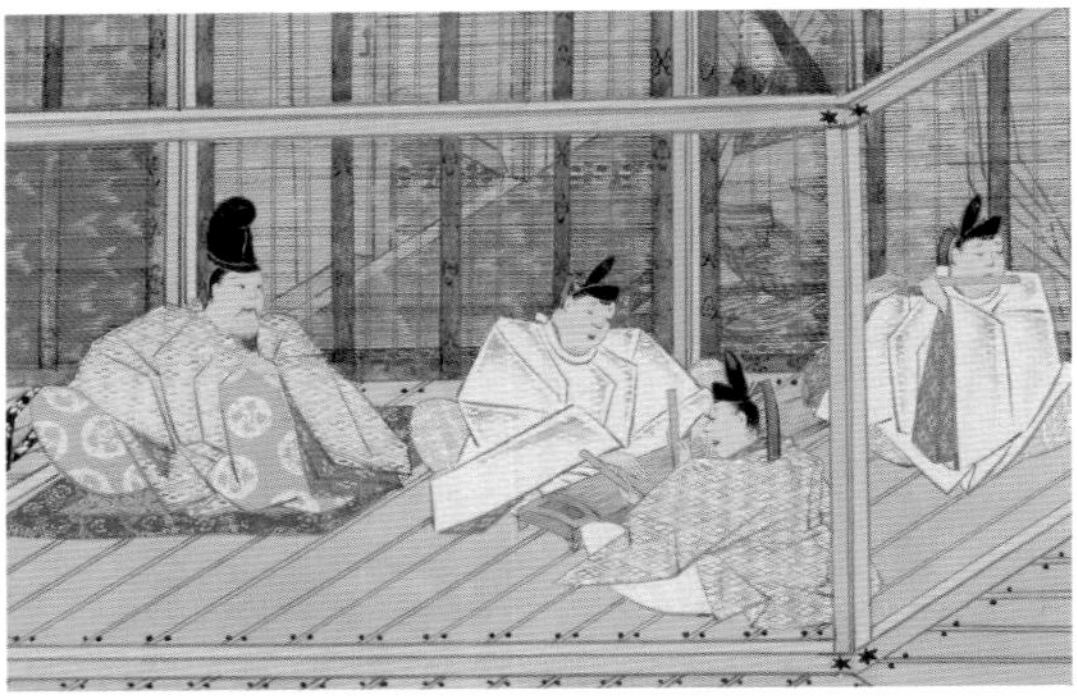

御遊（『文晁派大和絵絵巻』＊）

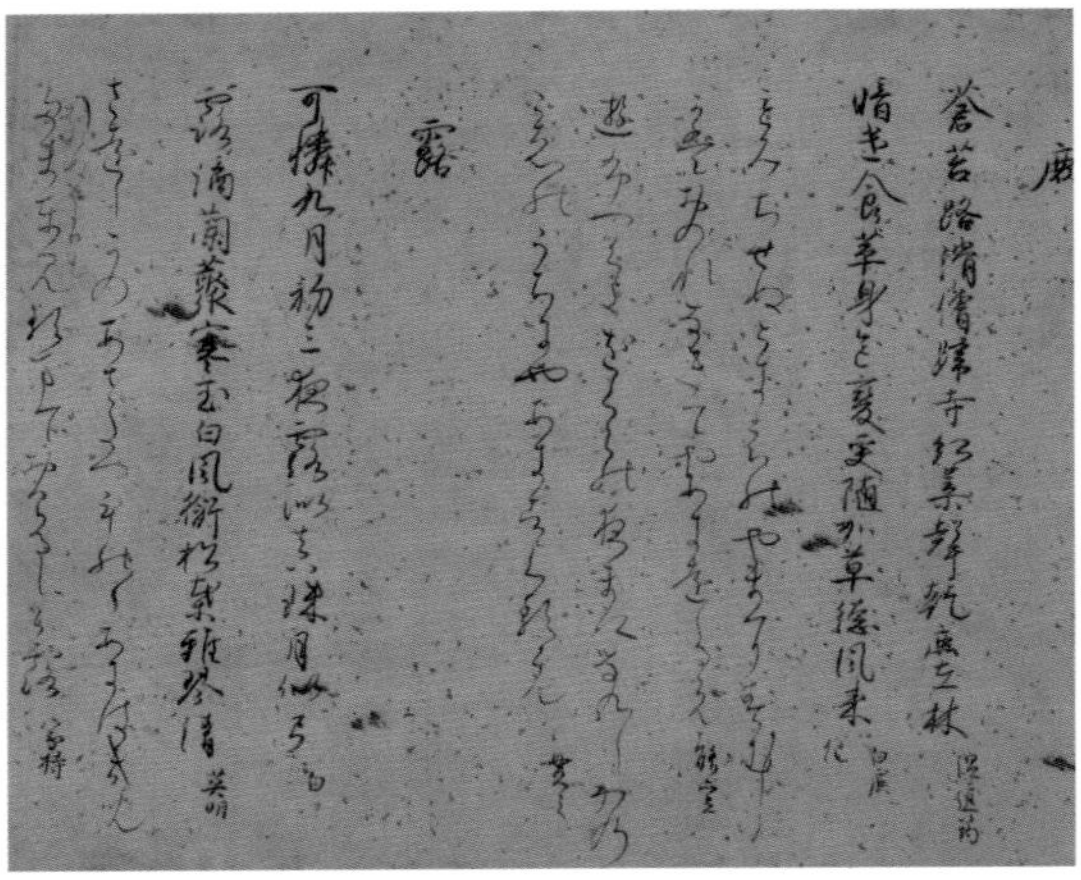

和漢朗詠集巻上断簡（久松切）
（伝藤原行成筆）＊＊＊

朗詠《ろうえい》・披講《ひこう》

漢詩・和歌は文字上だけではなく、実際に発声して楽しむものでした。古くから伝わる漢詩を声に出して詠み上げるのが「朗詠」。『枕草子』には、何かにつけて漢詩の一節を朗々と吟じる公達《きんだち》が、数多く登場します。

朗詠のために藤原公任《きんとう》により編纂された『和漢朗詠集《わかんろうえいしゅう》』は多くの人々に愛され、その中の「嘉辰令月歓無極　万歳千秋楽未央」は特に有名です。和歌も節を付けて歌うことが原則だったようです。

鎌倉時代以降、歌会で新作の詩歌を披露するため、節を付けて歌い上げたのが「披講」です。斯道《しどう》の先達《せんだつ》「読師《どくじ》」の司会進行に従い、「講師《こうじ》」が読み上げます。

現代も新年に宮中で行われる「歌会始《うたかいはじめ》」に、その伝統が脈々と受け継がれています。

『和漢朗詠集』
（鎌倉時代・重要文化財）＊＊＊

○御遊

『西宮記』

「十月旬（中略）応和元年（九六一）十月二日（中略）此日有御遊。出居召琴磐折、召云書司御手嗚。」

「宸宴事。於南殿依有御遊。召倭琴之時、上卿仰書司云御手奈良之云々〈謂宇陀法師也〉。」

『吏部王記』

「延長七年（九二九）二月十六日。当代源氏二人元服。（中略）有盃酒御遊。両源氏候此座。」

『百錬抄』

「長治二年（一一〇五）三月五日。於中殿始有御遊和哥興。左大臣献序。」

○朗詠・披講

『小右記』

「長和三年（一〇一四）十一月十七日（中略）於殿上有酒饌、諸卿淵酔朗詠、及夜漏諸卿給禄。」

『実躬卿記』

「弘安八年（一二八五）八月十五日（中略）殿上人候簀子、御連歌了之後、人々詠進之処三十首和歌被披講、先置文台、講師為方朝臣、自下講之。」

「正安三年（一三〇一）十二月五日。今夜於北野社有作文事。（中略）次自下臈、各置詩於文台。次読師左大弁宰相参進文台傍下、読師〈二人〉同進寄。次講師長憲参進、次第披講、了朗詠。」

踏歌《とうか》

「女踏歌《おんなどうか》」は中国から伝わった風習で、天皇の長寿・豊年万作を願う舞踏歌を見る節会《せちえ》。舞妓《ぶぎ》たちは内教坊《ないきょうぼう》の妓女《ぎじょ》を中心に、下級女官の女蔵人《にょくろうど》なども加わり、最盛期は四十人が選ばれる華やかな行事でした。

これが朝廷の年中行事として定められたのが正月十六日の「女踏歌」。舞妓たちが歌い踊りながら紫宸殿《ししんでん》南庭から校書殿《きょうしょでん》を回ります。のちに男踏歌《おとこどうか》も加えられますが、これは殿上人はじめ四位以下の人々が、内裏《だいり》のほか貴族たちの邸も歌いながら巡回するもので、女踏歌とは異なり、世俗的なものでした。

『河海抄《かかいしょう》』によれば天元六年（九八三）を最後に男踏歌は中止されてしまいますが、後世「千秋万歳《せんしゅうばんざい》」のような門付芸《かどづけげい》として継承されたと『世諺問答《せいげんもんどう》』に記されています。

上：内宴（『年中行事図屏風』***）
下：内宴・綾綺殿の楽屋（『年中行事絵巻』*）

踏歌節会（『年中行事絵巻』*）

妓女《ぎじょ》

宮廷で歌舞音曲を担当したのは治部省《じぶしょう》所管の雅楽寮《うたまいのつかさ》。神事や仏事、大饗《だいきょう》や節会《せちえ》など、さまざまな儀式で雅楽を演奏するのが主任務でした。

その雅楽寮に置かれた「内《ない》教坊《きょうぼう》」は、女子に女楽《じょがく》・踏歌《とうか》を教育する役所です。渤海使《ぼっかいし》など海外使節の接待宴など、多くの場面で妓女たちが活躍しましたが、年中行事として表舞台に立つ代表的な機会は、正月七日の「白馬節会《あおうまのせちえ》」、十六日の「女《おんな》踏歌《どうか》」そして「内宴《ないえん》」でした。

内教坊の職員は長官「別当《べっとう》」、「預《あずかり》」「舞師《まいし》」と「妓女」（舞妓）から成り立ちます。別当は大・中納言の中で音楽に精通した者が任ぜられ、非常に名誉ある職とされたようです。「預」は女性が任じられ、「舞師」は以前舞姫を務めた者の中から選ばれました。

内宴で舞う内教坊妓女
（『年中行事絵巻』*）

○踏歌
『内裏式』

「十六日踏歌式。早旦天皇御豊楽殿賜宴次侍従以上〈有蕃客者、侍従及六位以下皆召〉、供設・儀式一同元日会〈内膳服色亦同〉。」

『西宮記』

「十六日女踏歌。蔵人催舞妓供奉女房司等、同元日儀、坊家外妓女、内裏及内蔵人、自内蔵寮給餝物。被催内后東宮蔵人等勤仕、坊家奏請餝物、有外任奏者、内弁付蔵人奏之。」

『吏部王記』

「延長七年（九二九）正月十四日。踏歌人装。垂纓冠麴塵闕腋袍白下襲。著深沓。持白杖。以著立加列。前官権脱劒振靴。高巾子著綿。」

○妓女
『延喜式』（雅楽）
「凡諸節会日。省輔丞録各一人。将寮属以上及雑楽歌人。歌女等。候閤門外〈若非節会御在所奏楽者。省亦預之〉。行幸之所。属已上率雅楽人祗候。」
『続日本後紀』
「承和十一年（八四四）正月庚子〈十七〉。天皇内宴於仁寿殿。公卿及知文士五六人陪焉。同賦上春詞之題。別有勅。令三品基貞親王預宴。日暮賜禄有差。是日、叙内教坊妓女石川朝臣色子従五位下。」

舞楽《ぶがく》

西アジアからシルクロードを経由し、中国や東南アジア、朝鮮半島の楽曲を加えることによって成立した歌舞が「舞楽」。大きく分けて大陸伝来の「唐楽《とうがく》」と「高麗楽《こまがく》」、日本上代歌謡《じょうだいかよう》「国風歌舞《くにぶりのうたまい》」に分類されます。舞人たちは「唐楽」は赤系統、「高麗楽」は青系統、「国風歌舞」は青摺《あおずり》のように、演目それぞれの装束を着用しました。

左方の舞《さほうのまい》

太平楽《たいへいらく》

項羽《こうう》の家来が漢《かん》の高祖《こうそ》劉邦《りゅうほう》を殺害しようとしたとき、それを察した項羽の親戚たちが舞いながら劉邦を守った情景を描いているとされます。

太平楽

迦陵頻

迦陵頻《かりょうびん》

極楽浄土で霊鳥・迦陵頻伽《かりょうびんが》が、天竺《てんじく》の祇園精舎《ぎおんしょうじゃ》供養の日に舞い遊んだ姿を妙音天《みょうおんてん》が楽舞に仕立て、阿難尊者《あなんそんじゃ》に伝えたという伝説がある舞。右方舞の「胡蝶《こちょう》」と番舞《つがいまい》とされる童舞《わらわまい》です。

万歳楽《まんざいらく》

四人で舞う左方平舞《ひらまい》の代表的舞楽。由来は唐《とう》の賢帝《けんてい》の治世に鳳凰《ほうおう》が鳴いた声を模した、則天武后《そくてんぶこう》の飼っていた鸚鵡《おうむ》の鳴き声を曲にしたなど諸説あります。番舞《つがいまい》は右方舞の「延喜楽《えんぎらく》」。

万歳楽

蘭陵王

陵王裲襠 雲に龍丸模様＊＊＊

蘭陵王《らんりょうおう》

古代中国、斉《せい》の王「蘭陵王長恭《ちょうきょう》」は優しい美青年であったため、戦場での威《い》令《れい》が届かなかったので、恐ろしい龍の仮面をかぶって指揮を執り、大勝しました。その勇ましい姿を舞曲にしたものとされます。

右方の舞《うほうのまい》

狛桙

狛桙《こまぼこ》

古代、高麗《こま》から渡来する船では五色に彩られた棹《さお》を用いていたと言われ、それを象《かたど》った桙《ほこ》を持ち、舞にも船を操作する所作があります。

胡蝶

胡蝶《こちょう》

延喜六年（九〇六）頃、宇《う》多《だ》上皇の「童相撲御覧《わらわずまいぎょうらん》」の際に作られた、あるいは藤原忠《ただ》房《ふさ》が「前栽合《せんざいあわせ》」に際して作曲したとも言われます。右手に山吹《やまぶき》の小枝を持ち、胡蝶の飛び交う様子を描く童舞《わらわまい》です。

延喜楽

延喜楽《えんぎらく》

延喜八年（九〇八）に藤原忠房《ただふさ》によって作曲され、敦実《あつみ》親王によって作舞されたと伝えられます。祝宴の際、「万歳楽《まんざいらく》」のあとで演じられます。

納曽利

納曽利《なそり》

雌雄の龍が戯れながら天に昇る姿を舞にしたといわれ、相撲《すまい》や競馬《くらべうま》で右方が勝利した際に祝儀として舞われました。番舞《つがいまい》は左方舞の「蘭陵王《らんりょうおう》」です。

納曾利裲襠 萌葱地桐唐草に鳳凰丸模様***

（舞の図版はすべて『舞楽楽器之図』***）

柳・桜・松・楓が植栽された蹴鞠の懸（『弱竹物語』*）

蹴鞠《けまり》

『日本書紀』では皇極天皇三年（六四四）正月、法興《ほうこう》寺《じ》で行われた「打鞠」の時に中大兄皇子《なかのおおえのおうじ》（天智《てんち》天皇）の靴が脱げ、中臣鎌子《なかとみのかまこ》（藤原鎌足《かまたり》）がこれを拾って捧げる場面が二人の出会いとします。これが日本の蹴鞠の始まりともされますが「打鞠」は「打毬《だきゅう》」（211ページ）のこととともされ不明です。『吏部王記《りほうおうき》』には天慶六年（九四三）五月に京中の鞠上手二十余人を宮中に召し、烏帽子《えぼし》姿で温明殿《うんめいでん》南で蹴鞠会を開いたとあり、『村上天皇御記《むらかみてんのうぎょき》』の応和二年（九六二）四月には内裏《だいり》・仁寿殿《じじゅうでん》で貴族たちが蹴鞠をしたとあります。

こうして貴族社会で蹴鞠は好まれるようになり、『枕草子』では「さまあしけれど、鞠もをかし」とされています。『源氏物語』でも蹴鞠は幾度か登場します。

蹴鞠は攻撃的に蹴り合うのではなく、アシストとリフティングの数を競うスポーツ。「懸《かかり》」（コート）の四隅には樹勢の異なる柳・桜・松・楓《かえで》が植栽され、その枝に掛かって千変万化《せんぺんばんか》に落ちてくる鞠を蹴ることも妙味《みょうみ》とされたようです。「鞠聖《きくせい》」と仰がれた平安後期の藤原成通《なりみち》は二千日間休まず蹴鞠をし続け、清水《きよみず》の舞台の高欄《こうらん》の上をリフティングしたまま二往復したと日記に書き残し、その名人ぶりで知られました。

また江戸時代まで衣冠《いかん》や直衣《のうし》、狩衣《かりぎぬ》姿のまま蹴鞠を楽しんだことが『達幸故実鈔《たっこうこじつしょう》』などから見て取れます。

鹿革表面に鉛白を塗った中空の鞠

『村上天皇御記』
「応和二年（九六二）四月廿八日。御仁寿殿。侍臣蹴鞠。昌子内親王給汗巾。」

『吏部王記』
「天慶六年（九四三）五月廿九日。是日。禁中有蹴鞠事。召京中堪者廿余人。著烏帽子供温明殿南。上望者之云々。」

『小右記』
「天元五年（九八二）正月十二日（中略）今日有蹴鞠之興。」
「寛和元年（九八五）正月卅日（中略）参院、令仰御膳・破子事等。於御前終日蹴鞠、秉燭罷出。」

『達幸故実鈔』
「院御鞠日装束事。治承三三五。（中略）但鞠式成通作云。老人可着帷重云々。然而於直衣冠者。何様可候哉。公卿者常事候歟。侍臣其憚可候歟。至蹴鞠会者。何事候哉。」

打毬《だきゅう》

毬を打毬杖《だきゅうづえ》ですくい取り、自陣の「毬門《きゅうもん》」に早く入れた方を勝ちとする、ポロ競技のような「打毬」は西域由来で、弘仁十三年（八二二）正月には豊楽《ぶらく》殿《でん》で五位以上の者と蕃客《ばんかく》（外国使節）が踏歌《とうか》を奏し、渤海《ぼっかい》国の使者・王文矩《おうぶんく》などが打毬をしたと『日本後紀《にほんこうき》』にあります。

また『続日本後紀《しょくにほんこうき》』承和元年（八三四）五月には四衛府《しえふ》の官人が種々の「馬芸《ばげい》」と「打毬」を披露したと記されています。『西宮記《さいきゅうき》』には競技の詳細が記され、そこでは木工寮《こだくみのつかさ》の官人が「球門」を立て、「打球者」四十人（左右近衛《さうこのえ》の官人各十五人、左右兵衛《さうひょうえ》の官人各十人）が出場し、大臣の投球から二番の勝負をします。打球者の装束が「唐人《とうじん》の如し」とあるように、中国風のスポーツであることが強調されたのでしょう。

騎馬打毬（『大宋屏風』＊＊＊）

上：毬打

下：振振毬打

（ともに『月次風俗図屏風』＊＊＊）

毬打《ぎっちょう》・振振《ぶりぶり》

「打毬《だきゅう》」を徒歩《とほ》で行うようになったものが「毬打」とされ、湾曲したゲートボールのスティックのような形状の杖《つえ》で木製の毬を打ち合う競技です。『年中行事絵巻《ねんじゅうぎょうじえまき》』や『鳥獣人《ちょうじゅうじん》物戯画《ぶつぎが》』にダイナミックな競技の様子が描かれています。

宮中でも行われ、正月には使用済みの毬打の杖を焚《た》き上げる「三毬打《さぎちょう》」の行事があり、これが松飾りを焚き上げる「左義《さぎ》長《ちょう》」の語源ともなりました。

やがて室町時代になるとスティックではなく、木槌《きづち》の頭に紐を付け、ぶんぶん振り回して木球《もっきゅう》を打ち合う過激な「ぶりぶり毬打」と、優美な「羽根突《はねつき》」に分化します。さらに江戸時代、「ぶりぶり」の道具や「胡鬼板《こきいた》」（羽子板《はごいた》）は正月の飾り物に変化しました。

○打毬

『続日本後紀』

「承和元年（八三四）五月戊午《八》。亦御同殿。令四衛府騁尽種々馬芸及打毬之態。」

『西宮記』

「五月六日、幸武徳殿（中略）木工寮官人以丈尺、正立球門（中略）主殿打水、次将置球子。（中略）大臣投球、随則争打。（中略）衣冠如唐人。雅楽挙幡、奏楽。」

「又左右近衛府、打球之輩装束、狛巾子冠黄袍靴等、各持球杖止。」

『小右記』

「永祚元年（九八九）十二月三日（中略）楽所始事　競馬事〈付打毬〉。」

○毬打・振振

『後愚昧記』

「康安元年（一三六一）正月十八日。伝聞、仙洞・禁裏三毬打猶被焼之。」

『薩戒記』

「応永廿六年（一四一九）正月十五日（中略）被催院三毬打事。又内裏三毬打被催事。」

三毬打（『宮中儀式絵巻物』＊）

囲碁《いご》

日本における囲碁の歴史は、『懐風藻《かいふうそう》』に「弁正法師者（中略）大宝年中、遣学唐国。時遇李隆基龍潜之日、以善圍棊。」とあるのが最古のものとされます。正倉院宝物に聖武《しょうむ》天皇愛用の囲碁用具が遺されているように、囲碁は上流階級の遊戯としてはポピュラーなものでした。

『隋書《ずいしょ》』（東夷伝倭国条《とういでんわこくじょう》）に「倭人《わじん》は博打《ばくち》を好む」とありますが、当時の碁の勝負は何かしら「碁手《ごて》」を賭けるもの。『醍《だい》醐天皇御記《ごてんのうぎょき》』延喜七年（九〇七）正月、宇多《うだ》法皇が親王・大臣に囲碁を打たせ、良馬を懸《か》け物《もの》にしたとあります。

『源氏物語』（竹河《たけかわ》）では、姫君たちが碁を打って楽しむ場面が登場しますが、「桜を賭物《のりもの》にて」と、やはり賭け碁です。

庭の桜を賭けて碁を打つ姫君たち
（『源氏物語絵巻』*）

盤中央が山形にせり上がっている
弾棊盤とも考えられる木画螺鈿双六局
（正倉院宝物）

弾棊《だんぎ》

『源氏物語』（須磨《すま》）には、旅先での遊具として碁盤《ごばん》・双六盤《すごろくばん》、そして「弾棊の具《ぐ》」が登場します。「いしはじき」とも呼ばれる遊戯で、現在の「おはじき」のようなものと考えられます。

遊戯法としては『後漢書《ごかんじょ》』や『宋書《そうじょ》』によれば、盤に対座して、盤の両側に六～八個の石を並べて弾き、相手の石に当たればその石を取って、石をすべて取れば勝ちとするようですが、詳細はよくわかっていません。

『葉黄記《ようこうき》』の寛元四年（一二四六）の記事に「弾碁局《だんぎのきょく》」とあることから、鎌倉時代まで宮中に弾棊専用の盤があったようですが、『徒然草《つれづれぐさ》』では碁盤を使った石弾きの方法が語られていますので、一般には碁盤と碁石で代用するようになったのでしょう。

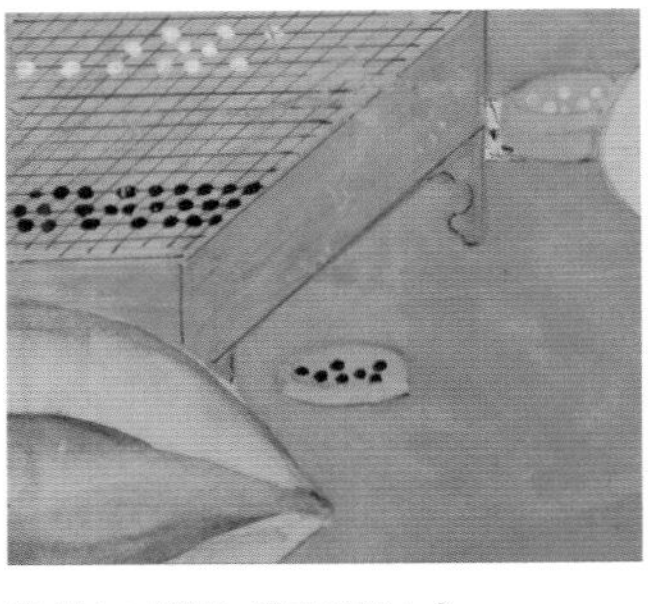

脚付きの碁盤（『病草紙』*）

○囲碁

『隋書』（東夷伝倭国条）
「毎至正月一日、必射戯飲酒、其余節与華同。好棊博、握槊、樗蒲之戯。」

『九暦』
「承平五年（九三五）九月七日、己亥。（中略）此間有囲碁興、右金吾府碁手如例。」

『吏部王記』
「承平四年十二月十一日。有参神祇官小忌殿。進畳畢。共進座。召碁局。使源国淵朝臣源朝臣衆望囲碁。中納言仰諸銭兼盛居。」
「承平六年九月五日。引信乃馬。（中略）立碁局二具。王公就彼府陣著隠座。羞各一折敷。右衛門府進碁手銭十貫。常陸太守親王与右衛門督清蔭朝臣囲碁一局。賭以今日所賜駒。」

○弾棊

『後漢書』（梁冀伝）
「冀字伯卓。（中略）性嗜酒、能挽満弾碁〈挽満猶引強也。芸経曰、弾棊両人対局、白黒棊各六枚。先列棊相当更先弾也。其局以石為之〉。」

『和泉式部集』
「たびにたつ人のもとより、たぎのばむといひし物のありし、たまへといひたれど」

『長秋記』
「天承元年（一一三一）四月八日甲戌。御灌仏也。（中略）蔵人女房布施三蓋碁局、単騎盤、日記、唐櫃上等。」

双六《すごろく》

囲碁と較べて庶民的で、上下すべての人々に愛されたのが双六。古代エジプト発祥ともいわれ、白と黒の駒《こま》を賽《さい》の目で進め、すべての駒を自陣に入れれば勝ちというゲームです。

賭け事に用いられたようで、文献初出の『日本書紀』に「持統天皇三年（六八九）十二月丙辰、禁断双六」とあり、人々が過剰に熱中したようです。『枕草子』には一日中双六をして夜中に及ぶ男の描写があり、『源氏物語』（常夏《とこなつ》）では近江《おうみ》の君が双六に入れ込む様子が、批判的に描かれています。

双六は上流階級にも愛されたものの、戦略性よりも偶然性に左右される要素が強いため、あまり品の良い遊びとは思われていなかったようです。

竹菱葵紋散蒔絵双六盤＊＊＊

攤打《だうち》

出した賽の目で勝負を決める攤打

双六は時間が掛かる遊戯ですが、賽《さい》を使ってより安直に勝負を決することができるゲームが「攤打」（「擲賽《てきさい》」とも）です。庚申《こうしん》の夜・産養《うぶやしない》・移徙《いと》（転居）など、時間をもてあますような際に特に楽しまれたこの遊戯は、後年の賽子賭博《さいころとばく》を思わせるようなものでした。

『西宮記《さいきゅうき》』によれば、半畳一枚に大きな賽子と筒、そして「碁手《ごて》」（懸《か》け物《もの》）の銭と菓子を置き、一番大きな目を出した者が勝ちとあります。『新儀式《しんぎしき》』記載の仁寿四年（八五四）の移徙では、擲采《てきさい》（擲賽）の「碁手」として「延喜銭卅鋌」が用意されたとあります。やがて碁手銭《ごてぜに》禁止令が幾度か出され、銭ではなく紙が懸け物になります。『小右記《しょうゆうき》』には寛弘五年（一〇〇八）の敦成《あつひら》親王・七夜《しちや》産養で「其後打攤、内蔵寮進攤紙」とあります。

古代中国の攤打は銭を打ちつけたといわれる唐の銭貨「開元通宝」

○双六

『延喜式』（弾正式）

「凡双六者。無論高下、一切禁断。」

『小右記』

「長保五年（一〇〇三）八月二日。双六采入二内親王鼻内、僧都慶円加持、出事〈給御衣・度者〉。」

『栄花物語』（たまのむらぎく）

「さるは大殿なども、明暮の御碁・双六がたきにおぼし、憎からぬ様にもてなしきこえさせ給に」

○攤打

『西宮記』

「御庚申。出御〈御座前置半畳一枚、其辺立小燈台、又以大簺并筒、置半畳、可依召〉、王卿依召参候〈候孫庇〉、置御料銭供御菓子。有仰有集攤〈打高簺者候御前。最後打高目者取銭。打破時又始打之〉。歌遊倭歌〈無定事〉、或有作文。」

『小右記』

「正暦三年（九九二）十一月廿七日、丙辰。晩景参内。中宮亥刻遷給新宮。（中略）於西対有公卿・殿上人饗饌。摂政出居。数杯之後、打攤、以紙為贈物。」

「寛弘五年（一〇〇八）九月十七日（中略）其後打攤、内蔵寮進攤紙。」

物合《ものあわせ》

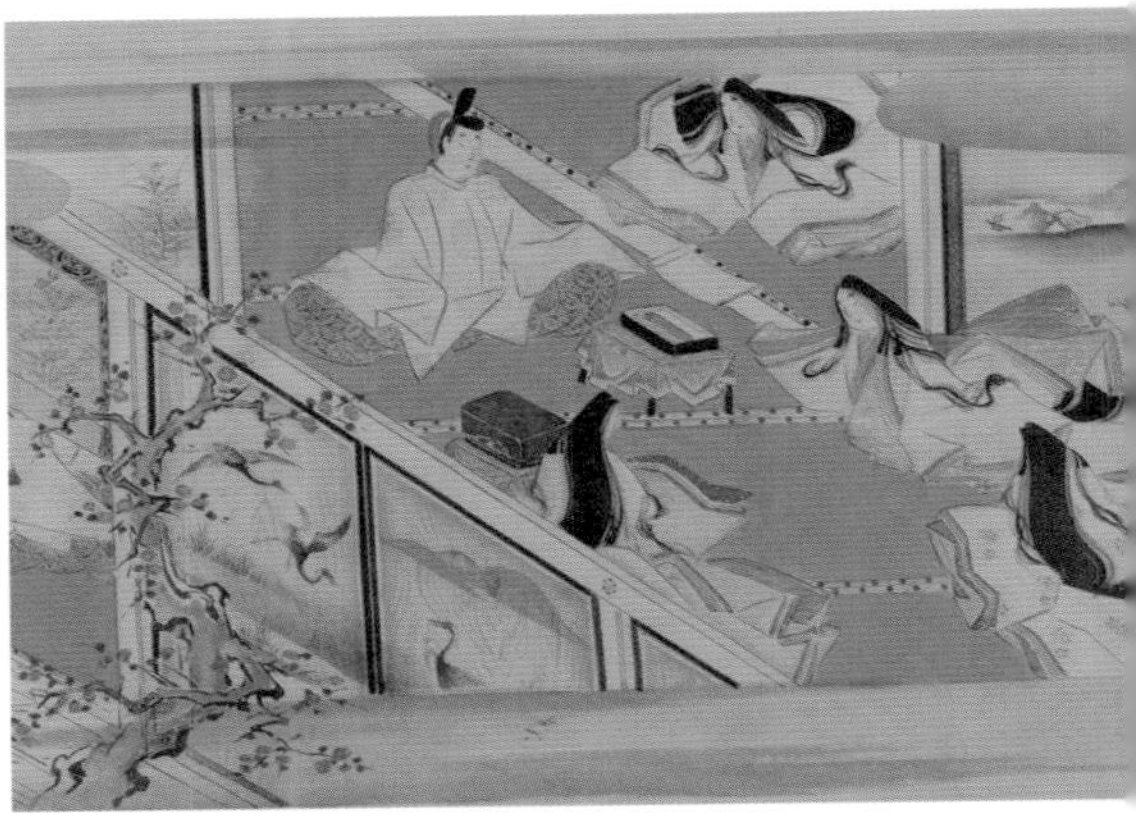

絵合（『源氏物語絵巻』（伝海北友雪筆・
メトロポリタン美術館蔵）

左方・右方に分かれて、さまざまな文物の優劣を競う遊戯が「物合」。『源氏物語』で有名な「薫物合《たきものあわせ》」「絵合《えあわせ》」を始め、「鳥《とり》合《あわせ》」「虫合《むしあわせ》」、小庭の風情を競う「前栽合《せんざいあわせ》」、花の美しさを競う「菊合《きくあわせ》」、扇面の優美さを競う「扇合《おうぎあわせ》」など、身の回りのありとあらゆるものが勝負の対象となりました。

判者《はんじゃ》（審判）が勝敗を決しないことがあったり、品々に関わる和歌を詠み合うなど「歌合《うたあわせ》」を兼ねた優雅な会も多かったようですが、『枕草子』の「うれしきもの」には「物合、なにくれと挑むことに勝ちたる、いかでかうれしからざらん」とあり、勝負は勝負として真剣に楽しんだのでしょう。平安時代、何かにつけて楽しまれたのが、物合だったのです。

貝覆《かいおおい》

源氏絵彩色貝桶＊＊＊

物合《ものあわせ》の「貝合《かいあわせ》」は珍しい貝のコレクション比べでした。「貝覆」はこれと異なり、二枚の貝を合わせる神経衰弱ゲームです。平安後期頃の『とりかへばや物語』には子どもの遊びとして「絵かき、雛遊び、貝おほひなどし給」とありますが、西行法師《さいぎょうほうし》の『山家集《さんかしゅう》』には「二見《ふたみ》の浦の蛤《はまぐり》を　貝合とておほふなりけり」とあって、平安末期には「貝合」が神経衰弱の「貝覆」の意味に使われていたようです。『徒然草《つれづれぐさ》』には「貝を覆ふ人」の必勝法が一種の人生訓として語られています。

なお鎌倉初期の『たまきはる』には「貝桶《かいおけ》ども三ばかり、碁盤《ごばん》、双六盤《すごろくばん》などのそば蒔《ま》き」とあり、碁盤・双六盤とともに貝覆の貝を収納する「貝桶」が貴族階級の遊び道具の代表格になっていることがわかります。

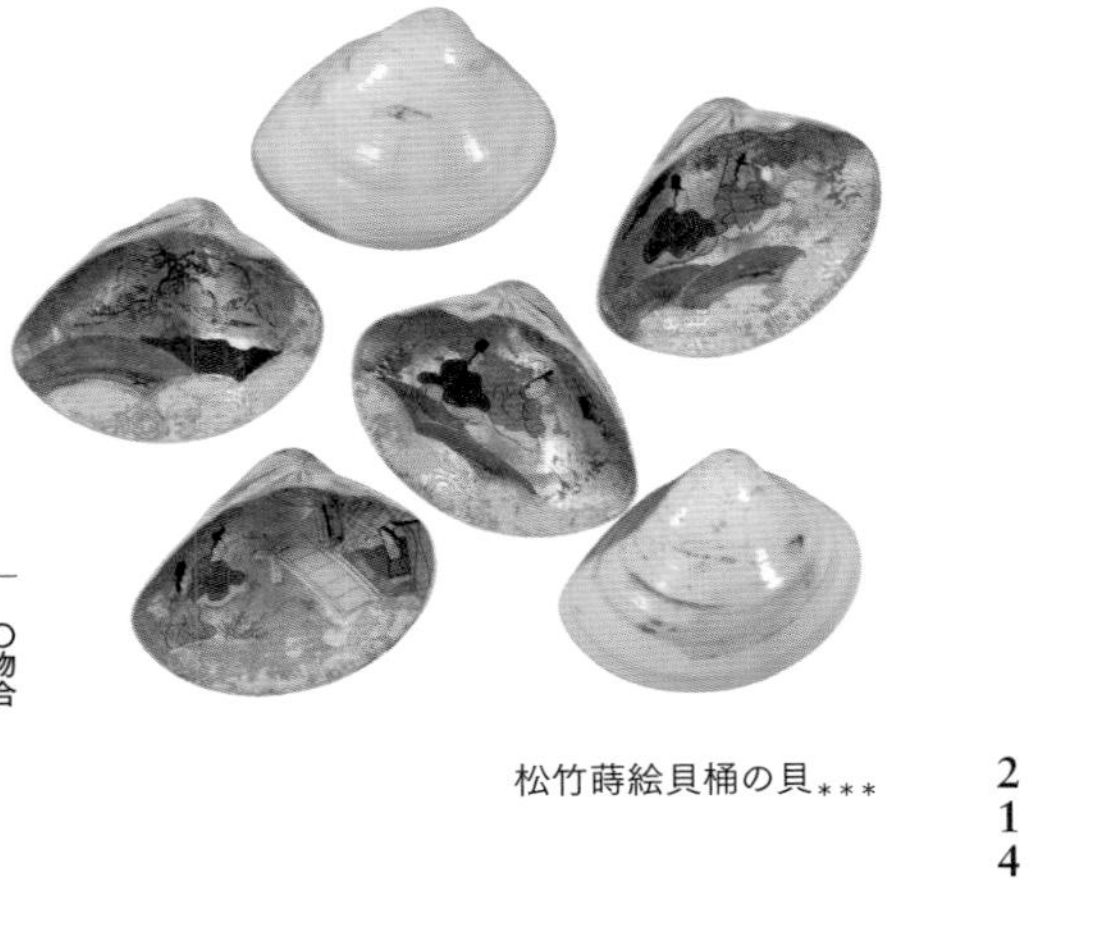

松竹蒔絵貝桶の貝＊＊＊

○物合

『**扶桑略記**』

「延喜元年（九〇一）八月廿五日、有前栽合。」

『**栄花物語**』（**暮まつほし**）

「中宮には、前栽合・菊合などせさせ給て、おかしき事多かり。」

『**たまきはる**』

「中将光能が鳥合はせられたるに、二ながらすべて声もせず。」

『**中右記**』

「寛治三年（一〇八九）八月廿三日、大后於宇治有女房扇合。」

○貝覆

『**とりかへばや物語**』

「絵かき、雛遊び、貝おほひなどし給を」

『**玉葉**』

「養和二年（一一八二）二月十八日（中略）平日殊令好貝覆之戯給。」

『**源平盛衰記**』（**行綱仲言事**）

「君達会合して貝覆の御勝負也と云ければ」

『**たまきはる**』

「折々につけて貝覆い・石な取り・碁・乱碁・双六、御所にも大ばん所にも、上臈のさぶらふ二間にも、たゞ遊びたはぶれにて、大人も若きも明かし暮らす。」

「偏つき」はどのような遊戯であったのだろうか（井筒グループ蔵）

偏《へん》つき

『源氏物語』（葵《あおい》）や『枕草子』、『栄花物語《えいがものがたり》』で、退屈しのぎに行われる遊戯として「偏つき」が登場します。『増鏡《ますかがみ》』では幼い子どもたちも楽しんでいますので、そう難しいものではなかったようですが、「へんつき」の意味が「偏突き」なのか「偏継ぎ」なのかも明らかではなく、ルールも諸説あってよくわかっていません。

後世さまざまに推測され、（一）漢字の旁《つくり》を隠して文字を当てる、（二）ある偏の付く漢字を次々と答え、その数を競う、（三）ある旁に偏を付けて訓《よ》みを答えるなどといくつかの説がありますが、いずれにせよ漢字の基礎教養が必要とされる遊戯。貴族階級ならではの遊びと言えるでしょう。子どもたちの漢字学習の一環という意味があったのかも知れません。

なぞなぞ

物合《ものあわせ》の一種で、左右に分かれて「謎」を出題し、解答し合う遊戯でした。『枕草子』には「なぞなぞ合《あわせ》しける、方人《かたうど》にはあらで、さやうのことにりやうりやうじかりけるが」とあり、また『徒然草《つれづれぐさ》』には「大覚寺殿《だいかくじどの》にて近習《きんじゅう》の人ども、なぞなぞを作りて解《と》かれける処《ところ》へ」と、古くから「なぞなぞ」と呼ばれていたことがわかります。

永正十三年（一五一六）、経済的に衰微を極めていた後《ご》奈《な》良天皇は自らお金のかからない「なぞなぞ集」である『後《ご》奈《な》良院御撰名曽《いんぎょせんなぞ》』を作りました。

例えば謎「十里の道を今朝《けさ》かへる」、答えは「にごり酒」。十＝二×五＋里＝にごり、今朝が返って「さけ」、というのです。『後奈良院御撰名曽』には、こうした愉快な謎が一七二題、記されています。

○偏つき

『枕草子』
「雨いみじう降りてつれづれなるに（中略）さしつどひて扁をぞつく。」

『源氏物語』（葵）
「つれづれなるままに、ただこなたにて碁打ち、偏つぎなどしつつ、日を暮らしたまふに」

『栄花物語』（もとのしづく）
「見奉る人々、はかなき御碁・双六・偏つがせ給など、もろともにせさせ給ふ程の御仲らひ、つくり合せたるやうにめでたし。」

『栄花物語』（月の宴）
「つれづれにおぼさるゝ日などは、御前に召し出でゝ、碁・双六うたせ、偏をつがせ、いしなどりをせさせて」

『増鏡』（烟の末々）
「御門、まして幼くおはしませば（中略）女房の中にまじりつつ、乱碁・貝おほひ・手まり・へんつきなどやうの事どもを、思ひ思ひにしつつ」

○なぞなぞ

『蜻蛉日記』
「こはなぞなぞ、といへどいらへもせで。」

『実方集』（類従本）
「小一条殿の人々なぞなぞ物がたりす。勝たず負けずの花の上の露といひけるにすまひ草あはする人のなければや。」

『拾遺和歌集』（曾禰好忠）
「なぞなぞものがたりしける所に、わが事はえもいはしろの結松千年をふとも誰かとくべき」

『徒然草』
「ふたつ文字、牛の角文字直ぐな文字、歪み文字とぞ君は覚ゆる。恋しく思ひ参らせ給ふとなり。」

『小野宮右衛門督君達歌合』
「をの宮の右衛門のかみのきむだちの物がたりより出できたりけるなそあはせ」

右：鷹飼と犬飼（『鷹狩図』（住吉広尚筆）***）
左上：愛鷹をめでる藤原俊盛（『春日権現験記』*）
左下：大臣大饗の鷹飼と犬飼（『年中行事絵巻』*）

鷹狩《たかがり》

飼いならした鷹を放って雉《きじ》や兎《うさぎ》などを狩猟する「鷹狩」は中央アジア起源とも言われ、日本でも埴輪《はにわ》に鷹匠《たかじょう》が見られるように古代から好まれました。平安京を開いた桓武《かんむ》天皇は鷹狩を好み、延暦年間に幾度も鷹狩に出かけたことが『日本後紀《にほんこうき》』に記され、その子・嵯峨《さが》天皇は『新修鷹経《しんしゅうようきょう》』という放鷹術書《ほうようじゅつしょ》を編纂させています。

天皇の鷹狩は「野行幸《のぎょうこう》」と呼ばれ、京都近郊の紫野《むらさきの》・嵯峨野《さがの》・大原野《おおはらの》が主な目的地でした。華やかなイベントという側面もあり、『源氏物語』（行幸《みゆき》）にその盛儀の様子が描かれています。

鷹狩には秋の「小鷹狩《こたかがり》」と冬の「大鷹狩《おおたかがり》」があり、前者はハイタカ（鷂）を使って鶉《うずら》・雀《すずめ》などの小鳥を獲り、後者はオオタカ（大鷹）を用いて鶴・雁《かり》・鴨《かも》などの大鳥や兎を獲る狩猟でした。参加者たちはその名のとおり「狩衣《かりぎぬ》」を着るイメージですが、それは秋の「小鷹狩」のときで、「大鷹狩」では水干《すいかん》を着ると『古事談《こじだん》』にあります。

鷂飼《はいたかがい》・鷹飼の装束について『西宮記《さいきゅうき》』では「大鷹の鷹飼は地摺《じずり》の狩衣を着、鷂飼は青摺白橡《あおずりしろつるばみ》の袍《ほう》を着る」と区別されています。天長二年（八二五）二月、諸衛府《えふ》の鷹飼官人は野行幸に供奉《ぐぶ》するときに「摺衣《すりごろも》」を着用することが許されたと『政事要略《せいじようりゃく》』に記されています。そして鷹飼や犬飼は「錦帽子《にしきぼうし》」と呼ばれる風変わりな頭巾《ずきん》を被ることも特徴的でした。

ハイタカ（学名：*Accipiter nisus*）（『蘭山禽譜』*）

『日本後紀』
「延暦十一年（七九二）二月癸卯《十八》。遊猟于大原野。延暦十二年九月癸未《七》。遊猟于大原野。延暦十三年十二月丙辰《十七》。遊猟於大原野。」

『吏部王記』
「延長六年（九二八）十二月五日。大原野行幸。卯初上御輿。（中略）自桂路入野口。鷹飼到此持鷹。員外鷹飼祗候。武官著青摺衣者四人。摺衣徒伺所扈従也。」

『西宮記』
「北野行幸（中略）其鷹飼王卿、大鷹々飼者、着地摺猟衣綺袴玉帯。鷂々飼者、青摺白橡袍綺袴玉帯巻纓、皆有下襲、其帯剣之者有尻鞘。（中略）四位已下鷹飼、着帽子臂鷹、令牽犬。」

『古事談』
「知足院殿仰せて云はく、『我れ若少たりし時、小鷹狩の料に水干装束を申ししかば、大殿仰せて云はく、小鷹狩には水干装束を着せざる事なり。萩の狩衣に女郎花の生衣など脱ぎ垂れて、袴は随身の水干袴を取りてきて、疲駄に騎りて狩るなり。大鷹狩にこそ括水干、末濃袴などをば着すれ』。」

『賀茂競馬図屛風』（メトロポリタン美術館蔵）

競馬《くらべうま》

宮中行事としての競馬は『続日本紀《しょくにほんぎ》』大宝元年（七〇一）五月五日の「令群臣五位已上出走馬《はしりうま》。天皇臨観焉」が初出ですが、『日本後紀《にほんこうき》』天長四年（八二七）十月に「御紫《し》宸殿《しんでん》。右衛府寮献走馬輸物」とあるあたりから固定化されます。清涼殿《せいりょうでん》の「年中行事障子《ねんじゅうぎょうじのしょうじ》」には「五月六日。競馬事」とあり、左右《さう》の馬寮《めりょう》が馬を出し、左右の近衛府《このえふ》から騎手が選ばれて武徳殿《ぶとくでん》（馬場殿《うまばどの》）で左右対決をしました。『宇多天皇御記《うだてんのうぎょき》』寛平二年（八九〇）五月六日の記事には、「競馳《きょうち》」が行われた記録があります。

こうした宮中の年中行事以外に、離宮や貴族の邸宅、神社の境内《けいだい》などに走馬《はしりうま》の「埒《らち》」を設け、臨時の競馬が行われることもよくありました。万寿元年（一〇二四）、関白・藤原頼通《よりみち》の邸宅・高陽院《かやのいん》で催された「駒競《こまくらべ》」に、後一条《ごいちじょう》天皇と東宮が行幸啓《ぎょうこうけい》した様子は『駒競行幸絵巻《こまくらべぎょうこうえまき》』に華やかに描かれています。

賀茂社《かものやしろ》の競馬は堀河《ほりかわ》天皇の熱心な後援により盛んになり、朝廷の儀式が衰微すると賀茂競馬がこれに代わるようになりました。『古事談《こじだん》』に「堀川院の御時、殿上人の競馬には、左は打毬《だきゅう》の装束、右は狛桙《こまぼこ》の装束（209ページ）を召してきせられけり」とありますが、これは『西宮記《さいきゅうき》』にある宮中競馬の「鎧裲襠《よろいりょうとう》・錦袴《にしきばかま》・手纏《たまき》」という華やかな装束を範としたものでしょう。

『**延喜式**』（**馬式**）
「五月六日競馬并騎射式。右当日早朝鞍細馬十疋。雖有駿馬。不載駒牽奏文莫預此列。車駕幸武徳殿。登時寮馬以御馬名簿進於御監則伝奏。寮官率近衛十人。令騎細馬。」

『**扶桑略記**』

「康保二年（九六五）四月廿四日、行幸朱雀院。有競馬。」

「寛和三年（九八七）六月廿九日庚申、摂政并左大臣以下群卿参賀茂社競馬。依賽祈雨之感応也。」

「長和二年（一〇一三）九月十六日乙巳、行幸関白左大臣（道長）土御門第、有競馬、息子家司等被賞。」


『**小右記**』

「寛和元年四月廿七日（中略）於右近馬場有競馬事云々。」

「正暦四年（九九三）五月十二日（中略）明日関白於右近馬場可有競馬事之由、兼有其儲、而依左府病停止事。」

「永祚元年（九八九）四月廿八日（中略）今日競馬事。（中略）丞相以下諸大夫以上皆負方設饗。」


『**御堂関白記**』

「寛仁元年（一〇一七）九月廿日、乙卯。公成朝臣為勅使来云、石清水可有競馬者、仍給左右寮馬各一疋者、是皆一足、左尾白・右古比千、感悦余身。」

香道具・四種盤の「競馬香」

騎射《うまゆみ》

武技の中で最重視されたのが、騎乗して疾走しつつ的に向かって矢を射る「騎射」でした。『延喜式《えんぎしき》』（近衛式）には、近衛舎人《このえのとねり》の採用試験として、まず弓馬に優れた者を選んで騎射をさせ、皆中《かいちゅう》の者を及第《きゅうだい》とし、次に歩射《ほしゃ》十箭《じゅっせん》のうち四《よん》箭《しゃ》以上当たれば及第とあります。兵衛府《ひょうえふ》も同じ内容の試験で、この技がいかに大切にされていたかがわかります。

五月五日の端午節会《たんごのせちえ》では武技を競う行事が数多く開催されましたが、最も華やかで注目されたのが騎射で、『日本書紀《ぎ》』皇極天皇元年（六四二）五月五日の「令観射猟」、『続日本《しょくにほん》紀《ぎ》』神亀元年（七二四）五月五日の「天皇御重閣中門。観猟騎」などを発祥とします。

後世の「流鏑馬《やぶさめ》」に繋がる、見た目も勇壮で面白い競技として大勢の見物人が集まりました。（近衛式）では、的《まと》を立てる近衛官人は「容貌端正」者九人を用いるとあって、「見せる」場であったことがわかります。

左近衛府《さこのえふ》の官人は五月三日に「荒手結《あらてつがい》」（予行演習）、五日が「真手結《まてつがい》」（本番）。右近衛府《うこのえふ》の官人は五月四日に「荒手結」、六日が「真手結」でした。真手結では一的に当たるごとに布一端を賜ると『延喜式』（大蔵式）にあります。

競馬《くらべうま》と同じように上皇の院、貴族の邸宅などでも開催されました。しかし観客が白熱しすぎたようで、貞観七年（八六五）六月に京畿七道《きょうきしちどう》の諸人が「御霊会《ごりょうえ》」にこと寄せて競馬・騎射などを行うことが禁じられています。

上：右近騎射
中：騎射の射手
（ともに『年中行事絵巻』＊）
下：騎射の鍛錬をする地方武士
（『男衾三郎絵巻』（模本）＊＊＊）

『日本後紀』
「延暦十四年（七九五）五月辛未《五》。御馬埒殿、観騎射。」

『延喜式』（太政式）
「凡五月五日。天皇観騎射并走馬。弁及史等検校諸事。所司設御座於武徳殿。是日内外群官皆着菖蒲鬘。諸司各供其職〈事見儀式〉。」

『延喜式』（近衛式）
「凡五月六日騎射官人近衛惣十人〈六人五寸的・四人六寸的〉。並著深緑布衫・錦甲形・白布帯・横刀・弓箭・行縢・麻鞋。其交名当府判官立殿前奏之。訖供雑戯〈兵衛准此〉。」

『扶桑略記』
「元慶七年（八八三）五日庚午、天皇御武徳殿、覧四府騎射、渤海客徒観之。賜親王公卿続命縷。勅賜唐客大使已下録事已上続命縷、品官已下菖蒲蔓。」

『続日本紀』
「文武二年（六九八）三月辛巳《廿一》。禁山背国賀茂祭日、会衆騎射。」

『次将装束抄』
「馬場騎射〈左近五月三日荒手結、五日真手結。右近四日荒手結、六日真手結〉。」

賭弓《のりゆみ》

平安時代、宮中において公卿や武官たちの弓技大会が年間幾度も開催されました。正月十七日の「射礼《じゃらい》」は天皇臨席の御前《ごぜん》試合《じあい》。親王から無位の官人まで、腕に覚えのある者が選抜されます。衛府《えふ》の武官が当日欠席した場合、翌日に「射遺《いのこし》」として改めて射る機会が設けられていました。

「賭弓」は「射遺」の後に行われるもので、近衛府《このえふ》・兵衛府《ひょうえふ》がそれぞれ左右に分かれて競います。一射ごとに勝方《かちかた》には賭物《かけもの》として布を賜り、負方《まけかた》は大将《だいしょう》・督《かみ》以下が罰酒《ばっしゅ》を飲まされます。さらに勝方は大将・督の自宅での宴会「還饗《かえりあるじ》」の饗応を受けることができました。

二月か三月に開催される「殿《てん》上《じょう》の賭弓」は賭弓に準じたもので、これは地下《じげ》は参加せず、殿上人だけで行う競射です。

小弓で遊ぶ子どもたち（『慕帰絵』*）

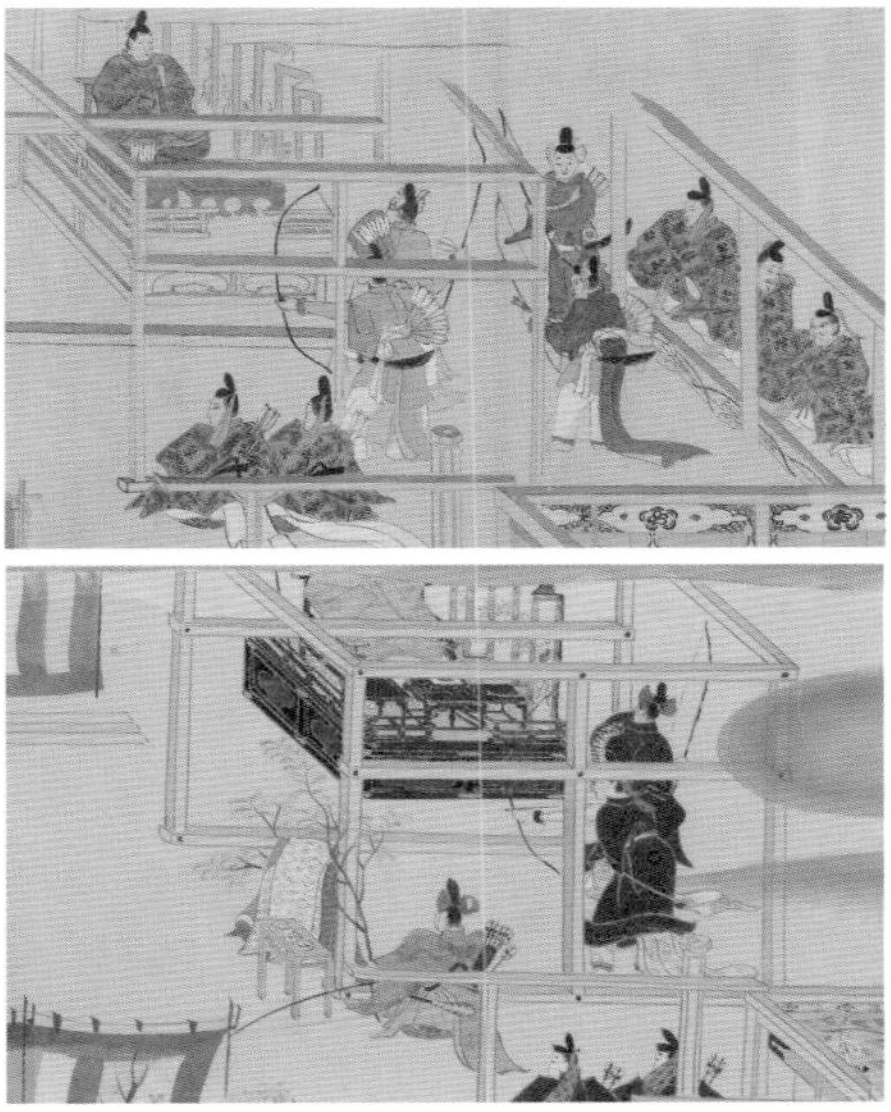

上：賭弓（『年中行事絵巻』*）
下：殿上の賭弓（『公事十二ヶ月絵巻』*）
天皇は校書殿《きょうしょでん》東庇の弓場殿《ゆばどの》に出御《しゅつぎょ》する

小弓《こゆみ》

『枕草子』に「遊びわざは小弓、碁《ご》」、『蜻蛉日記《かげろうにっき》』に「二月十五日に、院の小弓はじまりて」とあるなど、「小弓」は貴族社会の人々に大いに好まれた遊戯です。

『日本紀略《にほんきりゃく》』延長五年（九二七）四月に「於清涼殿《せいりょうでん》前令王卿射小弓。有賭物《かけもの》」とあり、宮中でも行われ、他の遊技のように賭け事でもありました。『今鏡《いまかがみ》』（浜千鳥《はまちどり》）にも「卯月《うづき》の頃、帝宮の御かたに小弓の御遊びに、殿上人方分かちて賭《か》け物《もの》などいだされ侍りける」とあります。

宮中では寝殿《しんでん》の庇《ひさし》部分で行われる記事が多くあり、弓の大きさは玩具というよりも、小型ですが本式の武具だったようです。後に小弓は四尺一寸と定められ、普通の弓（七尺五寸）より小さいもの、とされました。

○賭弓

『西宮記』

「正月十八日、賭弓。（中略）次々射〈射手有障者、上卿奏聞改替御簾中、令蔵人奏、或三度止兵衛府〉。矢取渡西〈欲射初渡、経堋前、近衛射畢、矢取帰、兵衛代渡〉。勝方府生取布〈率近衛一人、入自幔南取布、小拝、置刺籌傍（中略）勝方乱声、次舞。（中略）勝方大将奏可給禄饗由〈兵衛督為参議或設〉。」

「賭弓。（中略）近衛兵衛将督佐、縫腋袍持弓矢〈付決拾〉、射手官人位袍〈五位判官平装束糸鞋、如六位〉、射手舎人中儀、左鷲羽、右粛慎羽、箙、糸鞋、〈矢取〉黄袍、糸鞋、不着箙、」

「殿上賭弓。王卿如例、前後射手着麴塵闕腋、内宴後多着青色、前後又着位袍、（中略）近衛将帯劒、将監者不帯、」

『源氏物語』（若菜下）

「殿上の賭弓、如月にとありしを過ぎて、三月はた御忌月なれば、口惜しくと人びと思ふに、この院に、かかるまとゐあるべしと聞き伝へて、例の集ひたまふ。左右の大将、さる御仲らひにて参りたまへば、次将たちなど挑みかはして、小弓とのたまひしかど、歩弓のすぐれたる上手どもありければ、召し出でて射させたまふ。」

○小弓

『小右記』

「寛和元年（九八五）正月十日、乙卯。参内。御弘徽殿、有小弓事、兼日被取別前後方、依召参入、弘徽殿東廂有此事。前勝、三度止。」

「万寿二年（一〇二五）二月廿八日、辛巳。宰相云、今日関白於皇太后宮可有小弓・蹴鞠之興、俄有饗饌之儲。」

「長元三年（一〇三〇）四月卅日、壬子。（中略）於大極殿可有小弓・囲碁等事、頭弁引侍臣等向大極殿有小弓等興、食了乗暮景分散。」

『百錬抄』

「寛治三年（一〇八九）三月廿六日。殿上小弓合。」

律令格式《りつりょうきゃくしき》

天平宝字元年（七五七）に施行された『養老律令《ようろうりつりょう》』は、法令としては江戸時代が終わるまで形式的には効力を持ちました。「律《りつ》」は刑法、「令《りょう》」はその他の行政法にあたります。

唐《とう》の法律そのままでは無理があるため、天長十年（八三三）に公式註釈書《ちゅうしゃくしょ》『令義解《りょうのぎげ》』が作成され、その解釈は法的拘束力があるとされました。しかしそれも平安中期までには形骸化してしまうことになります。

律令を日本の現実に合致させるために作られたのが「格《きゃく》」と「式《しき》」。「格」は律令を補完・修正する勅令や太政官符《だいじょうかんふ》など、「式」は律令の施行細則です。格・式の中で、康保四年（九六七）に施行された「延喜式《えんぎしき》」は完全な形で現存し、平安中期の朝廷運営の詳細を知ることができます。

延喜式（九条家旧蔵）***

印《いん》

律令《りつりょう》国家において「印」を作ることは国家の大権でした。古代の印には現実には使用しない宝物「天子神璽《てんしのしんじ》」のほか、『養老令《ようろうりょう》』（公式令）には「天《てん》皇御璽《のうぎょじ》」と書かれた「内印《ないいん》」（方三寸）は五位以上の位記《いき》と諸国に下す公文《くもん》に捺《お》す、「太政官印《だいじょうかんいん》」と書かれた「外印《げいん》」（方二寸半）は六位以下の位記と太政官文案に捺す、「諸司印《しょしいん》」（方二寸二分）は太政官に上げる公文・案《あん》・移《い》・牒《ちょう》に捺す、「諸《しょ》国印《こくいん》」（方二寸）は京に上げる公文・案・調物《ちょうもつ》に捺す、と定められています。

官印（内印・外印）の管理は太政官の重要な任務で、公文書発給に際して官印を捺す「請印《しょういん》」の制度が定められ、主として少納言が事務管理と実際の捺印を行いました。

右上：天皇御璽（内印）
左上：太政官印（外印）
右下：冷然院印
左下：大宰府印
（すべて『集古十種』*）

古銅印（模造）

○律令格式
『日本後紀』
「天長十年（八三三）二月壬申《十五》。校読新撰令釈疑義起請。」
『延喜式』（序）
「臣忠平等言（中略）古今不同前。而立法垂規。勧誡之道夷一致。（中略）択旧儀於漢家。取捨弘仁貞観之弛張。因修永徽開元之沿革。勒成二部。名曰延喜格式。」
『延喜式』（式部式）
「諸司番上有読律令格式、維城典訓。并工書算者。省召其身試之。」

○印
『延喜式』（太政式）
「凡太政官下諸司諸国符。随事請内外印。其下頒詔書及預官社神・得度還俗・増減官員・遣駅伝使・并下駅鈴新任国司・并諸司在外国者赴任・五位以上出畿外・出納兵庫器仗（中略）廃置郡駅断罪禁制・放賎従良等類、竝請内印。余皆外印。諸省請印、下諸国符、亦各准此（民部省符・治部国分僧文・宮内采女符、皆請内印類也）。」
『西宮記』
「内印。（中略）上卿着庁、先見内文（中略）少納言覧官符召中務輔給位記筥、少納言印位記之後、輔進筥之後印官符。」

即位礼では官職に基づく配置に就く（『御即位図』＊＊＊）

位階《いかい》

律令《りつりょう》制の身分制度の根幹が「位階」で、正一位《しょういちい》から少初位《しょうしょい》下《げ》までの三十階級に分かれます。唐《とう》の令制《りょうせい》では朝廷の序列は官職の上下が基準でしたが、律令以前に氏姓制度があった日本では、位階を重視したのです。

位階制度は実力主義を目指したものでしたが、『養老令《ようろうりょう》』（選叙令）には親の位階によって子が一定の位階を自動的に授けられる「蔭位《おんい》」の制があり、家柄主義は残っていました。

五位以上は天皇が授ける「勅《ちょく》授《じゅ》」。五位になることを「叙爵《じょしゃく》」と呼び貴族階級に入ります。六・七位は天皇に奏聞《そうもん》するだけの「奏授《そうじゅ》」、八位以下は太政官《だいじょうかん》の判断だけで授ける「判授《はんじゅ》」と区別されます。

ただし平安中期以降、律令制が形骸化し、八位以下に叙される例は減少しました。

官職《かんしょく》

『養老令《ようろうりょう》』（職員令）で朝廷の官職と職務が規定されました。大別して都の朝廷に勤務する者を「京官《きょうかん》」、地方国司《こくし》を「外官《げかん》」、軍事警察の官職を「武官《ぶかん》」、その他を「文官《ぶんかん》」と呼び分けます。

同一官庁内で昇進することを「転任《てんにん》」、外官から京官、武官から文官など官庁が異なる異動を「遷任《せんにん》」、異なる官職を二つ以上掛け持つことを「兼任《けんにん》」と呼びました。

各役所には「カミ・スケ・ジョウ・サカン」という四等官《しとうかん》が置かれ、役所により字は替わりますが読みはすべて同じでした。

その後に社会の変化によって『養老令』（職員令）に定められていない官司《かんし》・官職《かんしょく》が新設され、これを「令外官《りょうげのかん》」と呼びます。たとえば検非違使《けびいし》・近衛《このえ》府《ふ》・修理職《しゅりしき》・蔵人所《くろうどどころ》、中納言《ちゅうなごん》・参議《さんぎ》などです。

○位階

『養老令』（選叙令）

「凡蔭皇親者。親王子従四位下。諸王子従五位下。」

「凡五位以上子出身者。一位嫡子従五位下、庶子正六位上。二位嫡子正六位下、庶子及三位嫡子従六位上、庶子従六位下。」

「凡内外五位以上勅授。内八位・七位以上奏授。外八位及内外初位皆官判授。」

『続日本紀』

「霊亀元年（七一五）九月庚辰。受禅。即位于大極殿。（中略）又五位已上子孫。年廿已上者、宜授蔭位。」

『貫首秘抄』

「小朝拜幷院拜礼。頭依位階列立人下。於関白家拜礼者、不論位階列非参議之上也。小朝拜非職上臈不立事。依立頭上無骨也。近来非職強不立也。於院拜礼者、必位階下臈頭列敷輩之下。」

『世俗浅深秘抄』

「中将八位階之下臈少将八上臈ナル時着座府之役時八中将為上臈。始出居時依位也。五位中将四位少将同之。」

○官職

『養老令』（選叙令）

「凡任官。大納言以上左右大弁・八省卿・五衛府督・弾正尹・大宰帥、勅任。余官奏任。主政・主帳及家令等、判任。舎人・史生・使部・伴部・帳内・資人等、式部判補。」

『公事根源』

「県召除目（中略）県召には外官をむねと任せらるゝなり。外官とは諸国の司にて侍る。（中略）文武天皇の大宝に淡海公不比等に勅ありて、律令を定め官位位階の事をのせられたり。其の後多く除かる官もあり。又そへらるゝ職も侍りき。是れを令外の官とは申すにや。」

「京官除目。是れは三月三日より先に行はるべき事なれど、今は秋の除目とぞいふめる。冬にも及ぶなり。京にある諸司を任らるゝ故に京官とは申すなり。」

真人《まひと》・朝臣《あそみ》・宿禰《すくね》

清原氏は真人姓
（『宣房本三十六歌仙絵　清原真人元輔』＊＊＊）

天武《てんむ》天皇の定めた家格《かかく》制度「八種《やくさ》の姓《かばね》」のうち、後世まで残ったのは真人・朝臣・宿禰でした。そのうちで藤原氏や源《げん》氏《じ》などの「朝臣」が最強の立場となります。天皇の子孫である格上の「真人」は清原元輔《きよはらのもとすけ》らの清原氏、一条《いちじょう》天皇皇后・定子《ていし》の外祖父・高階成忠《たかしなのなりただ》の高階氏などが知られますが弱体化し、高階成忠は正暦三年（九九二）九月に「真人」から「朝臣」に改姓してしまっています。

「宿禰」については天暦三年（九四九）正月の「近江国司《おうみこくしの》解《げ》」を見ますと、署名した官人たちの中には「海犬養《あまのいぬかいの》宿禰」「物部《もののべの》宿禰」など宿禰姓の家も見られますが、平安中期以降になると左大史《さだいし》を代々務めた「小槻《おづきの》宿禰」などごく少数になります。もはや「姓」が有名無実になってしまったのです。

源平藤橘《げんぺいとうきつ》

元明天皇が愛したタチバナ

平安時代以降に朝廷で重きをなした四つの氏族です。嵯峨《さが》天皇は子女が多く朝廷の負担となったため弘仁五年(八一四)五月、皇子皇女に「源《みなもとの》朝臣《あそみ》」の氏姓を与え、臣籍《しんせき》に降下させました。「源」は『魏書《ぎしょ》』にある「源賀《げんが》」をモデルにしたからと言われます。以後出自により「宇多《うだ》源氏」「村上《むらかみ》源氏」などと呼ばれます。「平《たいらの》朝臣」は同じような理由で桓武《かんむ》天皇の子孫に授けられました。

「藤原朝臣」は天智天皇八年（六六九）、天智《てんち》天皇が功臣・中臣鎌足《なかとみのかまたり》に授けたもので、後に鎌足の嫡子・不比等《ふひと》の子孫のみ藤原を名乗ります。「橘《たちばなの》朝臣」は和銅元年（七〇八）、女帝である元明《げんめい》天皇が忠勤の女官・県犬養《あがたのいぬかいの》三千代《みちよ》に「橘宿《すく》禰《ね》」の氏姓を与え、息子の葛城王《かずらきのみこ》（橘諸兄《たちばなのもろえ》）に受け継がれ、天平勝宝二年（七五〇）に朝臣の姓を賜りましたが、橘氏は平安時代以降の朝廷では振るいませんでした。

○真人・朝臣・宿禰

『日本文徳天皇実録』
「天安元年（八五七）十二月戊子《廿五》。散位従四位上清原真人有雄卒。（中略）嘉祥三年（八五〇）為肥後守。上奏改王号、賜清原真人姓。」

『日本紀略』
「正暦三年（九九二）九月十七日丁未。改従二位讃岐権守高階真人成忠姓為朝臣、依中宮〈定子〉外祖也。」

『源氏物語』（浮舟）
「殿の御随身、かの少輔が家にて時々見る男なれば、真人は何しにここにはたびたびは参るぞと問ふ。」

『古事談』
「円融院の子日の御幸は(中略)兼盛朝臣、時文朝臣、元輔真人。」

『別聚符宣抄』
「近江国司解　申請官裁事（中略）天暦三年（九四九）正月廿一日（中略）正六位上行大掾海犬養宿禰□□。（中略）正六位上行少目小槻宿禰。正六位行少目物部宿禰。」

○源平藤橘

『日本後紀』
「弘仁五年(八一四)五月甲寅。詔曰。(中略)空費府庫。朕傷于解、思除親王之号、賜朝臣之姓。」
「天長二年（八二五）七月丁未。二品行弾正尹兼大宰帥葛原親王上表、割愛子息、庶捨王号。許之。」

『日本書紀』
「天智天皇八年（六六九）十月庚申。天皇遣東宮大皇弟於藤原内大臣家。授大織冠與大臣位仍賜姓為藤原氏。自此以後。通曰藤原内大臣。」

『続日本紀』
「文武二年（六九八）八月丙午。詔曰。藤原朝臣所賜之姓。宜令其子不比等承之。但意美麻呂等者、縁供神事、宜復旧姓焉。」
「和銅元年（七〇八）十一月廿五日御宴。（中略）是以汝姓者賜橘宿禰也。」「天平勝宝二年（七五〇）正月乙巳。左大臣正一位橘宿禰諸兄賜朝臣姓。」

黒袍の正二位権中納言と随行する赤袍の五位、縹袍の六位諸大夫（『桜町殿行幸図』**）

公卿《くぎょう》・殿上人《てんじょうびと》

「公《こう》」は摂関や大臣、「卿《きょう》」は大・中納言、三位《さんみ》以上、参議《さんぎ》のことです。「上達部《かんだちめ》」「月卿《げっけい》」とも呼ばれ、朝廷内では最高格の貴族たちで、四位以下の人々とは待遇・立場に大きな差がありました。たとえば文様のある指《さし》貫《ぬき》をはくことが許されるのは公卿だけです。

「殿上人《てんじょうびと》」は、清涼殿《せいりょうでん》に昇《しょう》殿《でん》し「殿上間《てんじょうのま》」に伺候《しこう》することが許された者です。これは天皇の気分次第で与えられる待遇で、平安中期以降は位階《いかい》以上に尊重される序列の基準になりました。昇殿を取り消される処分は「除籍《じょせき》」とされます。

昇殿を許されない者は「地《じ》下《げ》」と呼ばれ、殿上人とは待遇に天地ほどの差がありました。三位以上の公卿であっても昇殿を許されなければ「地下の上達部」と呼ばれてしまうのです。

唐名《とうめい》

律令《りつりょう》は唐《とう》の制度に倣ったもので、唐風《からぶり》を気取って私的に官職名を唐の官職名で呼ぶことがありました。これが「唐名」です。

たとえば、

太政大臣《だいじょうだいじん》＝相国《しょうこく》
左大臣《さだいじん》＝左府《さふ》・左丞相《さじょうしょう》
大納言《だいなごん》＝亜相《あしょう》
中納言《ちゅうなごん》＝黄門侍郎《こうもんじろう》
参議《さんぎ》＝宰相《さいしょう》　侍従《じじゅう》＝拾遺《しゅうい》
蔵人《くろうど》＝侍中《じちゅう》　検非違使尉《けびいしのじょう》＝廷尉《ていい》
式部卿《しきぶきょう》＝吏部尚書《りほうしょうしょ》
民部卿《みんぶきょう》＝戸部尚書《こぶしょうしょ》
近衛将《このえのしょう》＝羽林《うりん》　兵衛督佐《ひょうえのかみすけ》＝武衛《ぶえい》
衛門督《えもんのかみ》＝金吾《きんご》
大宰帥《だざいのそち》・大弐《だいに》＝都督《ととく》

などです。式部卿宮重明《しきぶきょうのみやしげあきら》親王の日記を『吏部王記《りほうおうき》』、民部卿《みんぶきょう》平経高《たいらのつねたか》の日記を『平戸記《へいこき》』と称し、権中納言徳川光圀《ごんのちゅうなごんとくがわみつくに》を「水戸黄門」と呼ぶのは、それぞれの官職の唐名（吏部尚書・戸部尚書・黄門侍郎）によります。

○公卿・殿上人

『貞信公記』
「延喜十一年（九一一）正月廿二日、定殿上人・所所別当。」

『小右記』
「長和四年（一〇一五）八月十二日、己丑。（中略）被削簡了。依不恪勤。」

『大鏡』（太政大臣兼家）
「この御あやまちより、源宰相（頼定）、三条院の御時は殿上もし給はで、地下の上達部にて御座せしに、この御時にこそは殿上し、検非違使の別当などになりて、失せ給ひにしか。」

○唐名

『貞信公記』
「延長三年（九二五）閏十二月一日（中略）戸部奏定式事」
「天慶二年（九三九）十月一日。左丞相入坐、今日事相定、奉付出居侍従等略定夾名。」

『小右記』
「天元五年（九八二）正月十日（中略）去年以中務省丞藤原師長挙申侍中、若可被聴六位之昇殿者、以師長被聴如何。」
「正暦四年（九九三）閏十月十九日（中略）午後内大臣・左金吾・右金吾・宰相中将（中略）被仰贈菅丞相太政大臣宣命并詔書事。小選筆作献之、相国在奥座。」
「寛弘二年（一〇〇五）正月四日（中略）都督過、談西鎮雑事、晩頭被帰。」

『御堂関白記』
「長保元年（九九九）二月廿七日（中略）藤宰相・左衛門督・宰相中将」

『湯土問答』
「他の国の宰相は貴く吾国のは卑し。宰相の名、参木に不叶故にや。呼ぶには言とも位署には不書。仮名ものには書けども、国史等には不書なり。又唐名のこと、旧くも書しものあれども不当もの多き故、当時なべては取らず。殊に近頃は堂上方にも唐名を書ことを不好。」

地下家の楽師であっても
四位（黒袍）・五位（赤袍）の者も多かった
（『元日節会図』＊＊＊）

堂上《とうしょう》・地下《じげ》

鎌倉時代以降になると、「家格《かかく》」が重視されて昇進の限度が家により固定されるようになります。摂政関白になれる「摂家《せっけ》」、大臣大将《だいしょう》を経て太政大臣《だいじょうだいじん》まで昇れる「清華家《せいがけ》」（華族）、大将を兼ねずに大臣まで昇れる「大臣家《だいじんけ》」、近衛《このえ》次将から大納言まで昇れる「羽林家《うりんけ》」、弁官《べんかん》から大納言まで昇れる「名家《めいけ》」、特殊技能をもって大納言まで昇れる「半家《はんけ》」の六区分があり、「堂上家《とうしょうけ》」と総称されました。

堂上になることができない家柄を「地下家《じげけ》」と呼びます。年功などにより三位に叙されることもありましたが、殿上《てんじょう》間《のま》への昇殿は許されませんでした。

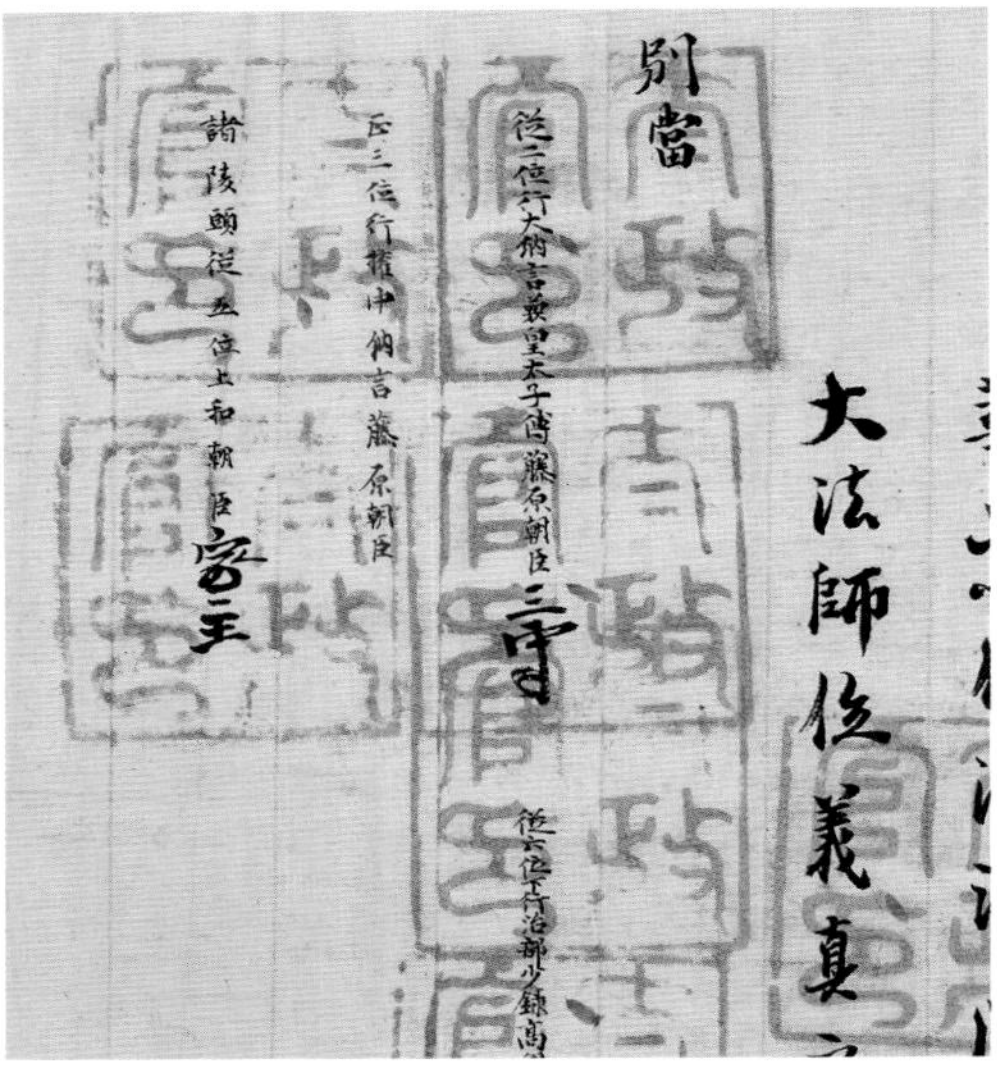

先頭に「従二位行大納言兼皇太子傅藤原朝臣三守」
の署名がある太政官符（『円珍諡号勅書等』＊＊＊）

位署書《いしょがき》

『養老令《ようろうりょう》』（官位令）には「正三位《しょうさんみ》、大納言《だいなごん》」など位階《いかい》に応じた官職が一覧表的に示されます。これが「官位相当制《かんいそうとうせい》」です。書類に署名する際、規定どおりに官位が相当であれば、「大納言正三位」のように官職を前に位階を後に記します。

しかし官位相当とならない例も多く、その場合、位階が官職より高いときは「行《ぎょう》」の文字を添えて「正二位《しょうにい》行《ぎょう》大納言」などと記し、官職が位階より高いときは「守《しゅ》」の文字を添えて「従三位《じゅさんみ》守《しゅ》大納言」などと記しました。これらを「位《い》署書《しょがき》」と呼びます。複数の官職を兼ねる場合は「兼《けん》」を添え「正三位《しょうさんみ》守《しゅ》右大臣《うだいじん》兼《けん》行《ぎょう》左近衛《さこんえ》大将《だいしょう》」などと記します。

○堂上・地下

『小右記』

「永観二年(九八四)十月十日(中略)堂上・地下装束儀式、具載元日儀式及装束記文等。」

「永延二年（九八八）三月廿四日、辛巳。御読経結願。（中略）至于近京寺、堂上四位為使、自余侍従也。」

「寛仁二年（一〇一八）十月十六日（中略）卿相・殿上人等絃歌、人々相応、堂上・地下糸竹同声。」

『紫式部日記』

「御遊びあり。殿上人はこの対の辰巳にあたりたる廊にさぶらふ。地下は定まれり。景斉朝臣・惟風朝臣・行義・遠理などやうの人びと。」

『後水尾院当時年中行事』

「御げんでうのいろは、公卿たる迄は黒白品々、殿上人は赤、五位殿上人巳下は白、児は赤、地下は白。」

○位署書

『養老令』（**選叙令**）

「凡任内外文武官。而本位有高下者。若職事卑為行、高為守。」

『内裏式』（**序**）

「乃詔。正三位守右大臣兼行左近衛大将・臣藤原朝臣冬嗣（中略）権中納言従三位兼行春宮大夫左兵衛督・臣藤原朝臣三守、従四位下行中務大輔・臣朝野宿禰鹿取、皇后宮大夫従四位下兼行近江守・臣小野朝臣峯守」

『類聚符宣抄』

「太政官符。左右京職并五畿内近江伊勢等国司。応以来九月為斎月事。右斎王来九月十五日応入伊勢大神宮。従三位守大納言兼行民部卿中宮大夫平朝臣伊望宣。」

大宰府《だざいふ》

筑前国《ちくぜんのくに》（福岡県）に設置された九州全域と壱岐《いき》・対馬《つしま》を統括する役所です。中国・朝鮮半島に対する最前線にあるため軍事外交を主任務とし、文官《ぶんかん》でも帯劒《たいけん》が許されました。

また「遠《とお》の朝廷《みかど》」として准都《じゅんと》の機能も持ち、九州諸国と朝廷との政治経済を仲介しました。『養老令《ようろうりょう》』（職員令）では長官「帥《そち》」の任務を祠社《ししゃ》・戸口簿帳《こぐちぼちょう》・訴訟《そしょう》・租調《そちょう》・倉廩《そうりん》・徭役《ようえき》から兵士《へいし》・器仗《きじょう》・鼓吹《くすい》・郵駅《ゆうえき》・伝馬《てんま》・蕃客《ばんかく》まで多岐にわたって規定しています。唐名で「都督府《ととくふ》」とも呼ばれました。

宋《そう》の商船が来航するようになりますと、舶来品「唐物《からもの》」の輸入窓口として経済的役割が大きい役所になりました。

大宰府政庁跡（福岡県太宰府市観世音寺）

国司《こくし》

全国六十八か国に配置される地方官です。各国は国力により「大国《たいこく》」、「上国《じょうこく》」、「中国《ちゅうこく》」、「下国《げこく》」に分類されます（194ページ）。それぞれに四等官《しとうかん》（守《かみ》・介《すけ》・掾《じょう》・目《さかん》）が定められ、都から派遣されました。上総《かずさ》・常陸《ひたち》・上野《こうずけ》は親王が「太守《たいしゅ》」として任ぜられますが赴任せず、「介」が実質上の長官でした。

国司になると大きな経済的利益を得ることができたため、中級貴族は国司になることを熱望しました。寛仁二年（一〇一八）六月、焼失した藤原道長の再建邸宅に、素晴らしい調度品すべてを献納した伊予守《いよのかみ》・源 頼光《みなもとのよりみつ》の豪奢《ごうしゃ》な様子を『小右記《しょうゆうき》』は記しています。

伊予国に所領を与えるという綸旨を読む三河権守
家族は大喜びをしている（『絵師草紙』*）

〇**大宰府**

『日本文徳天皇実録』

「仁寿二年（八五二）二月庚子（中略）夫大宰府者、西極之大壌、中国之領袖也。東以長門為関、西以新羅為拒。加以九国二島、郡県闊遠。自古于今、以為重鎮。」

『新儀式』

「大唐商客事。大宰府言上商客着岸之由、為令検頒貨并行和布事、差蔵人一人・出納一人下遣〈或不遣使付府官、或被遣蔵人所雑色等〉。使等検頒唐物参上、厥後更遣出納一人、令弁賜直、令太政官奏、」

『類聚三代格』

「太政官符。応廃史生一員置弩師事。右得大宰府解偁、壱岐島解偁、此嶋所設器仗之中有弩百脚、而無人機調難備非常。今新羅商人往来不絶。警固之事不可以暫忘。望請、廃史生一員将置弩師、仍請府裁者、府加覆審所申有理、謹請官裁者。右大臣宣、奉勅。依請。承和五年（八三八）七月廿五日。」

『御堂関白記』

「長和元年（一〇一二）五月廿日（中略）奉大弐覧唐物、是賜金物也。瑠璃燈炉被奉中宮御方。」

〇**国司**

『小右記』

「寛仁二年（一〇一八）六月廿日、辛亥。（中略）土御門殿寝殿以一間。（中略）伊予守頼光家中雑具悉皆献之。（中略）希有之希有事也。文集雑興詩云。小人知所好、懐宝四方来、姦邪得籍手、従此幸門開、古賢遺言仰以可信、当時太閤徳如帝王、世之興亡只在我心。」

『今昔物語集』（信濃守藤原陳忠御坂より落ち入る語）

「守、「僻事な云ひそ汝等よ。宝の山に入りて手を空しくして返りたらむ心地ぞする。『受領は倒るる所に土を摑め』とこそ云へ」と云へば」

大きさも品位も劣化する
平安時代の銭貨＊＊＊
上：隆平永宝（796 年）
下：乾元大宝（958 年）

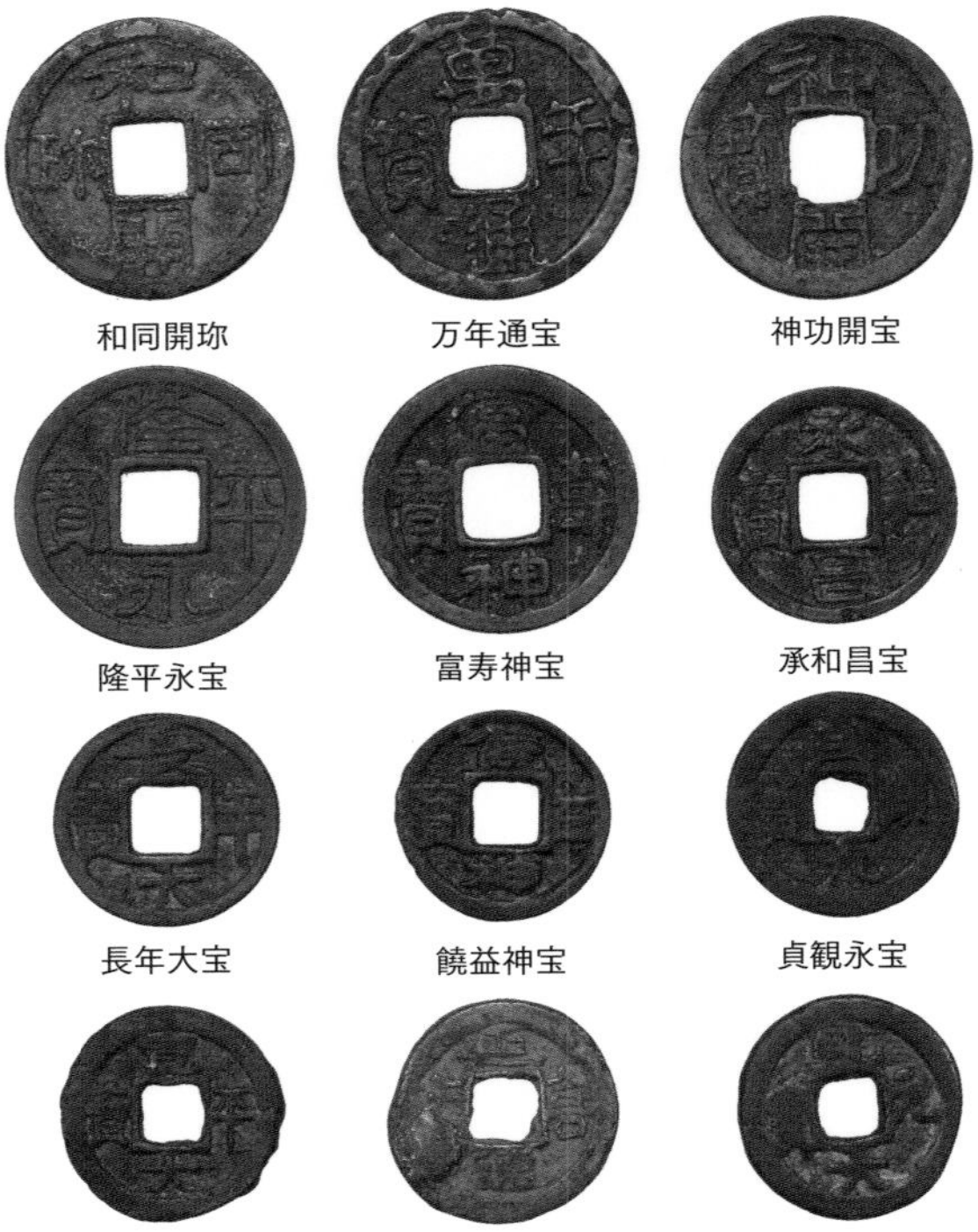

和同開珎　万年通宝　神功開宝
隆平永宝　富寿神宝　承和昌宝
長年大宝　饒益神宝　貞観永宝
寛平大宝　延喜通宝　乾元大宝

皇朝十二銭＊＊＊

銭貨《せんか》

日本における一般流通貨幣の初代は、和銅元年（七〇八）に発行された「和同開珎《わどうかいちん》」とされます。その後、朝廷は銭貨の発行を続け、天徳二年（九五八）の「乾元大宝《けんげんたいほう》」までの十二種が「皇朝十二銭《こうちょうじゅうにせん》」と総称されます。

古記録を見ますと平安中期まで貴族社会ではそれなりに銭貨が用いられていたことがわかります。たとえば天慶七年（九四四）三月、焼亡した近江国《おうみのくに》の倉庫再建の木工寮《こだくみのつかさ》支度金に数種の銭を用いていることが『九暦《きゅうれき》』に載ります。その他、罪を犯した官人が身体刑の代わりに支払う罰金「贖銅《しょくどう》」（笞《ち》罪《ざい》・杖罪《じょうざい》は十回につき銭六十文など）や、寺院に対する布施《ふせ》銭《ぜに》の記録も多く見られます。『九条年中行事《くじょうねんじゅうぎょうじ》』には寛平八年（八九六）の定めとして、灌仏会《かんぶつえ》の布施は大納言四百文・中納言三百文など官位による金額が示されています。また賭け碁の「碁手銭《ごてのぜに》」としての記録も多く見かけます。

銭貨の改鋳《かいちゅう》が何度も行われた事情としては、日本では当時の精練技術で利用できる銅が不足していたことと、改鋳のたびに「新貨は旧貨の十倍の価値を持つ」という無茶な運営で国家財政を保とうとしたからで、実際は改鋳のたびに大きさも金属としての品位も低下しました。そのため銭を鋳溶《いと》かして金属として利用する「破銭《われぜに》」が行われるようになり、最終的に朝廷は銭貨の発行を停止し、平安末期には宋《そう》からの輸入銭を用いるようになってしまうのです。

『九暦』
「天慶七年（九四四）三月二日、木工寮支度之内（中略）但至于銭、以内蔵寮所納長岑数所進銭内可給。」

『延喜式』（大蔵式）
「凡嘉祥寺三月。十月両度地蔵悔過布施料。（中略）銭四貫文〈二貫文二度客僧布施料。二貫文二度雑用料。会月以前送之。〉」

『九条年中行事』
「八日灌仏事。（中略）奉布施銭法。親王并大臣五百文。太政大臣銭敷無所見。而承平七年（九三七）准大臣例、被奉五百文。大納言四百文。中納言三百文。散三位并参議二百文。四位百五十文。五位百文。六位今定七十文。并小舎人五十文。寛平八年（八九六）四月八日定法也。」

『小右記』
「寛和元年（九八五）五月四日（中略）其後有擲采之戯、廉平朝臣出碁手三十連。」
「長元元年（一〇二八）七月十七日（中略）頭弁持来法家勘申□真重罪名文、罪、杖七十、贖銅七斤者。」
「長元三年六月廿八日（中略）又条云、徒一年半贖銅卅斤者、今至相高。」

『民経記』
「仁治三年（一二四二）七月四日（中略）入道相国所沙汰渡之唐船帰朝。銭貨十万貫渡之。」

和同開珎が模範とした唐の開元通宝
青銅貨としての品位が非常に高い

市女笠をかぶり市で買いものをする女たち
（『扇面古写経』（模本、部分）小堀鞆音、寺崎広業
東京国立博物館蔵　Image: TNM Image Archives）

市《いち》

日本では七世紀には大和国《やまとのくに》（奈良県）、長谷寺《はせでら》への入り口に当たる「海石榴《つば》市《いち》」など、自然発生的に商業の場が出現していましたが、『養老令《ようろうりょう》』（関市令）で、市場の開催時間（正午開場・日没閉場）や価格の公正性が法令で定められました。『延喜式《えんぎしき》』（市式）では平安京の東西に設けられた二つの市について、毎月十五日以前は東市《ひがしのいち》、十六日以後は西市《にしのいち》が開催され、東市では、糸《いと》店・錦《にしき》店・櫛《くし》店など五十一店が開店。西市では、米《こめ》店・塩《しお》店・糖《あめ》店など三十三店が開店するとされています。

しかし平安京は西側の右京《うきょう》が早い段階で衰退し、東側の左《さ》京《きょう》が栄えます。販売品目が区別されていた東西市でしたが、東市でも西市販売店が開店するようになり、人々が皆、東市に行ってしまい、西市は「市店既空」であると承和九年（八四二）十月に西市司《にしのいちのつかさ》から訴えがなされたと『続日本後《しょくにほんこう》紀《き》』に記されます。

市は人が集まる場所であるため「市政《いちのまつりごと》」や「着鈦政《ちゃくだのまつりごと》」と呼ばれる、特別な儀式が開催される場でもありました。毎年五月と十二月、市司の役所の前に衛門佐《えもんのすけ》以下の「検《け》非《び》違《い》使《し》」（朝廷の警察官）が立ち並び、下士官《かしかん》の「看督長《かどのおさ》」が囚人たちを引き据えます。看督長が罪状を衛門佐に示しますと衛門佐は看督長に命じて囚人に「鈦《だ》」（足かせ）をつけさせて獄《ごく》に送るのです。つまり犯罪者の悲惨な末路を市に集まる人々に見せつける儀式でした。

『**続日本後紀**』
「承和九年（八四二）十月庚辰《二十》。西市司言。依承和二年九月符旨。錦綾・絹・調布・糸・綿・紵・染物・縫衣・続麻・針・櫛・染革・帯幡・油・土器・絹冠・牛店等類興販於西市。而東市司論云。検承和七年四月符。依弘仁十一年（八二〇）四月式。件等色物。両市共可興販。不可更度。今百姓悉遷於東。交易件物。市廛既空。公事闕怠者。去承和二年彼此中折。施行既訖。而承和七年四月班式之日。遺漏不改。勅。宜依前格。不可拋式。」

『**日本三代実録**』
「貞観十四年（八七二）五月廿二日辛夘。聴諸市人与客徒私相市易。」

『**延喜式**』（**市式**）
「凡決罰罪人者。官人与使相対楼前罰之。」

『**小右記**』
「長元四年（一〇三一）二月七日（中略）或云、去五日除書云々。彼日以前内府門前成市之由、関白有漏聞被咲云々。」

『**御堂関白記**』
「長和五年（一〇一六）五月廿七日。庚午。此日市政也。着彼所令皮検非違使等。」

着鈦政（『年中行事絵巻』＊）

香料となる
ケイヒ

染料となる
スオウ

訶梨勒の実
（訶子）

ヤコウガイ
（夜久貝）

舶来品《はくらいひん》

平安時代に珍重された宝物の多くは船により海外からもたらされる品々でした。東南アジア原産の香料・染料類も中国経由の商船で輸入され「唐物《からもの》」と呼ばれ、珍重されました。貴族たちが日常使用する薫物《たきもの》（170ページ）の原料や、薬として尊重された「訶梨勒《かりろく》」などは、ほとんどすべて唐物。また天皇の袍色《ほうしょく》「黄櫨染《こうろぜん》」（58ページ）に用いる「蘇芳《すおう》」もインド、マレー諸島原産の唐物染料です。

大宰府《だざいふ》に宋《そう》の商船が到着すると、朝廷は「唐物使《からもののつかい》」を派遣し、優先的に舶来品を買い取りました。唐物使より先に唐物を買うことを禁じる命令が、延喜三年（九〇三）八月に出たことからも、唐物の人気のほどがわかります。

文武天皇三年（六九九）七月、多褹《たね》（種子島《たねがしま》）・夜久《やく》（屋《や》久島《くしま》）など奄美《あまみ》群島の島々から貢納物がもたらされたことが『続日本紀《しょくにほんぎ》』に記されます。貢納物は檳榔《びろう》（178ページ）や調度品の材料「赤木《あかぎ》」、「夜久貝《やくがい》」など。

夜久貝は螺鈿《らでん》細工の材料になるほか、原形のまま盃として大嘗祭《だいじょうさい》や賀茂臨時祭《かものりんじのまつり》の宴会などで用いられました。『枕草子』の「なほめでたきこと」には臨時祭の試楽《しがく》の宴で公卿・殿上人が酒盃を重ね「はてには夜久貝といふものして飲みて立つ」とあります。真珠光沢《しんじゅこうたく》に輝く夜久貝の盃は貴重な宝物だったことでしょう。

『新儀式』
「大唐商客事。大宰府言上商客着岸之由、為令検頒貨并行和布事、差蔵人一人、出納一人下遣〈或不遣使付府官、或被遣蔵人所雑色等〉、使等検頒唐物参上、厥後更遣出納一人、令弁賜直、令太政官奏。」

『類聚三代格』
「応禁遏諸使越関私買唐物事。右左大臣宣、頃年如聞、唐人商船来着之時、諸院諸宮諸王臣家等、官使未到之前遣使争買。又郭内富豪之輩心愛遠物、踊直貿易、因茲貨物価直定准不平、是則関司不慥勘過、府吏簡略検察之所致也（中略）延喜三年（九〇三）八月一日。」

『扶桑略記』
「延喜十九年己卯七月十六日、交易唐物使蔵人所出納内蔵大属当麻有業献孔雀（中略）使右近衛少将実頼奉覧孔雀於仁和寺。有業交易唐物、召於御前御覧畢。」

『続日本紀』
「文武天皇三年（六九九）七月辛未《癸丑朔十九》。多褹、夜久、奄美、度感等人。従朝宰而来貢方物。授位賜物各有差。其度感島通中国於是始矣。」

『吏部王記』
「天暦五年（九五一）十二月五日。臨時祭云々。了給挿頭。次右衛門督師氏朝臣以螺盃勧云々。」

『御堂関白記』
「長和元年（一〇一二）五月廿日（中略）奉大弐覧唐物、是賜金物也。瑠璃燈炉被奉中宮御方。」
「長和元年九月廿二日（中略）商客参入事有年紀。而頻参来（中略）唐人依定申可安置、可遣唐物使歟。」

『小右記』
「長和二年七月廿六日（中略）明範朝臣付勝岡進唐物等〈甘松四両、荒欝金三両、金青三両〉。」

算師《さんし》

国家経営には数学が必要。『養老令《ようろうりょう》』（職員令）には「大学《だいがく》」に算博士《さんはかせ》二人が配置され、算《さん》生《しょう》三十人を教えるとあります。大学では中国の『九章算術《きゅうしょうさんじゅつ》』や『五曹算経《ごそうさんけい》』などを勉強すると定められていました。租税の計算をする主計寮《かずえのつかさ》・主税寮《ちからのつかさ》の頭《かみ》・助《すけ》は算博士の兼務で、その下に「算師」が置かれました。このほか修理職《しゅりしき》や木工寮《こだくみのつかさ》などの技術部門にも算道《さんどう》出身者が採用されたほか、算博士は天文計算や日蝕《にっしょく》の予測などもしています。

算盤《そろばん》のない時代、「算木《さんぎ》」と呼ばれる棒で計算しました。一般人には算道は妖術のように認識されていたようで、『今昔物語集《こんじゃくものがたりしゅう》』には、算木の並べ方で人を操った話が載っています。やがて算師は占い師のような扱いになります。

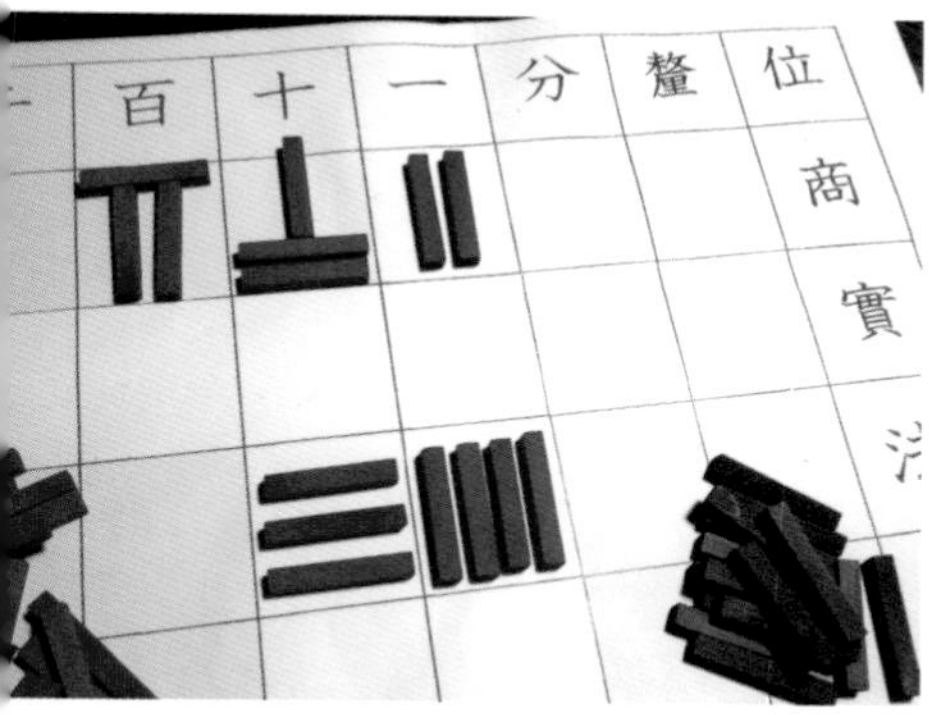

算木による 772 × 34 の計算

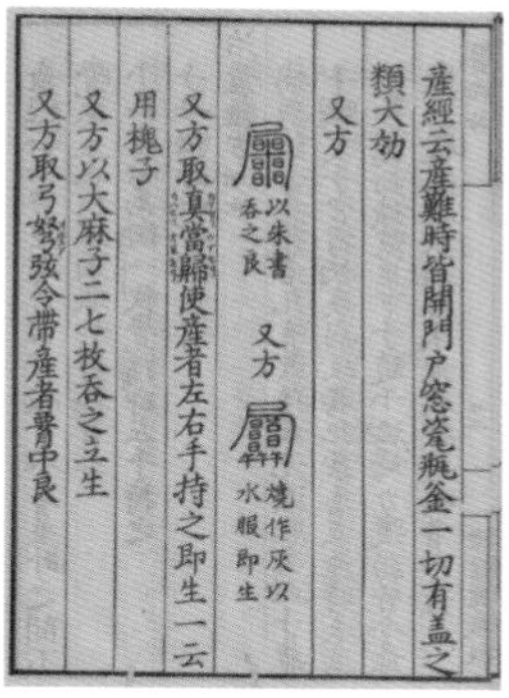

産經云産難時皆開門戸窓瓮瓶釜一切有蓋之
類大効
又方
[符] 以朱書呑之良　又方 [符] 焼作灰以水服即生
又方取眞當歸使産者左右手持之即生一云
用槐子
又方以大麻子二七枚呑之立生
又方取弓弩弦令帯産者胥中良

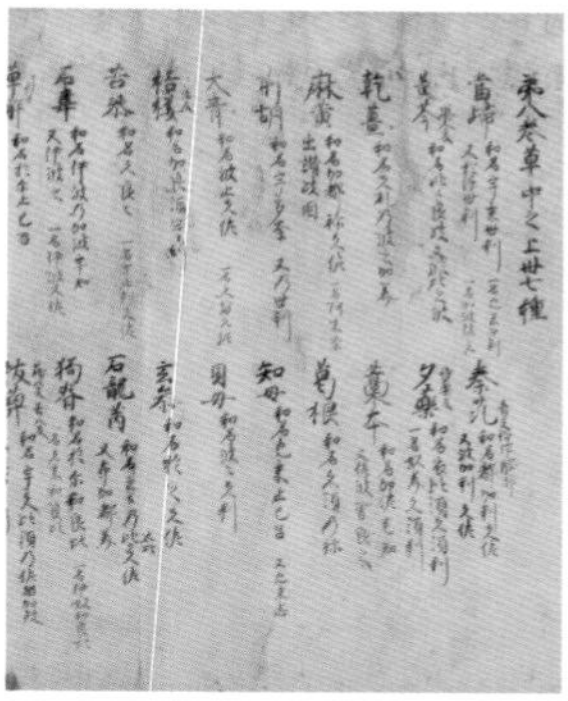

右：医師（『建保職人歌合』*）
中：『医略抄』*
左：医師は薬剤知識を基本とした（『医心方』***）

医師《くすし》

「医師」は薬師《くすし》と呼ばれ、薬剤を用いて治療する医療従事者でした。『養老令《ようろうりょう》』（職員令）には典薬寮《くすりのつかさ》の「医博士《いはかせ》」が「医《い》生《しょう》」四十人に医学を教授するとあります。『養老令』（医疾令）には医生は、「薬部《くすりべ》」の子や医師の子の中から選び、さらに十三歳から十六歳の庶民から賢い子を選抜して『神農本草経《しんのうほんぞうきょう》』などを学ぶとあります。

当時は「医陰両道《いおんりょうどう》」と呼ばれ、医師と陰陽師《おんみょうじ》（234ページ）は並立する医療従事者でした。平安中期の高名な医師である丹波雅《たんばのまさ》忠《ただ》は『医略抄《いりゃくしょう》』という医学書を著していますが、「治産難方」（難産《なんざん》の治療法）として、正統な漢方薬の紹介と共に、護符を焼いた灰を飲む、などという治療法も示しています。平安時代の医学にはお呪《まじな》いの要素が入り込んでいたのがわかります。

占い師になった算師（『職人歌合画本』*）

○算師

『養老令』（学令）

「其算学生。弁明術理、然後為通。試九章三条。海島・周髀・五曹・九司・孫子。三開重差各一条。試九。全通為甲。通六為乙。若落九章者、雖通六猶為不第。其試綴術六章者。准前。綴術六条、六章三条。試九。全通為甲。通六為乙。若落経者雖通六猶為不第。其得第者叙法。一准明法之例。」

『百練抄』

「寛元四年（一二四六）正月一日辛卯、可有日蝕之由、陰陽等奏之、算博士雅衡不可有蝕之由申之、終日遂不正見、雅衡所申符合、尤珍重也、仍被行勧賞。」

○医師

『養老令』（職員令）

「典薬寮。頭一人〈掌、諸薬物・療疾病・及薬園事〉。（中略）医博士一人〈掌、諸薬方・脈経・教授医生等〉。医生四十人〈掌、学諸医療〉。」

『養老令』（医疾令）

「医生既読諸経、乃分業教習。率廿、以十二人学体療・三人学創腫・三人学少小・二人学耳目口歯、各専其業。（中略）学体療者、限七年成学。少小及創腫者、各五年成学。耳目口歯者、四年成。」

『続日本紀』

「養老六年（七二二）十一月甲戌《戊辰朔七》始置女医博士。」

薬剤《やくざい》

権医博士《ごんのいはかせ》・深根輔仁《ふかねのすけひと》が延喜年間に著した日本最古の薬学書『本草和名《ほんぞうわみょう》』。唐《とう》の薬物に和名を当てはめたものです。『延喜《えんぎ》式《しき》』（典薬式）には諸国から貢納される膨大な数の生薬《しょうやく》が記され、その種類と量が規定されています。また現在の京都市下京区《しもぎょうく》薬園町《やくえんちょう》には典薬寮《くすりのつかさ》の薬園《やくえん》もありました。

平安時代ならではの薬は牛乳。摂津国《せっつのくに》・味原牧《あじふのまき》で乳牛七頭が飼育され、『侍中群要《じちゅうぐんよう》』によれば天皇供御《くご》として毎日三升一合の牛乳が典薬寮の「乳牛院《にゅうぎゅういん》」から調進されました。また秘薬・霊薬とされたのが「辰砂《しんしゃ》」（赤色硫化水銀《せきしょくりゅうかすいぎん》）を主原料とした「丹薬《たんやく》」。淳和《じゅんな》・仁明《にんみょう》両天皇が気に入って周囲に勧め、三条《さんじょう》天皇は医師《くすし》が止めるのも聞かずに丹薬を服用し、視力を失ったと『大鏡《おおかがみ》』にあります。

上：漢方の生薬

下：丹薬の原料・辰砂
（三重県・丹生鉱山産）

針灸《しんきゅう》・蛭喰《ひるくい》

針・灸は医師《くすし》の用いる薬剤とともに重要な医学で、「医博士《いはかせ》」の他に「針博士《はりはかせ》」が置かれました。針博士は針治療だけでなく灸治療も行い、平安時代は灸のほうが多用されたようで、灸治の記録は数多く見られます。

やはり熱さと痛みが辛く、『古事談《こじだん》』には鳥羽《とば》法皇が熱さを紛らわすため近臣に「物語《ものがたり》仕《つかまつ》るべし」と命じた話が載っています。

腫物《はれもの》の悪血《おけつ》を抜くため、吸血動物の蛭に血を吸わせる「蛭喰」も行われました。長和五年（一〇一六）三月には藤原道長が足の「所労《しょろう》」のために、万寿二年（一〇二五）七月には播磨守《はりまのかみ》・藤原泰通《やすみち》が手指の腫物治療のためになど、蛭喰の記録が多数あります。

灸に使用されるヨモギの柔毛「艾《もぐさ》」

ヤマビル

〇薬剤

『延喜式』（典薬式）抜粋

「元日御薬。白散一剤。度嶂散一剤。屠蘇一剤。」

「臘月御薬。犀角丸六剤。芍薬丸三剤。温白丸四剤。千瘡万病膏一剤。升麻膏二剤。耆婆膏一剤。調仲丸一剤。芒消黒丸一剤。」

「凡供御乳。日別大三升一合五勺。（中略）凡乳牛七頭犢七頭年料。乾蒭四千四百卌四斤〈白田蒭二千三百卌二斤、野蒭五百斤、山城国進之。白田蒭一千六百二斤、丹波国進之〉。」

『西宮記』

「乳牛院〈典薬別所、在左近馬場西、有別当乳師預等、納山城丹後蒭、大炊雑穀、送所立味原牛供三宮乳〉。」

『小右記』

「長和三年（一〇一四）三月一日（中略）但両度令服丹薬、其後聞食冷物、而近日片目不見、片耳不聞。」

〇針灸・蛭喰

『貞信公記』

「延喜十八年（九一八）二月十日、癸丑。加灸治。」

『小右記』

「治安元年（一〇二一）三月廿九日。甲辰。昨日按察大納言〈公任〉、灸治云々。仍早朝問達、報之、灸治左右思煩侍、然而遂了。」

「万寿二年（一〇二五）七月廿六日（中略）播磨守泰通左手大指腫、加治亦蛭喰、未平云々。」

「万寿四年五月十日（中略）一日蛭喰之間心神不覚、仍今夜令守道朝臣令招魂祭。」

『御堂関白記』

「長和五年（一〇一六）三月廿六日。庚午。所労足方蛭喰。」

『猪隈関白記』

「建仁二年（一二〇二）四月廿日（中略）今日有灸治事〈項一所、背両所、腹両所〉。針博士康氏勤之。所労頻更発、仍有此事。」

感染症《かんせんしょう》

記録を見れば「咳病《がいびょう》」（インフルエンザ）、「豌豆瘡《わんずかさ》」（天然《てんねん》痘《とう》）、「赤斑瘡《あかもがさ》」（はしか）などのウイルス性感染症が幾度も流行し、そのたびに多数の死者が発生しています。

『日本三代実録《にほんさんだいじつろく》』貞観十四年（八七二）正月には「京邑咳逆病発。死亡者衆」とあり、海外から「渤海使《ぼっかいし》」が来たので「異《い》土《ど》の毒気《どっけ》」が持ち込まれたとしています。当時も感染症が国外から入ってくることが理解されていたようで、実際に平安時代、中国からの使節や商客が到来した翌年に、感染症が流行した記録が多く見られます。

また「福来病《ふくらいびょう》」（耳《じ》下《か》腺炎《せんえん》）は長元二年（一〇二九）八月に流行しましたが、子どもの頃に罹《かか》った者は発症しないと『小右《しょうゆう》記《き》』にあり、経験的に免疫《めんえき》も理解されていたようです。

葛根

桑白皮

熱病に苦しむ女（『病草紙』（異本）*）

慢性病《まんせいびょう》

食生活が贅沢であった貴族階級でよく見られた慢性病が糖《とう》尿《にょう》病《びょう》でした。『日本後紀《にほんこうき》』弘仁三年（八一二）九月に右大臣藤原内麻呂《うちまろ》が「渇病弥積、兼暗眼精、両脚強疼」で辞職しているのは重度の糖尿病によるのでしょう。糖尿病患者は喉が渇きやすく「飲水病《いんすいびょう》」「渇病《かつびょう》」「消《しょう》渇《けち》」などと呼ばれました。

『小右記《しょうゆうき》』には藤原道長が糖尿病に苦しむ様子が詳しく記され、長和五年（一〇一六）五月には、食欲はあるがしきりに水を飲み、顔色が憔悴《しょうすい》し切っている、とあります。その治療法として『医心方《いしんほう》』にはコンニャクを食べよとありますが、これは一種の食事療法なのでしょう。『喫茶養生記《きっさようじょうき》』には「桑粥《くわがゆ》を食せば必ず治る」とあり、実際に桑の葉には血糖値《けっとうち》を下げる成分があるそうです。

医師（『東北院職人歌合絵巻』***）

○感染症

『日本三代実録』

「貞観十四年（八七二）正月廿日辛卯。是日、京邑咳逆病発。死亡者衆。人間言、渤海客来、異土毒気之令然焉。」

『小右記』

「寛弘二年（一〇〇五）二月廿六日、甲辰。（中略）資平自今暁頭打身熱臥煩。若是咳病序病歟。日来天下人不論貴賤所悩煩也。」

「長元二年（一〇二九）八月十八日（中略）世間号福来之疾、往々人々煩由云々。面貌腫赤、先発熱後大腫、経五六日平復云々。不可療治為良、若誤療治陪煩云々。我為童稚之時所見也。令憶其時及六十余年。」

○慢性病

『小右記』

「長和五年（一〇一六）五月十一日。（中略）摂政命云。従去三月頻飲漿水、就中近日昼夜多飲、口乾無力。但食不減例。（中略）而顔色憔悴、身又如此。若猶極病歟者、伺気色。容顔頗疲、恙気揭焉。依御口乾、持杏二果、時々嘗之。」

『医心方』

「蒟頭拾遺云、味辛寒有毒、主癰腫風毒磨傅腫上。搏砕以灰汁煮成餅。五味調為如食之。主消渇。」

文化——医陰両道

養生《ようじょう》

歯の揺らぐ男（『病草紙』＊）

慢性病の予防・治療のためにさまざまな養生がなされました。『小右記《しょうゆうき》』長和五年（一〇一六）五月の記事には、糖尿病に悩む藤原道長が「丹薬《たんやく》は飲まないが、いつも豆汁《とうじゅう》・大豆《だいず》煎《せん》・蘊密煎《そみつせん》・訶梨勒丸《かりろくがん》等を服用している。今日から茶を飲む。医師《くすし》の指導により、世間では貧しい者の救荒食《きゅうこうしょく》とされる葛根《かっこん》（231ページ）までも用いているのは前代未聞」とあり、当時から食生活改善が養生になることが理解されていたようです。

また虫歯の予防として永観二年（九八四）の『医心方《いしんぼう》』には「朝夕、歯を磨けば虫歯にならない。食べたら必ず口をうがいをする。さもないと虫歯になる」などと、現代の歯科医の指導に通じることが書かれています。

温泉《おんせん》

有馬温泉・炭酸源泉公園
（神戸市北区有馬町）

保養・療養のために温泉に行くことは、古くから行われていました。はやくも『日本書紀』舒明天皇三年（六三一）九月に「幸干摂津国《せっつのくに》有間温湯」とあり、舒明《じょめい》天皇はよほど効能が気に入っていたのでしょう、その後もたびたび「有間温湯《ありまのゆの》宮《みや》」へ出かけました。

有馬《ありま》温泉（神戸市北区有馬町）は都にも近いため、その後も天皇や上皇、貴族たちが訪れています。寛仁三年（一〇一九）二月には源　頼定《みなもとのよりさだ》が「治身病《ちしんびょう》」のために有馬へ、万寿元年（一〇二四）十月には藤原道長が有馬に出かけるに際して、大納言・斉信《ただのぶ》たちが従ったと『小右記《しょうゆうき》』にあります。

『古今和歌六帖《こきんわかろくじょう》』に「あひ思はぬ人を思ふぞ病なる　なにか有馬の湯へもゆくべき」の歌があるように、平安時代も恋の病のほかは万病に効くと信じられたのです。

○養生

『御堂関白記』
「寛弘五年（一〇〇八）正月十七日、己卯。服河梨勒丸、依悩不他行。」

『小右記』
「長和五年（一〇一六）五月十一日。（中略）雖不服丹薬、年来豆汁・大豆煎・蘊密煎・訶梨勒丸等不断服之、此験歟、仍服冷物、風未発、従今日服茶、於客亭一度飲之。」
「長和五年五月十三日。（中略）口乾頻飲水。依医家申、服件葛根、甚良。暫不飲水、亦有気力者。世間摂政服葛根、是飢渇相也。飢渇之百姓無食物、掘葛根為食。未聞上臈食葛根。」
「長元三年（一〇三〇）四月七日、己丑。日来出前眼、阿梨勒丸卅丶。」

『医心方』
「治齲歯痛方第五十八。（中略）膿汁出而臭、侵食歯断、謂齲歯也。風齲養生方云、朝夕琢歯、歯不齲。又云、食必当嗽口数過、不尓使人病歯齲之。」

○温泉

『小右記』
「寛仁三年（一〇一九）二月十五日（中略）左兵衛督〈頼定〉示送云、為治身病明旦日向有馬温泉者。」
「万寿元年（一〇二四）十月廿四日（中略）明日禅閣被向摂州之有馬温泉云々。大納言斉信・頼宗、中納言長家追従云々。斉信卿為治風病云々。若実為療病可向温泉者不可被引衆、吾独可加其治療歟。身為上臈、齢及耳順、左右思慮追従甚切歟。」

『栄花物語』（ころものたま）
「この兵衛督、ものゝみ心細くおぼして、心地も例ならず覚え給ければ、風などいひければ、有馬へと出で立ち給へど、この姫君のうしろめたさにえおはせでぞ過し給ける。」

『民経記』
「文永四年（一二六七）九月廿三日（中略）或人云、一院御脚気令発御、及御灸云々。日来自昨日汲有馬温泉、可有御浴之由有其聞キ、而依御灸無沙汰歟。」

暦道《れきどう》

中国から渡来した天文観測技術を用いて「暦《こよみ》」を作るのが暦道。正確な暦を編纂することは天皇の権威の象徴でもありましたので、技術官僚としての「暦博士《こよみのはかせ》」は重職でした。

計算上の錯誤もあったようで、『貞信公記《ていしんこうき》』天慶元年（九三八）十月には、暦博士二人（大春日弘範・葛木茂経《かつらぎのしげつね》）の作った暦に差異があり、葛木茂経の暦が採用されたとあります。

当時の天文関係者にとっての重要な任務に「日蝕《にっしょく》・月蝕《げっしょく》の予測」があり、暦道・算道《さんどう》・宿曜《すくよう》道《どう》などがそれぞれの立場で計算して報告していました。『百練《ひゃくれん》抄《しょう》』嘉応二年（一一七〇）十二月では翌年元日の日蝕について暦道が「ある」、宿曜道と算道が「ない」としました。結果として日蝕は起きなかったと『玉《ぎょく》葉《よう》』にあります。

皆既日食

応永４年（1397）具注暦＊

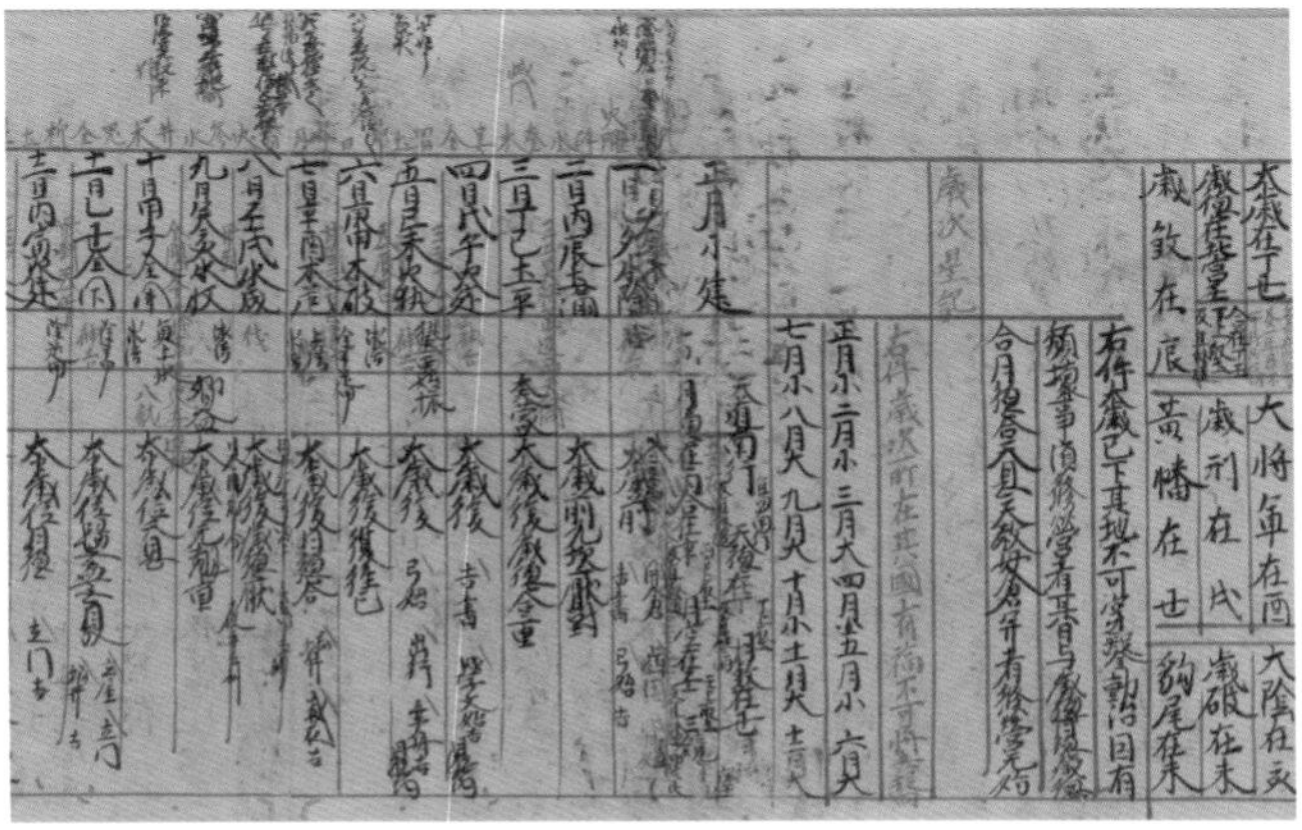

暦《こよみ》

暦道の最重要任務は、翌年の暦を編纂することでした。公式の暦は三種類あり、十一月の「御暦奏《ごりゃくのそう》」で中務省《なかつかさしょう》が天皇に直接提出するのが「具注暦《ぐちゅうれき》」です。これは上段に日付・干《え》支《と》・十二直《じゅうにちょく》が掲載され、中段には二十四節気《にじゅうしせっき》・七十二候《しちじゅうにこう》、下段にはその他の暦注《れきちゅう》が記載されていました。貴族たちが具注暦を欲する場合、陰陽博士《おんみょうはかせ》に直接個人的に製作を依頼しました。

次の「七曜暦《しちようれき》」（247ページ）は元日節会《せちえ》で中務省が天皇に提出するもので、一年間の天体の位置を示したもの。必要性が薄らいだのか平安中期になると、自然消滅してしまいました。

最後の「頒暦《はんれき》」は具注暦と同時に天皇の確認を受ける実用的な暦で、内外諸司に頒布され、事務作業に必要な部分だけが掲載される内容でした。

○暦道

『貞信公記』

「延喜十八年（九一八）十二月廿八日。依暦博士宗公申、有夜剋日食不可廃務之状。」

「天慶元年（九三八）十月十九日。陰陽寮申暦博士二人異論事。可依茂経本、民部卿行之。」

『中右記』

「寛治七年（一〇九三）二月十九日（中略）暦道月大小事〈暦博士今年所作進、三月小、四月大也。而大威儀師能算進申文云、暦道誤。三月大、四月小者。彼是各有陳状〉。」

『百練抄』

「嘉応二年（一一七〇）十二月廿七日。四箇條仗議。（中略）明年正朔蝕不正現者、可被行節会否事暦道申可有蝕之由。宿曜算道両道申不可現之由事也。」

「文治五年（一一八九）六月十五日癸卯。祇園臨時祭也。今日可有月蝕之由暦道勘奏。而算博士行衡申不可正現之間。於摂政家議定。遂以不正現。云々。」

○暦

『延喜式』（陰陽式）

「凡進暦者。具注御暦二巻〈六月以前為上巻。七月以後為下巻〉。納漆函安漆・案。頒暦一百六十六巻。納漆櫃著台。十一月一日至延政門外候〈中宮東宮御暦供進准此〉。其七曜御暦。正月一日候承明門外〈並見儀式〉。」

「凡暦本進寮。具注御暦八月一日。七曜御暦十二月十一日。頒暦六月廿一日。並為期限。」

『延喜式』（太政式）

「凡陰陽寮造新暦畢。中務省十一月一日奏進。其頒暦者。付少納言令給大臣。大臣転付弁官。令頒下内外諸司。」

『小右記』

「長元四年（一〇三一）七月十六日、辛酉。去夜月蝕変奏案時親・師任等朝臣進之。（中略）七曜暦食分在女宿、越女虚二宿危宿而蝕、希有事也云々。」

祈祷する陰陽師・安倍晴明
（『不動利益縁起絵巻』＊＊＊）

陰陽道《おんみょうどう》

陰陽道は中国道教《どうきょう》の陰陽五行《いんようごぎょう》の考え方を基礎に、自然崇拝や古神道《こしんとう》の考え方、天文道《てんもんどう》や算道《さんどう》などの自然科学も混ぜ合わせて日本で成立したもの。中務省《なかつかさしょう》に属する陰陽寮《おんようのつかさ》は「天文・暦数《れきすう》・風雲気色《ふううんきしょく》・有異密封奏聞《ゆういみっぷうそうもん》」を管掌《かんしょう》すると『養老令《ようろうりょう》』（職員令）にあります。

陰陽道は平安時代以降の日本人の生活全般を支配し、儀式・行動は陰陽師が吉日《きちじつ》を選び、何か非日常のことが起きれば人々は陰陽師にその吉凶を占わせ、適切な対処方法を相談しました。転居や旅行の際も必ず陰陽師が儀式を行うことが原則。儀式や呪術で悪い運気を除くとされたのです。

さらに人体を陰陽のバランスに関連づけることで、医療に関しても陰陽師は医師《くすし》と同等でした。平安時代、陰陽師は技官、自然科学者として扱われたのです。

上：古事記でイザナギが禊ぎをしたとされる「御池」
（宮崎市阿波岐原町産母）
下：夏越祓の茅輪くぐり（『年中行事絵巻』＊）

祓《はらい》・解除《げじょ》

日本古来の「浄明正直《じょうみょうしょうちょく》」を重んじる神道《しんとう》思想と、「上巳《じょうし》の祓《はらえ》」など中国由来の思想が合一したものです。具体的な不祥事が起きたときはもちろん、日常生活の中でたまった罪《ざい》障《しょう》により不幸が起きるという考えから、「祓」「解除」を行うことで罪障を洗い流し清めようとしました。

祓は聖職者が「祓麻《はらえあさ》」で振り払う方法、水を浴びて行う「禊祓《みそぎはらえ》」、紙などで作った「人形《ひとがた》」で身体を撫《な》で、息を吹きかけ「贖物《あがもの》」として川に流す方法、霊力を持つとされた米を撒《ま》く「散米《さんまい》」など各種ありました。

内裏《だいり》で「有穢」があるときなどは「大祓《おおはらい》」が行われ、六月末日の「夏越《なごし》の大祓」では、スサノオと蘇民将来《そみんしょうらい》の伝説に基づく「茅《ち》の輪《わ》」を腰に提《さ》げ疫病予防を祈りました。

川に流す人形

○陰陽道

『九暦』

「天暦四年（九五〇）六月廿五日（中略）七月上旬依行幸(中略)明日召陰陽師等、令択申吉日者。」

『小右記』

「天元五年（九八二）二月四日（中略）去月晦間御足留非尋常、召陰陽師可令占申、又召医家可令問其由、又可令奉仕御祈者。即奏云、穢気遍満、難被行祭乎。」

「寛和元年（九八五）四月廿七日（中略）卯時水鳥集宜秋門陣前桜樹、召陰陽師令奉仕御占〈盗・兵火事・疫癘者〉。」

『御堂関白記』

「寛弘二年（一〇〇五）二月十日（中略）戌時渡東三条（中略）陰陽師晴明遅来、以随身召、時剋内来、有新宅作法。」

○祓・解除

『古事記』

「吾者到於伊那志許米志許米岐。穢国而在祁理。故吾者為御身之禊而。到坐竺紫日向之橘小門之阿波岐原而。禊祓也。」

『小右記』

「永観二年（九八四）十一月二日（中略）有院穢疑、仍出河原解除。」

「天元五年（九八二）四月廿三日（中略）今日有大祓事、賀茂祭間内裏有穢之時、前例被行大祓云々。」

『御堂関白記』

「長徳元年（九九五）七月十四日。戊午。出東河令解除。(中略)而依軽服無其事、仍所解除也。」

庚申《こうしん》

中国の道教《どうきょう》にある考えが日本に入ってきたものです。人間の体内にいる「三尸虫《さんしのむし》」が六十日に一度の「庚申」の夜、人が眠っている間に体内から出て天に上り、天帝《てんてい》にその人の悪行を告げ口をします。報告を受けた天帝は、悪行の度合いによってその人の寿命を減らすというのです。

そこで庚申の晩に眠らずにいれば「三尸虫」は体外に出られないため、告げ口をされずに済むと考え、寝ないで夜を過ごすことを「守庚申《しゅこうしん》」と呼びました。

さまざまな余興《よきょう》を行なって時間をつぶし、眠気と戦ったのです。『御堂関白記《みどうかんぱくき》』には守庚申の歌会が幾度も記されますし、『今昔物語集《こんじゃくものがたりしゅう》』には、守庚申の夜は「人々笑ひぬべからむ物《もの》語《がたり》し給へ。笑ひて目覚さむ」と、笑い話を楽しんで眠気を覚ます話が載ります。

物忌を示す札とノキシノブ

江戸時代に盛んとなった庚申信仰
元禄 14 年（1701）の庚申塔（東京都中野区）

物忌《ものいみ》

陰陽師《おんみょうじ》による六壬式占《ろくじんしきせん》に従い、陰陽五行《いんようごぎょう》の各要素が影響を与えるとされる、特定の日時に特定の行動を慎むことです。

平安時代は物忌を理由として儀式や公務の欠席が公認されていたため、「懈怠《けたい》」（怠け）であるのに「物忌」と称して欠席する者も多かったようです。

この期間は御簾《みす》などに「物忌」と書いた札を下げ、冠《かんむり》や烏帽子《えぼし》に柳の枝で作った「物忌」を付けて謹慎を表しました。またシダ植物のノキシノブに「物忌」と書いて冠に付けたり御簾に挟むこともあり、『富家語《ふけご》』には「一寸（約三cm）ほどの長さの忍草《しのぶぐさ》」とあります。

ノキシノブは「事無《ことな》し草《ぐさ》」とも呼ばれるため、平穏を願って物忌に用いたと『河海抄《かかいしょう》』に記されています。

ノキシノブ（学名：*Lepisorus thunbergianus*）

○庚申

『新儀式』

「御庚申事。（中略）王卿依召候御前、御厨子所供菓子干物御酒、終夜之間、有打毬之事、或有賦詩献歌之事、及于暁更令侍臣奏絃管、遅明給禄有差。」

『御堂関白記』

「寛弘二年（一〇〇五）九月十五日、庚申。（中略）上達部七八人許・殿上人会合、軒忍、有作文事。題池水後明月。」

『宇津保物語』（祭の使）

「中の大殿に庚申し給ひて、男女かた分きて、石はじきし給ふ。」

○物忌

『源氏物語』（浮舟）

「母屋の簾はみな下ろしわたして、物忌など書かせてつけたり」

『河海抄』

「御殿の御簾ごとに付之。但二間には不付之也。昔は忍草に物忌をかきてみすにもつけ、冠にもさしける也。是は忍草の一名ことなし草といふにつきて用之、無事のよし也云々。貫之哥『かさすともたちとたちにし我名には　ことなし草のかひやなからん』と云り。冠にさす故也云々。軒此忍草は裏のしろくてみじかき草也。軒端なとに常におふる草也。」

薬玉《くすだま》

後漢《ごかん》の『風俗通義《ふうぞくつうぎ》』に「五月五日に五色《ごしき》の糸を肘《ひじ》に結ぶと敵や鬼を避け、病気にならない。これを『続命縷《しょくめいる》』と呼び長寿になる」と屈原《くつげん》の故事を引いた伝承が載ります。

梅雨どきの旧暦五月は「悪月《あくげつ》」とも呼ばれていましたので、日本でも五月五日に薬草を五色の糸で結んで掛け、悪気《あっき》を祓《はら》う風習が生まれました。嘉祥二年（八四九）五月五日、仁《にん》明《みょう》天皇が「薬玉を帯びて酒を飲む人間は長生きする」と言ったと『続日本後紀《しょくにほんこうき》』にあるのが初見です。

平安時代の薬玉の実相は不明ですが、『後二条師通記《ごにじょうもろみちき》』の寛治七年（一〇九三）の記録には、薬玉は二尺（約六〇㎝）とあり、『后宮《こうきゅう》 名目《みょうもく》』には薬玉の香料の配合が記されますので、香料を入れた袋を五色糸で結び、造花で飾ったようです。

長命縷（欣子内親王料）

茱萸嚢《ぐみぶくろ》（しゅゆのう）

五世紀『続斉諧記《しょくさいかいき》』に「九月九日の『重陽《ちょうよう》』の日に茱萸嚢を縫って肘《ひじ》に掛け、山に登って菊酒《きくざけ》を飲めば災いが消える」という伝承が載ります。日本では五月五日に飾った「薬玉」を九月九日に「茱萸嚢」に掛け替えました。

『延喜式《えんぎしき》』（典薬式）には「九月九日呉茱萸廿把、附薬司供之」とあり、（中務式）に「薬司。九月九日裹呉茱萸料。緋帛一疋、緋糸二絇」とありますから、平安時代は赤い袋に漢方薬「呉《ご》茱萸《しゅゆ》」を入れたものだったようです。

呉茱萸は『延喜式』（典薬式）の「草薬廿四種」に入る生《しょう》薬《やく》。身体の冷えを改善し、胃痛・腹痛・関節痛・頭痛などを緩和する効果があると言われます。匂いが強いので魔除《まよ》け効果も期待されたのでしょう。

ゴシュユ（学名：*Tetradium ruticarpum*）

茱萸嚢（『懸物図鏡』*）

○薬玉

『芸文類聚』（歳時中）

「風俗通曰。五月五日、以五綵糸繫臂者、辟兵及鬼、令人不病温度。亦因屈原。又曰。五月五日続命縷、俗説以益人命。」

『小右記』

「天元五年（九八二）五月五日、丙申。（中略）典薬寮進昌蒲、舁立御前庭中。糸所進薬玉〈置中取〉、彼所女官相扶参上、立御前簀子敷。」

『后宮名目』

「一薬玉之法。麝香〈一両〉、沈香〈一両〉、丁子〈五十粒〉、甘松〈一両〉、龍脳〈半両〉。右者和家之伝。」

○茱萸嚢

『吏部王記』

「九日。装束如正月七日。但当御帳前之最屋左右柱。嚢盛茱萸。向外著之。以金瓶挿菊花。置黒漆台机。以組結著。各置著茱萸柱下内辺。」

『西宮記』

「九月九日宴（中略）御帳左右付茱萸嚢、御前立菊瓶有台。」

『小野宮年中行事』

「九日節会事。早朝。書司献菊花二瓶〈有台〉。典薬寮茱萸四嚢。内裏式載神泉苑儀也。近代於紫宸殿行之。」

天児《あまがつ》

新生児の枕元に置いて、諸々の災いが新生児ではなく天児に乗り移るように願う人形です。『源氏物語』には天児がたびたび登場し、「若菜上《わかな》」の帖では、明石《あかし》の姫君が産んだ東宮の御子《みこ》のために、養母である紫《むらさき》の上《うえ》が天児を手作りしています。このように身近な人が、生まれたばかりの子の健康を祈るために作ったもののようです。

『栄花物語《えいがものがたり》』（もとのしづく）では幼い小坊主《こぼうず》姿の幼児の可愛い描写を「しゃべって動く天児のよう」と表現しています。つまり単なる呪術用品ではなく、可愛いお人形さん、という認識もあったわけです。ただし室町後期の『産所之記《さんしょのき》』には、「あまがつ」は二〜三歳児ほどの大きさとあり、想像以上に大きな人形でした。

天児（朝香宮家旧蔵）

犬筥《いぬばこ》

「御伽犬《おとぎいぬ》」とも呼ばれる犬筥は、安産祈願や子どもの成長を願う縁起物とされ、室町時代に生まれたと考えられています。『御産之規式《ごさんのきしき》』には「犬箱《いぬばこ》の事」の項があり、天児《あまがつ》のように赤子のそばに置く犬張《いぬは》り子《こ》で、一つは雄《おす》犬で口を閉じ、一つは雌《めす》犬で口を開けるなどと詳しく説明しています。

なぜ犬なのかについては諸説ありますが、平安後期には子どもの額《ひたい》に「犬」と書いて魔除《まよ》けにする「阿也都古《あやつこ》」と呼ばれる俗習がありました。このように犬を子どもの守りとする意識と、御帳《みちょう》の前に置く「獅子狛犬《ししこまいぬ》」（154ページ）をかたどった魔除けが合体し、可愛い顔に描き換えて犬筥になった、とも考えられるでしょう。犬筥が「阿吽《あうん》」一対になっているのも獅子狛犬に符合します。

向かって左が雌犬、右が雄犬

〇天児

『九暦』

「天暦四年（九五〇）七月廿八日（中略）今日男方始供御膳、女蔵人受阿末加都御料如例。」

『源氏物語』（薄雲）

「乳母の少将とて、あてやかなる人ばかり、御佩刀、天児やうの物取りて乗る。人だまひによろしき若人、童女など乗せて、御送りに参らす。」

『栄花物語』（もとのしづく）

「頭には花を塗り、顔には紅・白い物をつけたらんやうなり。あはれにうつくしう尊き様、小き地蔵菩薩はかくや在すらんと見えたり、又あまがつなどの物言ひて動くとも見ゆ。」

〇犬筥

『大府記』

「康和五年（一一〇三）八月廿七日（中略）宗通卿御額奉書犬字。先日女房奉仕。」

『中右記』

「嘉承元年（一一〇六）二月七日（中略）行啓之間、犬字（アヤツコ）右衛門督宗通卿依仰奉書。仍不供奉行啓。是俗習不同道之故也。」

『伊勢兵庫助注記御産所御道具』

「一御いぬばこ。此ぶん宮内卿御局へ尋申候。大方注置也。」

天児（江戸時代）***

上：斎宮遺跡の復元正殿
下：斎宮遺跡の 10 分の1模型
（三重県多気郡明和町斎宮
斎宮跡歴史ロマン広場）

斎宮《さいぐう》

天武《てんむ》天皇の時代に確立したとされる伊勢《いせ》の「斎王《さいおう》」制度。新天皇即位に際して未婚の皇女の中から卜定《ぼくじょう》（亀の甲羅《こうら》を焼く占い）で選ばれ、伊勢の神宮に派遣されてお仕えしました。卜定の翌々年の九月、野宮《ののみや》での潔斎《けっさい》を済ませた斎王は、「長《ちょう》奉送使《ぶそうし》」たちを従えて伊勢に入りました。

斎王の伊勢における御所《ごしょ》が「斎宮《さいぐう》」です。「斎宮寮《さいぐうのつかさ》」五百人ほどの官人たちが斎王の日常に奉仕。斎王は斎宮で潔斎と祭祀《さいし》の日々を送り、六月・十二月の「月次祭《つきなみのまつり》」と九月の「神嘗祭《かんなめのまつり》」には直接神宮へ赴き、神事を行いました。斎王制度は鎌倉時代に衰退し、後醍醐《ごだいご》天皇の時代を最後に廃絶。

なお、斎王本人を「斎宮」と呼ぶこともあります。

野宮《ののみや》

野宮神社（昭和 10 年頃）

新斎王《しんさいおう》はまず宮中の「初斎院《しょさいいん》」に入り、翌年の秋に潔斎《けっさい》のために「野宮」（卜定《ぼくじょう》された郊外の浄野《きよの》に新造される）に入りました。野宮は神聖・清浄を重んじ、人ができるだけ手を加えていない素材を大切にしたため、周囲は素朴な柴垣《しばがき》、鳥居は皮を剥《む》かないクヌギの木で作られました。この鳥居は「黒木鳥居《くろきのとりい》」と呼ばれ、最も神聖な鳥居とされます。柴垣や黒木鳥居は『延喜式《えんぎしき》』（神祇式）において「大嘗宮《だいじょうきゅう》」の諸殿《しょでん》は黒木柱を用い、柴を垣とすることに準拠します。

野宮は一人の斎王《さいおう》一代限りのもので、その都度臨時に建設されることとされましたが嵯峨野《さがの》に設けられることが多く、現在の野宮神社（京都市右京区《うきょうく》嵯峨野）はその名残であるとされています。

○斎宮

『延喜式』（神祇式）

「凡天皇即位者。定伊勢太神宮斎王。仍簡内親王未嫁者卜之〈若無内親王者。依世次。簡定女王卜之〉。訖即遣勅使於彼家。告示事由。神祇祐已上一人率僚下。随勅使共向。卜部解除。神部以木綿著賢木。立殿四面及内外門〈賢木。木綿所司儲之。解除料散米酒肴等本家儲之〉。其後択日時。百官為大祓〈同尋常二季儀〉。（中略）凡斎内親王定畢。即卜宮城内便所。為初斎院。祓禊而入。」

『延喜式』（太政式）

「凡天皇初即位者。定伊勢太神宮斎内親王。簡未嫁者令所司卜〈若内親王不卜食者簡女王〉。訖卜宮城内便処為初斎院。祓潔而入。更卜城外浄野。造斎宮畢。明年八月上旬。卜吉日祓潔而移入之。前十日任太政官定従行五位以上名数。前後次第司。各長官一人〈五位〉。判官主典各一人〈六位以下〉。依時尅出自初斎院。臨川上禊潔即入野宮〈事見斎宮式〉。潔斎三年。五月以前。任斎宮寮官人及主神司。其諸司七月以前任之。即依例准擬庶事。九月上旬卜定吉日。向伊勢太神宮。預任装束司。五位二人〈一人神祇副以上、一人左右少弁以上〉。六位以下四人〈神祇祐、弁官史、縫殿允、諸司主典〉。前行日点定監送使四人〈参議若中納言一人、弁史各一人、六位以下官一人〉。斎王臨川禊之。如入野宮禊儀〈事見儀式〉。」

○野宮

『延喜式』（神祇式）

「至于明年七月。斎於此院。更卜城外浄野。造野宮畢。八月上旬、卜定吉日。臨河祓禊。即入野宮。自遷入日。至于明年八月。斎於此宮。九月上旬。卜定吉日。臨河祓禊。参入於伊勢斎宮。」

『延喜式』（大炊式）

「斎内親王従初斎院遷野宮時禊料。雑給米二石、土塊百口、薪卅斤、柏十把。」

賀茂社《かものやしろ》

賀茂社は平安遷都以前からこの周辺を支配していた「賀茂《かもの》県主《あがたぬし》」一族の氏神《うじがみ》で、賀茂別雷《かもわけいかづち》神社（上賀茂《かみがも》神社）と賀《か》茂《も》御祖《みおや》神社（下鴨《しもがも》神社）を合わせて賀茂社と呼ばれます。平安遷都後は王城《おうじょう》鎮護《ちんご》の神社として皇室の篤《あつ》い崇敬《すうけい》を受け、さらに隆盛しました。その賀茂社の祭が賀茂祭《かものまつり》で、平安時代にただ「まつり」と言えば賀茂祭を意味し、内裏《だいり》に近い勅祭《ちょくさい》として人々に愛され、楽しみにされました。

大同五年（八一〇）に起きた「薬子《くすこ》の変」鎮圧を祈願した嵯峨《さが》天皇が皇女を賀茂社に奉仕させたことから、伊勢斎宮《いせさいぐう》のように賀茂斎王《さいおう》が立てられるようになります。斎王は日常は紫《むらさき》野《の》の「斎院《さいいん》」に居住し、毎年四月中酉《なかのとり》の日の賀茂祭に際して賀茂社に参詣したのです。

上賀茂神社（京都市北区上賀茂本山）

稲荷社《いなりのやしろ》

伏見稲荷大社《ふしみいなりたいしゃ》は平安時代、朝廷の奉幣《ほうべい》を受ける神社でした。二月最初の「午《うま》」の日に参詣する風習は現在も伝わりますが、社伝では和銅四年（七一一）二月初午の日、秦伊侶巨《はたのいろこ》が三柱の神を伊奈利《いなり》山の三ヶ峰に祀ったのが始まりとされています。

平安時代には初午詣がさかんとなり、『枕草子』にも「稲荷に思ひおこしてまうでたるに（中略）二月午の日の暁《あかつき》に急ぎしかど」と、人々が初午詣をする光景が描かれています。

また、平安時代に始まった「稲荷祭《いなりまつり》」は、数多くの音楽や芸能なども奏される盛大な祭りであったと言われています。当時は三月二の午の日に御旅所《おたびしょ》へ神幸《しんこう》し、四月初卯の日に本社へ還幸《かんこう》することが例となっていましたが、現在では四月に神幸祭、五月には還幸祭が行われ今日にいたっています。

伏見稲荷大社（京都市伏見区深草）

○賀茂社

『延喜式』（神祇式）

「斎院司。凡天皇即位。定賀茂大神斎王。仍簡内親王未嫁者卜之〈若無内親王者。依世次簡諸女王卜之〉。（中略）凡斎王於初斎院三年斎。（中略）（中略）凡斎王毎年四月中酉日。参上下両社祭。」

『御堂関白記』

「長和二年（一〇一三）四月廿四日。乙酉。〈賀茂祭、覧男女被馬、解陣〉。渡狭敷見物、三宮渡給。」

『小右記』

「長和三年四月十八日。癸酉。祭使少将公成於内大臣第出立。」

○稲荷社

『貞信公記』

「天慶八年（九四五）七月五日（中略）依陰陽寮占申、奉幣賀茂・稲荷二社祈雨、大納言行事。」

『村上天皇御記』

「天徳四年（九六〇）十一月十九日。昨今物忌也。此日奉幣伊勢・石清水・賀茂・松尾・稲荷等神社。告以可始作内裏之事云々。」

『中右記』

「寛治六年（一〇九二）四月十五日（中略）今日稲荷祭也。今日稲荷祭見物之間、少将顕雅朝臣雑色与検非違使庁下部等有闘乱事。」

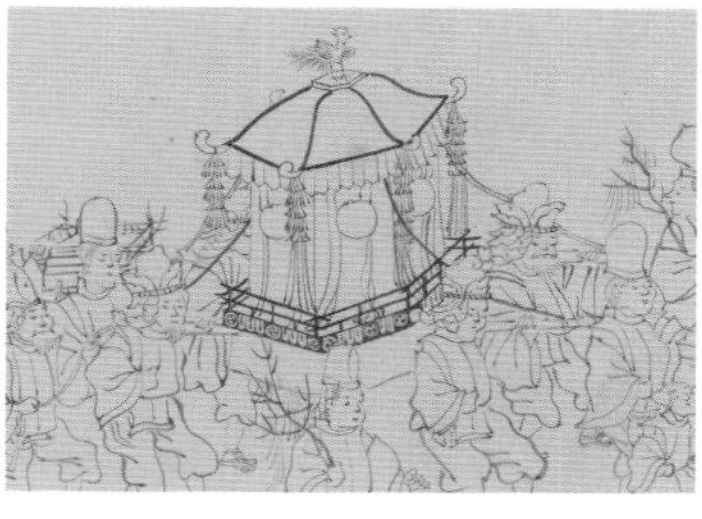

稲荷祭の神輿（『年中行事絵巻』*）

石清水八幡宮（京都府八幡市八幡高坊）

石清水社《いわしみずのやしろ》

京都の「裏鬼門《うらきもん》」（南西）にある石清水社は平安時代以降、朝廷の篤《あつ》い尊崇《そんすう》を受けた神社で、元日の「四方拝《しほうはい》」で遥拝《ようはい》された神社の一つです。貞観元年（八五九）、奈良大安寺《だいあんじ》の僧・行教《ぎょうきょう》が宇佐八幡宮《うさはちまんぐう》で八幡神《やはたのかみ》から「都に近い男山《おとこやま》に座して国家を鎮護する」という託宣《たくせん》を受け、創建したのが石清水八幡《いわしみずはちまん》宮《ぐう》の創始。八幡神は武神《ぶしん》として知られます。

本祭は八月の「放生会《ほうじょうえ》」ですが、天慶五年（九四二）、平将門《たいらのまさかど》・藤原純友《すみとも》の乱平定の感謝を石清水八幡宮に捧げた祭として、三月午《うま》の日に「臨時祭《りんじのまつり》」が始まりました。冷泉《れいぜい》天皇の御代《みよ》に恒例化し、大中臣能宣《おおなかとみのよしのぶ》はこのとき「君が代にみな底澄《ぞこす》める石清水　流れて千代に仕《つか》へまつらむ」と詠み、その後、国家鎮護の祭祀《さいし》として尊重されるようになります。

住吉大社（大阪市住吉区住吉）

『住吉物語絵巻』＊＊＊

住吉社《すみよしのやしろ》

住吉の神はイザナギが黄泉国《よみのくに》から帰って禊《みそぎ》をしたときに生まれた底筒之男神《そこつつのおのみこと》・中筒之男神《なかつつのおのみこと》・上筒之男神《うわつつのおのみこと》の三神と、神功《じんぐう》皇后合わせて四柱の神です。遣唐使《けんとうし》を護る航海の神・禊祓《みそぎはらえ》の神、そして和歌の神とされました。

朝廷の深い尊崇《そんすう》を受け、例えば天慶《てんぎょう》三年（九四〇）には藤原純友《すみとも》の天慶の乱が収まることを祈って、朝廷は石清水社《いわしみずのやしろ》・賀茂社《かものやしろ》そして住吉社に奉幣祈禱《ほうべいきとう》を行っています。また『江談《ごうだん》抄《しょう》』では吉備真備《きびのまきび》が唐《とう》で預言書《よげんしょ》『野馬台詩《やばたいし》』を解読せよと難題を出されたとき、神仏に祈って成功しますが、その神仏とは住吉大明神と長谷寺《はせでら》観音だと記されます。平安時代、住吉社と長谷寺（245ページ）が「神仏祈願」の代表的な対象であったことがわかります。

住吉蒔絵硯箱＊＊＊

〇石清水社

『日本紀略』

「天慶五年（九四二）四月廿七日庚辰、奉幣宇佐八幡宮、香椎廟、石清水宮。依賽東西賊徒討平之由也。」

『御堂関白記』

「長保二年（一〇〇〇）三月廿日（中略）院参石清水并住吉給。今夜石清水宿給、於賀茂河尻御舟。」

『小右記』

「永祚元年（九八九）三月十三日（中略）是日石清水臨時祭、其儀如恒、摂政不被参入。（中略）祭使蔵人頭公任朝臣。」

「永祚元年九月十五日。癸巳。今日石清水放生会。七月彼宮触穢、仍今日行之云々。依服不奉例幣、因之解除。」

〇住吉社

『小右記』

「長元四年（一〇三一）九月廿七日（中略）修諷誦於祇園、為中将息災、右少将定良為御書使参住吉云々。今日於彼御社被果御願云々。」

『御堂関白記』

「長保二年（一〇〇〇）三月廿三日（中略）参住吉給。同日御天王寺、所々有音楽、又被供養法華経。」

『江談抄』

「（吉備入唐間事）吉備術尽テ居之間、如案下楼、於帝王前令読二其文、吉備目暗テ、凡見此書字不見。向本朝方、暫訴申本朝仏神〈神者住吉大明神、仏者長谷寺観音也〉。」

春日大社《かすがたいしゃ》

奈良の春日大社は藤原氏の守護神である武甕槌命《たけみかづちのみこと》と経津《ふつ》主命《ぬしのみこと》、祖神である天児屋根命《あめのこやねのみこと》と比売神《ひめがみ》を祀《まつ》る、藤原氏の氏《うじ》神社《がみしゃ》です。社伝では、神護景雲二年（七六八）に創建されました。武甕槌命は鹿に乗って常陸国鹿島《ひたちのくにかしま》から遷《うつ》ってこられたという伝承から、春日大社のお使いは鹿とされます。

藤原氏の政治的隆盛とともに栄え、春日祭《かすがさい》は国家的な祭祀《さいし》となって賀茂祭《かものまつり》・石清水祭《いわしみずのまつり》とならび「三勅祭《さんちょくさい》」と呼ばれるようになります。嘉祥三年（八五〇）仁明《にんみょう》天皇の御代《みよ》に始まり、貞観元年（八五九）に庚申《こうしん》の夜に執行されてからは、二月と十一月の最初の「申《さる》」の日が祭日と定められました。『延喜式《えんぎしき》』（太政式）において、春日祭に際して藤原氏の人々は、往復四日は公休扱いと定められていました。

春日大社（奈良市春日野町）

大原野社《おおはらののやしろ》

延暦三年（七八四）、桓武《かんむ》天皇が奈良から長岡京《ながおかきょう》に遷都したとき、皇后・藤原乙牟漏《おとむろ》が藤原氏の氏神《うじがみ》・春日大社《かすがたいしゃ》の御分《ごぶん》霊《れい》を祀《まつ》るために創建された神社です。女性にとって奈良の春日大社まで参拝に出かけるのは苦労が多かったので分祀社《ぶんしのやしろ》が必要だったのです。

藤原氏一族は女子誕生に際して、将来、皇后になれるように大原野神社に祈願に訪れることが習慣となり、やがて見事に皇后になると、盛大な行列で礼参するようになりました。『小野宮年中行事《おののみやねんじゅうぎょうじ》』によれば、大原野祭《おおはらのまつり》参加者への引出物《ひきでもの》は藤原氏出身の皇后が出す、藤原氏の皇后がいない時は、藤原氏の氏長者《うじのちょうじゃ》が出す、としています。大原野祭が完全に藤原氏による藤原氏のためのお祭りであったことがわかります。

大原野神社（京都市西京区大原野南春日町）

春日鹿曼荼羅図***

○春日大社

『延喜式』（太政式）

「凡春日祭。二月。十一月上申日、参議以上参会〈事見儀式〉。」

「凡参春日祭幷薬師寺最勝会及興福寺維摩会、王氏・藤原氏五位已上六位已下。見役之外給往還上日四箇日。」

『御堂関白記』

「寛仁二年（一〇一八）三月廿二日（中略）摂政今暁参春日社、余厩馬右大弁朝経・右中弁定頼借用。」

「寛仁二年三月廿三日（中略）今夜々半許摂政自春日入京。昨今両日風雨、事煩尤多、威儀虧損云々。」

○大原野社

『延喜式』（太政式）

「凡大原野祭。春二月上卯。冬十一月中子。参議以上参〈事見儀式〉。」

『九条年中行事』

「卯日大原野祭事。〈仁寿元年（八五一）二月二日。右大臣宣。拠春日祭式〉。」

『小野宮年中行事』

「上卯日大原野祭事〈当日使立〉。貞観太政官式云。参大原野。藤原氏見役之外。給上日二箇日。仁寿元年二月二日。右大臣宣。拠春日祭式。以平野梅宮祭式。弥縫而行之。此日饗禄。藤氏后宮所儲。氏后不在之時。氏長者儲饗。但禄事可勘前例。」

僧官《そうかん》・僧位《そうい》

朝廷は神事優先を貫きつつ、神仏習合《しんぶつしゅうごう》・本地垂迹説《ほんちすいじゃくせつ》という世界でも稀《まれ》に見る寛容な宗教観で、仏教も篤《あつ》く保護しました。僧侶には一般の位階《いかい》・官職に相当する「僧位・僧官」が与えられ、朝廷機構の一部をなして僧侶世界を管理したのです。

興福寺・維摩会（講堂須弥壇《しゅみだん》前での講師の問答）（『春日権現験記』＊）

僧官

推古天皇三十二年（六二四）四月、僧尼の不法行為を僧正《そうじょう》・僧都《そうず》に監督させたと『日本書紀』にあるのが僧官の最初です。

天武天皇十二年（六八三）三月に僧正・僧都・律師《りっし》が任ぜられ、大宝二年（七〇二）正月には「僧正・大僧都《だいそうず》・少僧都《しょうそうず》・律師」、天平十七年（七四五）正月には「大僧正《だいそうじょう》」の名称が見られます。これらはまとめて「僧《そう》綱《ごう》」と呼ばれ、奈良時代は薬師《やくし》寺《じ》、平安時代は東寺《とうじ》・西寺《さいじ》に置かれた「僧綱所《そうごうしょ》」で僧侶の管理に当たりました。

やがて平安中期になると東寺や延暦《えんりゃく》寺《じ》などに「永宣旨《えいせんじ》」が与えられ、天皇への上奏《じょうそう》を経ずに僧官に任ぜられるようになり、朝廷の直接管理下から離れます。

維摩会に居並ぶ僧綱たち（『春日権現験記』＊）

僧位

貞観六年（八六四）二月、僧官に相当する僧位が定められ、僧《そう》正《じょう》に「法印大和尚位《ほういんだいかしょうい》」、大少僧都に「法眼和尚位《ほうげんかしょうい》」、律師《りっし》に「法《ほっ》橋《きょう》上人位《しょうにんい》」が授けられました。

治安二年（一〇二二）、法成《ほうじょう》寺《じ》金堂の仏像を造った定朝《じょうちょう》は、藤原道長の推薦で仏師として初めて僧位「法橋《ほっきょう》」が授けられ、永承三年（一〇四八）には「法《ほう》眼《げん》」まで進みます。

やがて仏師のみならず絵師や連歌師、さらには学者や医者などにもこうした僧位が与えられることになりました。

弘安八年（一二八五）、法印・僧都は四位、法眼・律師は五位、法橋は地下諸大夫《じげのしょだいぶ》、凡僧《ぼんそう》は六位に準ずると『釈家官班記《しゃっけかんぱんき》』にあります。

○僧官

『新儀式』

「任僧綱事〈付法務僧綱内供奉十禅師延暦寺座主阿闍梨僧位記〉。召大臣於御前、定任僧綱畢、僧正一人、大僧都一人、少僧都二人、律師四人、権律師四人、合十四人、而近代之例、大臣於陣頭令作宣命奏。」

『延喜式』（太政式）

「凡任僧綱者弁官預仰式部治部等省。其日遣勅使参議〈賜宣命文〉。及少納言弁式部輔治部輔玄蕃頭等各一人。共向僧綱所〈僧綱所預設座〉。勅使以宣命文授少納言。」

『栄花物語』（こまくらべの行幸）

「五日の程千手の御読経なり。僧正は山の座主、さては講師十人を、かたへは僧綱、かたへは几僧なり。」

○僧位

『宇多天皇御記』

「仁和三年（八八七）十一月十七日丙戌。即位。（中略）又天下僧尼八十以上施物。満位已上授一階。」

『日本三代実録』

「貞観六年（八六四）二月十六日癸酉。制定僧綱位階。詔曰。国典所載、僧位之制。本有三階。満位・法師位・大法師位是也。僧綱凡僧。同授此階。位号不分。高卑無別。論之物意。実不可然。仍彼三階之外。更制法橋上人位。法眼和上位。法印大和尚位等三階。以為律師已上之位。宜法印大和尚位為僧正階。法眼和上位為僧都階。法橋上人位為律師階。」

上：大極殿での御斎会
（『年中行事絵巻』＊）
下右：宮中での灌仏
（『公事十二ケ月絵巻』＊）
下左：真言院御修法
（『年中行事絵巻』＊）

法要法会《ほうようほうえ》

朝廷の行う仏教儀式は、主に鎮護国家を念ずるものでした。正月の「御斎会《ごさいえ》」「真言院御修法《しんごんいんみしほ》」や五月の「最勝講《さいしょうこう》」などがその例です。正月八日から七日間、大極殿《だいごくでん》に諸宗の学僧を集め、『法華経《ほけきょう》』『仁王経《にんのうきょう》』と並んで護国三部経《ごこくさんぶきょう》の一つとされる『金光明最勝王経《こんこうみょうさいしょうおうきょう》』を講読させ、国家鎮護と五穀豊穣を祈った仏教行事が「御斎会」です。天皇が臨席する年もあり、「竟日《きょうじつ》」（最終日）には舞楽《ぶがく》も披露されるなど、正月の華やかなイベントの側面もありました。御斎会の最後、学僧から「問者《もんじゃ》」と「講師《こうし》」を選び、天皇の御前で経文の論義を行うのが「内論義《うちろんぎ》」。これは清涼殿《せいりょうでん》で開催されました。

同じ期間に「真言院《しんごんいん》」（空海《くうかい》の奏上《そうじょう》でできた大内裏《だいだいり》の密教《みっきょう》修行場）では「後七日御修法《ごしちにちみしほ》」が行われます。東寺《とうじ》長者《ちょうじゃ》が導師《どうし》を務めて、金剛界《こんごうかい》と胎蔵界《たいぞうかい》を毎年交互に祈ります。これも天下泰平・五穀豊穣・玉体安穏《ぎょくたいあんのん》を祈る法会です。

亡くなった身内の供養・法要や、自らの仏教的信条で法会を営むことも、もちろん多くありました。こうした法会の際に重要な役割を果たすのが「七僧《しちそう》」で、講師《こうし》・読師《どくし》・呪願師《じゅがんし》・三礼師《さんらいし》・唄師《ばいし》・散華師《さんげし》・堂達《どうだつ》です。長元元年（一〇二八）十一月、藤原道長の一周忌法要が法成寺阿弥陀堂《ほうじょうじあみだどう》で行われたことが『小右記《しょうゆうき》』に記録されます。そのときは講師が権僧正《ごんのそうじょう》の慶命《けいみょう》。以下大僧都《だいそうず》の扶召《ふしょう》・心誉《しんよ》・永円《えいえん》、少僧都《しょうそうず》の定基《じょうき》、法眼《ほうげん》の教円《きょうえん》、阿闍梨《あじゃり》の長算《ちょうさん》の七僧が任に当たりました。

『延喜式』（玄蕃式）
「凡諸国起正月八日迄十四日。請部内諸寺僧於国庁。修吉祥悔過〈国分寺僧専読最勝王経。不預此法〉。惣計七僧法服并布施料物。混合准価、平等布施、並用正税。」

『村上天皇御記』
「天徳四年（九六〇）六月九日、丁丑。此日理子内親王家於園城寺修四十九日御法事。其仏供具及七僧法服料。同等預給令調備。」

『西宮記』
「御斎会〈官行事、行本供、公卿家々依行事所廻文勤加供、大臣皆供、納言参議相合、請僧、僧綱定補、玄蕃式云六宗均択請、此外天台天王寺梵釈寺常住寺等、十禅師客一人通請者〉。」

『小右記』
「寛仁元年（一〇一七）七月十九日、乙卯。前太皇太后七々御法事。於四条宮被修也。銀阿弥陀仏・観音・徳大勢・金泥法花経・心経・転女成仏経、七僧有法服〈法眼院源・大僧都林懐・少僧都心誉・律師教静・阿闍梨仁海・阿闍梨証空・阿闍梨源泉〉。」
「長元元年（一〇二八）十一月四日、甲午。今日入道前太相府周忌法事於法成寺阿弥陀堂被修。（中略）此間打鐘、請僧入堂、余已下着堂前座。七僧法服、外百僧」

紫紙金字『金光明最勝王経』巻第七＊＊＊

東寺（京都市南区九条町）

東寺《とうじ》

平安京の王城鎮護《おうじょうちんご》のために、羅城門《らじょうもん》の左右に建立《こんりゅう》された官寺《かんじ》が「東寺」と「西寺《さいじ》」。『扶桑略記《ふそうりゃくき》』には平安遷都の二年後の延暦十五年（七九六）に東寺草創の勅命が出ています。弘仁十四年（八二三）、嵯峨《さが》天皇は対立した真言宗《しんごんしゅう》の空海《くうかい》と天台宗《てんだいしゅう》の最澄《さいちょう》の仲を修復する意味もあって東寺を空海に授け、寺名を「教王護国寺《きょうおうごこくじ》」としました。官寺が下賜されて一つの宗派が独占することはかつてないことで、仏教が国家管理から宗教仏教に移る嚆矢《こうし》となりました。

空海没後、真言宗は教学の中心を高野山《こうやさん》に移しましたが、光仁《こうにん》天皇や仁明《にんみょう》天皇などの「国忌《こっき》」が行われたり、昌泰二年（八九九）二月に宇多《うだ》上皇の「灌頂《かんじょう》」（阿闍梨《あじゃり》となる儀式）が行われるなど、東寺は官寺の権威を保ちました。

延暦寺・横川中堂（大津市坂本本町）

延暦寺《えんりゃくじ》

天台宗《てんだいしゅう》の開祖・最澄《さいちょう》が開いた延暦寺は、平安京の鬼門《きもん》（北東）に位置し、王城守護《おうじょうしゅご》・鎮護国家の大道場《だいどうじょう》として朝廷の尊崇《そんすう》を集めました。天暦八年（九五四）七月の雨乞《あまごい》では、南《なん》都七大寺《としちだいじ》に平安京の東寺《とうじ》・西寺《さいじ》、そして延暦寺で祈願が行われていて、官寺《かんじ》に準じた存在であったことがわかります。

比叡山《ひえいざん》の山頂一帯には三塔《さんとう》・十六谷《じゅうろくだに》・三千坊《さんぜんぼう》と言われるほど数多くの寺院がありました。三塔とは「東塔《とうどう》」「西塔《さいどう》」そして「横川《よかわ》」の三地区を指し、平安京遷都前の延暦七年（七八八）に最澄が建立《こんりゅう》した根本中堂《こんぽんちゅうどう》がある「東塔」が中心地域になります。嘉祥元年（八四八）、円仁《えんにん》が横川中堂を創建。横川の恵心僧都《えしんそうず》・源信《げんしん》は、密教と浄土信仰《じょうどしんこう》の融合を図り、寛和元年（九八五）に『往生要集《おうじょうようしゅう》』を著しました。

○東寺

『扶桑略記』

「延暦十五年（七九六）、有勅、草創東寺。造東寺長官従四位上藤原朝臣伊勢人造鞍馬寺。則彼寺縁起云伊勢人称、我奉勅命、雖造東寺、私願未遂。争建一堂。」

「昌泰二年（八九九）己未二月十五日、太上天皇於東寺灌頂。」

『東寺文書』

「弘仁十四年（八二三）勅賜東寺於大師、敢不雑住他宗、為唯蜜之道場。（中略）以祈国家安全、故名寺曰、教王護国。（中略）大師記文曰、教王護国寺者、仏法之目足、密宗之玄庭也。不准余寺。我朝以彼寺為最頂云々。是以可観叡信不浅者、右東寺長存、而東京猶盛也。」

『御堂関白記』

「寛弘七年（一〇一〇）六月卅日（中略）国忌事。贈皇太后東寺。」

○延暦寺

『扶桑略記』

「延暦七年（七八八）、最澄和尚行年廿二、於比叡山建立根本中堂一乗止観院〈後改号延暦寺〉。」

『村上天皇御記』

「天暦八年（九五四）四月廿五日戊辰。於七大寺、東西寺、延暦寺、並諸社転経祈雨。」

『九暦』

「天暦八年十月十七日、寅刻到着会坂関、卯刻着東坂、同刻到山上。（中略）講堂未作畢。而依座主（良源）定、於件堂行仏経。堂具皆新作。七僧法服如例。又択請百僧、並供満山僧千八百余人、事畢向横川、事未初間、相逢座主。」

『日本紀略』

「長和五年（一〇一六）五月一日（中略）今日太上天皇登天台山。依御目病也。」

『小右記』

「寛弘二年（一〇〇五）十一月十一日（中略）六月以後天変廿九箇度（中略）又七大寺・延暦寺仁王経御読経。」

石山寺《いしやまでら》

天平十九年（七四七）、聖武《しょうむ》天皇の勅願《ちょくがん》により良弁僧正《りょうべんそうじょう》により創建されました。東大寺大仏に塗る金の国産を願う聖武天皇は聖徳太子の念持仏《ねんじぶつ》を良弁僧正に給《たま》い、これを硅灰石《けいかいせき》の岩山の上に祀《まつ》って祈ったところ陸奥《むつ》・下野《しもつけ》から砂金《さきん》が発見されました。念持仏はその後も岩山から離れなかったので、ここに草庵《そうあん》が建てられたのが石山寺の発祥といわれます。

都の貴族たちは観音信仰に基づいて石山詣《もうで》を熱心に行いました。逢坂山《おうさかやま》を越えて打出浜《うちではま》（滋賀県大津市《おおつし》）から船に乗り、瀬田川《せたがわ》を下って石山寺まで参詣するのが標準コースで、長谷寺《はせでら》などと比較すれば楽な行程であったため、清少納言や紫式部、和泉式部《いずみしきぶ》など女性たちも盛んに参詣しています。

石山寺（大津市石山寺）

長谷寺《はせでら》

長谷寺（桜井市初瀬）

奈良時代に建立《こんりゅう》された長谷（初瀬《はせ》）寺は観音信仰の霊場《れいじょう》として崇敬《すうけい》を集めました。唐《とう》の僖宗帝《きそうてい》の后《きさき》は容貌に恵まれずにいましたが、日本の長谷観音に祈請《きせい》すると容姿端正になったという伝説が、平安中期に信じられていました。その他さまざまな願いを叶えてくれる寺院として、特に平安中期には貴族たちの参詣が絶えませんでした。万寿元年（一〇二四）には藤原道長が参詣したと『小右記《しょうゆうき》』にあります。

平安京から長谷寺への道のりは遠く険しいもので、三輪《みわ》を過ぎた辺りの宿場町《しゅくばまち》・椿市《つばいち》（奈良県桜井市《さくらいし》）に前泊することが一般的でした。『枕草子』には「椿市は初瀬に詣でる人が必ず泊まる」とあります。ここから山道になりますので、登山準備を調える場所だったようです。

長谷寺の登廊

○石山寺

『扶桑略記』

「天平廿一年（七四九）己丑正月四日。陸奥国守従五位上百済敬福進少田郡所出黄金九百両。本朝始出黄金時也。（中略）託宣〈一云、入夢〉云、『我山之金、慈尊出世時、取可用。但近江国志賀郡瀬田江辺、有一老翁石座、其上作観音像、敬致祈請、黄金自出焉』。仍訪求其処、安置如意輪観音像〈今石山寺是也〉。」

『扶桑略記』

「延長六年（九二八）閏八月十七日、法皇参御石山寺。京極御息所幷童親王等扈従。」

「正暦三年（九九二）壬辰、二月廿九日、東三条院参石山寺。」

○長谷寺

『小右記』

「万寿元年（一〇二四）十一月十六日（中略）今日禅閤被参長谷寺、今夜被宿宇治。」

「正暦元年（九九〇）九月八日庚辰。寅剋許従此寺歩行参長谷寺。於途中朝食、午終到椿市。令交易御明・灯心器等。」

『御堂関白記』

「寛弘元年（一〇〇四）六月廿二日。乙亥。天晴。参内。入夜行長谷寺、与女方同。明日依有慎事也。」

『栄花物語』（こまくらべの行幸）

「この程にとのゝ御前、長谷寺に参らせ給て、七日籠らせ給。国の守もわづらはさじとおぼしめして、京よりよろづ具せさせ給。」

仁和寺《にんなじ》

仁和寺（京都市右京区御室大内）

仁和寺は光孝《こうこう》天皇の勅願《ちょくがん》で建立《こんりゅう》が始められ、その子である宇多《うだ》天皇によって仁和四年（八八八）に落成《らくせい》した「西山御願寺《にしやまごがんじ》」です。やがて出家《しゅっけ》した宇多法皇が「御室《おむろ》」と呼ばれる僧坊《そうぼう》を建てて住み、その子・醍醐《だいご》天皇はたびたび仁和寺に行幸しています。また宇多天皇の孫に当たる朱雀《すざく》天皇も天暦六年（九五二）に出家して仁和寺に入りました。

こうした特別な由緒のある仁和寺は皇族が住職を務める「門跡寺院《もんぜきじいん》」として栄え、平安末期には諸宗各本山の最上位を占めるに至ります。京の近郊にある仁和寺は一種の行楽地ともなり、天徳元年（九五七）三月には「桜会《さくらのかい》」、寛和二年（九八六）六月には「競馬《くらべうま》・打毬《だきゅう》」、正暦四年（九九三）四月には「躑躅会《つつじのかい》」が開催されていることが記録に残ります。

平等院《びょうどういん》

平等院（宇治市宇治蓮華）

藤原道長は長徳四年（九九八）頃に源《みなもとの》 重信《しげのぶ》の未亡人から宇治《うじ》の別業《べつぎょう》を買い取って別荘「宇治殿《うじどの》」とし、万寿四年（一〇二八）十二月に道長が亡くなりますと、息子の頼通《よりみち》が相続しました。永承七年（一〇五二）は日本の仏教解釈では、釈迦《しゃか》の教えが消滅する「末法《まっぽう》の世《よ》」の初年に当たるとされ、極楽往生《ごくらくおうじょう》を願う浄土信仰《じょうどしんこう》が広まります。これを受けて頼通は宇治の別荘を寺院に改めて平等院と名付けました。

「この世の極楽浄土」の実現を目指し、翌年の天喜元年（一〇五三）に阿弥陀堂《あみだどう》（鳳凰堂《ほうおうどう》）が落成《らくせい》しています。

その後、藤氏 長 者《とうしのちょうじゃ》の就任儀礼として平等院を参詣する「宇治入《うじいり》」が設定されるなど、平等院は摂関家にとって栄華の象徴とも言うべき、特別な意味を持つようになりました。

○仁和寺

『扶桑略記』

「延長四年（九二六）十二月十九日壬寅、奉為太上法皇増宝寿。京辺七箇寺、南京七大寺、修御誦経、施用絹六百疋布六千端。京七寺、東寺、西寺、延暦寺東塔、仁和寺、以上五所、絹各百疋。」

『小右記』

「寛和元年（九八五）五月十九日、癸亥。参円融寺、御仁和寺法帝御室（中略）有御酒事等。出御馬場、有競馬事〈五番〉。」

「正暦四年（九九三）四月十九日、丁丑。伝聞、伝聞、今日仁和寺躑躅会〈改桜会号躑躅会〉云々。」

『百錬抄』

「寛和二年（九八六）六月六日。法皇仁和寺覧競馬打毬。」

「康平二年（一〇五九）三月八日。中宮（寛子）職供養仁和寺内新堂。」

『宇槐雑抄』

「保延三年（一一三七）九月廿三日壬午。自夜雖雨下及朝晴。今日仁和寺競馬行幸也。今暁天皇幸仁和寺御所給云々。」

○平等院

『小右記』（藤原実資）

「長保元年（九九九）八月九日、己未。（中略）左府払暁引率人々向宇治家〈自六条左府後家手買領処也〉、今夜可渡彼家云々。似妨行啓事。」

『扶桑略記』

「永承七年（一〇五二）三月廿八日癸酉、左大臣捨宇治別業為寺、安置仏像、初修法華参昧。号平等院。」

「天喜元年（一〇五三）三月四日甲辰、関白左大臣平等院内建立大堂、安置丈六弥陀仏像。啒百口高僧、設其供養、准御斎会。仏像荘厳、古今無奴。」

「十月十三日、上東門院参詣宇治平等院矣。」

『百錬抄』

「嘉禎四年（一二三八）七月九日壬午。摂政宇治入也。人々見物云々。」

修験道《しゅげんどう》

加持祈祷《かじきとう》により「物の怪《もののけ》」を調伏《ちょうぶく》し、病気の治癒をはかるとする「修験道」は、日本古来の山岳信仰《さんがくしんこう》と密教や道教《どうきょう》が結びついた信仰で、深山幽谷《しんざんゆうこく》で厳しい修行をすることで「験力《げんりき》」を得ることができるとされました。

その創始者は飛鳥時代の「役《えんの》行者《ぎょうじゃ》」こと役小角《えんのおづの》とされます。『続日本紀《しょくにほんぎ》』には、役小角は葛《かつ》木山《らぎさん》に住み呪術を使い、鬼神《きしん》を使って暮らしていましたが、人の讒言《ざんげん》を受けて文武天皇三年（六九九）五月、伊豆《いず》の島に流《る》罪《ざい》となったとあります。さらに『日本国現報善悪霊異記《にほんこくげんほうぜんあくりょういき》』でさまざまな伝説逸話が創成されて広く流布しました。

『枕草子』には病気平癒の加持祈祷をする修験者《しゅげんじゃ》が幾度か登場しますが、すこしからかわれるような役回りです。

修験者（『一遍上人絵伝』***）

役行者倚像***

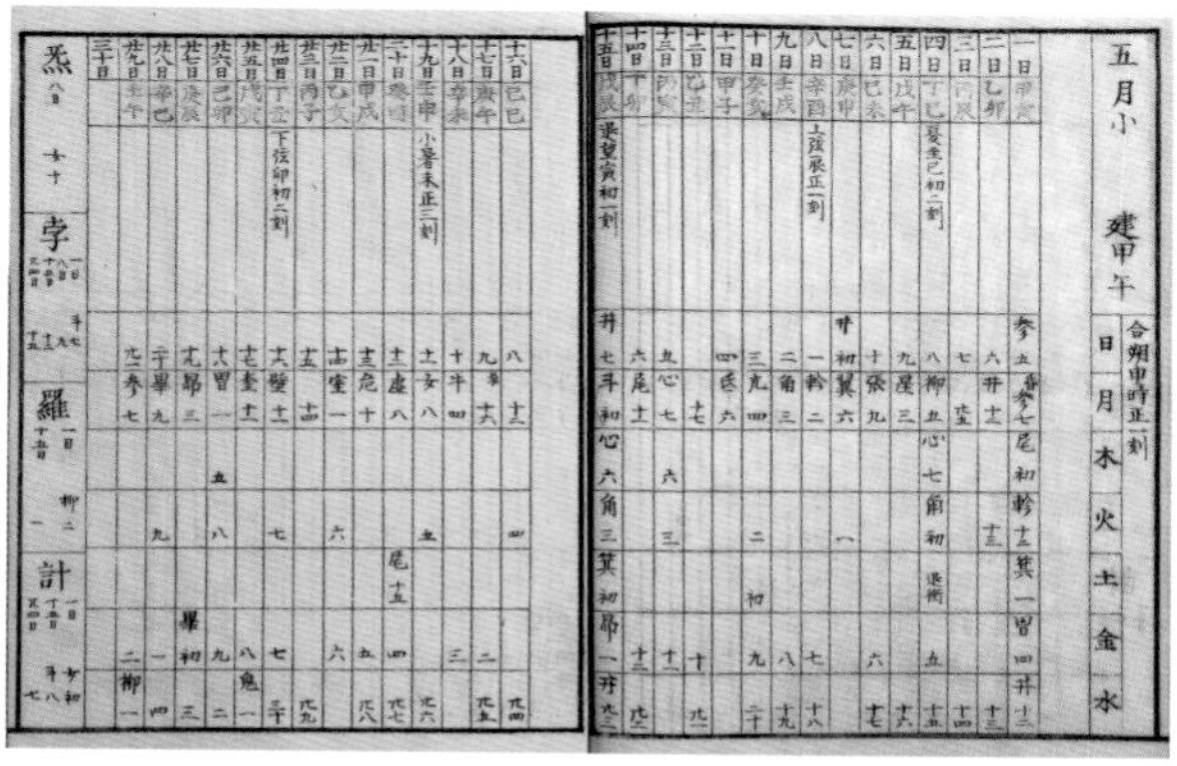

日月と木火土金水の星の運行を記した七曜暦

宿曜道《すくようどう》

宿曜道は空海《くうかい》などがもたらしたインド由来の占星術《せんせいじゅつ》で、天体の運行が人間の運命に影響を与えるという考え方をもとにして「七曜暦《しちようれき》」を用い、運勢を占います。村上《むらかみ》天皇の応和元年（九六一）頃から朝廷で重んじられるようになりました。

『源氏物語』（桐壺《きりつぼ》）では人相《にんそう》見《み》のように描かれ、『小右記《しょうゆうき》』万寿四年（一〇二七）八月には藤原妍子《けんし》の病状見立《みたて》をする場面があり、『古事談《こじだん》』では人の寿命を予言するなど、宿曜師《すくようじ》は多方面で活躍しますが、本来の天文知識を活かして日蝕《にっしょく》の出現を予測するなどもしています。

しかし天体の観測も計算も解釈も難しかったためか陰陽道《おんみょうどう》ほどは普及せず、室町後期に本拠地「北斗降臨院《ほくとこうりんいん》」が焼失すると、宿曜道は一気に消滅してしまうのです。

○修験道

『続日本紀』

「文武三年（六九九）五月丁丑《廿四》。役君小角流于伊豆島。」

『今昔物語集』（閑院の冬嗣の右大臣并びに子息の語）

「其の比、浄蔵大徳と云ふ止事無き行者有りけり。其の人と極じき檀越として、大臣、千手陀羅尼の霊験蒙り給へる人なり。」

『枕草子』

「験者などのかたはいと苦しげなり。御嶽、熊野、かからぬ山なくありくほどに、おそろしき目も見、しるしある聞こえ出で来ぬれば、ここかしこに呼ばれ、時めくにつけてやすげもなし。」

○宿曜道

『宿曜経』（抜粋）

「今列諸国人呼七曜如後。日曜太陽。月曜太陰。火曜熒惑。水曜辰星。木曜歳星。金曜太白。土曜鎮星。右件七曜上運行於天下直於人間。其精霊神験。内外典籍具備。自南西北三方諸国。」

『延喜式』（陰陽式）

「凡暦本進寮、具注御暦八月一日、七耀御暦十一月十一日、頒暦六月廿一日、並為期限。」

『小右記』

「万寿四年（一〇二七）八月廿八日（中略）宮御悩逐日弥重、御体腫給、御心非例、似可慎給。宿曜道証照師勘申云、御慎殊重、至来月十四日御厄可恐。御悩可及明年九月者。」

『栄花物語』（かゞやく藤壺）

「今年は人の慎むべき年にも有、宿曜などにも心細くのみ云て侍れば、猶いとこそさあらむにつけても心細かるべけれ。」

『百錬抄』

「永久三年（一一一五）二月十四日。寅剋月蝕正現。宿曜與暦道所申相違。上皇又有勅難。」

出家《しゅっけ》

出家剃髪（『春日権現験記』＊）

平安時代、病気が重くなったときに極楽往生《ごくらくおうじょう》を願って三帰《さんき》五戒《ごかい》を受けることが多々ありました。正式に出家得度《とくど》せず、在家《ざいけ》のまま三宝《さんぼう》に帰依《きえ》して五戒を受けた者は、男子を「優婆塞《うばそく》」、女子を「優婆夷《うばい》」と呼びます。「三宝」とは「仏・法・僧」のこと。「五戒」とは在家の人が不殺生戒《ふせっしょうかい》・不偸盗戒《ふちゅうとうかい》・不邪淫戒《ふじゃいんかい》・不妄語戒《ふもうごかい》・不飲酒戒《ふおんじゅかい》を守るという戒律《かいりつ》です。

さらに病気が重篤《じゅうとく》になりますと剃髪《ていはつ》出家しました。『小右記《しょうゆうき》』には、藤原道隆《みちたか》が長徳元年（九九五）四月六日に出家し、十一日に死去したこと、寛仁四年（一〇二〇）十一月には藤原懐忠《かねただ》が剃髪後に死去したことが記されます。上皇も出家入寺《にゅうじ》することもありました。これが「法皇《ほうおう》」です。

尼《あま》

右：『高野大師行状絵巻』（模本）＊＊＊

左：尼姿の弁の尼　鈍色の袿に萱草色の袴（『源氏物語絵巻』＊）

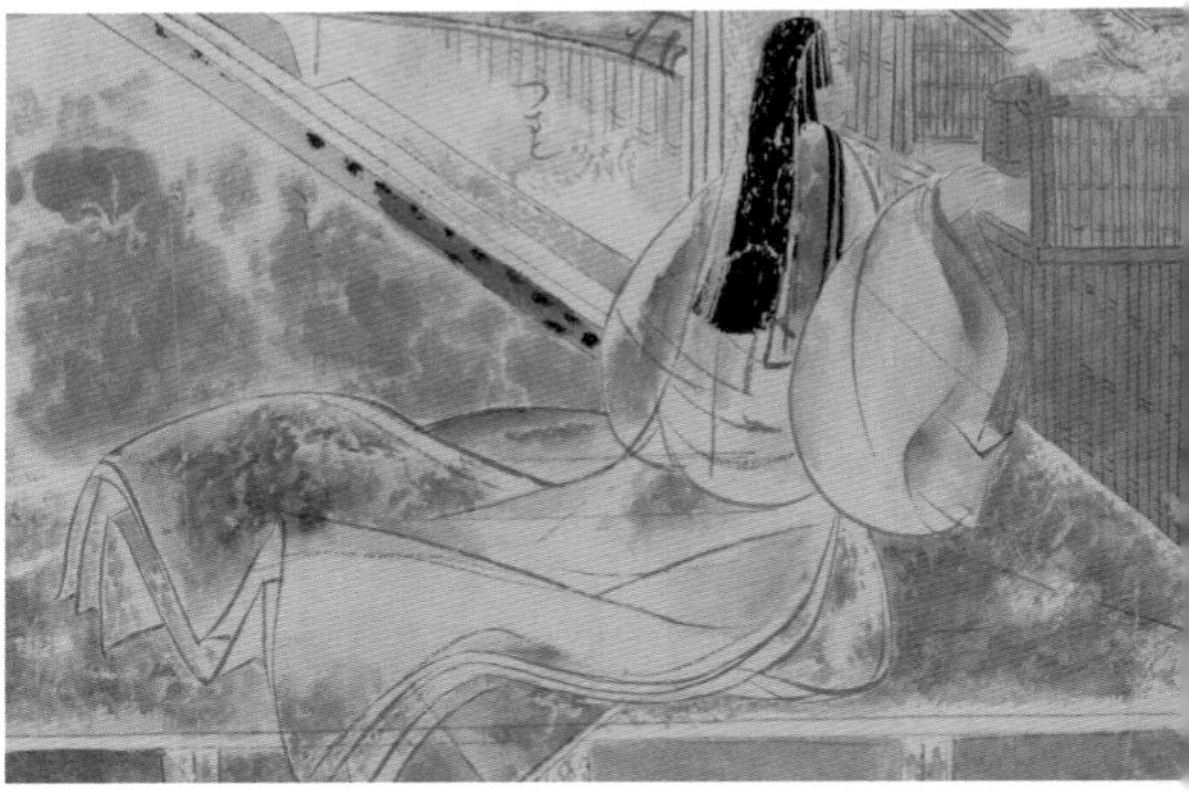

髪を「尼削」にした尼（『源氏物語絵巻』＊）

『源氏物語』では女性の登場人物の多くが出家もしくは出家希望者です。これは当時の浄土思想《じょうどしそう》の影響によるのでしょう。一般に「出家」と言われますが実際には寺に入らない「家尼《いえあま》」です。平安中期は尼寺が少なかったため、仏道に専念し、世俗の欲望を消して暮らすことで、在家《ざいけ》のまま出家として扱ったのです。家尼は髪を肩や背中の中ほどで切る「尼削《あまそぎ》」とし、忌色《いみじき》（56ページ）の衣を着て袈裟《けさ》を着けました。

寛仁三年（一〇一九）三月、三条天皇の皇后・藤原娍子《せいし》が出家しましたが、五月には「先日は尼としたが、更に剃髪《ていはつ》して法師《ほうし》とした。病気の危急による」と『小右記』にあります。「尼」は剃髪することで「法師」となったのです。

○出家

『日本三代実録』

「元慶八年（八八四）九月十日丁卯。権僧正法印大和尚位遍照奏言。雲林院者、故無品常康親王之旧居也。親王出家為沙門、貞観十一年（八六九）二月十六日、以此院付嘱遍照曰。深草天皇登遐、常康落髪。昊天罔極、徳猶難報。思欲永為精舎、令学天台之教。」

『吏部王記』

「天暦六年（九五二）三月十四日。晡時太上天皇落飾入道。延暦寺座主権大僧都延昌為和尚。法性寺座主権律師鎮朝為親教師剃御髪。運照阿闍梨勢祐已講為唄師。上皇語絶已経九日、傍人受戒云々。」

『栄花物語』（うたがひ）

「限なき位を去り、めでたき御家を捨てゝ、出家入道せさせ給ふを、三世諸仏達喜び、現世は御寿命延び、後生は極楽の上品上生に上らせ給べきなり。三帰五戒を受くる人すら、卅六天の神祇、十億恒河沙の鬼神護るものなり。況んや、まことの出家をや。」

○尼

『小右記』

「治安三年(一〇二三)閏九月十九日、庚戌。（中略）前帥室去夕依病出家、家尼。」

「寛仁三年（一〇一九）三月廿五日、壬午。（中略）皇后宮令出家云々。年来御剋念云々。後聞為戒師被。」

「寛仁三年五月十三日、己巳。（中略）皇后宮先日為尼、去九日更剃御髪為法師、依御病危急。是二位宰相所陳。昨日参入所聞者、又御病危殆云々。院御坐彼宮云々。」

『扶桑略記』

「長暦三年（一〇三九）五月七日、上東門院令剃御髪、重受戒。大僧正明尊為戒師。」

「承保元年（一〇七四）十月三日、丁卯。上東門院於法成寺阿弥陀堂崩。年八十七也。六日庚午、葬于大谷。」

鳥部野《とりべの》

平安時代、都で人が亡くなると東の鳥部野や西の化野《あだしの》、北の蓮台野《れんだいの》に遺体を運び、風化を待つ風葬《ふうそう》が行われました。『源氏物語』（夕顔《ゆうがお》）では、亡き夕顔の葬送のために鳥部野を訪れた光源氏が見た荒涼《こうりょう》とした光景を描いています。

鳥部（辺）野は現在の京都市東山区《ひがしやまく》、六波羅《ろくはら》から今熊野《いまくまの》辺りの山麓《さんろく》を指し、今でも寺院や墓地が多い地域になっています。平安中期以降の貴族は火葬が普通でしたが、『栄花物語《えいがものがたり》』によれば、一条《いちじょう》天皇皇后・藤原定子《ていし》は「煙とも雲ともならぬ身なりとも　草葉《くさば》の露《つゆ》をそれと眺めよ」という歌を遺したことから、「鳥部野の南の方に二丁ばかり」離れたところに土葬されました。現在も「鳥戸野陵《とりべののみささぎ》」として宮内庁《くないちょう》が管理しています。

一条天皇皇后定子鳥戸野陵
（京都市東山区今熊野泉山町）

火葬《かそう》

貴族のような薪《たきぎ》を買う財力のある人々は、鳥部野《とりべの》などで火葬してから遺骨を別の場所に埋葬しました。大化二年（六四六）に「薄葬令《はくそうれい》」が出され、古墳時代以来続いてきた長期間の「殯《もがり》」（死亡から埋葬までの期間）がなくなり、仏教の隆盛とともに火葬が導入されます。

日本の火葬の始めは『続日本紀《しょくにほんぎ》』文武天皇四年（七〇〇）の記録で、唐《とう》の玄奘三蔵《げんじょうさんぞう》の弟子、法相宗《ほっそうしゅう》の開祖である道昭《どうしょう》が最初とされます。その後変遷がありましたが平安時代の上流階級では火葬が一般的になりました。墓については『養老令《ようろうりょう》』（喪葬令）で「皇都《こうと》および道路の側近には埋葬してはならない」と定め、また「三位以上は墓を営めるが四位以下は認めない」とあって、貴族社会でも「墓」は特別な存在でした。

火葬（幻の源氏物語絵巻「葵」
メトロポリタン美術館蔵）

○鳥部野

『中右記』

「寛治元年（一〇八七）十二月七日（中略）宇治殿北政所有葬礼事〈鳥部野〉。今夜雨降。」

「康和四年（一一〇二）八月廿五日。（中略）上卿奏聞、固関・警固・廃朝五箇日者、下御簾止音奏、去寛治七年皇后宮例云々〈皇太后一日巳火葬鳥部野云々〉。」

「康和五年二月三日（中略）女御今夕火葬鳥部野南。出従前斎宮、経六条大路（中略）後朝事了置骨於木幡山御陵云々。」


『宇治拾遺物語』

「廿七八ばかりなりける年、いみじく煩ひて失せにけり。奥は所狭しとて、その妻戸口にぞやがて臥したりける。さてあるべき事ならねば、姉などしたてて鳥部野へ率て往ぬ。さて例の作法にとかくせんとて、車より取りおろす。」


『徒然草』

「都の中に多き人、死なざる日はあるべからず。一日に一人・二人のみならんや。鳥部野・舟岡、さらぬ野山にも、送る数多かる日はあれど、送らぬ日はなし。」

○火葬

『続日本紀』

「文武四年（七〇〇）三月己未《庚戌朔十》。道照和尚物化。天皇甚悼惜之。（中略）火葬於粟原。天下火葬従此而始也。」


『村上天皇御記』

「天暦八年（九五四）正月四日。母后崩。（中略）今夜有太后御葬事〈於鳥部東山辺奉火葬近習官女等拾御骨〉。十一日。早旦遣右中将重光於葬所奉。」


『西宮記』

「皇后崩事。廃務宣旨、在葬官事、止挙哀官符、棺槨〈本宮作〉、固関事、近代火葬。女房上髪歩事〈天暦例〉。」


『中右記』

「永長元年（一〇九六）八月十六日（中略）今夕女院有御葬礼（中略）奉火葬船岳北、御骨右少将顕雅朝臣懸之。後朝奉置醍醐故中宮御願円光寺也。」

醍醐天皇山科陵（京都市伏見区醍醐古道町）

荷前《のさき》

荷前は、諸国から朝廷に納められた新稲《にいしね》を天智《てんち》・光仁《こうにん》・桓《かん》武《む》・崇道《すどう》・仁明《にんみょう》・光孝《こうこう》・醍醐《だいご》各天皇陵《てんのうりょう》や藤原鎌足《かまたり》墓など、特定の陵墓《りょうぼ》へ奉献する行事です。清涼殿《せいりょうでん》の「年中行事障子《ねんじゅうぎょうじのしょうじ》」では、十二月二十三日に設定されていますが、陰陽師《おんみょうじ》が日を選んだために、年によって変動があります。

ところが墓参の穢《けが》れを嫌う貴族たちは、さまざまな理由を付けて「荷前使《のさきのつかい》」に選ばれることを避けました。陵墓を管理する「諸陵寮《みささぎのつかさ》」の官人は、宮中で神事が行われる月には参内《さんだい》できない規則もありましたから、忌避されたのでしょう。『年中行事秘抄《ねんじゅうぎょうじひしょう》』は「荷前は神事に似ているが非常に不浄」とさえ記します。こうして荷前は平安中期には形骸化してしまいました。『中右記《ちゅうゆうき》』の承徳元年（一〇九七）十二月の記事には、近代の空疎な荷前の作法は「奇怪」とあります。

木幡の藤原氏塋域碑《えいいきひ》
塋域とは墓地のこと

木幡《こはた》

『政事要略《せいじようりゃく》』によれば、藤原基経《もとつね》が元慶年間（八七七～八八五）に宇治《うじ》の北、木幡の地を藤原北家《ほっけ》の墓所と定めました。そして藤原冬嗣《ふゆつぐ》・道長・頼通《よりみち》や、彰子《しょうし》・妍子《けんし》など藤原家から入内《じゅだい》した中宮や女御《にょうご》たちの遺骨が埋葬されます。

当時、墓参の習慣は一般的ではありませんでしたので、墓はたちまち荒れてしまいました。『本朝文粋《ほんちょうもんずい》』には、藤原道長が若い頃に父・兼家《かねいえ》と木幡を訪れたとき、古塚《ふるづか》が累累《るいるい》として草が生い茂るだけの場であることに衝撃を受けたとあります。そこで道長は長保六年（一〇〇四）、木幡三昧堂《こはたざんまいどう》（浄妙寺《じょうみょうじ》）を建立《こんりゅう》しましたが今はありません。

現在は木幡一帯の古墓群をまとめて「宇治陵《うじりょう》」として宮内《くない》庁《ちょう》が管理していますが、住宅地の中や茶畑に点在していて、どれが誰の墓であるのか特定されていません。

藤原道長の墓説もある宇治陵 32 号墳

〇荷前

『九条殿記』
「承平五年（九三五）十二月廿五日〈乙酉〉。有荷前事。（中略）使参議以上多申障不参、早可参入者、依殊固忌、称罷去他処之由不参入。前日大閤仰云、故高階忠岑真人云、物忌日者不可参向神社及山陵、是古人所伝也云々。彼真人能習陰陽之道、知如此事之者也者。承此仰之後、所障尤多、仍不参入耳。」

『年中行事秘抄』
「荷前（中略）雖似神事、頗渉不浄。仍不行他神事。」

『中右記』
「承徳元年（一〇九七）二月二十三日。（中略）候内之間可着斑幣之由来催。申時許行向大蔵省之処、於途中事了由弁侍来告、仍空帰了。公定相公不侍弁参着行、頗雖奇怪近代作法如此云々。」

〇木幡

『栄花物語』（つるのはやし）
「夜半過ぎてぞ冷え果てさせ給ける。（中略）御骨拾はせ給て、瓶に入れて、右中弁のりのぶ懸け奉りて、定基僧都もろともに木幡に率て奉りつ。」

『政事要略』
「元慶太政大臣昭宣公相地之宜、永為一門埋骨之処。爾来氏族弥広。子孫繁昌、帝后必出於此門。王侯相将済々焉。」

や

ゆ

よ

ら

り

れ

ろ

わ

そ

た

ち

つ

こ

さ

し

き

く

け

索引

索引は、本文中の「解説」にある該当語を対象としてページ数を挙げました（図版キャプションや文献列挙は除く）。

【主要参考文献】

『丹鶴圖譜』（國書刊行会・1914）

『王朝の風俗と文学』中村義雄（塙書房・1962）

『平安朝の年中行事』山中裕（塙書房・1972）

『平安時代の文学と生活』池田亀鑑（至文堂・1977）

『有職故実日本の古典』室伏信助（角川小辞典・1978）

『江馬務著作集』江馬務（中央公論社・1978）

『服装から見た源氏物語』近藤富枝（文化出版局・1982）

『平安時代儀礼と歳時』服部早苗（至文堂・1991）

『平安時代史事典』角田文衛監（角川書店・1994）

『唐絵と大和絵』下店静市（駸々堂・1994）

『有識故実大辞典』鈴木敬三編（吉川弘文館・1995）

『貴族社会と古典文化』目崎徳衛（吉川弘文館・1995）

『源氏物語図典』秋山虔・小町谷照彦編（小学館・1997）

『類聚雑要抄指図巻』川本重雄・小泉和子編（中央公論美術出版・1998）

『源氏物語の鑑賞と基礎知識』鈴木一雄監（至文堂・1998～2005）

『平安時代の信仰と宗教儀礼』三橋正（続群書類従完成会・2000）

『平安京の器』梅川光隆（白沙堂・2001）

『源氏物語と貴族社会』増田繁夫（吉川弘文館・2002）

『平安朝のファッション文化』鳥居本幸代（春秋社・2003）

『平安時代儀式年中行事事典』高橋文二（東京堂出版・2003）

『源氏物語その生活と文化』日向一雅（中央公論美術出版・2004）

『王朝文学と通過儀礼』服部早苗（竹林舎・2007）

『王朝文学と建築・庭園』服部早苗（竹林舎・2007）

『平安時代の環境』加納重文（和泉書院・2008）

『王朝文学と交通』加納重文（竹林舎・2009）

『源氏物語の宮廷文化』植田恭代（笠間書院・2009）

『王朝文学と服飾・容飾』河添房江（竹林舎・2010）

『平安の都市と文化』増渕徹 (編（吉川弘文館・2010）

『王朝文学文化歴史大事典』小町谷照彦・倉田実編（笠間書院・2011）

『平安大事典』倉田実編（朝日新聞出版・2015）

『はじめての王朝文化辞典』川村裕子（角川ソフィア文庫・2022）

『紫式部と王朝文化のモノを読み解く』河添房江（角川ソフィア文庫・2023）

【著者紹介】

八條忠基　はちじょう・ただもと

綺陽装束研究所主宰

古典文献研究の研鑽だけでなく、「有職故実」の知識を目に見える形で広め、ひろく現代人の生活に活用するための活動を続けている。早稲田大学ほか大学・高校・図書館・神社庁、裏千家学園等での講演多数。

主な著書：
『有職装束大全』（平凡社・2018 年）
『詳解有職装束の世界』（角川ソフィア文庫・2020 年）
『有職故実から学ぶ年中行事百科』（淡交社・2022 年）
『有職植物図鑑』（平凡社・2022 年）
など。

【協力】（五十音順）

大関友里恵
大友美和
西陣魚新
宮崎訓子

【写真・画像提供】（五十音順）

井筒グループ
石清水八幡宮
大原野神社
株式会社虎屋
川端道喜（撮影：小笠原敏孝）
京都国立博物館
斎宮歴史博物館
相国寺
東京国立博物館
（DNP アートコミュニケーションアーカイブズ）
平等院

【写真転載の初出】

・「江戸時代の宮中菱葩」「江戸時代の宮中鏡餅」（85 ページ）：『淡交』令和四年一月号（60 ページ）より
・「江戸時代の宮中『御献粽』」（87 ページ）：『淡交』令和四年五月号（67 ページ）より
・「江戸時代の蓮飯餝」（88 ページ）：『淡交』令和四年七月号（59 ページ）より
・「天皇が搗く玄猪用品」「江戸時代の宮中玄猪丸餅」（90 ページ）：『淡交』令和四年十月号（56 ページ）より

※すべて淡交社刊行

有職故実便覧《ゆうそくこじつびんらん》

王朝文化ビジュアル案内

2024年4月17日　初版発行

著　者
八條忠基

発行者
伊住公一朗

発行所
株式会社 淡交社

本社　〒603-8588 京都市北区堀川通鞍馬口上ル
営業　075（432）5156
編集　075（432）5161
支社　〒162-0061 東京都新宿区市谷柳町 39-1
営業　03（5269）7941
編集　03（5269）1691
www.tankosha.co.jp

印刷・製本
シナノ書籍印刷株式会社

ISBN 978-4-473-04591-1

装丁・本文フォーマット
阿部美樹子

作図・作字
株式会社アート・アイズ・
クリエイション